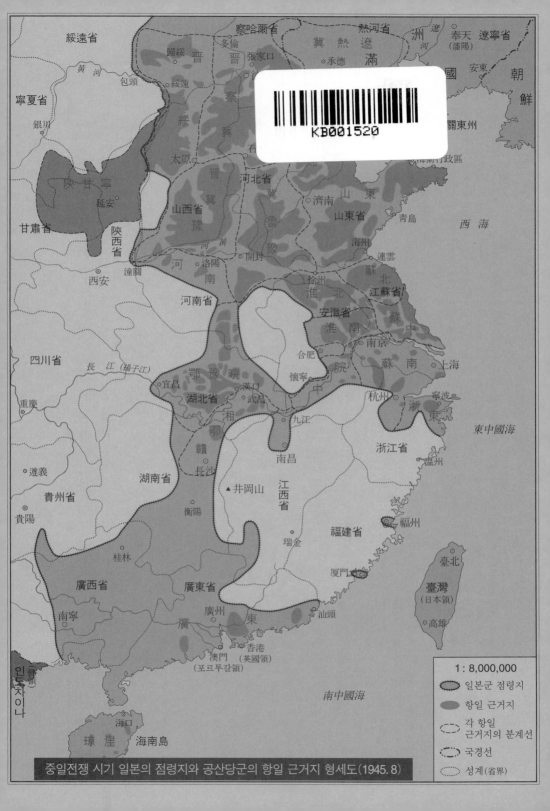

중일전쟁 시기 일본의 점령지와 공산당군의 항일 근거지 형세도(1945.8)

중일전쟁과 중국혁명

전쟁과 혁명의 이중주 : 전쟁혁명

윤휘탁 지음

일조각

The Chinese-Japanese War and The Communist Revolution in China, 1937~1945
—A Duet of War and Revolution: War-revolution—

Revised Edition

by

Hwy-tak Yoon

ILCHOKAK

2003

개정판을 내면서

많은 아쉬움 속에서 초판을 출간했지만, 부끄럽게도 이 책은 문화관광부로부터 '2002년도 우수학술도서'로 선정되었다. 그런 결과인지 출간된 지 1년 만에 초판이 다 팔렸다. 제2판을 인쇄하자는 일조각의 제의에 따라 관례적으로 일부 오자(誤字) 정도만 수정하고 제2판을 출간하기로 했다. 그렇지만 초판이 출간되고 나서 줄곧 아쉬움을 떨쳐버릴 수 없었던 필자는, 마음에 걸리는 부분에 대해서는 보완을 하기로 마음먹었다. 본인 자신의 욕망과 더불어 대내외적인 여러분들의 가르침을 외면할 수 없었던 필자는 결국 일조각의 동의하에 개정판을 내게 되었다.

본 개정판에서는 독자들의 이해도를 증진시키기 위해 한자를 괄호 안에 처리했고, 초판에서 따로 배치되어 있던 항일 유격 근거지의 분포도와 당시의 행정 구획도를 합쳤다. 또한 초판의 제3편 제3장 제3절 '팔로군과 동북항일연군의 투쟁 환경 및 전술의 비교' 부분을 대폭적으로 보완했다. 게다가 외국학자들의 궁금증을 해소해 주기 위해 중문(中文) 초록을 첨가했다. 그 밖에 새로 수집한 자료들을 바탕으로 수정·보완을 했으며, 관련 연구자들의 가르침도 가능한 한 개정판에 반영하려고 노력했다.

비록 짧은 기간의 작업으로 다시 개정판을 출간하게 되었지만, 그 과정에서 필자는 많은 분들의 도움을 받았다. 우선 필자가 포스트닥(Post-Doc.) 과정에 있을 때뿐만 아니라, 보완 자료를 수집하기 위해 다시 중국 태원(太原)에 갔을 때, 필자와 동행하여 산서성당안관(山西省檔案館)과 산서성도서관(山西省圖書館)에 소장된 당안(檔案) 자료들의 수집을 도와준 중국 난카이대학(南開大學) 역사계의 장페이(江沛) 교수와 웨이홍윈(魏宏運) 지도교수님께 깊은 사의를 표한다. 또한 필자가 중국 천진(天津)에서 보완 자료를 수집할 때 천진시도서관 및 천진시사회과학원 관계자들을 소개시켜 줌은 물론 자료 수집 및 관련 편의까지도 배려해준 천진시사회과학원 역사연구소장 장리민(張利民) 교수의 후의는 결코 잊지 못할 것 같다.

다음으로 본 개정판의 출간에 중요한 동기를 제공해 준 두 분 서평자의 노고에 고마움을 표시하지 않을 수 없다. 우선 부산외국어대학의 박강 교수는 주로 '중일전쟁혁명(中日戰爭革命)'을 둘러싼 국제 관계 문제를 지적해 주셨다. 또한 성균관대학의 김지훈 선생님은 바쁘신 중에도 많은 시간을 들여 각주까지 일일이 대조하면서 일부 잘못들을 지적해 주셨다. 아마도 김 선생님의 지적이 없었다면 그러한 학문적 잘못들은 영원히 묻혀버릴 수도 있었을 것이다. 그리고 개정판에 첨가된 중문 초록의 작성뿐만 아니라 교정까지도 꼼꼼하게 해준 한국정신문화연구원의 중국인 유학생 찌아진잉(賈金英) 씨에게도 이 자리를 빌려 고마움을 표한다.

몇몇 외국 학자분에게도 감사의 말을 전하지 않을 수 없다. 일본 신슈대학(信州大學)의 구보 도루(久保 亨) 교수는 외국인으로서 초판을 직접 읽고 서평까지 보내줌은 물론, 일본에서 열린 국제학술대회에서 만났을 때 자세한 코멘트까지 해주었다. 또한 일본 도쿄게이자이대학(東京經濟大學)의 무라카미 가쓰히로(村上勝彦) 학장님은 직접적인 코멘트는 물론 관련 자료까지도 보내주셨다. 그리고 일본만몽개척단(日本滿蒙開拓團) 조사연구회 회장인 기요카와 고지(淸川紘二) 선생님은 한국에 올 때마다 필자와 수차례 만나 일본의 관련 전공자들과의 연계뿐만 아니라 필자의 저서를 일본의 관련 학자들에게 소개시키려고 애쓰셨다. 이분들의 후의는 결코 잊지 못할 것이다.

끝으로 돈벌이가 안 되는 전문서임에도 불구하고, 첫 번째 및 두 번째 책에 이어 개정판까지도 선뜻 허락해 주신 일조각 출판사의 한만년 사장님을 비롯한 관계자 여러분께도 거듭 거듭 감사의 말씀을 드린다.

2003년 5월
부산에서 윤휘탁

책을 내면서

　과연 중일전쟁은 전쟁일까? 국공내전에서의 공산당군의 승리 기반은 중일전쟁 기간에 마련되었다고 한다. 이것은 중일전쟁 기간에 중국 공산당군이 계급 혁명을 실현하기 위한 물밑 작업을 하고 있었음을 시사한다. 그렇다면 중일전쟁은 혁명일까? 오늘날 중국사 학계에서는 일반적으로 중일전쟁을 '항일전쟁' 혹은 '제국주의 침략 전쟁'으로 규정하고 있다. 이처럼 중일전쟁을 전쟁으로 파악하는 관점은 국민당군과 일본군 사이의 정규전 양상을 염두에 둘 때 논리적 타당성이 농후하다. 그렇지만 공산당군의 인민 전쟁 ↔ 일본군의 총력전 양상을 고려하면, 그 관점은 전적으로 합당하지 못하다. 그 관점에는 항전 과정에서 전개된 공산당군의 '혁명 활동'이 간과되어 있기 때문이다. 중일전쟁 시기 공산당군의 혁명 활동(즉 신민주주의[新民主主義] 혁명)은 항전의 촉매제였을 뿐만 아니라 국공내전에서의 공산당군의 승리와 신(新) 중국 수립의 밑거름이었다.

　이러한 사실은 중일전쟁이 전쟁과 혁명의 성격을 모두 공유하고 있었음을 암시해 준다. 그래서 중일전쟁은 전쟁이나 혁명 가운데 어느 한 개념만으로 해명하기에는 불충분하다. 중일전쟁은 전쟁과 혁명 두 개념을 모두 적용해야만 온전하게 해명될 수 있을 것 같다. 이는 중일전쟁이 전쟁이자 혁명이었음을 말해 준다. 따라서 중일전쟁을 이해하려면 그것의 전쟁성과 혁명성을 동시에 파악해야 한다는 당위론이 제기된다.

　그렇다면 중일전쟁이 지닌 전쟁성과 혁명성은 각각 어떠한 위상을 지녔고 양자의 상호 작용이나 제반 관계는 어떻게 설명될 수 있을까? 더 나아가 중일전쟁과 국공내전(혹은 해방전쟁)은 어떠한 관계였을까? 이 문제는 필자가 박사학위를 취득한 이후 줄곧 갖게 된 고민거리였다. 중국 현대사가 공산당군의 승리와 중화인민공화국의 수립으로 귀결되었다는 점을 고려해 본다면, 중국 현대사 연구와 관련하여 공산당군의 승리 원인 외에 항전(전쟁)과 혁명(그에 수반된 건국) 사이의 연계 고리를 푸는 작업은 매우 중요하다.

이를 위해서는 중·일간의 전쟁과 중국 혁명의 상호 관계, 즉 '전쟁'과 '혁명'의 이중주 속에서 파생된 **'전쟁혁명'**의 실체를 밝혀야 한다. '전쟁혁명'은 단순히 '전쟁'과 '혁명'을 대등하게 병렬적으로 결합시킨 개념이 아니다. 그것은 두 가지의 독립적이고 상호 무관한 위상을 전제로 한 단순한 병칭(並稱)을 의미하지도 않는다. '전쟁혁명'은 전쟁과 혁명 사이의 유기적 작용을 전제로 하는 동시에 정세·시기·지역에 따라 양자의 상호 관계나 위상이 달라지면서 성격이 달라지는 사회 변혁의 일종이다.

'전쟁혁명'이란 전쟁이 혁명을 규정하고 혁명이 전쟁에 반작용하는 것으로, 넓은 의미에서는 전쟁에 의해 규정되는 혁명 또는 혁명 여하에 따라 전세가 달라지는 전쟁의 일종이다. 더 나아가 '전쟁혁명'은 '구망(救亡) 전쟁'(혹은 반[反]침략 전쟁)의 지도 세력이 더 많은 민중을 동원하기 위해 혁명적인 조치들을 취한 결과, 항전에 동원되었던(또는 참여했던) 민중들이 점차 혁명 예비군으로 전화(轉化)되면서 반침략 전쟁이 신민주주의 혁명(혹은 반제[反帝]·반봉건[半封建]의 혁명)으로 전이되어 간 것을 의미한다. 이러한 의미에서 '전쟁혁명'은 전쟁도 혁명도 아니다. '전쟁혁명'은 전쟁과 혁명의 유기적인 작용에서 빚어진 사회적 복합물이다.

중일전쟁은 제2차 세계대전 시기의 유고슬라비아 혁명과 더불어 '전쟁혁명'의 좋은 사례이다. '전쟁혁명'의 파생 과정을 고찰해 볼 때, 중일전쟁은 이분법적으로 전쟁이나 혁명, 어느 한쪽으로 치환되거나 범주화될 수 없다. 중일전쟁은 침략 ↔ 반침략 또는 제국주의 ↔ 반(反)제국주의의 전쟁이 혁명을 규정한 동시에 혁명(주로 신민주주의 혁명)이 전쟁에 반작용한 '전쟁혁명'이었다. 그래서 필자는 중일전쟁 시기의 역사를 '전쟁사'나 '혁명사'보다는 '전쟁혁명사'로 새롭게 범주화함과 동시에 '중일전쟁'을 '중일전쟁혁명'으로 새롭게 개념화하였다. 이에 따라 이하에서는 '중일전쟁'을 '중일전쟁혁명'으로 지칭하였다.

아울러 필자가 중일전쟁혁명에 주목하게 된 다른 계기는 일본의 화북 점령지 정책이 대부분 「만주국(滿洲國)」의 치안 정책에서 비롯되었음에도 양 지역 항일 세력의 운명은 달랐다는 점 때문이다. 즉 필자는 '1940년대에 들어서 「만주국」의 동북항일연군(東北抗日聯軍)은 사실상 소멸되었는데, 화북의 팔로군(八路軍)은 어떻게 세력을 보존하고 항전의 주도권까지 장악할 수 있었는가?'라는 의문을 갖게 된 것이다. 이 문제는 중국의 동북과 화북의 지역적 특수성을 비교·고찰해야만 해명될 수 있다.

이러한 문제 의식 때문에 필자는 연구 영역을 중국 동북에서 화북으로 넓혀나가게 되었다. 연구 영역의 확대는 격실에 갇힌 채 미시적 연구 풍토에 젖어 있는 학계 동향에 거스르는 짓이었고, 거기에는 당연히 비난과 걱정의 목소리가 뒤따랐다. 게다가 중일전쟁혁명 시기의 연구가 변변치 못하고 관련 연구자가 거의 없는 국내의 학계 현실에서, 필자의 중일전쟁혁명 연구는 주변 연구자들의 비판과 자아 비판의 필터 작용을 충분히 거치지 못했다. 그래서 오래 전에 기본적인 원고를 탈고했음에도 불구하고 출판을 주저하고 있었다. 어설픈 출판은 지적 자만심에서 비롯된 독백(?)으로 끝나버릴 개연성마저 있기 때문이다.

그렇다면 출판이란 어떤 의미를 지니고 있을까? 표면적인 의미에서 출판은 이제껏 밝혀지지 않았거나 논의되지 않았던 새로운 사실이나 담론을 많은 사람들에게 알리는 수단이다. 이 점에서 출판은 지적인 봉사 활동이자 연구자 자신 및 독자의 지적 수준을 제고시켜 주는 지적 교류의 매개 행위이다. 그렇지만 이면적인(혹은 현실적인) 의미에서 출판은 연구자의 연구 영역을 부각시키고 학계에서의 위상을 제고시켜 주는 계기도 된다. 이 점에서 출판은 연구자에게 지적 욕망을 실현시켜 주고 사회적 지위를 격상시켜 주는 수단이 되기도 한다.

왜 필자는 책을 출간할 결심을 하게 되었을까? 출판을 전제로 하지 않은 연구는 연구자 자신의 내면 속에서만 의미 있을 뿐인 '지적 유희'에 불과하다. 개인의 지적 유희가 '사회적 지식'으로 승화되고 학문적인 영역을 확보하기 위해서는 출판이라는 관문을 통과해야 한다. 이때 적어도 '학문을 하는 사람'이라면, '변변치 못한 연구 성과라 할지라도 활자화를 통해 사회적 지식으로 승화시켜야 하는 학자적 의무를 지녀야 한다. 그렇지만 대다수의 사람들은 자신의 연구를 활자화해서 사회화된 지식으로 온전하게 전화시킬 수 있을까' 하는 의구심을 갖게 마련이다. 그러면서도 그들은 출판을 통해 자신의 학계 위상이나 사회적 지위를 격상시켜 보고 싶은 욕망을 품게 마련이다.

출판에 앞서 필자 역시 이 두 영역을 끝없이 넘나들곤 했다. '과연 나는 공부를 정말 하고 싶어서 해왔는가?', '무엇이 되고 싶어서 공부를 해왔는가?' 솔직히 말해 필자는 전자의 입장에 설 때 여러 번 지적인 희열을 맛보곤 했다. 그러나 후자의 입장에 설 때는 무수한 좌절과 절망감 속에서 가슴 아파해야 했다. 그간의 연구 성과를 출판하기로 어렵게 결심했으면서도, 이러한 결심이 필자 자신의 생태적인 무지 또는 지적인 오만함에서 비롯되었는지도 모른다는 걱정이 앞서고 있다. 불현듯 "무식한 자일수록 용감하다!"는 세간의 우스갯소리가 떠올려지면서 입가에 씁쓰름한 미소가 흐르기도 한다. 그러나 내적인 지적 정화 능력이 없는 사람은 외부에서 지적 동력을 구할 수밖에 없다! 하지만 '이렇게 외쳐대고 있건만 필자의 마음이 허전해지는 이유는 무엇일까?', '나는 왜 공부를 해왔고 또 무엇 때문에 공부를 하려고 할까?', '도대체 나는 누구일까?'라는 의문이 끊이지 않는다.

졸저가 출간되기까지 많은 사람들의 학문적 은혜를 입었다. 우선 학술진흥재단의 해외 박사후과정(Post-Doc.)에 선발되어 중일전쟁혁명사 및 화북 지역사 연구 분야의 최고 명성을 지닌 중국 난카이(南開)대학을 선택했을 때, 필자를 따뜻하게 맞아준 난카이대학 역사계 교수님들의 학문적 지도와 후의는 평생 갚지 못할 학문적 빚이 되었다. 특히 필자의 지도교수이자 중국 현대사학회 회장을 역임하는 등 항일전쟁사 분야에서 최고의 명성과 권위를 지닌 웨이홍윈(魏宏運) 교수님의 학문적 가르침은 영원히 잊지 못할 것이다.

또한 필자에게 중일전쟁혁명사 관련 중요 자료들을 제공해 주시고 논문들을 비판해 주신 장홍샹(張洪祥) 교수님, 학문적인 격려와 많은 도움을 주었던 치젠민(祁建民) 교수 및 장페이(江沛) 교수, 중일전쟁혁명사 및 화북 사회 경제사 관련 자료들과 정보들을 제공해 준 천진사회과학원 역사연구소의 장리민(張利民) 교수, 필자에게 폭넓은 역사적 자극을 주신 중국 북경사범대학의 왕후이린(王檜林) 교수님 등의 도움이 없었다면, 이 책은 학술 서적으로서의 가치를 기약하지 못했을 것이다.

필자의 원고를 직접 읽고 세심한 비판과 조언을 아끼지 않았던 또 다른 분들의 학문적 은덕을 여기에서 언급하지 않을 수 없다. 필자가 한국정신문화연구원의 초빙연구원으로 재직할 때 동료로서 원고를 읽고 비판해 주신 이동진 박사님, 많은 조언을 해 주었던 중국 동북사범대학 역사계의 권혁수 교수, 대학 후배로서 부당한 압력(?)에 시달렸던 부경대의 조세현 교수, 서강대의 박장배 박사, 원고를 다듬고 투박한 글투를 지적해 준 한국정신문화연구원의 이영화 선생 등의 헌신적인 도움이 없었다면, 이 책은 아마 빛을 보지 못했을 것이다.

이 책의 출간에 즈음하여, 깊은 절망감에 빠져 학문의 꿈을 접으려고 할 때마다 끊임없는 학문적 격려와 삶의 용기를 주었던 분들, 필자의 '인생 스승'이라 할 수 있는 분들이 무수히 떠오른다. 특히 모교인 서강대와 고려대의 많은 선생님들을 비롯하여 선배님들과 동료·후배들과 친구들, 그리고 처고모부인 소설가 조정래 선생님 등의 깊은 배려가 없었다면, 출간은 고사하고 아마도 지금쯤 다른 길(?)을 가고 있었을지도 모른다.

끝으로 무능한 필자로 인해 지금까지 가슴앓이를 하시면서도 끝내 웃음을 잃지 않으시고 묵묵히 필자를 이끌어주신 아버님과 장인어른, 단국대에 계신 형님께 고개 숙여 이 책을 바친다. 아울러 변변치 못한 '가장'의 곁을 떠나지 않고 험난한 길을 함께 해온 아내, 자기가 건강에 이로운 담배를 발명할 때까지라도 담배를 끊어달라고 애원하여 필자를 금연의 길로 인도한 아들 석호에게도 고마움을 느낀다. 또한 이 책의 출판을 흔쾌

x

히 허락하시고 수고로운 작업을 성심껏 해주신 일조각 출판사의 한만년 사장님을 비롯한 여러분께 깊은 감사의 말을 전하고 싶다.

2001년 12월
부산에서 윤휘탁

차례

총론
중국 현대사와 '중일전쟁혁명'

제1편
침략 전쟁의 지구전화 및 '총력전' 체제로의 전화

제2편
전쟁의 상흔과 화북 농촌 사회의 변화상

제3편
전쟁과 혁명의 이중주 : '중일전쟁혁명'의 확산·심화

결론
'동원에서 혁명으로'

중국 현대사와 '중일전쟁혁명'

팔로군이 일본군 거점을 공격하여 점령한 후 환호하는 모습
(解放軍畫報社 編, 『中國人民解放軍歷史圖片選集 第2集, 戰鬪在長城內外』,
北京 : 長城出版社 三聯書店香港分店 祖國出版社, 1987, 93쪽)

I '전쟁'과 '혁명'의 눈으로 본
현대 중국의 역사상

　무산 계급 혁명의 일환인 중국의 공산주의 혁명은 계급 모순의 해소를 혁명의 주요한 목표로 삼고 있었기 때문에 당연히 계급 투쟁이 수반되었다. 공산주의 혁명이 진척됨에 따라 중국의 사회 구성원들은, 그 계급 구분의 옳고 그름을 떠나서 혹은 해당 구성원들의 계급적 귀속감의 유무와 관계없이, 작위적으로 자산 계급(혹은 지배 계급)과 무산 계급(혹은 피지배 계급)으로 분류되는 경향이 강했다. 그와 같은 인위적이고 이분법적인 사회 역사 인식이 현실 사회에 투영되면서 중국 현대 사회는 자산 계급과 무산 계급으로 양분되었고, 전자는 국민당으로, 후자는 공산당으로 자의 반 타의 반 귀속되고 말았으며, 궁극적으로는 두 계급간의 전쟁터로 전화되기 시작했다. 이처럼 역사 무대에서 국·공 두 세력이 각자의 이념을 고수하기 위해 무력 수단을 통한 극단적인 해결 방식으로 저마다 주연(主演)을 고집하는 상황에서, 이들의 이념적 갈등을 조절하거나 통제해야 할 제3의 세력은 조연(助演)조차도 허락되지 않았다. 더욱이 '반혁명'과 '혁명'만이 역사 발전의 유일한 동력이자, 절체절명의 지상 과제로 부각되는 한 사회 역사 인식의 '회색 지대' 혹은 국·공 두 전선(戰線)의 '절충 지대'는 존재할 수가 없었다.

　비록 국민당과 공산당이라는 양대 세력이 두 번에 걸쳐 민족 통일 전선을 구축하기도 했고, 때로는 이민족(일본)의 중국 침략이 국·공 두 세력간의 대결 양상을 바꾸어 놓기도 했지만, 공산당 쪽이 계급 모순의 해소를 궁극적인 목표로 삼고 있는 한, 혹은 국민당 쪽이 폭력 혁명을 통한 계급 모순의 해소를 용인하지 않는 한, 이 둘 간에는 무력 충돌이 야기될 수밖에 없었다. 이러한 사회 내적 모든 세력간의 투쟁 양상은 중국 사회를 수많은 우여곡절로 점철시켜 갔다. 그 결과 중국 현대사는 다른 어느 역사보다도 많은 역사적 전변(轉變)과 그에 따른 확연한 단층(斷層)으로 구성될 수밖에 없었다.

중국 현대의 역사 무대에서 두 세력이 주연으로 공연한 시기는, ①제 1차 국공합작(國共合作)을 기반으로 한 국민혁명 시기(제1차 국내 혁명전쟁 시기), ②제1차 국공합작이 결렬된 이후의 소비에트 혁명[1] 시기(제2차 국내 혁명전쟁 시기), ③일본의 침략과 제2차 국공합작을 두 축으로 한 소위 중일전쟁[2] 시기(항일전쟁 시기), ④국공내전(國共內戰) 시기(제3차 국내 혁명전쟁 시기)로 분류될 수 있다.

①시기는 국·공 두 세력이 '반제·반봉건'의 슬로건하에 각자의 계급적 이념을 노골화하지 않고 협연에 주력한 단계였다. ②시기는 국·공 두 세력이 각자의 계급적 이념과 목표를 분명히 한 채 상호간에 이질적인 적대 세력을 제거하기 위해 무력적 해결을 시도한 단계였다. ③시기는 이민족(일본)의 침략에 직면해서 각자의 계급적 이념과 목표를 일시 접어둔 채 민족의 생존을 도모하기 위해 다시 협연을 시도한 단계였다. ④시기는 민족 모순이 해소되자, 국·공 두 세력이 본래의 계급적 이념에 기초해서 중국 역사 무대에서의 단독 공연을 놓고 또다시 무력에 의한 해결 방식을 택한 단계였다. 또한 ①시기가 국·공 두 세력간의 탐색

---

1) 이 시기에 이루어진 토지 혁명의 내용에 관해서는 毛里和子, 「江西ソヴェト期の 土地革命」(アジア政經學會 編, 『アジア研究』 20-2, 1973. 7)을 참조 바람.

2) 이 책에서는 1937년 7월 7일 蘆溝橋事件을 계기로 폭발한 중국과 일본의 전면적인 전쟁 상황만을 가리킬 때 '중일전쟁'이라 지칭하였다. 왜냐하면 이 용어는 중국과 일본의 주관적인 관점이 배제된 중립적인 용어라고 할 수 있기 때문이다. 그리고 여기에서 '일중전쟁'이라 하지 않고 '중일전쟁'이라 한 것은 본 연구에서 중국사 분야가 차지하는 비중이 높을 뿐만 아니라 우리 나라에서도 이 용어로 정착되었기 때문이다. 다만 이 책에서 일본의 침략 전쟁에 맞선 중국인의 항일 투쟁이 중국사 혹은 세계사에서 차지하는 의미를 논할 때는 중국인의 주관이 반영된 '항일전쟁'이라는 용어를 사용하겠다. 끝으로, 후술하겠지만 중일전쟁이 공유한 전쟁성과 혁명성의 상호 작용을 논할 때는 '중일전쟁혁명'이라는 새로운 개념을 사용하였다.

전 단계였다고 한다면, ②시기는 국·공 두 세력간의 전초전 단계였다고 할 수 있다. ③시기는 국·공 두 세력간의 작전 타임 단계였다면, ④시기는 국·공 두 세력간의 전면전 혹은 최후의 결전 단계였다고 할 수 있다.

이처럼 중국의 현대사는, 적어도 공산당의 승리로 귀결된 중화인민공화국의 성립 이전까지는 역사 무대의 공연 주제가 달랐고 공연 양상에 다소간의 차이가 있기는 했지만, 기본적으로는 국·공 두 세력간의 '전쟁'이 역사 무대의 전면을 장식하고 있었다. 또한 그러한 '전쟁의 역사' 이면에는 '중국 사회의 주도권을 어느 계급(혹은 어느 계층)이 장악할 것인가?' 또는 '중국 사회를 어떻게 어떤 방향으로 이끌어 나갈 것인가?'를 둘러싸고 국·공 두 세력간의 '반혁명'과 '혁명'이라는 두 노선 사이의 첨예한 대결과 때로는 일시적인 협력으로 점철되었다. 적어도 중국 공산당의 입장에서 중국의 현대사를 바라본다면, 20세기 전반기 중국의 역사는 '전쟁의 역사'인 동시에 '혁명의 역사'였으며, '전쟁'과 '혁명'으로 점철된 역사였다고 할 수 있다.

그런데 '전쟁'과 '혁명'은 당연히 각 시기별로 성격을 달리하고 있었으며, 이 둘 간의 위상이나 관계 역시 달랐다. 먼저 '전쟁'의 관점에서 볼 때, ①시기의 '전쟁'은 국민 국가의 탄생을 위한 산고였다고 할 수 있다. ②시기의 '전쟁'은 국민 국가 혹은 프롤레타리아 독재 국가 건설을 둘러싼 '반혁명'과 '혁명'을 위한 '맹아(萌芽) 단계의 계급 전쟁'이었다고 할 수 있다. ③시기의 '전쟁'은 민족의 생존 도모를 위한 '구망(救亡) 전쟁'이었다고 할 수 있다. ④시기의 '전쟁'은 '반혁명'과 '혁명'을 결판 짓는 '전면적인 계급 전쟁'이었다고 할 수 있다. 더 나아가 ①·②·④시기의 전쟁이 국내 모든 세력간의 전쟁이었다고 한다면, ③시기의 전쟁은 침략 ↔ 반(反)침략 혹은 제국주의 ↔ 반(反)제국주의의 성격을 띤 민족간의 전쟁이었다. 또한 ①·③시기의 전쟁이 공통적으로 중국인에게 구망의 사명을 부여하고 있었다고 한다면, ②·④시기의 전쟁은 공통적으로 계급 투쟁의 성격을 띠고 있었다고 할 수 있다. 그리고 ④시기의 전쟁은 반제·반봉건의 과제를 초보적으로 실현한 전쟁이기도 했다.

다음에 '혁명'[3]의 관점에서 볼 때, ①시기의 국민 국가 건설을 위한 '혁명'이 봉건적 군벌 타도를 위한 '전쟁'의 그늘 속에 가려진 '미완의 혁명'이었다고 한다면, ②시기의 '혁명'은 소비에트 국가의 건설과 파괴를 둘러싼 '전쟁' 속에서 토지 혁명을 실험적으로 추진한 '소비에트 혁명'이었다고 할 수 있다. 그런데 ③시기, 즉 중일전쟁 시기의 신민주주의 혁명은 소비에트 창립 시기의 공산주의 혁명과는 여러 가지 점에서 차이가 있었다. ②시기는 계급 투쟁을 통한 계급 모순의 해소에 주안점이 두어졌지만, ③시기는 계급 모순뿐만 아니라 민족 모순까지도 해소해야 하는 중첩된 목표를 지니고 있었다. ②시기의 경우 '반제(反帝)'라는 민족 모순은 점차 가시화되고 있기는 했지만, 당장 투쟁 역량을 거기에 집중시킬 수 있는 현실적인 여력이 없었다. 당시 세력이 압도적으로 우세한 국민당 군대의 포위 공격 속에서 공산당군이 생존할 수 있는 길은 소비에트 지구의 민중(공산당에게는 사실상 농민)을 얼마만큼 동원해 낼 수 있느냐에 있었다. 그리고 그것을 실현시킬 수 있는 효과적인 방법은 계급 모순의 해소, 즉 토지 혁명이었다. 이에 비해 ③시기는 민족 모순을 극복하는 과제가 공산당군의 생존을 가름할 만큼 중대한 비중을 차지하고 있었다. 그 민족 모순을 극복할 수 있는 효율적인 방식은 항일 유격 근거지 주민에 대한 민족주의 혹은 애국심의 호소, 민족 통일 전선에 입각한 민주 제도의 실시, 부조리한 사회 경제 현실의 획기적인 개선과 사회 복리의 구현, 불합리한 생산 관계의 혁신과 생산력의 증진, 그리고 그러한 모든 조치들을 통한 농민의 지지 획득과 더욱 많은 농민의 전쟁 참여를 유도하는 것이었다. 이를 위해서는 일부 친일분자나 악질적인 지주 등을 제외한 모든 사회 계급(혹은 계층)의 민족 통일 전선을 구축해야 했고, 그것을 실현시키기 위한 전제 조건은 계급 투쟁의 완화 내지 잠정적인

---

3) 찰머스 존슨(Chalmers A. Johnson)은 혁명을 "사회의 정치 조직·권력 관계·계층 구조 및 지배 이념 등이 근본적이고 급격하게 폭력적으로 변혁되는 과정"이라고 정의한다(*Revolution and Social System*, *Stanford*: Hoover Institution Studies, 1964, p.5).

유보였다.

따라서 ③시기 항일 유격 근거지에서는, 소비에트 혁명 시기의 급진적인 토지 개혁을 취소했고, 감조감식(減租減息) 정책과 교조교식(交租交息) 정책(소작료와 이자를 확실하게 지주나 채권자에게 납부하도록 보장한 정책) 등을 통해 대다수 민중의 생활 향상을 가져다 주었으며, 탄력적인 민주 제도에 근거한 항일 민족 통일 전선을 구축하는 동시에 민중의 정치적 참여를 자극하면서 그들을 정치적으로 자각케 했다. 또한 거기에서는 각종 사회 경제 정책과 대생산운동(大生産運動)·합작사운동(合作社運動) 등을 통한 생산력 제고와 인민의 복지 향상 그리고 물자의 원활한 공급·유통·소비에 중점을 두었으며, 항전을 위한 각종 대중 운동, 즉 정풍운동(整風運動 : 주관주의적 학풍, 종파주의적 당풍, 고루한 문풍에 반대하며 전개된 마르크스-레닌주의 교육 운동), 정병간정운동(精兵簡政運動 : 항일 군대를 정예화하고 정치 기구를 간소화하자는 운동), 옹정애민운동(擁政愛民運動 : 인민은 정부를 적극 지지하거나 옹호하고, 정부는 인민을 적극 보호하고 배려하자는 운동), 옹군운동(擁軍運動 : 항일 군대를 적극 옹호하고 지원하자는 운동), 우항운동(優抗運動 : 항일 군인의 가족을 우대하고 그들을 적극 돕자는 운동) 등을 전개해 나감으로써, 당·정·군·민의 일체화를 실현시켜 나갔고 공산당의 항전 능력을 제고시켜 나갔다. 이처럼 중국 공산당은 '계급 혁명'을 '구망 전쟁'의 무대 뒤로 숨김으로써 진보적인 인사와 중간파 혹은 개명적인 지주들까지도 자기편으로 끌어들여 이들을 항일 전쟁의 무대로 동원하는 동시에 국민당 세력을 더욱 고립시켰다. 이 시기의 '혁명'은 '구망 전쟁' 혹은 항일전쟁의 포성이 빗발치는 속에서 조용히 진행되었고 전쟁의 상황 여하에 따라 좌우되기도 했다. 이와 동시에 항일 유격 근거지에서의 혁명적인 모든 조치들은 항일 전쟁의 양상에 많은 변화를 초래했다. 이러한 의미에서 항일전쟁 시기는 '전쟁'이 '혁명'을 규정하고 '혁명'이 '전쟁'에 반작용한 시기였다고 할 수 있다.

④시기에는 전쟁의 승패 여하에 따라 혁명 유산의 보존과 그것의 심화·확산 여부가 달려 있었다. 따라서 중국 공산당에서는 소위 '해방 전

쟁'의 승리를 위해 항일전쟁 시기에 유보시켰던 급진적인 토지 개혁 정
책, 즉 「5·4 지시」(1946. 5)와 「중국 토지법 대강」(1947. 10) 등을 선
포·추진함으로써 한번 손에 넣은 토지를 잃지 않으려는 중국 농민들의
열망에 불을 지펴 그들을 광범위하게 전쟁에 동원할 수 있었다. 이 시기
'전쟁'은 잠복해 있던 '혁명'(혹은 혁명 열기)을 표출시켰을 뿐만 아니라
그것을 심화·확산시켰다. 또한 이 시기 '전쟁'은 수단이었고 '혁명'은 목
적이었다. 따라서 이 시기는 혁명을 달성하기 위해 전쟁을 벌인 '혁명전
쟁'의 시기였다고 할 수 있다.

　중국 공산당 혹은 현재 중국의 일반화된 시기 구분법에 따른다면,
①·②·④시기는 각각 제1·2·3차 국내 혁명전쟁 시기로 구분되면
서 '혁명전쟁' 시기로 분류되고 있는 데 비해, 유독 ③시기만은 '전쟁사'
의 관점에서 '항일전쟁' 시기[4]로 구분되고 있다. 이러한 시기 구분법에 따
른다면, 혁명전쟁 시기인 ②시기와 ④시기 사이에, 항일(혹은 민족)전쟁

---

　4) 참고로 이시지마 노리유키(石島紀之)는 중일전쟁 시기를 다음과 같이 구분하고
　　있다(『中國抗日戰爭史』, 東京 : 靑木書店, 1985의 序文 v~vi).

　　　제1단계 : 1931년 9월(만주사변)~1937년 7월
　　　　제1소단계 : 1931년 9월~1935년 5월
　　　　제2소단계 : 1935년 5월(梅津·何應欽協定)~1937년 7월
　　　제2단계 : 1937년 7월(蘆溝橋事件)~1941년 12월
　　　　제1소단계 : 1937년 7월~1938년 10월(武漢·廣州 함락)
　　　　제2소단계 : 1938년 10월~1941년 12월
　　　제3단계 : 1941년 12월(태평양전쟁 발발)~1945년 8월(일본 항복)
　　　　제1소단계 : 1941년 12월~1943년 12월
　　　　제2소단계 : 1944년 1월(연합군 및 解放區의 局部的 반격)~1945년 8월

　　필자도 이시지마의 중일전쟁 시기 구분법에 공감하고 있다. 중일전쟁의 시기 구
　분법과 관련해서 가장 일반적인 견해는 1937년 7월 7일 노구교사건부터를 중일전
　쟁 시기로 파악하는 것이다. 이 견해에 의하면, 그때부터 민족 모순이 주요 모순
　으로 전화되었다는 것이다. 그런데 중국과 일본 간의 전쟁이 1931년 9월 18일 만
　주사변부터 시작되었다는 것은 부인할 수 없는 사실이다. 더욱이 만주사변을 통해
　만주를 점령한 데 이어 錦州·熱河省, 그리고 冀東地區까지 자신들의 영향력하에
　집어넣었던 일본의 침략 행위는, 關內의 중국 민중뿐만 아니라 국·공 양당에게도
　많은 영향을 미치면서 많은 사람들로 하여금 일본과의 전쟁을 기정사실로 받아들
　이게 하였다. 이미 동북 및 화북에서의 일련의 사태는 중일전쟁의 서막이었던 것
　이다.

시기인 ③시기가 끼여 있기 때문에, ②시기부터 ④시기까지의 중국 역사는 시기 구분법상에서 자연히 분절성(혹은 단절성)을 띨 수밖에 없다. 만일 중일전쟁 시기를 '전쟁사'로 인식해서 그 시기를 항일전쟁 시기로 규정한다면, 국민혁명 시기부터 국공내전 시기까지의 중국 현대사를, '혁명전쟁', 즉 혁명을 실현시키기 위한 전쟁의 시기로 일관되게 규정하기에는 무리가 따른다. 왜냐하면 ①·②·④시기는 '혁명전쟁' 시기로서 혁명이 목적이었고 전쟁은 수단이었던 데 비해, ③시기는 '항일전쟁' 시기로서 '구망' 혹은 '민족 해방'이 목적이었고 전쟁은 수단이었기 때문이다. 즉 ①·②·④시기와 ③시기는 수단으로써 전쟁을 치렀다는 점에서는 공통점을 지니고 있었지만, 이들의 목표는 달랐던 것이다.

이와 같은 시기 구분법 혹은 중국 현대사를 해석하는 관점상의 문제에도 불구하고 최근 중국의 역사학자들은 중국 공산당의 탄생으로부터 중화인민공화국의 수립까지의 역사를 '혁명의 역사'로 인식하여 개설서를 출간한 경우가 많다.[5] 여기에서 문제가 되는 것은 '항일전쟁 시기를 혁명사의 범주에 집어넣을 수 있을까?' 하는 점이다. 다시 말해 '중국 현대사를 혁명의 역사라는 관점에서 파악하고 항일전쟁 시기를 혁명이 지속되고 있던 또 다른 혁명의 시기로 규정할 수는 없을까?' 하는 점이다.

이 문제에 대한 해답을 찾기에 앞서 우리는 각 시기의 '전쟁'과 '혁명'이 상호 연계성·인과성·상보성(相補性)을 띠고 있었다는 점에 주목할 필요가 있다. 즉 ①시기의 '혁명'은 '전쟁' 수단에 의해 구체적으로 체현되어 갔고 종래와는 달리 수많은 농민·노동자들이 이 전쟁에 자발적으로 참여함으로써 '국민혁명'의 성격을 띠게 되었으며, 이것은 국민 국가의 탄생으로 이어질 수 있었다. ②시기의 '소비에트 혁명'은 국민당에 비해 절대 열세에 놓여 있던 공산당이 전쟁 수단에 호소(8·1봉기, 추수[秋

---

5) 대표적인 것으로 胡華 主編, 『中國革命史講義』 上·下(北京 : 中國人民大學出版社, 1979) ; 肖效欽·李良志, 『中國革命史』 上·下(北京 : 紅旗出版社, 1983·1984) ; 楊先材 主編, 『中國革命史』(北京 : 中國人民大學出版社, 1989) ; 姜華宣 主編, 『新編中國革命史』(北京 : 人民出版社, 1993) ; 丁陰奎 主編, 『中國革命史』(上海 : 上海人民出版社, 1994) 등이 있다.

收] 봉기, 장사[長沙] 봉기 등)하거나 수세적인 전쟁을 치르면서 추진되었다. 그 결과 공산당의 급진적인 토지 개혁에도 불구하고 국민당의 보복을 두려워했거나 공산당의 승리를 확신할 수 없었던 상당수의 빈농들이 토지 분배에 소극적이었거나 분배된 토지를 받지 않으려고 하는 경우도 있었다. 이처럼 공산당의 절대 열세에서 발생한 '전쟁'은 '소비에트 혁명'의 기반을 흔들었거나 가로막았던 장애물이었다. ③시기 초반의 '전쟁'은 화북 농촌 사회에서 국민당 군대 및 정부 기관의 퇴각과 행정상의 공백을 초래했으며, 서남부로 퇴각한 국민당 군대와 일본군 사이의 전면전은, 공산당 세력이 국민당 세력의 견제 혹은 그들과의 마찰·충돌 없이 비교적 순조롭게 그 공백을 메우는 데 유리한 환경을 조성해 주었다.[6] 이 상황에서 '구망 전쟁'은 화북 농민들로 하여금 구망의 당위성과 공산당에 대한 새로운 인식을 갖도록 해주었을 뿐만 아니라, 경쟁 세력이 쫓겨난 화북 농촌 사회에서 공산당이 항일전쟁의 주도권을 장악할 수 있는 유리한 환경을 창출해 주었다. 이 시기의 전쟁은 궁극적으로 공산당의 농민 동원을 부추기고 동원된 농민을 잠재적인 계급 혁명 세력으로 만드는 외적인 자극제로서 '계급 혁명'을 위한 인프라 구축 역할을 하였다. ④시기의 '국공내전'은 공산당에 의해 항일전쟁에 동원되었고 그 과정에서 점차 혁명적으로 바뀌고 있던 농민들을 프롤레타리아 계급의 해방을 위한 혁명 전사로 전화시키는 계기로 작용했다. 그래서 이 시기의 전쟁은 계급 혁명을 실현시키는 종합적인 수단으로 작용했다.

상술한 모든 사실들을 고찰해보면, 제1차 국공합작 이후의 중국 현대사에서 '전쟁'과 '혁명'은 상호간에 불가분의 관계를 맺으면서 깊은 영향을 미치고 있었음을 알 수 있다. 특히 이 책의 연구 대상 시기인 항일전쟁 시기(1937. 7~1945. 8)는 항일 유격 근거지[7]만으로 한정할 때 계급

---

6) 魏宏運, 「現代史」, 肖黎 主編, 『中國歷史學四十年』, 北京 : 書目文獻出版社, 1989, 295~327쪽.
7) 중일전쟁 당시 일본군과 공산당군이 동시에 점령하고 있던 지역은 통일적으로 '遊擊區'라고 불렸으나, 일본군이 공격할 때에만 공산당군이 철수하는 지역은 '戰區', '根據地', '紅區', '解放區' 등으로 불렸다. 일본군이 강력히 주둔하고 있어서 공산

혁명을 위한 유리한 환경을 조성하는 데 중요한 역할을 하고 있었다. 이
시기 중·일간의 전쟁은 더 많은 중국 민중, 특히 화북의 항일 유격 근
거지에 거주하던 민중으로 하여금 전쟁의 참상을 경험하게 했고 구망의
필요성을 더욱 절감하게 했다. 이러한 상황은, 비록 시기나 지역 혹은 정
세에 따라 그들의 정치적 태도가 수시로 바뀌고 있었지만,[8] 궁극적으로
화북 농민들의 항전 참여를 확산시키는 주요한 계기로 작용했을 뿐만 아
니라 공산당의 농민 동원을 용이하게 해주었다. 좀더 구체적으로 말하면,
소위 중일전쟁 시기 화북에서의 항일 투쟁은 주로 중국 공산당에 의해
주도되었고, 그 인력은 전시에 동원된 농민으로 충당되었다. 공산당과 농
민 간의 결합은 일본의 전쟁 수행 능력을 억제하는 효과를 가져왔을 뿐
만 아니라, 또한 중국 농민들이 정치적 생활 속으로 뛰어들어 그들의 확
대된 역할을 수행하도록 이끌었다. 일본군의 배후에 설치된 19개 소의
유격 근거지들은 정치화되지 않은 농민을 중국 민족 공동체라는 개념이
나 목표로 끌어들인 훈련장이었다.[9] 그 과정에서 공산당은 더 많은 농민

당군의 비밀 연락대와 정보 부대만 있을 수 있는 지역은 '白區'로 불렸다(滅共中
央委員會調査課 編, 『察南邊地對日赤化工作實態調査報告書』, 1940. 7, [T 993],
1쪽). 이와는 달리 당시 화북 점령지의 치안을 담당하고 있던 北支那方面軍에서는
자신들이 확고하게 지배하고 있던 지구를 '治安地區', 지배 영역이 공산당군과 겹
쳐지는 지구를 '準治安地區', 공산당군이 확고하게 지배권을 행사하던 지구를 '未
治安地區'라고 구분해서 불렀다. 따라서 이 책에서 말하는 '항일 유격 근거지'란
항일 투쟁을 위해 수립한 항일 거점으로서, 공산당군이 확고하게 지배권을 행사하
고 있던 '항일 근거지'와, 그들의 활동 구역이자 여전히 영향력을 행사하던 '항일
유격구'를 아울러서 부르는 말이다. 이와 관련하여 오늘날 중국이나 일본의 학계에
서는 일반적으로 항일전쟁 시기의 공산당군의 항일 거점을 '항일 근거지'로 지칭하
고 있다. 그런데 당시에 일본 세력과 공산당 세력 사이의 우열은 수시로 바뀌었고
그에 따라 지배 권역과 영향 범위도 달라졌다. 더욱이 항일 근거지나 항일 유격구
의 범주 역시 고정되어 있었던 것이 아니고 정세에 따라 유동적이었다. 가령 일본
세력과 공산당 세력 사이의 우열의 변화에 따라 항일 근거지였던 것이 항일 유격
구로 변하기도 했고 항일 유격구가 항일 근거지로 변하기도 했다. 따라서 이러한
점을 고려해 볼 때, '항일 근거지'라는 지칭보다는 '항일 유격 근거지'라는 지칭이
당시의 현실에 더욱 부합될 수 있다고 생각되어, 이 책에서는 항일전쟁 시기 공산
당군의 항일 거점과 활동 구역을 '항일 유격 근거지'로 지칭하고자 한다.

8) 여기에 관해서는 尹輝鐸, 「日本의 占領地政策과 華北農民의 政治的 行態」(『東洋
史學研究』 제60집, 1997. 10)를 참조 바람.

9) Chalmers A. Johnson, "Preface", *Peasant Nationalism and Communist Power*:

들을 항전에 동원하기 위해 종래의 계급 정책을 완화하고 민족 통일 전선에 입각한 민주 제도의 운용과 각종 사회 정책을 추진했다. 그 결과 항전에 동원된 농민들은 공산당의 뒷받침과 사상 공작 속에서 항일 유격 근거지 사회의 주도권을 장악하게 되었고 자연스럽게 잠재적인 계급 혁명 세력으로 전화되어 갔다. 화북 항일 유격 근거지 주민의 항전 참여 확산과 잠재적인 계급적 혁명화는 종래의 전쟁 양상을 수세에서 점진적인 공세로 전화시켰으며, 그 과정에서 '중일전쟁혁명'은 점차 확산·심화되어 갔다.

특히 항일전쟁 시기 공산당의 항일 유격 근거지가 산재해 있던 농촌 사회, 특히 화북 농촌 사회는 공산당에 의해 전쟁에 동원된 농민이 전쟁 및 혁명의 주체가 된 '농민 전쟁 혁명의 실험장'이었다. 그렇지만 그 시기 화북 농촌 사회에서는 민족 전쟁에 의해 계급 혁명의 외연이 확대되었거나 축소되었고 그에 따라 혁명 자체가 영향을 받으면서 확산·심화되었거나 위기에 봉착하였다. 때로는 혁명 상황의 진전 여하에 따라 전쟁의 양상이 달라지기도 했다. 이처럼 항일전쟁 시기 화북 농촌 사회에서는 '전쟁'이 독립 변수로, '혁명'이 종속 변수로 되어 '전쟁'과 '혁명'이 '순망치한(脣亡齒寒)'의 관계를 이루면서 변증법적으로 작용하고 있었다. 다시 말해 중·일간의 전쟁 시기는 계급 전쟁을 벌이고 있던 국·공 두 세력이 일본의 침략으로 국가의 존망이 위태로워지자, 각각의 계급 정책을 일시적으로 완화하고 항일전쟁에 협력을 기울이고 있던 시기였다. 이 시기는 항일전쟁의 승패가 중국 및 중화민족의 존망을 좌우하는 절박한 상황이었기 때문에 항전의 원활한 수행과 궁극적인 승리를 위해 중국의 모든 인력과 물자가 전쟁 수요에 맞추어지고 있었다. 이러한 상황에서 항일 유격 근거지에서는 공산당에 의해 동원된 민중이 점진적으로 혁명화되었거나 혁명적 조치들에 순응해가면서 항일전쟁의 양상에 영향을 미치고 있었다.

───────────────

The Emergence of Revolutionary China, 1937~1945, Stanford California : Stanford University Press, 1967.

이렇게 본다면, 항일전쟁 시기는 근대 아편전쟁 이래 중국 사회에서 되풀이되어 왔던 '침략↔반침략' 혹은 '제국주의↔반제국주의'의 대결 구도가 첨예화된 '전쟁'에 의해 '혁명'이 규정되면서도 때로는 '혁명' 자체가 '전쟁'에 반작용을 한 '전쟁혁명' 시기였다고 할 수 있다. 상술한 것처럼 중국 현대사에서의 '전쟁'과 '혁명'의 상호 관계나 상호 위상을 고찰해 볼 때, 소위 중일전쟁의 성격을 말해주는 '전쟁혁명'이란 '전쟁'과 '혁명'이 병렬적으로 복합되어 형성된 개념을 뜻하지는 않는다. 또한 '전쟁혁명'이란 '전쟁'과 '혁명'을 상호 대등한 개념 혹은 상호 별개의 개념으로 파악하고, 그것들을 단순히 합쳐 놓은 합성어를 의미하지도 않는다. 따라서 항일전쟁 시기는 일반적으로 '전쟁'이 주동적인 지위에 있었고 '혁명'은 피동적인 지위에 있었지만, 때로는 '혁명'이 그 '전쟁' 상황을 유리하게 또는 불리하게 이끌어나가는 데 관건적(關鍵的) 작용을 하기도 했다.

이에 비해 국공내전 시기는 일본의 패망으로 민족 모순이 부차적인 모순으로 되고, 계급 모순이 주요 모순으로 대두된 시기였다. 그래서 이 시기는 국·공 두 당이 각각 반혁명과 혁명을 주장하면서 팽팽히 맞선 가운데 반혁명 세력과 혁명 세력 사이에 피할 수 없는 무력 대결이 벌어진 시기였다. 따라서 국공내전 시기는, 공산당(혹은 혁명 세력)의 입장에서 본다면, 프롤레타리아 계급을 해방시키기 위한 '해방 전쟁' 시기 혹은 계급 혁명을 위해 전쟁을 벌인 '혁명전쟁' 시기였다.

그런데 국공내전 기간 '혁명전쟁'을 수행하는 데 필요한 인적·물적 기초 및 그것들의 동원을 가능케 한 혁명론적 세계관은, 항일전쟁 시기 '전쟁혁명'의 실천 무대였던 중국 농촌 사회(특히 화북 농촌 사회)에서 마련되었다. 특히 항일전쟁 시기 주로 공산당에 의한 농민의 동원화(動員化)[10]

---

10) '동원화(mobilization)'라는 용어는 일반적으로 "어떤 집단이 수동적인 개인들의 집합체인 상태로부터 공공 생활에 활발히 참여하는 상태로 움직여 나가는 과정"을 말한다. '동원화'를 이렇게 정의할 수 있다면, 항일전쟁 시기 중국 공산당이 중국 민중 특히 화북 농민의 인적·물적 자원을 항일 투쟁에 끌어들인 것은, 분명 戰時의 '동원화'라고 할 수 있다. 그리고 그것은 외부로부터의 침략 위협에 직면한 집단 구성원들이 외적에 대항하기 위하여 자원을 捻出했다는 의미에서 '방어적 동원'이라고 할 수 있다(Charles Tilly, *From Mobilization to Revolution*, Massachusetts:

와 그들의 혁명 전사화(戰士化)는 궁극적으로 국공내전에서 공산당의 승리를 가능하게 한 중요한 원동력으로 작용했다. 결과적으로 항일 유격 근거지만을 분석 대상으로 할 때, 항일전쟁이라는 민족 전쟁은 공산당이 항전의 주연 역할을 할 수 있도록 외부 환경을 조성해 준 반면에 국민당 세력을 약화시켰다고 할 수 있다.[11] 또한 일본의 패망으로 민족 전쟁이 계급 전쟁으로 전이되었을 때 항전 과정에서 뿌려진 혁명의 씨앗은 프롤레타리아 계급의 해방을 위한 밑거름으로 작용했다. 결국 국공내전 시기의 '혁명전쟁' 및 공산당의 승리는 항일전쟁 시기의 '전쟁혁명'의 자양분 속에서 실현되었던 것이다. 그러므로 항일전쟁 시기의 '전쟁혁명'은 국공내전 시기의 '혁명전쟁'과 불가분의 관계를 맺고 있었을 뿐만 아니라 상호간에 인과 관계를 형성하고 있었다.

이렇게 볼 때, 국공내전을 단순히 '혁명전쟁'으로만 규정해 버리는 것은, '전쟁'과 '혁명'으로 점철된 중국 현대사 속에서 국공내전이 지닌 역사적 의미를 단순화시킬 우려가 있다. 또한 그러한 성격 규정은 국공내전 시기와 항일전쟁 시기를 분절적으로 파악하는 셈이 된다. 이처럼 국공내전이 '혁명전쟁'으로 간단히 규정되어 버린다면, 결과적으로 중국(특히 화북) 인민의 항전 시기의 동원화와 내전 시기의 혁명화, 즉 중국 인민의 '동원'에서 '혁명'으로의 전화 과정은 자칫 간과되어 버릴 여지를 남기게 된다. 따라서 국공내전은 단순히 '혁명전쟁', 즉 혁명을 실현하기 위한 전쟁이었다기보다는, 항일전쟁 시기의 '전쟁혁명'이 '혁명전쟁'으로 전화된 전쟁의 일종으로서 '전쟁혁명'과 '혁명전쟁'의 유기적인 작용의 결과물로 파악해야 할 것 같다.

이때 '전쟁혁명'의 중요한 모티브는 내셔널리즘(nationalism)이라고 할 수 있고, '혁명전쟁'의 결정적인 모티브는 계급 이데올로기라고 할 수 있

Addison-Wesley Publishing Company, 1978 ; 양길현 외 공역, 『동원에서 혁명으로』, 서울프레스, 1995, 104쪽).

11) Lloyd Eastman, *Seeds of Destruction : Nationalist China in War and Revolution* (*1937~1949*), Stanford University Press, 1984(閔斗基 譯, 『蔣介石은 왜 敗하였는가— 現代中國의 戰爭과 革命』, 지식산업사, 1986, 250쪽).

다. 그렇다고 내셔널리즘만으로 '전쟁혁명'을 파악하거나 계급 이데올로기만으로 '혁명전쟁'을 설명하는 것은 당시의 역사적 사실을 지나치게 단순화하는 잘못을 범할 수 있다. '전쟁혁명' 시기에 내셔널리즘은 분명 중요한 모티브였지만, 그 이면에는 공산당의 정치 공작에 의한 계급 이데올로기가 항일 유격 근거지 내의 모든 계급간의 팽팽한 긴장감 속에서 퍼져나가고 있었다. 또한 '혁명전쟁' 시기 역시 계급 이데올로기가 결정적인 모티브로 작용하기는 했지만, 찰머스 존슨(Chalmers A. Johnson)의 말처럼, 그 이면에는 항일전쟁 시기부터 획득해 온, 중공의 애국자로서의 명성과 권위에서 유래된 내셔널리즘의 잔영이 내전의 승리에 커다란 보탬을 주기도 했다.[12] 그리고 무엇보다도 내전에서의 공산당군의 점진적인 우세는 그때까지 주저하고 있던 대규모의 화북 민중을 공산당 진영에 합류하도록 자극했다. 그렇다고 찰머스 존슨처럼, 일본의 침략에 의해 촉발되고 공산당에 의해 농민 사이에 침투한 내셔널리즘을 지나치게 강조하는 것은 논리적인 위험성을 내포하고 있다. 왜냐하면 내셔널리즘의 상징이 그다지 유효하게 작동하지 않은 국공내전 시기에 중국 공산당의 동일한 방법(즉 민족주의의 고취)에 의한 민중 동원의 성공을 설명할 수 없기 때문이다.[13] 이러한 상황에서 중국 공산당의 성공이 단순한 민족주의 때문인지 아니면 중국 공산당의 이념 때문인지를 따지는 것은 본질적으로 큰 문제가 되지 않는다. 왜냐하면 중국 공산당은 이미 '코민테른의 공산주의'가 아니라 '민족 공산주의'를 대표하고 있었기 때문이다. 중국 공산당의 이념은 농촌에서의 실천 속에서 성장한 것이며, 또한 거대한 세계 해방의 계획으로 지식인들을 끌어들이고 있었다.[14] 적어도 중국 혁명의 성공 원인을 규명할 때는 내셔널리즘과 공산 이념을 양자택일하기보다는

---

12) "Building a Communist Nations in China," Robert Scalapino, ed., *The Communist Revolution in Asia*, Englewood Cliffs, N. J., 1965, pp.47~79.

13) 田中恭子, 「內戰と中共土地政策の轉換」, アジア政經學會 編, 『アジア研究』 24권 4호, 1978. 1, 1~2쪽.

14) John King Fairbank, *China : A New History*, The Belknap Press of Harvard University Press, 1992(중국사연구회 역, 『新中國史』, 까치, 1994, 414쪽).

이들의 유기적인 작용을 고려해야 할 것이다. 마찬가지로 항일전쟁을 내셔널리즘만으로 해명하거나 국공내전을 공산 이념만으로 해명하는 것은, 상술한 사실들을 지나치게 단순화하는 논리적 잘못을 저지를 수 있다. 따라서 항일전쟁과 국공내전은 내셔널리즘과 공산 이념의 유기적인 작용의 산물로서 두 요소 가운데 어느 것이 주요 모순으로 작용했느냐에 따라 각각의 역사적 성격이 달라졌다고 할 수 있다. 이때 내셔널리즘과 공산 이념을 유효 적절하게 배합해 나가면서 새로운 세계관을 제시한 세력은 중국 공산당이었다. 이렇게 본다면 "항일 유격 근거지의 정치·경제·문화 건설이 신민주주의 사회 건설의 초보적인 발판을 마련해 주었다"[15]는 중국 지도부의 평가에서도 알 수 있듯이, 공산당 자체의 각종 활동(항전 노력과 혁명적인 모든 조치들)에서도 중국 혁명의 성공 원인을 찾아야 할 것이다.

항일전쟁에 대한 역사적 평가를 보면, 항일전쟁은 "중국 신민주주의 혁명사의 획기적인 전환점"[16]이었고, "어느 의미에서 일종의 중국 민주혁명"[17]이었다는 것이다. 또한 그것은 "완전한 인민 민주 정치를 실현하기 위한 충분한 조건을 창조했으며, 항일전쟁 시기 해방구(항일 유격 근거지 혹은 변구정부[邊區政府])는 중화인민공화국의 초보적인 모델로서 중국 신민주주의 혁명 중에서 극히 중대한 의미를 지니고 있었다"[18]는 것이다. 항일전쟁은 단순히 전쟁으로 끝난 것이 아니라 중국의 신민주주의 혁명을 실현하는 데도 중요한 견인차 역할을 했음에 틀림없다. 다시 말해 침략 ↔ 반침략 혹은 제국주의 ↔ 반제국주의의 전쟁은 항일 유격 근거지에서의 신민주주의 혁명에 중대한 작용을 했고 신민주주의 혁명의 확산·심화는 반침략 혹은 반제국주의 전쟁을 지속시켜 나간 동시에 그것을 유

---

15) 「楊尙昆在中國人民抗日戰爭紀念館落成典禮會上的講話」, 『人民日報』 1987년 7월 7일자.
16) 胡喬木, 「略談八年抗戰的偉大歷史意義」, 『人民日報』 1987년 7월 8일자.
17) 劉大年, 「抗日戰爭與中華民族統一」, 『抗日戰爭研究』 1992년 제2기.
18) 王檜林, 「中國新民主主義革命過程中的抗日戰爭」, 『北京師範大學學報』 1987년 제4기.

리하게 이끌어 나간 데도 긍정적인 작용을 했던 것이다.

　따라서 국공내전에서의 공산당의 승리 원인(중국측 표현을 빌리면 신민주주의 혁명의 완결)은 항일전쟁 시기의 '전쟁혁명'이 국공내전 시기의 '혁명전쟁'으로 전화되어 가는 과정, 다시 말해 전쟁과 혁명 혹은 혁명과 전쟁의 유기적인 작용 속에서 찾아야 할 것이다. 이때 '전쟁혁명'이란 개념은 '혁명전쟁'이라는 개념과는 다를 수밖에 없다. 전자가 전쟁에 의해 혁명이 규정되면서도 혁명 자체가 그 전쟁에 반작용하는 혁명인 반면에, 후자는 혁명에 의해 전쟁(즉 내전)의 성격이 규정되면서도 전쟁이 혁명의 승패를 가름하는, 혁명 자체를 위한 전쟁을 의미한다. 그리고 전자의 경우에는 기본적으로 전쟁이 혁명을 압도하면서 혁명의 성격을 규정하고 있었다는 점에서 혁명의 상위적 의미를 띠고 있었는 데 비해, 후자의 경우에는 전쟁이 본격적인 혁명 실현을 위한 수단이었다는 점에서 혁명의 하위적 의미를 지니고 있었다고 할 수 있다. 또한 전자의 경우 혁명이 기본적으로 전쟁에 의해 규정되면서도 혁명 자체가 전쟁에 반작용을 한 '혁명'의 일종이었다고 할 수 있지만, 후자의 경우 전쟁은 혁명을 위한 수단적 의미에 불과한 '전쟁'의 일종이었다고 할 수 있다.

　전쟁과 혁명 혹은 혁명과 전쟁, 그리고 이들의 유기적인 작용이라는 관점에서 소위 중일전쟁을 파악해 본다면, 중·일간의 전쟁을 전쟁과 혁명의 이중주로 파악하지 않고 단순히 침략 민족과 피침략 민족간의 전쟁으로만 이해하는 전쟁사적 시각 혹은 중국 공산당의 혁명 과정으로만 이해하는 혁명사적 시각은, 다음과 같은 문제 제기에 직면하게 된다.

　우선 중국 현대사의 시기 구분과 관련하여, 현재 중국에서 보편화되고 있는 전쟁사적 관점의 시기—제1차 국내 혁명전쟁 시기 →제2차 국내 혁명전쟁 시기 →항일전쟁 시기 →제3차 국내 혁명전쟁 시기—에서, 항일전쟁 시기만이 그 전후의 혁명전쟁 시기와 이질성 혹은 분절성을 띠고 있다는 점이다. 또한 혁명사적 관점에서 볼 때에도 항일전쟁 시기는 그 전후의 혁명(전쟁) 시기와 마찬가지의 단절성을 띤다. 물론 내전의 성격을 띤 제1, 2, 3차 국내 혁명전쟁 시기와, 침략 ↔ 반침략 혹은 제국주의 ↔ 반제국주의 전쟁의 성격을 띤 항일전쟁 시기가 다를 수밖에 없는 것은 당연하다.

그런데 5·4운동 이후부터 중화인민공화국 성립 이전까지의 혁명의 성격을 신민주주의 혁명으로 규정하는 관점에서 볼 때, 항일전쟁 시기→ 국공내전 시기→중화인민공화국 시기는 부르주아 민주주의 혁명의 일환인 신민주주의 혁명이 프롤레타리아에 의해 확산·심화되어 가다가 중국의 성립과 더불어 사회주의 혁명으로 전화되어 간 시기이다. 이것이 바로 중국 현대사에서 프롤레타리아 혁명이 지니고 있는 연속성이라고 할 수 있다. 특히 항일전쟁 시기의 농촌 개혁은 국공내전 시기의 토지 개혁의 전사(前史)로서 중요할 뿐만 아니라 이들 사이에는 연속성이 강했다.[19] 게다가 왕후이린(王檜林)의 평가처럼, "항전 시기 중국의 민족 혁명과 민주 혁명이 결합된 항일 전쟁은, 중국 국내 형세의 변화를 초래하지 않을 수가 없었고 중국의 면모를 바꾸지 않을 수가 없었으며 중국의 전도에 영향을 주지 않을 수가 없었다. 즉 항전과 건국(즉 사회주의 사회 건설을 위한 혁명)은 동시에 진행되었던 것이다."[20] 따라서 역사 해석의 일관성 혹은 역사의 나선형적인 발전이라는 측면을 고려해 볼 때, 종래와 같은 혁명전쟁사(제1, 2차 국내 혁명전쟁)→민족 전쟁사(항일전쟁)→혁명전쟁사 (제3차 국내 혁명전쟁)로 이어지는 단절적인(혹은 분절적인) 역사 해석 방법은 역사 사실의 인과성 혹은 연속성을 간과하고 있다는 비판을 면할 수가 없을 것이다.

---

19) 田中恭子, 「中國の農村革命(1942-1945)—減租·淸算·土地改革—」, 『アジア 經濟』 24-9(1983. 9), 22쪽. 중국 공산당이 1937~1946년까지 토지 개혁을 행하지 않고 소작료 및 이자의 인하 정책[減租減息]을 추진했다는 일반적인 인식에 대해, 다나카 교코(田中恭子)는 1946년 '5·4지시'에 입각한 토지 개혁이 실시되기 수년 전부터 지역적으로 토지 개혁이 추진되어 오고 있었다고 하여 항일전쟁과 국공내전의 연속성을 더욱 강조하고 있다(위의 글, 22쪽). 참고로 1945년부터 전후 新중국 수립 시기까지의 연속성을 논한 것으로는 Pepper Suzanne, *Civil War in China : The Political Struggle, 1945~1949*, Berkeley : University of California Press, 1978을 들 수 있다.

20) 王檜林, 「勝利的抗日戰爭—中國歷史的光輝篇章」, 『光明日報』 1990년 8월 29일자.

다음에 소위 중일전쟁처럼 전쟁과 혁명이 유기적으로 작용하는 속에서 횡적이고 수평적으로 대치하고 있던 침략 민족과 피침략 민족간의 전쟁의 이면에서는 구조적이고 종적으로 복잡하게 얽힌 계급(혹은 계층) 사회 속에서 혁명(즉 신민주주의 혁명)이 심화·확산되고 있었다. 따라서 중·일간의 전쟁 시기를 단순히 전쟁사적 관점에서 민족 전쟁 시기로 단순화시키는 관점이나, 혁명사적 관점에서 계급 혁명사의 일환으로 파악하는 관점은 모두 역사 서술상의 일관성을 충족시키지 못할 뿐만 아니라 '전쟁'과 '혁명'이 복잡하게 어우러진 항일전쟁 시기의 역사적 사실을 일면적으로만 파악하고 있다는 비판에서 자유로울 수가 없을 것이다.

이와 관련하여 필자는 중국 현대사 해석상의 비일관성 문제를 해소하기 위한 차원에서 중일전쟁(혹은 항일전쟁)을 **'중일전쟁혁명'**이라는 개념으로 새롭게 규정하고 그 시기 역시 **'중일전쟁혁명 시기'**로 새롭게 규정하고자 한다. 소위 항일전쟁을 '중일전쟁혁명'으로 규정할 때, 중국 현대사는 전쟁과 혁명 혹은 혁명과 전쟁으로 점철된 역사로 위치 지울 수 있을 것이다. 또한 국공내전(즉 제3차 국내 혁명전쟁) 역시 단순한 '혁명전쟁'이라기보다는 소위 항일전쟁의 토양 속에서 배태된 '전쟁혁명'이 숙성되다가 민족 모순의 해소와 더불어 '혁명전쟁'으로 전화된 전쟁의 일종으로 파악할 수 있을 것이다. 이렇게 할 경우 중국 현대사는 제1, 2차 국내 혁명전쟁 시기→중일전쟁혁명 시기→제3차 국내 혁명전쟁 시기로 구분할 수 있지 않을까 생각한다. 이러한 관점에서 볼 때 항일전쟁 시기는 종래의 혁명사적 조류와 전쟁사적 조류가 맞물린 가운데 중·일간 민족 전쟁의 이면에서 신민주주의 혁명이 심화·확산된 '중일전쟁혁명' 시기라고 할 수 있다.

물론 국민당의 통치 지구에서는 혁명 활동이 거의 진행되지 않았지만 항전 말기에 접어들면서 항일 유격 근거지에서의 혁명적 분위기가 점점 확산되고 있었다. 다시 말해 국민당 통치 지구 역시 전쟁혁명의 여파가 미치고 있었기 때문에 전쟁혁명의 범주로부터 자유로울 수는 없었다.

그렇다면 '중일전쟁혁명'에서 말하는 '전쟁' 혹은 '혁명'의 구체적인 실체(혹은 본질)는 어떻게 범주화시킬 수 있을까? 다시 말해 소위 중일전쟁의 개념을 '중일전쟁혁명'으로 새롭게 규정할 경우, 혁명을 규정하는 전쟁의 범주 혹은 전쟁에 반작용하는 혁명의 범주는 어떻게 설정될 수 있을까?

우선 '전쟁'이란 사전적 의미는 싸움 당사자들간의 대규모 물리적 충돌을 의미한다. 이 개념을 중일전쟁혁명 시기에 적용할 때, 일본측(괴뢰 정부 및 괴뢰군을 포함해서)과 이에 맞선 중국 국민들 사이에서 빚어진 대규모 물리적 충돌을 전쟁으로 범주화할 수 있다. 그런데 '전쟁이 혁명을 규정'한다는 의미는 전쟁이 혁명을 좌우할 정도로 혁명 상황에 깊은 영향을 미친다는 것을 말한다. 이 말을 천착해 본다면, 그때의 '전쟁'이란 일본군이 중국을 침략하는 과정에서 중국군(중공군을 포함해서)과 벌인 대규모 전투 행위뿐만 아니라, 점령지를 확대하고 공고히 하기 위한 과정에서 기존의 중국 사회에 급격한 변화를 초래한 각종 점령지 정책과 전술, 그리고 그것에 맞선 중국군의 여러 가지 대응 전략과 전술까지도 일컫는다. 더 나아가 중국 공산당의 신민주주의 혁명 여건을 유리하게 만들어 준 외부 환경으로서의 전쟁의 실체는 다음과 같은 점에서도 찾아볼 수 있다. 즉 일본군의 중국 침략으로 국민정부(國民政府)의 화북에 대한 지배권 상실, 장제스(蔣介石) 직계 중앙 군대의 심대한 타격, 그에 따른 방계 부대와 지방 군대에 대한 통제력의 약화 및 위신 저하, 국민당 군대의 결속력 이완과 전투력 저하, 일본군의 서남지구에 대한 보급로 차단 및 경제 봉쇄에 따른 물자 부족과 물가 등귀, 국민정부의 재정 악화 등의 사태가 그것이다.

이에 비해 '혁명'이란 사전적 의미는 "어떤 상태가 급격하게 발전·변동하는 일"[21]을 뜻한다. 중국 현대사를 전공하고 있는 학자들 대다수는 '5·4운동' 이후부터 중화인민공화국의 수립 전까지 중국 혁명의 성격이 부르주아 민주주의 혁명의 일환인 반제 반봉건의 신민주주의 혁명이었

---

21) 이희승 감수, 『민중 엣센스 국어사전』, 민중서림, 1998, 2882쪽.

다[22]는 데 대체로 동의한다. 그렇다면 신민주주의 혁명의 구체적인 내용
은 무엇인가. 이와 관련해서 중일전쟁혁명 시기에 발표된 마오쩌둥(毛澤
東)의 「신민주주의론(新民主主義論)」에 의하면, 신민주주의 혁명은 노농
동맹을 기초로 프롤레타리아 계급이 지도하는 인민 대중의 반제국주의·
반봉건주의·반관료주의의 혁명을 의미한다. 이를 구체적으로 말하면 신
민주주의 혁명은 정치적으로 각 혁명 계급의 연합 독재를 국체(國體)로
하고 민주집중제를 정체(政體)로 하며, 경제적으로는 '경자유기전(耕者有
其田)'을 기초로 사회주의 요소를 지닌 각종 합작 경제를 건설하며, 문화
적으로는 프롤레타리아 계급이 지도하는 인민 대중의 반제·반봉건의 문
화(항일전쟁 시기에는 항일 통일 전선의 문화)로써 공산주의 사상이 지도하
는 문화를 창제하는 것[23]을 의미한다. 그리고 중국 혁명의 궁극적인 과제
는, 마오쩌둥의 「인민민주독재론(人民民主獨裁論)」에 의하면, "낙후된 중
국을 착실히 농업국에서 공업국으로, 신민주주의 사회에서 사회주의 사회
및 공산주의 사회로 발전시키고 계급을 소멸시켜 세계의 대동을 실현시
키는 것에 있다."[24] 또한 신민주주의 혁명은 "식민지·반식민지·반봉건
사회를 종식시키는 것과 사회주의 사회를 수립하는 것 사이의 과도기 단
계"[25]로 규정될 수 있다.

---

22) 이것의 상세한 내용에 관해서는 池田誠 編, 『中國現代政治史』(京都 : 法律文化
社, 1967) ; 韓善模 역, 『중국현대혁명사』(靑史, 1985), 19~28쪽을 참조 바람. 참
고로 후쿠시마 마사오(福島正夫)는 신민주주의 혁명을 정치·법률상에서의 국민당
과의 투쟁 일환으로 파악한다. 그에 의하면, 신민주주의 혁명의 실체는 공산당이
국민당 일당 독재 체제와 反人民的인 법률에 대해서 통일 전선 정책에 입각한 민
주화된 국가 체제를 주장하고 인민에게 기본적인 권리와 자유를 인정하는 법률과
정치를 요구한 것으로 한정짓는다. 그리고 이에 대한 실천으로서 邊區정부의 각종
민주 제도의 도입을 들고 있다(福島正夫, 『中國の人民民主政權—その建設の過程
と理論』, 東京 : 東京大學出版會, 1964, 序說, 10~12쪽).

23) 毛澤東, 「新民主主義論」(1940. 1), 『毛澤東選集』 제2권, 北京 : 人民出版社,
1992, 662~698쪽).

24) 「論人民民主專政」(1949. 6. 30), 『毛澤東選集』 제4권, 北京 : 人民出版社, 1992,
1476쪽.

25) 『毛澤東選集』 合訂本, 610쪽(여기에서는 李振基, 「論民主革命向社會主義革命轉
變的必然性」, 『山西師大學報(社會科學版)』 제18권 제3기, 1991. 7, 14쪽에서 재
인용).

  이렇게 '전쟁'과 '혁명'의 실체를 범주화할 수 있다면, '전쟁'과 '혁명'의 이중주 속에서 파생된 '전쟁혁명'이 확산·심화되었던 지역은, 일본의 '총력전' 체제(특히 치안강화운동[治安强化運動])와 이에 맞선 중국 공산당·정·군·민의 '인민 전쟁'의 와중에서 신민주주의 혁명이 전개되었던 항일 유격 근거지였다고 할 수 있다. 따라서 '중일전쟁혁명'의 실체와 그 의미를 규명하기 위해서는 일본이 치안 확보에 주력했고 중국 공산당이 항전과 혁명을 주도했던 항일 유격 근거지를 연구 대상 지역으로 삼을 수밖에 없다.

  이렇게 될 경우 항일 유격 근거지 및 항일전쟁에 관한 기존의 연구 실태가 어떠하고 그것들이 노정하고 있는 연구상의 한계들이 무엇인지에 관한 의문이 자연스럽게 제기된다.

Ⅱ 기존 연구의 비판적 검토와 연구 목적

이미 앞에서 고찰한 것처럼 중국의 현대사, 적어도 국민당과 공산당이 역사의 주연으로 활동하던 시기를 연구하는 경우에는 '전쟁'과 '혁명'의 유기적인 작용을 염두에 두고 이들을 동시에 파악해야만 객관적인 역사상을 그려낼 수 있을 것이다. 그런데 종래의 중일전쟁사 및 중국 혁명사 연구는 사실상 '전쟁'과 '혁명'을 따로 떼어 설명함으로써 항일전쟁과 중국 혁명의 유기적 관계 속에서 파생된 '전쟁혁명'의 성격을 제대로 해명하지 못하고 있다. 즉 종래의 연구는 '중일전쟁혁명'의 독립 변수인 '전쟁'의 실체—구체적으로 말하면, 일본군의 각종 점령지 정책과 전술, 그에 수반된 군사 토벌의 과정·내용·결과, 이에 상응한 중국 공산당·정·군·민의 반토벌전(反討伐戰)과 각종 전술, 그리고 이들 두 세력의 물리적 충돌이 화북 농촌 사회, 특히 항일 유격 근거지 사회에 미친 영향—에 대해서는 제대로 주목하지 않고 있는 실정이다. 게다가 '중일전쟁혁명'의 중요한 변수라고 할 수 있는 공산당군과 화북 민중의 관계, 특히 전쟁의 양상에 따른 화북 민중의 정치적 태도나 항전 참여 여부, 이것이 항일전쟁 및 신민주주의 혁명에 미친 영향 등에 대해서는 거의 주목하지 않고 있다.

일반적으로 중·일간의 전쟁은 크게 두 가지 양상을 띠었다. 하나는 전쟁 초기의 국민당 군대와 일본군 사이의 정규전의 양상이었다. 다른 하나는 전쟁 중기·후기의 공산당 군대와 일본군 사이의 민중 획득을 둘러싼 총력전의 양상이었다. 특히 화북에서의 팔로군과 일본군(괴뢰군을 포함해서) 사이의 전쟁 양상은 화북 인구의 대다수를 차지하고 있던 농민들을 어느 쪽이 더 많이 확보하느냐에 따라 달라졌다. 역설적으로 화북에서의 항일전쟁의 궁극적인 승패는 화북 농민의 정치적 행동에 달려 있었다. 결국 화북 지역에서의 전쟁과 혁명의 상호 작용, 그 속에서의 공산당 세력-화북 민중-일본 세력의 역학 관계, 그에 따른 전쟁과 혁명의 양상 변화, 그리고 전쟁과 혁명의 유기적인 작용으로 빚어진 '전쟁혁명'의 실체 규명은 국공내전에서의 공산당의 승리 원인을 밝히는 데 중요한 연구 과제라고 할 수 있다. 국공내전의 결과와 중화인민공화국의 성립을 해명해 줄 수 있는 열쇠는 '중일전쟁혁명'의 실체를 밝히지 않고서는 찾을 수 없는 셈이다.

그렇다면 중일전쟁혁명사와 관련된 기존의 연구 실태는 어떠한가? 기존의 연구들은 기본적으로 국공내전의 결과, 즉 공산당의 승리 원인(혹은 국민당의 패배 원인)을 해명하는 것과 밀접한 관련성을 띠고 진행되었다. 다시 말해 중일전쟁혁명사 연구는 결과론적인 관점, 즉 국공내전에서의 공산당의 승리 원인을 찾기 위한 연구 대상으로서 일차적인 의미를 지닌다. 그리고 이들 연구의 성격은 공산당 승리의 원인을 중국 혁명 운동(혹은 항일 유격 근거지에서의 신민주주의 혁명)의 내적인 측면에서 찾느냐 아니면 항일전쟁과 같은 외적인 요인에서 찾느냐 혹은 이들 모두에서 찾느냐에 따라서도 달라진다.

공산당 승리의 원인 규명과 관련된 기존 연구의 동향을 살펴보면, 대부분의 연구는 혁명 운동의 내적 측면, 즉 공산당군과 국민당군 사이의 역학 관계, 공산당의 제반 정책(특히 통일 전선 정책, 경제 정책, 계급 정책), 국민당의 각종 실정(失政) 등에 집중되어 있음을 알 수 있다. 가령 해리슨(J. P. Harrison)은 공산당의 승리 원인을 공산당 자체의 탁월한 정책·전술·이데올로기·지도력 등과, 국민당의 각종 정치적 과오 등 내적인 측면에서 찾고 있다. 그는 공산당의 승리 원인으로 혁명적인 민족주의, 대중 노선, 농민·이데올로기·조직에서의 공산당의 탁월성, 그리고 외부 비판과 자아 비판에 의해 강화된 당 지도력의 역동성 등을 지적하고 있다.[26]

---

26) *The Long March to Power : A History of the Chinese Communist Party, 1921 ~ 1972*, New York : Praeger Publishers, 1974, p.515.

또한 라이트(Mary C. Wright)[27]나 클레인(Sidney Klein),[28] 마이클(Franz Michael)[29] 등은 공산당의 경제 정책 등에서 승리의 원인을 찾으려고 했다. 이것들은 국공내전에서 공산당군이 승리하게 된 원인들을 중국의 내적인 문제에서 찾으려는 노력의 일환이라고 할 수 있다.

이와는 달리 국공내전에서 공산당이 승리했다는 점에 초점을 맞추기보다는 국민당이 패배했다는 점에 주목하고 패배 원인을 밝힌 연구자도 있다. 대표적인 사람이 로이드 이스트만(Lloyd Eastman)이다. 그는 주로 국민당이 국공내전에서 패배한 원인 분석에 초점을 맞추고 있다. 그가 제시한 국민당 패배의 원인들을 열거하면, 대중의 욕구를 만족시켜 줄 만한 정치적·경제적 개혁 방안의 미실행, 장제스의 권위주의적 통치 행태와 대중 정치의 심리 구조에 대한 몰인식(특히 대중의 항전 동원 방식에 주목하지 않았음), 관료주의, 부패, 지방 정치와 중앙 정부 사이의 갈등과 마찰, 그로 인한 중앙 정부의 지방 정치(혹은 군대)에 대한 장악력 저하, 항일전쟁에서의 장제스 주력 군대의 패배와 역량 약화, 그에 따른 군대의 결합력이나 효율성의 저하, 서부 중국으로의 후퇴로 인한 재정력의 격감과 이용 가능한 자원의 결핍, 경제 정책의 실패와 그에 따른 물자의 부족 및 파괴적인 인플레이션, 그에 따른 대중의 반발과 이탈, 소련군의 만주 진공과 그에 따른 공산당군의 순조로운 만주 장악, 국민정부의 사회적 기반을 상실한 군사 독재적 지향이라는 구조적 취약성, 일본과의 전쟁이 가져온 약화 요인, 그것들로 인한 취약성으로 국민정부의 정치적 지배권이 제한적으로밖에 행사될 수 없었던 점, 행정의 부패와 무능, 파벌끼리의 파멸적인 다툼, 군대에 널리 퍼진 무능과 사기 저하 등이었다.[30]

상술한 시각과 달리, 공산당 승리의 원인을 항일전쟁이라는 외부 요인

27) "The Chinese Peasant and Communism", *Pacific Affairs*, XXIV(1951).
28) *The Pattern of Land Tenure Reform in East Asia After World War II*, New York : 1958.
29) "The Fall of China", *World Politics*, VIII(1956).
30) *Seeds of Destruction : Nationalist China in War and Revolution*(1937~1949), Stanford University Press, 1984(閔斗基 譯, 『蔣介石은 왜 敗하였는가—現代中國의 戰爭과 革命』, 지식산업사, 1986, 247~257쪽).

에서 찾으려고 한 학자가 있는데, 대표적인 사람이 찰머스 존슨이다. 그
에 의하면 공산당에게 승리를 안겨준 가장 중요한 원인은, 공산당의 이
데올로기나 봉건적 수탈이 아니라, 일본의 침략으로 야기된 농민들의 민
족주의였다는 것이다. 그는 공산당군의 급속한 세력 확대 원인을, "일본
의 침공 및 보복 정책, 그리고 지역 엘리트들의 퇴거에 따른 농촌의 무
정부 상태"[31]에서 찾고 있다. 그에 의하면, "공산주의자들은 일본의 침략
활동으로 야기된 농민 동원의 수혜자였지 농민 동원의 원천은 아니었으
며, 공산주의자들의 공헌은 동원된 농민의 조직, 배후 근거지의 건립, 일
본에 대한 효과적인 유격전의 주도였다. 그리고 유격 작전은 일본군으로
하여금 보복을 감행하도록 하였고, 반대로 이것은 농민의 동원을 확대시
켰다"[32]는 것이다. 즉 일본의 무자비한 점령지 정책과 전술이 중국 농민
들로 하여금 증오심과 원한을 품게 만들었거나 그들의 민족 감정을 불러
일으켜 적극적으로 항일 활동에 참여하도록 했고, 이것은 국공내전에서
공산당이 승리를 거두는 데 결정적인 작용을 했다는 것이다. 이러한 주
장에 대해서는 비판의 소리가 없지는 않지만,[33] 그의 저서는 대다수의 연
구가 공산당 승리의 내적 원인에 쏠려 있는 상황에서, 공산당 승리의 외
적 원인에 주목했다는 점에서 의의가 있다.

이처럼 공산당의 승리 원인과 관련해서 크게 세 부류의 견해가 제기되
고 있는 상황에서, 필자가 '전쟁혁명'이란 관점에서 일본의 '총력전' 체제의
실체와 그것이 화북 농촌 사회에 미친 영향, 이 상황에서의 화북 민중의
정치적 태도나 항전 참여 여부, 공산당군의 각종 정책과 전술, 그리고 '중

---

31) Chalmers A. Johnson, *Peasant Nationalism and Communist Power — The Emer-
    gence of Revolutionary China, 1937~1945*, California, Stanford Univ. Press,
    1967, p.49.

32) Chalmers A. Johnson, *Ibid*, p.49.

33) 루시앙 비앙코(Lucien Bianco)는 농민이 항일 운동에 뛰어들게 된 동력은 일본
    의 침략에서 야기된 민족주의였다는 것에 대해 기본적으로 동의하고 있지만, 이와
    같은 민족주의가 공산당 지배 지역과 국민당 지배 지역 모두에서 일어난 것은 아
    니라고 하였다. 즉 국민당 지배 지역의 농민에게는 민족주의가 별 다른 의미를 지
    니고 있지 못했다는 것이다(*Origins of the Chinese Revolution, 1915~1949*, Stan-
    ford Univ., 1971).

일전쟁혁명'이 국공내전 과정에서 작용한 모든 측면 등에 주목하게 된 것
은, 일본의 침략 정책과 전술[34]이 공산당 승리의 중요한 원인으로 작용했
다는 두 번째 견해에서조차 일본군의 화북 점령 체제의 요체이자 중일전쟁
혁명의 주요한 실체인 치안강화운동을 간과하고 있다는 데서 비롯되었다.

중일전쟁혁명 시기 일본군이 화북 사회(특히 팔로군의 주요 활동 무대인
농촌 사회)에서 추진했던 치안강화운동은 해당 사회의 정치・경제・사
회・문화 환경뿐만 아니라 중국인들의 실제 생활이나 의식에 엄청난 변
화를 초래하였다. 일본군의 치안강화운동은 분명 화북의 중국인들에게
중・일간 전쟁의 구체적인 실체로 다가왔으며, 항일전쟁의 구체적인 투쟁
대상 혹은 타파해야 할 구체적인 목표로 가시화되었던 것이다. 또한 그
운동은 항일 유격 근거지에서의 혁명 상황에 지대한 영향을 끼치면서 혁
명을 약화시켰거나 때로는 심화・확산시켰다. 이러한 점에서 일본군이 추
진했던 치안강화운동은 중일전쟁혁명 시기 항일 유격 근거지의 혁명을 규
정했던 '전쟁'의 구체적이고도 가장 핵심적인 체현물 가운데 하나였다고
할 수 있다. 중일전쟁혁명에서의 치안강화운동의 위상을 이와 같이 규정할
수 있다면, 일본의 침략 활동이 적나라하게 표출되고 있던 치안강화운동을
간과한 채 항일전쟁과 중국 혁명의 관계를 규명하는 것은, 수박의 겉을 핥
으면서 수박의 맛을 진단하는 것과 같이, 중일전쟁혁명의 실체라고 할 수
있는 '전쟁혁명'의 본질을 파악하지 못하는 결과를 낳을 수 있다.

따라서 본 연구의 초점은 단순히 국공내전에서 공산당이 승리한 원인
을 규명하는 차원에서 중일전쟁혁명을 파악하는 데 있다기보다는 중일전
쟁혁명의 본질인 '전쟁혁명'을 고찰하는 데 있다. 그런데 '전쟁혁명'의 전
형은 공산당이 주도하고 있던 항일 유격 근거지 사회, 특히 화북 농촌
사회에서 구현되고 있었다. 그래서 본 연구의 분석 대상 지역은 자연히

---

34) 참고로 화북 지역에서의 일본군의 治安作戰樣相에 따른 점령 시기는, 크게 ①
　　占領과 鞏固化를 위한 시기(1938〜1940년말), ② 치안의 强化와 高潮 시기(1941
　　〜1943년 여름), ③ 衰退와 投降 시기(1943년 가을〜1945년)로 나눌 수 있다(徐
　　勇, 抗日戰爭史叢書『正服之夢─日本侵華戰略』, 桂林：廣西師範大學出版社, 1993,
　　319쪽).

화북 사회, 특히 일본군의 점령 지구와 그 안팎에 포진하고 있던 항일 유격 근거지 사회가 될 수밖에 없다.

이 책에서 해명하려는 '중일전쟁혁명'의 실체는 어떻게 설명할 수 있을까. 그것은 중·일간의 전쟁 발발과 더불어 팔로군의 화북 진출 및 일본군 점령 지역 내 항일 유격 근거지의 수립, 이에 대응한 일본의 화북 점령지 정책과 전술(특히 치안강화운동)의 추진 및 그에 따른 전쟁의 심화·확산, 일본의 점령지 정책과 전술이 화북의 농촌 사회, 특히 항일 유격 근거지 사회뿐만 아니라 해당 주민들의 제반 생활 및 심리 상태 등에 미친 영향, 이 상황에 대응한 공산당군의 전략·전술과 각종 정책의 추진, 그에 따른 신민주주의 혁명의 심화·확산, 이 과정에서의 일본 세력(괴뢰정부인 화북정무위원회[華北政務委員會][35] 및 그 산하의 괴뢰군, 민간 파쇼 조직인 중화민국신민회[中華民國新民會] 등을 포함해서)과 공산당 세력 사이의 역학 관계, 화북 민중의 정세 인식 및 정치적 태도, 그리고 신민주주의 혁명이 국공내전에 미친 영향이나 상호 관련성 등으로 정리할 수 있다.

이하에서는 '중일전쟁혁명'의 실체와 관련지어 기존의 연구 동향을 살펴보자. 우선 이 책의 제1편에서 다루어질 항일 유격 근거지의 형성·발전과 그에 대한 일본의 화북 점령지 정책과 전술에 관한 연구 동향을 살펴보면, 전자에 관한 연구는 활발한 편이다. 이 가운데 화북의 항일 유격 근거지만을 다룬 연구서로는 周貫中의 『艱苦奮戰的冀魯邊』(杭州 : 浙江人民出版社, 1983) ; 陳廉의 『抗日根據地發展史略』(北京 : 解放軍出版社, 1987) ; 魏宏運·左志遠 主編의 『華北抗日根據地史』(北京 : 檔案出版社, 1990) ; 晋綏革命根據地工人運動史編寫組 編, 『晋綏革命根據地工人運動史』(北京 : 中國工人出版社, 1993) ; 宋金壽·李忠全 主編, 『陝甘寧邊區政權建設史』

---

35) 화북의 괴뢰 정권인 中華民國臨時政府의 後身이라고도 할 수 있는 괴뢰 조직으로서, 1940년 1월 왕징웨이(汪精衛)를 수반으로 하는 괴뢰 중화민국정부가 上海에서 건립되자, 화북 지역을 관할하기 위해 종래의 중화민국임시정부의 조직을 주축으로 1940년 4월 1일 北平에서 성립되었다가 1945년 8월 15일 해산되었다. 주요 부서로서 내무·재무·치안·교육·건설의 5개 總署가 설치되었고, 각 총서에는 督辦 1인이 政務를 관장했으며, 王克敏·王輯唐·朱深·王陰泰 등이 위원장에 취임했다(『民國史大辭典』, 北京 : 中國廣播電視出版社, 1991, 457쪽 참조).

(西安:陝西人民出版社, 1991);申春生의 『山東抗日根據地史』(濟南:山東大學出版社, 1993);齊武의 『晋冀魯豫邊區史』(北京:當代中國出版社, 1995);福島正夫의 『中國の人民民主政權—その建設の過程と理論』(東京:東京大學出版會, 1965);今井駿의 『中國革命と對日抗戰:抗日民族統一戰線史研究序說』(東京:汲古書院, 1997) 등이 있다.

저우관중(周貫中)의 저서는 기로변(冀魯邊:하북성과 산동성의 경계)지구에서의 힘겨운 항일 투쟁 상황을 다루었다. 천롄(陳廉)의 저서는 항일 유격 근거지론의 대두 배경과 그에 따른 진척 과정, 그리고 중국 각지의 항일 유격 근거지의 형성 과정과 발전 상황을 개설적으로 평이하게 다루었다. 웨이훙윈(魏宏運) 등의 저서는 화북의 항일 유격 근거지의 형성 과정, 각종 항일 전투, 반소탕전(反掃蕩戰), 유격 근거지의 문화 교육 실태 등을 다룬 것으로 개설서의 성격을 띠고 있다. 나머지 중국측 저서들은, 책의 제목이 말해 주듯이, 진수(晋綏)유격근거지에서의 노동 운동사, 섬감녕변구(陝甘寧邊區)·산동유격근거지·진기로예(晋冀魯豫)유격근거지의 형성 과정, 각종 항일 투쟁 상황 등을 다루었다. 후쿠시마 마사오(福島正夫)의 저서는 항일 유격 근거지의 변구정부를 초보적인 인민 민주 정권[36]으로 파악하고 유격 근거지의 각종 민주 제도 등에 대한 연구를 바탕으로 인민 민주 정권의 확대·발전 과정과 그것이 중화인민공화국으로 이어지는 이론적 과정을 다루었다. 이마이 슌(今井駿)의 저서는 중국 공산당의 항일 민족 통일 전선의 결성 과정을 다루었다. 그 밖에 항일 유격 근거지의 형성과 발전 과정을 다룬 논문들[37]도 다수 있다.

---

36) 후쿠시마 마사오는 이 개념을 "극히 광범위한 민주주의 권력으로서 부르주아적인 것은 아니며, 소수의 민주주의가 아니고 최대 다수의 민주주의이며, 소수에 대해서는 독재이지만 압도적인 다수의 인민 대중에 대해서는 민주주의"라고 규정하고 있다(앞의 책, 序說, 7쪽).

37) 대표적인 것만을 열거하면, 廣谷豊, 「延安政權發展の跡」(『中國評論』 1-3, 1946. 10);宮坂宏, 「陝甘寧邊區の政權組織について」(『早稻田法學會誌』 14, 1964. 3) 및 「陝甘寧邊區の政權成立」(『歷史敎育』 137, 1965. 1);福島正夫, 「邊區(解放區)政權の建設とその意義」(『現代アジア革命と法』 下, 東京:勁草書房, 1966);今井駿, 「抗日根據地の形成過程についての一考察— 冀南根據地を中心に」(『史潮』108, 1971. 6);安井三吉, 「中國抗日民族統一戰線の展開過程:晋察冀邊區の形成·發展」

후자의 일환으로서 자치자위공작(自治自衛工作)의 핵심인 보갑제도(保甲制度)를 다룬 연구서로는 주더신(朱德新)의 『二十世紀三四十年代河南冀東保甲制度硏究』(北京 : 中國社會科學出版社, 1994)를 들 수 있다. 이 책은 중일전쟁혁명 시기 일본의 보갑제도 이외에 하남에서 국민당이 공산당을 상대로 실시한 보갑제도[38]까지를 다루고 있다. 이 책의 특징은 보갑제도하에서의 공산당의 '양면촌(兩面村)' 정권 수립 공작과 이 과정에서의 중국 민중의 정치적 참여 실태를 분석하고 있다는 점에 있다. 또 김정미(金靜美)의 『中國東北部における抗日朝鮮・中國民衆史序說』(東京 : 現代企劃室, 1992) 제3장 「'七・七事變'以後の華北・モンゴル東南部における'無人區''集團部落'と中國民衆のたたかい」를 들 수 있다. 이 글은 기동지구(冀東地區) 및 몽골에서 일본군이 추진했던 집가공작(集家工作)을 다루었다. 그 밖에 일본의 화북 점령지 정책과 전술의 일부만을 극히 간략하게 다루었거나[39] 일본 점령지의 민간 파쇼 조직으로서 '반민반군(半民半軍)'적 성격을 띤 중화민국신민회(이하에서는 신민회라 약칭)를 분석한 논문들도 있다.[40]

이러한 연구 동향을 종합적으로 고찰해 보면, 중일전쟁혁명 시기 화북점령지에서의 전쟁・치안 및 제반 임무를 총괄하고 있던 북지나방면군

(『歷史學硏究』 別冊特輯, 1971) 및 「華北抗日民主政權」(芝池靖夫 編, 『中國社會主義史硏究 : 中國解放區硏究序說』, 東京 : ミネルヴァ書房, 1978) 및 「茅山根據地の形成」(『季刊中國硏究』 3, 1985); 井上久士, 「華北抗日根據地の展開 : 冀中地區を中心として」(『中國近代史硏究會會通信』 4, 1977. 3); 馬場毅, 「抗日根據地の形成と農民 : 山東區を中心に」(『講座中國近現代史』 6, 1978) 등이 있다.

38) 참고로 국민당이 실시한 보갑제도하에서의 지방 통치 권력의 변화 실태를 다룬 논문으로는 沈松橋, 「從自治到保甲 : 近代河南地方基層政治の演變, 1908～1935」(『中央硏究院近代史硏究所集刊』 제18기, 1989. 6)을 들 수 있다.

39) 陳平, 「一個特殊的戰略地帶─長城線上'無人區'」(『黨史硏究』 1985-3) 및 「一個特殊的戰略地帶─長城線上的千里'無人區'」(『唐山黨史資料通訊』 제25기, 1987. 9); 李恩涵, 「日軍對晋東北,冀西,冀中的'三光作戰'考實」(『抗日戰爭硏究』 1993-4).

40) 八卷佳子, 「中華民國新民會の成立と初期工作狀況」(藤井昇三 編, 『1930年代中國の硏究』, 東京 : アジア經濟硏究所, 1975의 제9장); 曾業英, 「略論日僞新民會」(『近代史硏究』 1992년 제1기); 王國華, 「關于日僞北京新民會」(北京市檔案館 編, 『日僞北京新民會』, 北京 : 光明日報出版社, 1989).

(北支那方面軍, 이하에서는 방면군이라 약칭)의 화북 점령지 정책과 전술의 핵심이자 중일전쟁혁명에서 중요한 비중을 차지하고 있던 치안강화운동 의 전모를 한꺼번에 다룬 연구물은 없음을 알 수 있다. 특히 일본의 화 북 통치에 관여한 정무 지도 기구(政務指導機構)들(방면군, 괴뢰 정부, 괴뢰 군, 신민회, 흥아원화북연락부[興亞院華北連絡部] 등) 사이의 지휘·명령 체 계 및 운용 원리, 일본 정부와의 관련성, 군사 토벌의 추이 및 특징, 선 무공작(宣撫工作) 등에 관해서는 거의 분석이 이루어지지 않고 있다.

다음에 이 책의 제2편에서 다루어질 일본의 화북 점령지 정책과 전술 이 화북 농촌 사회, 특히 항일 유격 근거지뿐만 아니라 화북 민중의 심 리 및 정치적 태도에 미친 영향과 결과 등에 관한 연구는 사실상 전무한 실정이다.

마지막으로 이 책의 제3편에서 다루어질 '중일전쟁혁명'의 심화·확산 과 밀접하게 관련된 공산당군의 항전 동원 체제, 각종 정책 및 전술, 유 격 근거지의 대중 운동 등에 관한 연구는 매우 활발한 편이다. 연안정풍 운동(延安整風運動)을 다룬 연구서로는 젠쭝(建衆)의 『延安整風運動和中 國共產黨』(蘭州:蘭州人民出版社, 1984)을 들 수 있다. 이 책은 연안정풍 운동의 추진 배경과 과정, 그 속에서의 공산당의 역할, 연안정풍운동의 의의 등을 다루었다. 이 외에도 이 운동을 다룬 논문들은 매우 많은 편 이다.[41]

---

41) 岩村三千夫, 「中共の三風肅正運動」(『中國評論』 1-2, 1946. 8);藤田正典, 「第一 次整風運動の史的背景」(『歷史學硏究』 216, 1958. 2);山本秀夫, 「整風運動の基本 的考察:農民解放とその諸條件」(『現代中國』 34, 1959. 6);新島淳良, 「延安の整風 運動」(『現代中國』 36, 1961. 6);德田教之, 「延安整風運動と毛澤東のカリスマ 化:1941~1942年を中心として」(『アジア經濟』 12-1, 1971. 1);今井駿, 「'精兵簡 政'について:延安整風運動への一時角」(『歷史學硏究』 제373호, 1971. 6);宍戸 寬, 「精兵簡政と整風」(『中國硏究月報』 제437호, 1984);中村樓蘭, 「陝甘寧邊區に おける政府幹部問題」(『慶應義塾大學大學院法學硏究科論文集』 22, 1985);丸田孝 志, 「最近の中國における延安整風運動硏究の狀況」(『廣島史學』MONSOON』 3, 1990);章學新, 「推動延安整風的關鍵性會議」(『黨的文獻(京)』 1997년 제6기);欒雪 飛, 「延安情神的歷史作用及對今天的啓示」(『蒲峪學刊(克山)』 1992년 제4기);鄧小 河, 「對延安審干運動偏差的再思考」(『福建論壇(文史哲版, 福州)』 1995년 제1기); 薄一波, 「整風, 華北工作座談會和黨籍七大」(『中共黨史硏究(京)』 1996년 제2기);

항일 유격 근거지의 경제 정책 일반과 대생산운동을 다룬 연구서로는 도쿠다 다로(德田太郎)・나와 쓰네카즈(名和統一)의 『中國解放區の經濟政策』(東京:東方書局, 1949)과 장쉐이량(張水良)의 『抗日戰爭時期中國解放區農業大生産運動』(福州:福建人民出版社, 1981)이 있다. 이외에 상당수의 논문들도 그 주제를 다루고 있다.[42] 또한 감조감식을 비롯한 농업・토지 정책을 다룬 연구서로는 사토 신이치로(佐藤愼一郎)의 『中國共産黨の農業集團化政策』(東京:アジア經濟硏究所, 1961)과 콩용쑹(孔永松)의 『中國共産黨土地政策演變史』(南昌:江西人民出版社, 1987)를 들 수 있다. 이들 저서의 일부에서는 중일전쟁혁명 시기 중국 공산당의 농업 및 토지 정책의 실태가 규명되고 있다. 이 밖에도 관련 논문들이 풍부하다.[43] 더 나아

尹輝鐸, 「抗戰時期 陝甘寧 邊區의 自然科學運動과 延安整風運動—延安自然科學院의 浮沈을 통해서 본 邊區社會의 '紅'・'專' 拮抗關係—」, 『東洋史學硏究』 제82집, 2003. 3.

42) 上妻隆榮, 「抗日戰爭期における中共の經濟政策」(『東亞經濟硏究』 35-3, 1961. 11);儀我莊一郎, 「解放區の經濟建設」(天野元之助 編, 『現代中國經濟論』, 東京:ミネルヴァ書房, 1961);安藤正士, 「陝甘寧邊區における經濟建設」(『現代中國』 37, 1962. 2);高橋滿, 「延安大生産運動:新民主主義經濟建設路線の形成」 1・2 (『農業總合硏究』 31-1・2, 1977. 1・4);內田知行, 「抗日戰爭時期陝甘寧邊區における農業生産互助組:大生産運動(1943~1944)の一側面」(『アジア硏究』 21-1, 1980. 4) 及 「陝甘寧邊區における農業生産互助組:その摸索と挫折」(『日中學院創立三十周年記念論集』 1982. 4);田中恒次郎, 「華北解放區の形成と抗日經濟政策:晋察冀邊區を中心として」(淺田喬二 編, 『日本帝國主義下の中國』, 東京:樂遊書房, 1981);風間秀人, 「華中解放區の形成と抗日經濟戰:蘇北解放區を中心として」(淺田喬二 編, 『日本帝國主義下の中國』, 東京:樂遊書房, 1981);佐藤宏, 「抗戰・家庭・生産—華北抗日根據地の事例—」(『季刊中國硏究』 11, 1988);井上久士, 「邊區における農業生産組織の性格について」(『中國史における社會と民衆』, 東京:汲古書院, 1983).

43) 石田米子, 「抗日戰爭期の農民運動:陝甘寧邊區の減租鬪爭」(『岡山大學文學部紀要』 1, 1980. 12);池田誠, 「中國人民革命と土地政策」(『立命館法學』 13, 1949. 10);古島和雄, 「抗戰時期の中共の土地政策」(『東洋文化硏究所紀要』 10, 1956. 11) 及 『土地所有の史的硏究』, 東京:東大出版會, 1956);川村嘉夫, 「延安時期における中共の土地政策の展開」(『アジア經濟』 12-1, 1971. 1) 及 「抗日民族統一戰線と中共の土地政策」(山本秀夫・野間淸 編, 『中國農村革命の展開』, 東京:アジア經濟硏究所, 1972);風間秀人, 「華中抗日根據地における土地政策の展開:蘇北解放區を中心として」(『歷史評論』 386, 1982. 6);田中恭子, 「中國の農村革命(1942~1945):減租・淸算・土地改革」(『アジア經濟』 제24권 제9호, 1983. 9);肖一平・郭德宏, 「抗日戰爭時期的減租減息」(『近代史硏究』 1981년 제4기);汪玉

가 항일 유격 근거지의 통화 및 재정 정책을 다룬 연구서로는 이와타케 데루히코(岩武照彦)의 『近代中國通貨統一史─15年戰爭期における通貨鬪爭(上)(下)』(東京:みすず書房, 1990)과 구와노 히토시(桑野仁)의 『戰時通貨工作史論:日中通貨戰分析』(東京:法政大學出版局, 1964)을 들 수 있다. 이 밖에도 이 분야를 분석한 논문들이 다수 있다.[44]

팔로군의 전술이나 민중 동원 공작을 다룬 연구는 거의 없는데, 중일전쟁혁명 시기 팔로군의 전사를 다룬 연구서로는 軍事科學院軍事歷史研究部 편저의 『中國人民解放軍戰史』 제 2 권(抗日戰爭時期)(北京:軍事科學出版社, 1987)을 들 수 있다. 팔로군과 관련해서 주목되는 또 하나의 연구서로는 시시도 유타카(宍戶寬) 등 5명이 공동으로 집필한 『中國八路軍, 新四軍史』(東京:河出書房新社, 1989)가 있다. 이 책의 제 3 부에서는 팔로군 및 신사군(新四軍)[45]의 편성과 장비, 교육 실태, 공산당군 내부·일본군·괴뢰군에 대한 정치 공작, 병력 동원 공작 등을 규명하고 있다. 이외에 이 분야 논문들이 몇 편 있다.[46]

凱, 「陝甘寧邊區實行減租減息政策的歷史考察」(『黨史研究』 1983년 제 3 기);陳其貴, 「抗戰時期解放區減租減息政策初探」, 復印報刊資料 『中國現代史』 K4, 1984년 제 3 기);孔永松,「試論抗戰時期陝甘寧邊區的特殊土地問題」(『中國社會經濟史研究』 1984년 제 4 기);高德福, 「華北抗日根據地的減租減息運動」, (『南開學報』(哲社版) 1985년 제 6 기);張洪祥, 「論抗戰時期北岳區減租減息運動」(南開大學歷史系 編, 『中國抗日根據地史國際學術討論會論文集』, 北京:檔案出版社, 1986);王延中, 「抗戰時期山東解放區農村經濟關係的變遷」(『近代史研究』 1991년 제 1 기);于雷, 「論抗日根據地的減租減息」(『北方論叢(哈爾濱師大學報)』 1988년 제 3 기).

44) 宮下忠雄, 「中共邊區の經濟と通貨」(『神戶大學經濟學硏究年報』 제 4 호, 1957. 12);桑野仁, 「解放區貨幣金融」(金融制度硏究會 編, 『中國金融制度』, 東京:日本評論社, 1960) 및 『戰時通貨工作史論:日中通貨戰分析』(法政大學出版局, 1964);井上久士, 「陝甘寧邊區の財政と對外貿易」(『中嶋敏先生古稀記念論集』 下, 東京:汲古書院, 1981. 7);「陝甘寧邊區の通貨·金融政策と邊區經濟建設」(『歷史學研究』 제 505 호, 1982. 6);岩武照彦, 「抗日根據地における通貨および通貨政策」(『史學雜誌』 92-4, 1983. 4);馬場毅, 「山東抗日根據地における財政問題」(『(早稻田大學)史觀』 제 110 호, 1984).

45) 여기에 관한 대표적인 연구 자료 목록으로는 魏蒲·陳廣相 編, 『新四軍研究資料索引』(蘇州:江蘇人民出版社, 1990)을 참조 바람.

46) 佐藤宏, 「八路軍の民衆動員」(『現代中國』 제 63 호, 1989);丸田孝志, 「抗日戰爭における中國共産黨の鋤奸政策」(『史學研究』 제 199 호, 1993).

이 책의 주요 목적인 '전쟁혁명'의 해명 문제와, 이미 살펴본 기존 연구들의 동향을 종합적으로 결부시켜 본다면, 기존 연구들은 다음과 같은 점에서 한계를 드러내고 있다고 할 수 있다.

우선 기존의 항일 유격 근거지에 관한 연구는 '전쟁'이 '혁명'을 규정하는 상황의 대표적인 사례라고 할 수 있는 '치안강화운동과 화북 항일 유격 근거지의 관계'에 대해서는 간과하고 있다. 기존 연구는 대부분 중·일간의 전쟁에 휩싸인 화북 사회에서 항일 유격 근거지만을 따로 떼어낸 채 그것의 형성과 발전 과정, 거기에서의 정풍운동, 공산당군의 각종 정책(특히 농업 및 토지 정책, 재정 및 화폐 정책)에 주목하였다. 그 결과 기존 연구는 화북 사회, 특히 화북의 항일 유격 근거지 사회에 직접적이고 엄청난 변화를 초래함으로써 중일전쟁혁명에서 중요한 비중을 차지하고 있던 치안강화운동의 추진 배경과 실태, 그것이 야기한 화북 사회 및 화북 농민들의 정치적·경제적·사회적·심리적인 모든 측면, 공산당군의 전략·전술, 투쟁 활동 등에 미친 영향, 그리고 그러한 상황에서 화북 민중(주로 농민)-비공산계의 다양한 무장 세력-공산당 세력-일제 세력의 네 집단 간의 역학 관계 등은 제대로 규명하지 못하고 있다. 따라서 이들 연구에서는 화북 점령지에서의 일본의 '총력전' 체제의 본질인 치안강화운동이 화북 농민들의 항일 및 혁명 활동과 어떠한 상관 관계를 지니고 있었고, 그 결과가 향후의 국공내전 및 중화인민공화국의 수립과 어떠한 연계성(혹은 인과성)을 지니고 있었는지는 여전히 해결해야 할 과제로 남아 있다.

실제로 일본 세력의 화북 점령지 정책과 전술, 이에 맞선 공산당 세력의 항전 정책과 전술, 중·일간의 공방전 속에서 화북 민중이 취한 정치적 태도나 항전 참여 정도 역시 중일전쟁혁명의 실체를 구성하는 중요한 요소였다. 그리고 일본 세력-화북 민중-공산당 세력 사이의 상호 관계 속에서 혁명은 쇠퇴하거나 때로는 심화·확산되고 있었다. 특히 화북의 항일 유격 근거지 사회에서는 일본의 강화된 점령지 정책·전술에 맞서 공산당·정·군·민의 항전이 맞물리면서 '전쟁혁명'이 심화·확산되고 있었으며, 이 혁명은 일본의 패망 직후 국공내전, 즉 '혁명전쟁'으로 전화되었다. 그 결과 '전쟁혁명'의 중요한 담론이었던 민족 혁명의 필요성은 저하되었고 '혁명전쟁'의 본질인 계급 혁명의 필요성은 강화·표출되었다. 따라서 항일전쟁은 '전쟁혁명'을 잉태했고, 그것을 확산·심화시킨 모체 역할을 한 동시에, 향후에 일어난 '혁명전쟁'의 씨앗을 움트게 한 온상의 역할도 했다고 할 수 있다.

　그런데 기존의 연구가 주목하고 있는 화북에서의 항일 유격 근거지의 형성과 그 곳에서의 정풍운동 및 각종 정책 등은 항전의 일환으로 추진 되었다는 점을 고려해 볼 때, 항일 유격 근거지 사회에서의 여러 가지 움 직임들을 제대로 이해하기 위해서는 그러한 움직임들을 촉발한 원인 제공 자, 즉 일본의 화북 점령지 정책과 전술(특히 치안강화운동)을 이해하지 않 으면 안 된다. 화북 항일 유격 근거지에서의 항전 정책과 전술, 그리고 대중 운동 등은 일본의 점령지 정책에 대한 대립항이자 중일전쟁혁명의 중요한 구성 인자였다. 그러므로 치안강화운동을 핵심으로 한 일본의 점 령지 정책과 그에 수반된 항일 유격 근거지의 항전 움직임(즉 전쟁)이 독 립 변수였다고 한다면, 항일 유격 근거지에서의 항전에 수반된 혁명적인 모든 조치들(즉 신민주주의 혁명)은 종속 변수였다고 할 수 있다. 이때 항 일 유격 근거지에서의 각종 항전 정책과 성과 여부는 화북에서의 중·일 간 전쟁, 더 나아가 중국 전역에서의 중·일간 전쟁의 판세에도 영향을 미쳤다. 따라서 항일 유격 근거지에서의 항전 정책과 전략, 그에 수반된 신민주주의 혁명의 심화·확산은 침략 전쟁(혹은 제국주의 전쟁)에 대한 반 작용 속에서 이루어졌기 때문에, 화북에서의 침략 전쟁의 중요한 실체였던 일본의 점령지 정책과 전술을 파악해야만 '전쟁'과 '혁명'이 어우러져서 빚 어진 '전쟁혁명'의 본질을 규명할 수 있다는 당위성이 제기된다.

　화북 지역과 달리, 중일전쟁혁명 시기 신사군의 활동 무대였던 화중(華 中) 지역이나 화남항일유격종대(華南抗日遊擊縱隊)의 활동 지역이었던 화 남(華南) 지역은 '전쟁혁명'의 본질을 규명하는 데 다음과 같은 한계를 지니고 있었다. 이들 지역의 공산당 세력은 화북의 팔로군에 비해 상대 적으로 약했고 관할 지구도 훨씬 작았기 때문에 일본군의 대공(對共) 정책과 전술은 화북에 집중되어 있었다. 그 결과 화중·화남 지역에서 실시된 일본의 점령지 정책이나 전술, 특히 청향운동(淸鄕運動)[47]의 강도는 화북의 치안강화운동에 비해 약했고, 그 파장도 상대적으로 작았다. 게다가 이들 지역은 '전쟁혁명'이 '혁명전쟁'으로 전화되는 시기, 즉 국공내전 시기에서의 역할이나 비중을 고려해 볼 때, 적당한 연구 대상 지역이라고는 할 수 없다.

그렇다면 '전쟁혁명'의 본질 규명과 관련하여, 화북 지역은 당연히 중요한 분석 대상 지역이 된다. 그런데 중일전쟁혁명사와 관련된 기존의 화북 지역 연구는 항일 유격 근거지의 각종 정책 연구에 치중되어 있다. 게다가 기존의 연구는 일본군 점령 지구 밖에 포진한 채 공산당의 강력한 통치 기반 위에서 각종 항전 정책이 안정적으로 실시되고 있던 섬감녕변구에 집중되어 있다. 그 이유는 당시 섬감녕변구가 항일전쟁에서의 '후방 지역'으로 불려지고 있었듯이, 항전 정책이 순조롭게 관철되고 있던 모범적인 항일 근거지여서 중일전쟁혁명을 단순히 전쟁사나 혁명사의

---

47) 일본 및 왕징웨이(汪精衛) 괴뢰 정권은 1941년 7월부터 1945년까지 화북 지역에서의 치안강화운동에 발맞추어 화중·화남 지역의 치안을 확립하기 위해 소위 '新國民運動'을 제창하고 '反共和平建國', '中日共存共榮', '東亞新秩序' 등의 이데올로기를 고취시키면서 新四軍 및 국민당 따이리(戴笠)系 忠義救國軍 등의 활동 지역에서 각종 점령지 정책과 전술을 전개했다. 청향운동의 주요 내용을 열거하면, ① 적의 전투 능력과 정치 기구, 특히 공산주의의 성격을 띤 기구에 대한 철저한 소탕 및 파괴, ② 지역 군사 기능의 강화, ③ 농촌 保甲近隣制의 완성, ④ 농촌 자치 행정 기구의 완비(괴뢰 남경정부에 충성하는 縣行政의 확립), ⑤ 농촌 자위 체제의 완성(親南京 보안대[保安隊]의 조직), ⑥ 농촌 생산 체계의 완성, ⑦ '신국민운동'의 완성, ⑧ 농촌 재정 체계의 안정화 및 徵稅의 개선, ⑨ 각종 매체를 통한 식민 통치 이데올로기의 주입 등이었다. 청향운동은 전면적인 파괴에 비중을 둔 화북의 치안강화운동보다도 한결 합리적인 조처였다. 그 결과 이 운동은 치안강화운동보다도 더 높은 성공을 거두었다. 또한 그 실시 대상 지역은 江蘇省 남부로부터 시작하여 江蘇·浙江 두 성의 대부분, 安徽省·廣東省·湖北省의 일부 縣, 上海市·南京市 등이었다. 구체적인 내용에 관해서는 丁則勤, 「抗日戰爭前略相持階段前期的日本侵華政策」(『北京大學學報』(哲學社會科學版), 1988년 제6기); 古廐忠夫, 「日本軍占領地域の'淸鄕'工作と抗戰」, 池田誠 編著, 『抗日戰爭と中國民衆一中國ナショナリズムと民主主義一』(京都:法律文化社, 1987), 178～199쪽;蔡德金, 抗日戰爭史叢書 『歷史的怪胎一汪精衛國民政府』(桂林:廣西師範大學出版社, 1993), 161 ～187쪽;余子道, 「日偽在淪陷區的"淸鄕"活動」(『近代史研究』 1982년 제2기) 등을 참조 바람.

관점에서 파악할 경우 공산당의 항일 정책이나 혁명적인 조치들을 규명
하는 데는 좋은 사례가 될 수 있었기 때문이다.

그러나 중·일간의 전쟁을 단순히 '전쟁' 혹은 '혁명'이라는 관점보다는
'중일전쟁혁명'이라는 관점에서 볼 때, 섬감녕변구는 가장 적합한 분석
대상 지역이라고 할 수 없다. 왜냐하면 섬감녕변구에서는 화북의 다른
항일 유격 근거지와는 달리 일진일퇴식(一進一退式)의 치열한 공방전이
벌어지지 않아서 다른 지구보다는 전쟁의 파장이 크지 않았을 뿐만 아니
라 그로 인해 침략 전쟁에 대한 응전의 양상도 그만큼 치열하지 않았기
때문이다. 그 결과 전쟁이 항일 유격 근거지 사회 자체뿐만 아니라 해당
지역 주민들의 생활이나 심리 혹은 태도 등에 미친 영향이나 결과, 이 과
정에서 수반된 항일 유격 근거지의 혁명적인 모든 조치들이 전쟁 양상에
미친 반작용 등이 다른 유격 근거지보다 크지 않았다. 따라서 섬감녕변구
는 위의 상황들을 분석하는 데 상대적으로 적합성이 떨어질 수밖에 없다.

상술한 점들을 고려해 본다면, '중일전쟁혁명'의 본질을 규명하는 데
가장 적합한 지구는 당시 화북 항일 유격 근거지의 대부분을 차지하고
있었고 전쟁의 양상과 항전, 그에 수반된 혁명적 조치들의 파급 효과가
상대적으로 컸던 진찰기변구(晋察冀邊區)라고 할 수 있다. 그런데 우리는
일반적으로 '변구'라 하면, 공산당측 행정 구역이었기 때문에 공산 유격
근거지만으로 생각하기 쉽다. 그러나 화북의 일본군(즉 방면군)이 점령지
정책의 일환으로 치안강화운동을 실시한 이후 각 변구, 특히 진찰기변구
에서는 공산당측과 일본측이 뚜렷한 전선을 형성하여 대결을 벌인 것이
아니었다. 당시 진찰기변구에서는 일본군측이 항일 유격 근거지로 쳐들어
오면 팔로군측은 이들과의 결전을 피하고 일본군측의 다른 점령 지구 후
방으로 들어가 유동(流動)했거나 그곳에 새로운 유격 근거지를 형성했고,
일본군측이 다시 이곳으로 쳐들어오면 팔로군측은 다시 다른 점령 지구
로 들어가 유격 근거지를 형성했거나 이전의 유격 근거지를 회복시킨 것
이 일반적인 상황이었다. 그렇기 때문에 공산 유격 근거지와 점령 지구
의 경계가 확연하지 않았다. 그리고 이들의 영역도 시기에 따라 혹은 공

산당측과 일본군측의 세력 여하에 따라 그 크기가 수시로 변했다. 그래
서 진찰기변구라 함은 일본군의 통치 기반이 확고했던 지구(즉 '치안지
구'), 일본군과 공산당군이 병존하면서 이들의 통치 기반이 겹치거나 불
명확했던 항일 유격구('준치안지구'), 공산당군의 통치 기반이 상대적으로
확고했던 항일 근거지('미치안지구')를 모두 포함한다. 이러한 점들을 고려
하면서 이 책에서는 '중일전쟁혁명'의 본질 해명과 관련하여 진찰기변구
를 주요한 분석 대상 지역으로 삼고자 한다.

다음으로 기존의 연구는 중일전쟁혁명 시기 항일 유격 근거지의 유
지·존속 및 확장의 견인차 역할을 했던 공산당군의 항전 전술, 특히 '적
진아진(敵進我進)' 전술('도적후지적후[到敵後之敵後]' 전술이라고도 함)과
'양면촌' 정권 수립 공작 등을 본격적으로 다루고 있지 않다. 다만 일부
개설서에서 '적진아진' 전술을 간략하게 언급하고 있다.[48] 게다가 유격전
을 기본 전술로 삼던 팔로군이 민중 동원 공작을 어떻게 전개했고 그 과
정에서 항전에 필요한 인적·물적 자원을 어떻게 획득했으며, 그들과의
유대 관계를 어떻게 지속시켜 나갔는지, 특히 그 과정에서 팔로군이 범
했던 과오들[49]은 무엇이었는지에 관련된 공산당군의 항전 동원 체제의 실
상에 관해서는 연구가 매우 미흡하다.

끝으로 기존 연구는 화북의 기동지구(冀東地區:하북성 동부지구, 후에 기
열료지구[冀熱遼地區][50]로 확대)와 「만주국」의 서남부 지구(열하성[熱河省]

---

48) 何幹之, 『中國現代革命史』, 北京:高等教育出版社, 1956, 284쪽;胡華 主編, 『中
國革命史講義』, 北京:中國人民大學出版社, 1959, 434쪽;中共中央黨史硏究室,
『中國共産黨歷史』, 北京:人民出版社, 1991, 589쪽;軍事科學院歷史硏究部, 『中國
人民解放軍戰史』 2, 北京:軍事科學出版社, 1987, 356~358쪽;謝忠厚·省銀成,
『晋察冀抗日根據地史』, 北京:改革出版社, 1992, 320~325쪽;軍事科學院軍事歷史
硏究部, 『簡明中國人民解放軍戰史』, 北京:軍事科學出版社, 1992, 229쪽;軍事科
學院軍事歷史硏究部, 『中國抗日戰爭史』 下, 北京:解放軍出版社, 1994, 86쪽;中
國抗日戰爭史學會·中國人民抗日戰爭紀念館, 『中國抗日根據地發展史』, 北京:北
京出版社, 1995, 470~475쪽.

49) 여기에 관해서는 尹輝鐸, 「八路軍, 그 신화의 뒤안길에서」(『湖西史學』 제25집,
1998. 1), 321~334쪽을 참조 바람.

50) 河北省 동북부, 「만주국」의 熱河省 서남부 및 奉天省 동북부의 省境 지대를 가
리킨다. 冀熱遼항일유격근거지는 19개의 해방구 가운데 하나로서 1938년부터 만들

과 봉천성[奉天省] 지구) 사이에서 치열하게 전개되었던 팔로군의 항전에
제대로 주목하지 못하고 있다. 실제로 1940년대에 접어들어 동북(만주)의
항일 무장 투쟁은 사실상 소멸되었지만, 화북에서의 항일 무장 투쟁은
치안강화운동 기간만 잠시 위축되었을 뿐 다시 활성화되었다. 특히 진찰
기변구의 일부인 기동지구의 팔로군은 화북과 「만주국」의 경계를 넘나들
면서 항일 유격 근거지를 확장시키고 있었다. 더욱이 화북에서의 방면군
의 점령지 정책과 전술은 대부분 「만주국」에서 적용되었던 치안숙정공작
(治安肅正工作)의 경험이 그대로 적용되었거나 확대·변용된 것이었다.
이처럼 화북과 「만주국」에서의 치안 정책은 상호 유사성을 띠고 있었고
화북의 팔로군 역시 양쪽 지역을 넘나들면서 방면군과 관동군 사이의 틈
새를 이용하여 활발하게 유격 활동을 벌여 나갔다. 게다가 국공내전에서
공산당군이 승리의 전기를 마련한 것은 바로 화북, 특히 기동지구의 팔로
군이 확보한 동북 진출로를 발판으로 삼아 동북 지역을 석권한 데 있었
다. 이러한 점들을 고찰해 본다면, 기동지구와 「만주국」 사이를 넘나들던
팔로군의 전략 전술과 그에 대응한 일본의 점령지 정책과 전술을 파악하
는 작업은 '전쟁혁명'에서 '혁명전쟁'으로의 순조로운 이행 혹은 이들의
연관성을 이해하는 단서가 될 수 있을 것이다. 이 점 역시 이 책에서 다

어지기 시작하여 1945년까지 31개의 항일 縣政權과 약 600만 명의 인구를 擁有하
고 있었다(中共中央黨史硏究室, 『中國共産黨歷史(上)』, 北京 : 人民出版社, 1991,
627쪽 참조). 이 지구에는 關內인 하북성 동부 지구의 密雲·平谷·順義·通縣·
三河·香河·武淸·寶坻·寧河·薊縣·遵化·玉田·豊潤·遷安·盧龍·撫寧·
臨楡·昌黎·灤縣·樂亭 등의 20개 현과 唐山礦區와 「만주국」 열하성 서남부의
靑龍·興隆·承德·豊寧·隆化·圍場·平泉·寧成·喀喇沁旗·凌南(지금의　建
昌)·凌源·建平·寧城·赤峰·朝陽·新惠(지금의 敎漢旗), 그리고 「만주국」 奉
天省 서부의 綏中·興盛·錦西·義縣 등의 현이 해당되었다. 이 지구는 冀東을
중심으로 점차 熱河, 遼西로 발전하면서 처음에는 冀東地區로, 나중에는 冀熱邊區,
그리고 마지막에는 冀熱遼地區로 불려졌다(王昆, 「冀熱遼抗日根據地槪述」, 中共河
北·北京·天津·遼寧·內蒙古·唐山省市區委黨史(委)硏究室, 豊潤縣委 編, 『冀
熱遼抗日根據地硏究論文集(이하에서는 『冀熱遼論文集』이라 약칭)』, 北京 : 中共黨史
出版社, 1995, 1쪽). 기열료항일유격근거지의 성립과 발전 과정에 관해서는 王昆,
앞의 글 「冀熱遼抗日根據地槪述」(위의 논문집 『冀熱遼論文集』), 1~19쪽을 참조
바람.

루고자 하는 주요한 연구 과제이기도 하다.

1940년대 화북 지역의 중·일간 전쟁의 일반적인 양상은 농민과 일부 비공산계 무장 세력의 획득 혹은 유격 근거지의 보호·확대와 파괴·축소를 둘러싸고 전개된 공산당군과 일본 세력 사이의 치열한 길항 관계를 나타내고 있었다. 그러한 역학 관계를 고려해 볼 때, 그리고 치안강화운동으로 야기된 화북에서의 정세 변화가 이후에 전개된 국공내전의 양상과 불가분의 관계에 놓여 있었다는 것을 고려해 볼 때, 본 연구는 화북 지역에서의 중·일간 전쟁의 양상 및 그 성격, 그리고 치안강화운동 이후의 정세가 국공내전에 미친 제반 영향 등을 해명하는 데 단서가 될 수 있을 것이다.

더 나아가 치안강화운동에 대응해서 본격적으로 전개된 항일 유격 근거지 내에서의 제반 민중 운동이 그 후 합작사운동·대약진운동·농촌사회주의교육운동·문화대혁명 등으로 이어지면서 현대 중국 정치 문화의 저변에 혁명의 동력으로 전화되어 흐르고 있었다는 점을 고려해 볼 때, 화북 지역에서 전개된 제반 민중 운동과 불가분의 관계를 맺고 있던 치안강화운동의 연구는 현대 중국 정치 문화를 이해하는 데도 하나의 준거 틀을 제공해 준다고 할 수 있다.

특히 여기에서 주목해야 할 것은 중일전쟁혁명 시기의 중국, 특히 일본군과 공산당군 사이의 치열한 공방전이 전개되었던 화북 사회의 양상에 대해, 종래에는 주로 '전쟁사' 아니면 '혁명사'의 어느 일면에 초점을 두고 해명을 시도해왔다는 점일 것이다. 그러나 본 연구에서는 그와 같은 이분법적인 연구 방식을 지양하고, '전쟁'과 '혁명'의 유기적 작용의 산물인 '전쟁혁명'의 관점에서 중일전쟁혁명 시기의 화북 사회를 분석하고자 한다.

즉 이 책에서는 소위 중일전쟁 시기의 중국 역사를 '전쟁사' 혹은 '혁명사' 중 어느 하나로 파악하기보다는 '전쟁'과 '혁명'의 유기적인 작용으로 도출된 '전쟁혁명사'로 새롭게 범주화하려는 동시에 '중일전쟁'을 '중일전쟁혁명'으로 새롭게 개념화하려고 한다. 이것이 본 연구의 주된 목적이다.

제1편

침략 전쟁의 지구전화 및 '총력전' 체제로의 전화

1943년 가을, 일본군이 하북성(河北省) 부평현(阜平縣)을
소탕할 때 파괴된 중국인 마을의 모습

I 문제 제기

소위 중일전쟁 시기 화북(華北) 지역에서의 공산군의 혁명 운동, 특히 팔로군의 항일 활동은 중화인민공화국의 탄생과 밀접한 관련이 있다는 점에서 많은 주목을 받아 왔다. 1937년 7월 중·일간 전쟁이 발발한 직후 화북의 정세를 살펴보면, 국민당군 및 관련 기관들은 점차 서남 지역으로 퇴각하고, 그 대신 일본군이 도시와 철도 등을 점령하면서 점과 선을 잇는 형세를 취하고 있었다. 그런데 1938년 10월 무한(武漢)과 광주(廣州)를 함락한 일본군은 대규모 전투를 일단락 짓고 '동아신질서(東亞新秩序)'와 중·일 공동의 반공 군사 동맹 구축이라는 명분하에 국민당군에 대한 회유 정책을 구사하는 동시에, 화북의 팔로군 및 화중의 신사군(新四軍)[1]을 제압하는 데 힘을 기울이기 시작했다. 그 결과 1940년대에는 주로 화북의 팔로군 및 신사군이 항일전쟁 무대에서 주목을 끌기 시작했다.

특히 1940년의 백단대전(百團大戰)[2]을 계기로 공산당군의 역량을 새롭

---

1) 여기에 관한 대표적인 연구로는 Ch'en Yung-fa, "The Making of a Revolution : the Communist Movement in eastern and central China, 1937~1945", 2vols. Stanford University, Ph. D. dissertation, 1980이 있다.

2) 구체적인 내용에 관해서는 歷史學硏究會, 『太平洋戰爭史』 3(日中戰爭 II, 1936 ~1940)(東京 : 靑木書店, 1974), 357~361쪽 ; 앞의 책 『華北抗日根據地史』, 104~112쪽 ; 索世暉, 「百團大戰應充分肯定」(『近代史硏究』 1980년 제3기)을 참조 바람. 백단대전에 대한 구체적인 견해들에 관해서는 山下龍三, 「百團大戰と二つの路線の鬪爭」(『アジア經濟旬報』 742-3, 1968. 1) ; 石井明, 「百團大戰について」(『東京大學敎養學部敎養學科紀要』 9, 1976. 3) ; 金春明, 「還百團大戰以本來面目」(『遼寧大學學報』 1979년 제6기)을, 그것이 미친 영향에 관해서는 軍事科學院軍事歷史硏究部, 『中國抗日戰爭史』 中卷(北京 : 解放軍出版社, 1994), 623~626쪽을 참조 바람.

게 인식하기 시작한 일본군은 공산당군과 유격 근거지 농민의 관계가 '물과 물고기의 관계'로서 유격 근거지 농민들이 공산당군의 모체와 같은 역할을 하고 있음을 절감하기 시작했다. 일본군은 이들의 관계를 물리적으로 단절시키기 위해, 혹은 공산당군의 인적·물적 토대 역할을 하던 유격 근거지를 파괴하기 위해 괴뢰 정권을 표면에 내세운 채 화북의 공산 유격 근거지에 대해서는 치안강화운동을, 화중의 신사군 활동 지역에 대해서는 청향운동(淸鄕運動)을 전개했다.

특히 '청향운동'은 일본군이 화중·화남의 점령 지구에서 추진한 '이화제화(以華制華)', '이전양전(以戰養戰)' 정책의 산물인 동시에, 종래의 군사 토벌 중심의 방침을 바꾸어 장제스(蔣介石)의 위초전(圍剿戰) 경험을 계승한 것으로서 소탕전과 봉쇄 방식을 결합한 것이었다. 일본군은 정치적으로는 강경과 온건, 숙정과 회유를 겸용하고, 경제적으로는 '갈택이어(竭澤而漁)' 방식의 수탈과 '양계생란(養鷄生卵)' 방식의 수탈 수단을 교대로 사용했다.[3] 한편 일본군의 치안강화운동으로 인해 화북의 공산 유격 근거지에서는 정치적·군사적·경제적·사회적·심리적으로 위기에 봉착하게 되었다. 이를 타개하기 위한 방편으로서, 마오쩌둥을 중심으로 하는 공산당군 및 유격 근거지 농민들은 정풍운동(整風運動), 삼삼제운동(三三制運動), 정병간정운동(精兵簡政運動), 민병강화운동(民兵强化運動), 감조감식운동(減租減息運動), 합작사운동(合作社運動), 대생산운동(大生産運動), 하향운동(下鄕運動), 옹정애민운동(擁政愛民運動), 교육운동(敎育運動) 등 정치·군사·경제·사회·교육·문화의 영역에 걸친 대대적인 운동을 전개했다. 중국 공산당은 이러한 제반 운동들을 통해 기존의 체제를 철저하게 재편성하고 해방된 민중의 에너지를 통합하여, 1943년부터는 서서히 심각한 곤경으로부터 벗어나 자립화의 길을 발견했다. 즉 그들은 당 조직 내부에서 지도의 일원화라는 레닌주의적 당의 원칙에 대한 확인과 함께 마르크스주의의 중국화라는 중국 고유의 정치 문화의 터전을 닦았을 뿐만 아니

---

3) 余子道, 「日僞在淪陷區的 "淸鄕"活動」, 『近代史硏究』 1982년 제2기.

라, 일본의 패망 직후 닥쳐온 국공내전(國共內戰)에서의 승리의 발판을 마
련했다.

중·일간 전쟁에 따른 화북·화중의 정세를 살펴보면, 치안강화운동과
청향운동이 전개될 무렵인 1941년을 전후로 화북에서는 일차적으로 화북
민중(특히 농민)의 획득을 둘러싸고 팔로군과 일본 세력(주로 북지나방면군
과 화북정무위원회[華北政務委員會], 북지치안군 [北支治安軍]＝화북수정군[華
北綏靖軍][4]) 사이에, 그리고 화중 지역에서는 신사군과 일본 세력(주로 중
지파견군[中支派遣軍]과 괴뢰 남경정부[南京政府]) 그리고 국민당군 사이에
길항 관계가 형성되고 있었다. 이때 백단대전에서 입증되었듯이 팔로군의
위력을 실감하기 시작한 국민당군은, 팔로군의 급격한 세력 신장에 대해
불안감과 초조감을 느끼고 있었다. 이것은 결국 국민당군으로 하여금 일
본에 대해서는 소극적으로, 팔로군에 대해서는 적극적으로 대적하는 형세
를 취하게 만들었다. 또한 화북 및 화중 지역에서는 팔로군과 신사군이
일본군 점령 지역, 특히 농촌 지역에 침투하여 행정적 공백을 메우는 한
편, 농민들에 대한 항일 구국의 선전과 교육, 연안정풍운동·옹정애민운
동·대생산운동 등의 제반 정책을 실시해서 농민들을 조직·동원해 내거
나 일본의 점령지 정책과 전술에 대응하면서 자신들의 지배 영역을 확장
해 나가고 있었다. 반면에 일본군측은 종래의 정규군 중심의 군사 토벌
위주의 군사 작전에서 탈피하여 공산당군과 민중의 연계 고리를 단절시
키는 데 초점을 둔 이른바 치안강화운동과 청향운동을 전개하기 시작했
다. 이처럼 화북·화중 지역에서는 공산당군과 일본군 사이의 총력전 양
상이 가열된 반면에, 남서부 지역에서의 국민당군과 일본군 사이의 정규
전은 소강 상태에 접어들기 시작했다. 그 결과 중·일간 전쟁의 주요 전

---

4) 이것은 일본군측에 의해 減共自衛隊→保安隊→警備隊라는 명칭들을 거친 후에
'北支治安軍'으로 지칭되었다(彭德懷, 「敵寇治安强化運動下的陰謀與我們的基本任
務」(1941. 11. 1), 河北省社會科學院歷史研究所·河北省檔案館·石家莊高級陸軍
學校黨史教研室·石家莊陸軍學校歷史教研室·鐵道兵工程學院政治理論教研室　合
編, 『晋察冀抗日根據地史料選編』(이하에서는 『史料選編』) 下冊, 石家莊:河北人民
出版社, 1983, 136쪽 참조). 중국측에서는 '華北綏靖軍'이라고 칭했다.

장이 남서부 지역에서 화북·화중 지역으로 바뀌기 시작했다. 하여튼 이 시기 중국 혁명 운동은 항일전쟁과 불가분의 관계 속에서 공산당군·중국 민중·국민당군·일본 세력이라는 4대 세력 사이에 전개된 역학 관계의 산물이었다고 할 수 있다.

상술한 제반 상황을 고려해 본다면, 일본의 치안강화운동과 청향운동이 전개되기 시작한 1941년을 전후로 한 시기는, 화북 지역에서의 중·일간 전쟁의 양상, 국민당군·공산당군·일본 세력 사이의 역학 관계, 중국 혁명의 내적 구조—공산당군과 농민의 유기적인 관계, 이를 둘러싼 국제 관계 등에 커다란 변화를 초래했다고 할 수 있다. 이러한 점에서 일본의 화북 점령지 정책과 전술이 추진되기 시작한 1941년 전후의 시기는 항일 전쟁뿐만 아니라 신민주주의 혁명의 중요한 분수령이었다. 따라서 일본의 치안강화운동 및 청향운동의 규명은 일본 제국주의의 아시아 침략의 실상 이외에, 그것과 표리 관계에 놓여 있던 항일 유격 근거지에서의 공산 혁명의 굴절 혹은 소장(消長)을 엿볼 수 있는 좋은 계기가 될 수 있다.

한편 공산당군이 화북으로 진출하기 이전까지의 중국의 정세는 국민당 주력 부대와 일본군 사이의 정규전 양상을 띠고 있었고 전쟁의 확산 범위는 주로 각지에 산재되어 있던 도시들 및 이들 각각의 도시를 연결한 철도와 도로, 그리고 군사적 전략 거점에 한정되어 있었다. 따라서 이 시기의 전쟁 양상은 중·일 두 군대 사이의 대규모적인 군사적 충돌의 성격을 띠고 있었고 그 파장 효과도 도시와 인근 지역으로 국한되어 있었다. 이러한 점을 고려해 볼 때, 적어도 팔로군의 화북 진출 전까지만 해도 중·일간 전쟁은 민족 전쟁의 성격만을 띠고 있었을 뿐 혁명적 성격을 띠고 있지는 않았다. 그러나 팔로군이 화북의 일본군 점령 지구로 진출해서 점령 지구 안의 수많은 중국 민중, 특히 농민들과 접촉하면서 전쟁의 양상은 달라지기 시작했고 그 성격도 복잡해져 갔다. 즉 팔로군의 화북 진출을 계기로 종래와 같은 대규모의 정규전 양상은 점차 유격전과 그에 대응한 치안 공작의 양상으로 바뀌면서, 전쟁은 전쟁 자체의 의미 이외에도 혁명적 요소를 띠게 되었다.

이하에서는 제2차 국공합작과 더불어 국민당 군대의 포위·공격으로부터 전멸의 위기를 벗어난 공산당군이 화북의 일본군 점령 지역으로 진출하기 시작하면서 야기된 화북 사회의 정세 변화와 그에 대한 일본군, 즉 방면군의 치안 대비 태세가 어떠했는지를 살펴보자.

Ⅱ 팔로군의 대두와 화북 사회의 정세 변화

1. 팔로군의 대두와 일본군의 치안 대비 태세

1931년 9월 18일 만주사변이 발발한 이후, 일본의 대륙 침략 양상은 1933년 2월의 열하(熱河) 침공, 1935년 11월의 기동방공자치위원회(冀東防共自治委員會)의 성립, 동년 12월의 기찰정무위원회(冀察政務委員會)의 성립으로 이어졌다. 그러나 일본의 침략 활동은 거기에서 그치지 않고 마침내 1937년 7월 소위 중일전쟁을 촉발시켜 중국 대륙을 전쟁터로 만들었다. 1938년 10월 무한과 광주가 함락된 후 중·일간 전쟁의 양상은 소강 상태로 접어들었다. 당시 일본군의 점령 지역은 광대했기 때문에 기존의 병력만을 가지고 전 지역을 수비할 수가 없었다. 그래서 일본군은 주로 전략상의 요점, 주요한 후방 교통선, 특히 철도선을 수비하면서 광범위한 지역에서 출몰하고 있던 항일 유격 부대에 대한 토벌을 실시하고 있었다.

1939년 2월 당시 화북의 점령 및 치안 확보의 책임을 맡고 있던 화북 주둔 일본군, 즉 북지나방면군(北支那方面軍)의 주둔 상황과 관할 지구는 다음과 같았다. 즉 제1군은 산서성(山西省)을 관할했고 3개 사단(제20, 108, 109사단), 3개 독립혼성여단으로 구성되었다. 방면군의 직할 부대는 하북성(河北省)과 황하 북안(北岸)의 하남성(河南省)을 관할했고 4개 사단(제10, 14, 27, 110사단), 2개 독립혼성여단으로 구성되었다. 제12군은 산동성 전역과 강소성(江蘇省) 및 안휘성(安徽省)의 일부를 관할했고 3개 사단(제21, 114, 5사단), 3개 독립혼성여단으로 구성되었다. 주몽군(駐蒙

軍 : 몽골 주둔 일본군)은 몽강(蒙疆) 지역[5]를 관할했고 1개 사단, 1개 독립
혼성여단, 기병 집단으로 구성되었다.[6] 이러한 주둔 상황을 보면, 1939년
2월까지 방면군은 크게 직할 부대, 2개 군, 주몽군으로 구성되어 있었고,
11개 사단, 9개 독립혼성여단, 1개 기병 집단으로 편성되어 있었음을 알
수 있다. 1941년 12월이 되면 방면군은 방면군사령부(사령관 오카무라 야
쓰지[岡村寧次] 대장) 직할 병단(兵團) 예하에 3개 사단(제27, 35, 110사
단), 4개 독립혼성여단(제1, 7, 8, 15여단), 제1군사령부 예하에 3개 사단
(제36, 37, 41사단), 4개 독립혼성여단(제3, 4, 9, 16여단), 제12군사령부
예하에 2개 사단(제21, 32사단), 3개 독립혼성여단(제5, 6, 10여단), 주몽
군사령부(駐蒙軍司令部) 예하에 1개 사단(제26사단), 1개 기병 집단, 1개
독립혼성여단(제2여단)으로 편성되어[7] 9개 사단, 12개 독립혼성여단, 1개
기병 집단으로 편제되었다. 이 기간 방면군의 편제 변화를 살펴보면, 부
대의 신속한 이동과 기습 공격에 적합한 독립혼성여단의 비중이 증가했
음을 알 수 있다. 이는 1941년부터 전개된 치안강화운동에 수반된 전술
변화에 기인했음을 의미한다.

　그렇다면 화북에서의 일본군의 점령지 상황과 그에 따른 정세는 어떠했
는지를 살펴보자. 1941년 2월 지나파견군사령부(支那派遣軍司令部)가 작성
한「점령지 통계」(<표 1-1> 참조)에 의하면, 그때까지 일본군의 점령지 면
적은 136만 km²에 달하고 있었고, 점령지 내의 인구는 중국 전체 인구 4
억의 약 42.5%인 1억 7천만 명에 이르고 있었다.[8] 이 가운데 화북의 점령

---

5) 1942년 1월 당시 행정 구역은 2政廳(察南·晋北), 5盟(巴彦搭拉·錫林郭勤·烏
　蘭察布·察哈爾·伊克昭)으로 구성되었고, 총 면적은 약 45만km²이었으며, 1940
　년 6월 말 조사 당시 인구는 525만 명(漢族 502만 명, 蒙古族 15만 4천 명, 回族
　3만 8천 명, 일본인 3만 3천 명, 기타)이었다(日本防衛廳防衛硏修所戰史室 編,
　『北支の治安戰』 2, 東京 : 朝雲新聞社, 1971, 76쪽).

6)　日本防衛廳防衛硏修所戰史室 編, 『北支の治安戰』 1, 東京 : 朝雲新聞社, 1968,
　134~135쪽. 여기에 관한 구체적인 내용에 대해서는 王輔, 『日軍侵華戰爭』
　3(1931~1945)(瀋陽 : 遼寧人民出版社, 1990), 1692~1694쪽을 참조 바람.

7)『大陸命級』 및 『陸軍將校實役停年名簿』(1942. 10. 15, 1944. 10. 10)(陸軍省 調
　製)(『北支の治安戰』 2, 28~29쪽에서 재인용).

8)『北支の治安戰』 1, 115쪽 ; 章伯鋒·庄建平 主編, 中國史學會·中國社會科學院

⟨표 1-1⟩   방면군의 화북 점령지 면적과 인구 상황(1941년 2월)

구분	蒙疆地域 (察南·晋北· 巴盟·察盟)	華北 (河北·山東 ·山西省)	隴海地區 (蘇北 16縣, 豫北 43縣)	합계
점령지면적	36만 km²	61만 km²	8만 km²	105만 km²
점령지인구	552만 명	7,706만 명	216만 명	8,474만 명

<출전>『北支の治安戰』1, 115쪽 ;『抗日戰爭』제2권(軍事 中), 1284쪽.

지 면적은 105만 km², 점령지 내 인구는 8,474만 명에 달하고 있었다.

그런데 일본군이 화북에 대한 점령 통치를 확고히 하기 위해 치안 및 정무 태세를 갖추어 가고 있는 사이에, 중국군 특히 공산당군(팔로군)은 교묘하게 일본측 경계망 사이를 뚫고 들어가 유격 활동을 전개하고 있었다.[9] 그 결과 1938년 말 이후 화북의 정세를 보면, 일본군의 세력이 미치는 곳은 주요 도시 및 철도 주변의 협소한 지역에 그쳐 있었고, 그 밖의 지역은 공산당군의 활동 지대로 남겨지게 되었다.[10] 이러한 정세가 출현하게 된 것은, 당시 화북에 주둔하고 있던 일본군의 군사적 역량으로는 광대한 화북 전역에 골고루 병력을 배치하는 것이 곤란했기 때문이다.

따라서 화북 지역에서의 전쟁·치안 및 제반 임무를 담당하고 있던 방면군이 점령 지역의 안정을 확보하는 데 '점'과 '선'적인 점거는 거의 의미가 없었다. 즉 그들에게 시급한 것은 '면(面)'적인 점거를 통해서 정치적·경제적으로 화북의 자립을 꾀하는 것이었다. 특히 일본 국내의 생산력 확충을 위해 필요한 중요 자원의 개발·취득이라는 중책을 맡고 있던 그들로서는 치안숙정공작(治安肅正工作)[11]을 통해 '면'적인 점거를 실

近代史研究所 編,『抗日戰爭』제2권(軍事 中), 成都 ; 四川大學出版社, 1997, 1284쪽.

9)『北支の治安戰』1, 53쪽. 이 책은 방면군의 시기별 치안 활동들을 간략히 기술하되, 해당 관련 자료들의 중요 부분을 발췌했거나 각종 명령·보고서·지침·요강 등의 상당 부분을 전문 그대로 게재하고 있다. 따라서 이 책은 연구서라기보다는 자료집에 가깝다고 할 수 있다.

10)『北支の治安戰』1, 114쪽.

11) 당시 방면군에서는 치안강화운동이 실시되기 이전의 군사 작전을 '肅正作戰' 혹은 '掃蕩作戰'으로, 정치·경제·사상 차원에서의 각종 치안 활동을 '治安工作'으

현시킬 필요가 있었다.[12] 이를 위해 방면군이 추진한 치안 활동은 크게
두 가지 형태로 추진되었다. 하나는 공산 유격 근거지 및 장제스 정부에
대항할 괴뢰 정부를 수립한 뒤, 중국 민중을 동원해서 괴뢰군 및 각종
자위 조직을 구성하는 것이었고, 다른 하나는 소탕 작전·치안 공작·요
새 구축 등을 통해 유격 근거지를 소멸하는 것이었다.

　일본은 중국에 대한 초보적인 점령을 마치자, 곧 화북·몽골·화중에
괴뢰 정부를 조직했다. 즉 일본은 1937년 9월 4일 장가구(張家口)에「찰
남자치정부(察南自治政府)」(최고위원 杜運宇·于品卿)를, 1937년 10월 15
일 대동(大同)에「진북자치정부(晋北自治政府)」(최고위원 夏恭)를, 1937년
10월 28일 수원(綏遠)에「몽고연맹자치정부(蒙古聯盟自治政府)」(주석 雲王,
부주석 德王)를 조직했으며, 1937년 11월 22일 이들 3개의 자치 정부를
합쳐서 장가구에「몽강연합위원회(蒙疆聯合委員會)」(최고고문 金井章次)를
새로 조직했다. 또한 일본은 1937년 12월 북경(北京)에「중화민국임시정
부(中華民國臨時政府)」[13](행정위원장 王克敏)를, 1938년 3월 남경(南京)에
「중화민국유신정부(中華民國維新政府)」(행정원장 梁鴻志)를 성립시켰다. 그
런데 일본의 막후 공작으로 1940년 3월 남경에서「몽강연합위원회」·「중
화민국임시정부」·「중화민국유신정부」가 합쳐져서 새롭게「국민정부(國
民政府)」(주석대리 겸 행정원장 汪精衛 혹은 汪兆銘)가 탄생되었다. 국민정
부의 설립과 더불어 기존의「중화민국임시정부」는 발전적으로 해체되었
고 1940년 3월 북경에「화북정무위원회」[14](위원장 王克敏, 후에 王揖唐)가

────────────

　　로 구분해서 부르고 있었다. 따라서 필자는 治安强化運動을 실시하기 이전에 방면
　　군이 화북 지역에서 공산당군 및 국민당군을 소멸하기 위해 전개한 제반 활동을
　　'治安肅正工作'이라고 부르겠다.
　12) 北支那方面軍司令部,「北支一般ノ狀況」(1940. 9)(『北支の治安戰』 1, 114~115
　　쪽 所收);「1939年度華北方面軍的"治安肅正"計劃」,『抗日戰爭』 제2권(軍事 中),
　　1284쪽.
　13) 여기에 관한 구체적인 내용은『北支の治安戰』 1, 74~76쪽을 참조 바람.
　14) 괴뢰 國民政府의 南京還都와 함께 中華民國臨時政府가 발전적으로 해소되자,
　　이것을 대신하여 中央과 地方의 중간 기관이라고도 할 수 있는 華北政務委員會가
　　1940년 3월에 조직되었다. 동 위원회는 종전의 중화민국임시정부의 관할하에 있던
　　河北·山東·山西省 및 河南省 북부, 江蘇省 북부, 그리고 北京·天津·靑島의

새로 만들어졌다. 「몽강연합위원회」 역시 1940년 9월 장가구에서 「몽고연합자치정부(蒙古聯合自治政府)」(주석 德王)로 새롭게 탄생되었다.[15]

당시 국민정부는 지나파견군사령부, 화북정무위원회는 방면군 사령부, 몽고연합자치정부는 몽골 주둔 일본군(주몽군) 사령부의 '내면지도(內面指導)'를 각각 받았다. 이와 같은 일본군의 지방적 지향성은 전통적으로 화북 지방을 중시하는 일본의 태도와 결합되어 초기에 하나의 통합된 정부를 남경에 세울 수 없게 만들었다.[16] 당시 화북 지역은 「만주국」이나 조선과 유사하게 간주되었고, 반면 화중 지역은 희망적으로 우호적・독립적인 국가로 간주되었다. 특히 화북 지방은 일본인들의 전략적 사고에서 일차적으로 중요성을 부여받았다.[17]

또한 일본의 괴뢰군 육성 방침에 따라 화북 지역에서 조직된 북지치안군(北支治安軍)은 괴뢰 정부인 「중화민국임시정부」와 그 후신인 「화북정무위원회」에 예속되어 임시 정부 소관 각 성(省) 내에 분주(分駐)해서 토벌 및 경비 임무를 맡았다. 북지치안군의 지휘・배치・교육・인사・경리 등은, 임시 정부 내의 치안부(治安部)를 내면적으로 지도하고 있던 일본인 군사 고문이나 북지치안군에 배속된 군사고문부(軍事顧問部) 소속 일본인 장교(이들은 통상 소재 병단장[兵團長]의 지휘를 받았다)가 직접 주관

3개 특별시를 관할 지역으로 하여 防共・치안・경제 등의 政務 처리 및 管下 각 省・市政府의 감독을 그 임무로 하고 있었다. 동 위원회는 괴뢰 국민정부로부터 소요 경비를 일괄 교부받도록 되어 있었지만 관세・鹽稅 수입의 상당 부분을 재원으로 확보하고 있었다. 동 위원회는 직속의 華北綏靖軍(소위 北支治安軍)을 보유하고 있었는데, 대외 관계를 제외한 內政에서는 괴뢰 국민정부로부터 거의 통제를 받지 않는 자치 체제를 취하고 있었다. 지방 행정 제도는 특별시 및 省(省長)-道(道尹)-市-縣(縣知事)으로 구성되어 있었다(『北支の治安戰』 1, 293~297쪽 참조).

15) 章紹嗣・田子渝・陳金安 主編, 『中國抗日戰爭大辭典』(武漢 : 武漢出版社, 1995) 참조.

16) 「共産軍における政治訓練」, 『情報』 NO. 10, 85쪽. 괴뢰 정부 수립에 따른 일본군 내부의 갈등 상황에 관해서는 F. Hilary Conroy, Japan's War in Ideological Somersault, *Pacific Historical Review*, XXI(1952), pp.367~379를 참조 바람.

17) 찰머스 존슨 저, 서관모 역, 『중국혁명과 농민민족주의』, 서울 : 한겨레, 1985, 86쪽.

했다.[18] 따라서 일본인이 괴뢰군에 대한 실질적인 지휘권을 장악하고 있었다. 성(省)·현(縣)·시(市) 소속의 경찰이나 현성(縣城)에 있던 보위단(保衛團)은 성장(省長)·현지사(縣知事)·시장(市長)의 지휘하에 경찰 업무·자위·토벌을 담당했는데, 이들 괴뢰 정부측 기관의 치안·경비 역시 소재지의 일본 군대 지휘관이 실질적으로 관할했다.[19] 즉 괴뢰「만주국」에서와 마찬가지로 일본의 화북 점령을 강력하게 뒷받침해 준 물리력 역시 일본군의 철저한 통제하에 놓여 있었던 것이다.

결국 일본의 괴뢰 정부 및 괴뢰군 조직 공작은, '이이제이(以夷制夷)' 혹은 '이화제화(以華制華)'[20]의 전형으로서 중국인을 동원해서 중국인을 제압하려는 정책과 전술이었다. 일본은 이 정책과 전술을 통해 부족한 인적 자원을 보충하는 동시에, 중국인 상호간(즉 항일군과 괴뢰군)의 분열을 조장해서 중국 민족의 항일을 약화·저지하려는 의도를 지니고 있었다. 또한 그것은 일본군이 군사적 점령에 따른 중국인의 저항에 직면해서 괴뢰 정부 및 괴뢰군을 전면에 내세워 그들로부터의 비난과 항전의 예봉을 피하기 위한 고도의 통치 전략이기도 했다.

한편 유격 근거지 소멸과 관련해서 방면군은 점령 지역의 안정을 확보하기 위해, 특히 하북성 북부·산동성·산서성 북부·몽강 지역 등 중요한 지역의 치안을 신속하게 회복시키기 위해, 1939년 1월부터 1940년 3월까지의 기간을 3기(제1기:1939년 1~5월, 제2기:1939년 6~9월, 제3기:1939년 10월~1940년 3월)로 나누어 소탕(숙정) 작전과 치안 공작을 병행했다. 화북에서의 치안 숙정 시책은 「만주국」에서의 경험이 많이 반영되었다. 이 과정에서는 「만주국」의 치안숙정공작에 큰 공헌을 했던 지나 주둔 헌병대 사령관(支那駐屯憲兵隊司令官) 사사키 도이치(佐佐木到一) 중장(中將)의

18)「治安肅正要綱」(1939. 4), 제41조, 제42조, 제43조, 中央檔案館·中國第二歷史檔案館·吉林省社會科學院　合編, 『華北大掃蕩』(日本帝國主義侵華檔案資料選編), 北京: 中華書局, 1998, 18쪽.
19)「治安肅正要綱」(1939. 4), 제45조.
20) 朱德,「華北抗戰的總結」(節錄)(1940. 8. 2),『華北大掃蕩』, 58쪽.

많은 도움이 있었다.[21] 이미 관동군은 1930년대 중반부터 「만주국」의 치안 확립을 위해 치안숙정공작을 추진했는데, 이 정책과 전술은 성공적인 효과를 거두었던 것이다.

그렇다면 숙정 작전과 치안 공작으로 이루어진 방면군의 치안숙정공작의 기본 방침을 살펴보자. 숙정 작전은 군사 토벌 작전으로 항일 군대(주로 공산군[22])의 근거지를 완전히 파괴하는 동시에, 군대를 고도로 분산 배치시킨 뒤 각 주둔지를 거점으로 삼아 항일군의 근거지에 대해 신속하게 토벌을 반복해서 항일군이 안주할 시간과 장소를 없애 버리려는 것이었다. 치안 공작은 일시적인 선무(宣撫)뿐만 아니라 민중을 영원히 획득하는 데 중점을 두고, 현정(縣政)의 부활, 자위 조직의 재건, 향촌 자치의 실현, 도로·수운(水運)의 개발, 통신 시설의 설치 등을 꾀하며, 토벌과 보급을 용이하게 하고 민간 산업을 진흥시키려는 것이었다. 게다가 귀순한 항일군의 전업(轉業)을 촉진하여 부랑유민(浮浪流民)을 근절하고 청소년의 훈련을 장려하여 학교 교육을 부활시키는 동시에, 군대와 민중을 긴밀하게 접촉시켜 민심을 장악하려는 것이었다. 더 나아가 상거래 기관이나 운수업을 부활시켜 물자의 원활한 유통을 용이하게 하며, 친일 무장 단체를 육성·정비해서 국지적 차원에서 이들이 치안 유지의 중핵이 되도록 지도하려는 것이었다.[23] 이렇게 본다면 숙정 작전이 군사적 토벌을 근간으로 하였는 데 비해, 치안 공작은 정치·행정적 차원에서 통치 체제와 자위 체계를 구축하고 경제적 차원에서 민간 산업의 진흥과 물자의 원활한 유통·보급을 실현하며, 사상적 방면에서 민중에 대한 선전과 교육 등을 통해 민심을 획득하려는 것이었다고 할 수 있다.

방면군의 숙정 작전의 추이를 보면, 제1기에는 남부 산서군(山西軍) 소탕전·소북(蘇北:강소성 북부) 작전·춘계 반격 작전·북부 산서군 소

---

21)「北支那方面軍第四課高級參謀吉原矩大佐の回想」(『北支の治安戰』 1, 128쪽에 所收).

22) 八路軍(第18集團軍)의 編制에 관해서는 『日軍侵華戰爭』 3, 1695~1717쪽을 참조 바람.

23)「北支一般ノ狀況」(1940. 9)(『北支の治安戰』1, 116쪽에 所收).

탕전·오대(五臺) 작전 등의 주요 작전[24]을 비롯해서 1939년 3월 기중(冀中:하북성 중부) 작전, 동년 7월 장제스계 중앙군에 대한 기남(冀南:하북성 남부) 작전·노안(潞安) 작전 등을 통해 그 세력을 확대해 나갔다. 그밖에 방면군 각 병단은 주요 도시 주변 지역 및 철도 양측 지구의 치안 지역을 점차 확대해서 제3기 말인 1940년 3월경까지는, 몽강 지구의 경우 안북(安北)·서산저(西山咀)의 선까지, 산서성의 경우 철도선 양측을 넓게 포괄하는 진중(晋中:산서성 중부)의 주요 지역을 확보할 수 있었다.[25] 상술한 숙정 작전의 결과 1939년 1월경에는 겨우 철도 양측 몇 km에 불과했던 치안 지역이, 1940년 초반의 경우 몽강에서는 모든 현(縣)[旗] 에서, 기타 화북에서는 388개 현 가운데 312개 현에서 일본측의 행정력이 작동할 수 있었다.[26]

그러나 치안 공작에도 불구하고 제2기 치안숙정공작 이래 팔로군의 대두는 점차 두드러졌고, 제3기 이후에는 팔로군이 점차 장제스 직계의 중앙군이나 잡군(雜軍)[27]을 잠식하면서 세력이 강대해졌다. 당시 일본측 정보 보고서에 의하면, 일본군은 "팔로군의 지하 공작이 적극적이고 과감할 뿐만 아니라 교묘하고도 치열해서 종래의 대책만으로는 완벽을 기하기 어렵다"[28]는 사실을 인식하기 시작했다. 즉 일본군은 그러한 상황을 그대로 방치해 둘 경우 화북 지역은 '공산당군이 활개 치는 장소'로 변해 버릴지도 모른다는 우려를 하게 되었다. 그래서 1940년 이후 방면군의 토벌 중심은 점차 공산당군 쪽으로 향하게 되었다.

이러한 기본 방침에 입각해서 방면군은 1940년도 치안숙정공작을 제1기(1940년 4~9월), 제2기(1940년 10월 이후)로 나누어 실시하기로 계획했다.[29] 이와 아울러 방면군에서는 「화북에서의 사상전 지도 요강」을 만든

---

24) 『北支の治安戰』 1, 136쪽.
25) 「北支一般ノ狀況」, 130쪽.
26) 「北支一般ノ狀況」, 131쪽.
27) 국민당계 각종 군벌 군대를 의미한다.
28) 「淶源縣方面ニ於ケル抗日組織及之力破壞工作ニ就テ」(1940. 1. 10), 204쪽.
29) 「北支一般ノ狀況」(1940. 9), 264~265쪽.

뒤, 화북에서 멸공 친일 사상을 철저하게 보급하려고 했다. 방면군의 사상
전(思想戰)은 단순한 선전이 아니라 반일 사상을 분쇄하고, 특히 말단 조
직을 통해 화북 일대의 민중 사이에 멸공 친일 사상이 용솟음치도록 하려
는 것이었다. 이를 위해 방면군에서는 왕징웨이(汪精衛)를 수반으로 한 괴
뢰 국민정부와 화북정무위원회를 조직했고, 1937년 12월에 조직된 신민
회[30]를 개편해서 이 조직들을 치안숙정공작에 활용하는 동시에, 공산주의
의 침투 확대, 중일전쟁의 장기화 등의 사태에 대처하기 위해 '동아신질
서' 건설의 지표를 내걸고 화북에서의 사상 통일을 꾀하면서 군사·정
치·경제 등의 여러 시책과 융합되고 일체화된 사상전을 확대·강화하려
고 했다.[31]

그렇다면 방면군의 치안숙정공작이 추진되는 가운데 화북의 정세는 어
떻게 변화되었고, 그 과정에서 일본군은 팔로군을 어떻게 인식하고 있었
는지를 살펴보자. 당시 일본군 정보 자료에 의하면, 1939년을 전후로 한
시기 국민당 군대는 퇴각했거나 점차 소극적인 저항 자세를 취하고 있었
다. 반면에 1939년도 치안숙정공작 제2기 이후 두각을 나타내고 있던 팔
로군은, 제3기 말에는 점차 장제스 직계의 중앙군, 방계의 국민당군을 잠
식하면서 급속하게 세력을 확대해 가고 있었다.[32] 이처럼 팔로군 세력이
급속하게 확대되고 있었다는 사실은 그들의 제반 공작이 탁월했음을 간접
적으로 보여 준다. 이것은 당시 일본측의 각종 정보 보고서 및 문헌 등에
서도 잘 드러나고 있었다.

---

30) 1937년 12월 24일 북경에서 조직되었다. 신민회는 사상 공작을 주로 한 친일적인
    민중 교화 단체로 출발했다가 점차 반공 정치 단체로 변모되어 갔다. 신민회는 중화
    민국임시정부의 行政院長이었던 왕커민(王克敏)이 회장에 취임함에 따라 1940년
    3월 軍宣撫班과 통합되어 大新民會로 되었다가 1941년 5월 기구가 개편되어 剿
    共團體로 바뀌게 되면서 일본의 치안숙정공작에 참여하기 시작했다(『北支の治安
    戰』 1, 76~78쪽 참조).
31) 「陸支密大日記」(昭和十五年の部)(『北支の治安戰』 1, 284쪽에 所收). 여기에 관
    한 구체적인 상황은 北支那方面軍司令部, 「華北ニ於ケル思想戰指導要綱」(1940.
    4. 15)(『北支の治安戰』 1, 285~292쪽 및 『華北大掃蕩』, 127~134쪽에 所收)을
    참조 바람.
32) 「北支一般ノ狀況」(1940. 9), 131쪽.

陰山山脈 남측 지구의 공산군 및 공산계 유격대의 활동은 현재 활발하지는 않지만, 점차 민중 공작 등을 통해 그 세력을 확대해 나가는 중이며, 이 방면의 국민당계 항일 유격대도 점차 그 영향하에 들어가고 있는 상황이다.[33]

正太線 남북 지구에서의…… 공산군의 내면적 활동은 점차 심각한 경향을 띠고 있고, 특히 朱德이 자리잡고 있는 晋南 방면의 敵의 공작이 철저해서 정보 입수가 매우 곤란한 실정이다.[34]

방면군 점령 지역 주변의 國民政府軍은 전반 정세에서 큰 변화가 없는 한 소극적인 저항을 계속하면서 戰力의 消耗를 피하고 있고…… 최근의 정보에 의하면 공산 세력은 화북 전역에 침투해 있으며, 北京 주변의 通縣·黃村(大興)縣의 민중에게까지 조직적으로 침투하고 있다. 山東 방면에서의 세력 확대는 점점 치열해져 가고 있다. …… 화북 각지에서 國共의 분규가 續發하고 있는 것은, 중공 세력의 跳梁을 말해 주는 것이다. 중공은 지방 자치 조직을 共産化하고 국민정부계 행정 기관을 잠식하고 있으며, 더 나아가 국민정부계 군대 내에까지 魔手를 뻗치고 있다. 또한 각지에 산재해 있는 유격대, 土匪의 懷柔·吸引을 꾀하고 있다. …… 중공 세력은 화북의 治安肅正에 대해 가장 강인한 敵으로 되어 가고 있다. 여기에 관한 정보 수집의 강화, 중공 세력의 排除 施策의 확립은 현재의 시급한 임무이다.[35]

淶源縣은…… 대부분이 山嶽地帶로서…… 주민의 대부분은 농업에 종사하고 있었지만, 생산량이 적어 빈곤하고 民度도 낮아서 우리 縣의 威令(이 미치는 곳)은 거의 주둔지 주변과 주요 도로 근방으로 한정되어 있었다. 이에 반해 中共側 勢力은 이미 全縣에 침투해 있었다. …… 住民과 兵士는 무엇인가의 緣故關係에 있었고 상호간에 깊은 친근감을 가지고 있었다. 따라서 우리 경비대는 軍·政·民이 일체로 된 敵性地區 속에서 點과 線을 保持하고 있는 상태에 있었다.[36]

陝西方面에서는 중공의 지배가 점차 확립되어 가고 있고, 國共의 均衡이 점차 깨져 가고 있다.[37]

---

33)「北支一般ノ狀況」, 137쪽.

34)「北支一般ノ狀況」, 138쪽.

35)『陸支密大日記』(昭和十五年の部)(『北支の治安戰』 1, 145쪽).

36)「堤赳大佐回想錄」 및 「稅所資料」(獨立步兵第四大隊第二中隊戰鬪詳報 등의 諸記錄)에 의한다(『北支の治安戰』 1, 168～169쪽에서 재인용).

37)「第三十七師團狀況報告綴」(1940. 8)(『北支の治安戰』 1, 145쪽에 所收).

山西省 서부 지역의 경우, 山西軍은 國共紛爭의 영향을 받아, 특히 군대 내에 공산 세력이 점차 침투해서 각 곳에서 내란이 일어나 그 지휘 계통은 문란해지고 戰力은 현저하게 저하되었다. 산서군의 공산화를 우려한 重慶中央은 그 대책으로서 3월 중순 중앙 직계의 第90軍(3개 師)에게 黃河를 渡河하여 鄕寧 방면으로 진출하여 산서군의 督戰을 맡도록 했다.…… 冀南 및 魯西 지구에서 石友三軍(冀察戰區의 유격대)은 中共 제129師 제386旅 및 東進支隊의 압박을 받아 큰 손해를 입어 兵力의 대부분을 상실해서…… 매우 곤란한 지경에 있다.[38]

최근 山西方面으로부터 공산군의 일부가 작전 지역으로 진입하여 점차 蔣系軍(匪)을 懷柔하거나 강제로 통합하고 있으므로 그들의 활동을 경시해서는 안 된다.[39]

…… 國民黨系 匪團의 南方 逃避에 따라 管內 및 주변에 잔존하고 있는 敵은 共産系 一色으로 되고 있고, 그 赤化抗日工作은 점점 地下로 潛行해서 그 활동은 집요하고도 심각해지고 있다.[40]

…… 각 방면 모두 국민당계의 세력이 패배하고 있는데, 이러한 사실은 금후 治安肅正의 대상이 공산당이라는 것을 여실히 보여 주는 것으로서 주목된다.[41]

重慶軍(장제스 직계 군대)은 비교적 쉽게 격파할 수 있었지만 退避分散戰法을 취하는 중공군을 포착·격멸하는 것은 매우 곤란했다. 게다가 중공군은 일본군의 攻擊力을 교묘하게 비켜가면서 대신 중경군의 머리 위로 유도하는 데 노력하거나 스스로 중경측 세력을 공격·잠식해서 地盤을 넓혀 가고 있으며, 민중을 조직해서 擴軍工作을 행하고 급속하게 黨軍 세력을 확대했다.[42]

상술한 일본군 정보 기관의 첩보 내용들을 살펴보면, 국민당계 군대는

---

38) 北支那方面軍, 『戰時月報資料』(『北支の治安戰』 1, 258~259쪽에 所收).

39) 日本軍 第32師團, 「狀況報告書」(1940년 10월 말)(『北支の治安戰』 1, 313쪽에 所收).

40) 日本軍 第27師團長 本間雅晴, 「師團狀況報告書」(1940. 12. 1)(『北支の治安戰』 1, 319쪽에 所收).

41) 北支那方面軍 編, 『戰時月報資料』(『北支の治安戰』 1, 259쪽에 所收).

42) 『北支の治安戰』 1, 297쪽.

화북에서의 항일 활동에 소극적이었거나 전력 소모를 방지하기 위해 일본군과의 충돌을 회피하고 있었으며, 그 세력도 점점 감소하고 있었음을 알 수 있다. 반면에 공산군측은 화북 민중과의 긴밀한 유기적 관계를 토대로 각지에 산재해 있던 유격대·토비[43] 등을 회유·흡수하고 있었고, 지방 자치 조직을 점차 공산화하고 국민정부계 행정 기관을 잠식하고 있었을 뿐만 아니라, 심지어 국민당계 군대에까지 그 세력을 뻗치면서 화북의 전현으로 침투하고 있었음을 알 수 있다. 그 결과 공산당군측은 화북에서의 치안숙정공작을 추진하고 있던 일본측에게 '가장 강인한 적'으로 등장하고 있었으며, 이와 같은 공산당군의 세력 확장으로 인해 화북에서의 국·공간의 세력 균형이 점차 깨져 가고 있었음도 알 수 있다.

    결국 1940년 봄 화북의 정세를 개괄하면, 화북의 일본군 점령 지역 내에 있던 국민당계 군대는 일본군의 토벌과 국민정부로부터의 후방 보급의 감소 등으로 세력이 감퇴되고 있었다. 반면에 팔로군측은 교묘하게 그 틈을 타서 세력을 침투시키고 있었거나 무력을 가지고 국민당계 군대를 몰아내는 등 급속하게 지반을 확장해 가고 있었다. 공산 유격 근거지에서는 민중 조직을 배경으로 공산당·변구(邊區)정부·군대·민중이 상호간에 밀접하게 협력하면서 정규군·유격대·민중 무장대(민병)의 3자가 유기적으로 결합되어 항일전쟁을 전개하고 있었다.[44] 이때 국민당계 정규군은 일본군 점령 지역 주위에서 소극적으로 방면군에 대항하고 있었는 데 비해, 팔로군은 일본군 점령 지역 내부, 특히 산서성 북부 및 동부, 하북성 일대, 산동성의 대부분 지역에서 항일 유격전의 주력이 되었다.[45]

    그렇다면 방면군이 화북의 정세에 서서히 주목하면서 점령지 정책과 전술을 강화하는 가운데, 팔로군은 항일 투쟁 기반을 어떻게 조성해 나

---

43) 이것의 구체적인 실체와 성격에 관해서는 Lloyd E. Eastman, *Family, Fields, and Ancestors: Constancy and Change in China's Social and Economic History, 1550~1949*, New York: Oxford Univ. Press, 1988, pp.220~235 및 尹輝鐸, 『日帝下「滿洲國」研究』(一潮閣, 1996), 제1장 滿洲抗日武裝鬪爭의 內的構造를 참조 바람.

44) 歷史學硏究會 編, 『太平洋戰爭史』3(中日戰爭 2, 1937~1940), 東京: 靑木書店, 1974, 358쪽.

45) 『北支の治安戰』1, 257~258쪽.

갔는지, 특히 화북의 일본군 점령 지역 내에서 팔로군이 개척·발전시켜 나간 항일 유격 근거지의 실태는 어떠했고 그것이 항전과의 관련 속에서 어떠한 혁명적 의미를 지니고 있었는지를 살펴보자.

2. 화북 항일 유격 근거지의 형성과 발전

화북에서의 항일 유격 근거지의 형성과 발전에 관해서는 이미 많은 연구[46]가 이루어졌기 때문에 본 절에서는 독자들의 이해를 돕기 위해 각각의 항일 유격 근거지의 특징에 대해서만 간략하게 서술하고자 한다.

1937년 11월 9일 태원(太原)이 함락되자, 팔로군 총사령부는 "팔로군은 절대로 남쪽으로 황하를 건너 물러나지 않을 것, 일본군을 몰아낼 때까지 화북 민중과 최후까지 함께 하며 민중을 조직하고 무장시킬 것"[47]을 결의하였다. 이에 따라 팔로군 제115사(師)(사장[師長] 린뱌오[林彪]) 주력군은 분하(汾河) 유역과 산서 남부로 이동해서 적의 전진을 저지하고, 제120사(사장 허룽[賀龍])는 태원 부근으로 집결함과 동시에 산서 서

---

46) 대표적인 것만을 열거하면, 周貫中, 『艱苦奮戰的冀魯邊』(杭州：浙江人民出版社, 1983)；魏宏運·左志遠 主編, 『華北抗日根據地史』(北京：檔案出版社, 1990)；今井駿,「抗日根據地の形成過程についての一考察：冀南根據地を中心に」(『史潮』 108, 1971. 6)；藤井高美, 「革命根據地の樹立に關する一考察」(『アジア研究』 9-1, 1962)；馬場毅, 「抗日根據地の形成と農民：山東區を中心に」(『講座中國近現代史』 6, 1978)；安藤正士, 「中國革命における農村革命根據地：抗日民族統一戰線の形成をめぐって」(『國際問題研究』 1, 1968. 12)；安井三吉,「茅山根據地の形成」(『季刊中國研究』 3, 1985)；田中仁, 「路線轉換期における中國共産黨の根據地構想」(横山英·曾田三郎 編,『中國の近代化と政治的統合』, 溪水社, 1992)；田中恒次郎, 「華北解放區の形成と抗日經濟政策：晋察冀邊區を中心として」(淺田喬二 編, 『日本帝國主義下の中國』, 東京：樂遊書房, 1981)；井上久士,「邊區(抗日根據地)の形成と展開」(池田誠 編, 『抗日戰爭と中國民衆』, 京都：法律文化社, 1987)；井上久士, 「華北抗日根據地の展開：冀中地區を中心として」(『中國近代史研究會通信』4, 1977. 3)；井上久士, 「華北抗日根據地に關する一考察―その危機をめぐって」(藤原彰·野澤豊 編,『日本ファシズムと東アジア』, 東京：青木書店, 1977)；風間秀人, 「華中解放區の形成と抗日經濟戰：蘇北解放區を中心として」(『日本帝國主義下の中國』) 등이 있다.

47) Agnes Smedley, *China Fights Back : An American Woman With the Eighth Route Army*, Hyperion Pr, 1983(高杉一郎 譯, 『中國は抵抗する』, 東京：岩波書店, 1985).

북부를 뚫고 나갔고, 제129사(사장 류보청[劉伯承])는 산서 동남부에서 유격전을 일으켜 해방구를 만들기로 결정했다.

　그리하여 팔로군의 각 부대는 오대산(五臺山) 지구, 태행산(太行山) 지구, 산서성(山西省) 북부 지구로 진입하여 진찰기(晋察冀)·진동남(晋東南)·진서북(晋西北)의 항일 유격 근거지를 개척했다. 이어 산동(山東)의 인민들은 중국 공산당 지방 조직의 지도하에 유격전을 일으켜 태산(泰山)과 기몽산(沂蒙山) 지구를 중심으로 노중(魯中)근거지를 성립시켰다. 이것들은 항전 초기 화북의 4개 해방구의 맹아라고 할 수 있다. 1938년 팔로군은 산서(山西)에서 군대를 나누어 동으로는 기로예(冀魯豫)·제로(濟魯)·기중(冀中)의 각 평원으로 진출하였고, 북으로는 수원(綏遠)의 대청산(大靑山)지구 및 하북의 동부로 진출하여 잇달아 기로예·기로변구(冀魯邊區)·기중·기동(冀東)·대청산 등의 항일 유격 근거지를 만들었다. 더 나아가 1938년부터 1940년까지 신사군은 팔로군의 협조하에 잇달아 소남(蘇南)·회북(淮北)·소중(蘇中)·소북(蘇北)·소예환(蘇豫皖) 등의 항일 근거지를 개척하였다. 그리고 1938년부터 1939년에는 광동(廣東) 인민들이 중국 공산당 지방당 조직의 지도하에 잇달아 동강(東江)과 경애(瓊崖)의 항일 유격 근거지를 개척하였다.[48]

　이러한 공산당군의 활발한 항일 활동으로 항일전쟁 기간 공산당군에 의해 성립된 항일 유격 근거지는 모두 19개로 늘어났다. 이를 구체적으로 열거하면 화북의 팔로군 관할 구역에서는 중국 공산당 중앙이 자리잡고 있던 섬감녕변구(陝甘寧邊區:섬서[陝西]·감숙[甘肅]·영하성[寧夏省]의 변경 지대)를 비롯하여 진찰기변구(晋察冀邊區:산서[山西]·차하르[察哈爾]·하북성[河北省]의 변경 지대)·기열료(冀熱遼:하북[河北]·열하[熱河]·요녕성[遼寧省]=봉천성[奉天省]의 변경 지대)·진수(晋綏:산서·수원성[綏遠省]의 변경 지대)·진기예(晋冀豫:산서·하북·하남성[河南省]의 변경 지대)·기로예변구(冀魯豫邊區:하북·산동·하남성의 변경 지대)·산동해방구가 형성되었고, 화중에서 활동하고 있던 신사군의 항일 유격 근거지로는 소

───────────────

48) 中國現代史資料叢刊『抗日戰爭時期解放區槪況』, 北京:人民出版社, 1953, 1～2쪽.

북(강소성 북부)·소중(강소성 중부)·소절환(蘇浙皖:강소·절강·안휘성의
변경 지대)·회북(회하[淮河] 북부)·회남(淮南:회하 남부)·환중(皖中:안휘
성 중부)·절동(浙東:절강성 동부)·악예환(鄂豫皖:호북·하남·안휘성의 변
경 지대)·하남(河南)·상감해방구(湘贛解放區:호남·강서성의 변경 지대)가
성립되었으며, 화남에서 활동하고 있던 화남항일유격종대의 유격 근거지
로는 광동(동강)·경애해방구(해남도[海南島]에 소재)가 설립되었다.[49]

또한 1945년 3월 말까지 조사된 통계에 의하면, 일본군 점령지의 면적
(동북 4성과 외몽고[外蒙古]도 포함, 공산당측에서는 '윤함구[淪陷區]'라고 지
칭)은 전체 면적의 24.6%인 275만 3,254km^{2}이었고, 그 윤함구 가운데
중국 공산당군의 해방구 면적은 36.6%인 85만 8,000km^{2}이었다. 그리고
일본군 점령지 내에 거주하고 있던 인구는 중국 전체 인구(동북 4성 포
함) 4억 5,866만 명의 56%인 2억 5,713만 명이었고, 일본군 점령지 내
해방구의 인구는 윤함구 전체 인구의 36.6%인 9,400만 명에 달하고 있
었다.[50]

〈표 1-2〉   해방구의 면적과 인구(1945)

(단위: 천 km^2, 10만 명)

해방구명	華北							華中										華南	
	陝甘寧	晋綏	晋察冀	晋冀豫	冀魯豫	山東區	冀熱遼	淮北	蘇北	蘇中	淮南	蘇浙皖	皖中	浙東	鄂豫皖	湘贛	河南	東江	瓊崖
면적	99.9	83.0	172.0	85.0	87.0	114.0	15.0	41.0	23.0	13.2	20.5	31.3	13.0	16.0	94.0	19.0	13.0	18.0	24.0
인구	15.0	20.0	190.0	60.0	110.0	180.0	13.0	55.0	35.0	81.0	28.0	27.0	16.0	20.0	74.0	17.0	9.0	16.0	10.0

<출전>『解放日報』1945년 7월 7일자.

중국 공산당 중앙이 소재하고 있던 섬감녕변구는 원래 섬북(陝北)소비
에트였다가 국·공합작이 성립되면서 1937년 9월 6일에 섬감녕변구로

---

49)『群衆』제10권 제13기(1945. 7);章伯鋒 等 主編,『抗日戰爭』第2卷(軍事
　　下), 成都:四川大學出版社, 1997, 2370쪽.
50)『群衆』제10권 제13기(1945. 7).

개칭되었다. 이 변구는 항일전쟁 발발 당시 5개 분구, 29개 현시(縣市), 인구 약 150만 명을 거느리고 있었다. 이 변구는 서북 황토고원(黃土高原)에 속했고 섬서성 북부의 대부분과 감숙성 동부의 일부, 영하(寧夏)의 두 개 현을 포함하고 있었으며, 북으로는 부곡장성(府谷長城)으로부터 남쪽의 관중순읍(關中栒邑)까지, 동은 황하에 이어졌고 서는 감숙에 이어졌다. 변구의 서북쪽은 횡산(橫山)산맥, 서남쪽은 교산(喬山)산맥, 동쪽은 황하를 사이에 두고 여량(呂梁)산맥이 놓여 있어 지형적으로 삼면이 둘러쳐져 있어서 평지는 거의 없었다. 이 변구의 동쪽에는 황하가 흐르면서 산서성과 격리되어 있었지만 진수(晋綏)해방구와는 연접되어 있었으며, 대부분은 황토고원으로 토양이 비교적 비옥했고 농업과 목축에 적합했다. 또한 식량·면화·식염 등이 산출되고 있었고 석유·석탄·철광의 매장량은 풍부했다. 특히 중심 도시인 연안(延安)은 소위 중일전쟁 시기 중국 전역의 항일 민주 운동의 지도 중심이자 간부를 배양하는 기지로서 중국의 심장과 같은 역할을 해 나가기 시작했다.[51] 이 변구는 당시 공산당 요원들이 '후방'이라고 부를 만큼 항일 투쟁을 위한 확고한 기반을 가지고 있었다. 그래서 다른 항일 유격 근거지보다도 상대적인 안정성을 지니고 있었다. 뉴싱화(牛興華)의 말대로, 중국 혁명사에서 섬감녕변구는 인재 배양 기지, 통일 전선 정책을 실현하는 기지, 혁명전쟁의 후방 기지, 신 중국의 기초를 다진 모델 등의 위상을 지니고 있었다.[52]

또한 섬감녕변구는 다음과 같은 점에서 다른 항일 유격 근거지와 달랐다. 첫째, 이 변구는 중공 지도부의 소재지로서 대부분 지역에서 통일 전선에 입각한 토지 혁명(지주의 토지 몰수)을 거쳤기 때문에 향신층(鄕紳層)의 저항은 다른 지구에 비해 약했다. 둘째, 이 변구는 일본군 점령지 밖에 위치한 유일한 근거지로서 비록 연안이 여러 차례 폭격을 받았지만 다른 지구와 달리 절박한 문제는 없었다. 셋째, 이 변구는 국민당 중앙

---

51) 王健民, 『中國共産黨史稿』 第三冊, 臺北 : 大陸問題硏究所, 1980, 255쪽 ; 『抗日戰爭時期解放區槪況』, 7∼8쪽 참조.

52) 「論陝甘寧邊區在中國革命史上的地位」, 『延安大學學報』 1993년 제1기, 45∼52쪽.

정부와 괴뢰군이 없었기 때문에 정세가 비교적 단순했다. 넷째, 당시 일본군 점령지 내의 다른 항일 유격 근거지는 분할된 여러 지구의 혼합체로서 공고구(鞏固區:공산당의 통치 기반이 확고한 지구)·반공고구(半鞏固區:공산당의 통치 기반이 상대적으로 미약한 지구)·유격구로 나뉠 수가 있었는데, 섬감녕변구는 거의 전부 공고구에 해당되었다. 다섯째, 이 변구는 인구가 적었고 낙후되어 있어서 생활 개선 조치가 비교적 유효했고 그 결과가 분명히 드러났다. 여섯째, 이 변구에는 중공의 당·정·군 중앙 기관이 소재한 곳으로 정책의 집행은 최고위층의 밀접하고도 부단한 감독을 받을 수 있었다.[53]

섬감녕변구에는 1937~1940년 사이에 약 10만 명의 사람들이 옮겨와 변구 당국의 인가를 얻었으며, 1941~1945년 사이에는 약 8만 6천여 명이 이주해 왔다.[54] 이들 중에는 다른 성에서 온 농민이나 노병·상이군인 등도 있었지만, 대다수는 일본군에게 함락된 중국 동부 및 중부의 도시에서 온 사람들로 학생·교사·신문 기자·작가·지식인 등이었다. 특히 1938년 말에는 2만 명의 학생들이 섬감녕변구 진입에 대한 비준을 기다리고 있었다.[55] 이처럼 섬감녕변구는 항일을 원하는 상당수 사람들, 특히 지식인 계층에게 항일 운동의 교두보로 인식되고 있었다.

섬감녕변구는 매우 빈한한 지역이었지만 항전 초기 몇 년 후에는 상당히 경제적으로 안정을 유지하고 있었다. 이 변구에서는 일종의 혼합 경제 체제가 유지되고 있어서 공영 기업 이외에도 전면적인 정부의 감독과 가격 관리하에 놓여 있던 대량의 민영 기업이 운용되고 있었다. 또한 이 변구에서는 몰수한 토지 이외에 개인의 토지 점유와 농경이 장려되었고 토지의 대여와 노동력의 고용이 인정되고 있었으며, 최고의 소작료와 최

---

53) John k. Fairbank and Albert Feuerwerker, The cambridge history of China. Vol. 13, *Republican China 1912~1949, Part 2*, Cambridge University Press, 1986 (『劍橋中華民國史 1912~1949』下卷, 北京:中國社會科學出版社, 1993, 725쪽).

54) Peter Schran, *Guerrilla Economy:the Development of the Shensi-Kansu-Ninghsia Border, 1937~1945*, Albany:State University of New York Press, 1976, p.99.

55) John Israel and Donald Klein, *Rebels and bureaucrats:China's December 9Ers*. Berkely:University of California, 1976, p.179.

저 임금에 관한 규정이 있었으나 그것이 반드시 지켜졌던 것은 아니었다. 이 변구에서는 이전에 비해 항전 초기 농민의 경제적 부담이 상당히 경감되었고 대부분의 잡세는 이미 폐지되었으며 심지어 토지세도 보편적으로 감면되고 있었다.[56] 분명 섬감녕변구는 항일 근거지를 대표하는 모범적인 지구로서 일본군 점령 지역 내에서 전개되고 있던 항일전쟁의 총지휘부였다.

섬감녕변구가 1937년 7월 노구교사변 이전에 형성된 것과는 달리, 다른 항일 유격 근거지는 모두 항일전쟁 발발 이후에 형성되었다. 항일전쟁 발발 이후에 형성된 항일 유격 근거지 가운데 가장 먼저 설립되었고 그 규모도 가장 컸던 것은 진찰기변구(晋察冀邊區)였다.[57] 변구정부의 성립에 앞서 1937년 11월 7일 오대산 지구에서는 중공중앙군사위원회(中共中央軍事委員會)의 명령과 팔로군 총사령부의 지시에 따라 진찰기군구사령부(晋察冀軍區司令部)가 설립되었다. 이때 군구사령원(軍區司令員) 겸 정치위원에는 팔로군 제115사 부사장 겸 정치위원인 녜룽전(聶榮臻)이, 참모장에는 탕딩지에(唐廷杰)가, 정치부주임에는 쉬통(舒同)이 각각 취임했다.[58]

오대산 지역은 남쪽이 태행산맥으로 둘러싸여 있어서 일본군의 기계화 부대가 활동하기가 어려웠기 때문에 유격전에 적합했다. 그렇지만 그 주위가 일본군이 지배하는 동포선(同蒲線:大同 ↔ 蒲州)·평한선(平漢線:北平 ↔ 漢口)·평수선(平綏線:北平 ↔ 歸綏)·정태선(正太線:石家莊 ↔ 太原)의 4개 철도로 둘러싸여 있었을 뿐만 아니라 공산당의 본거지인 연안(延安)이나 옌시산(閻錫山)의 사령부가 있는 임분(臨汾)과도 단절되어 있었다. 따라서 오대산 지구는 항일 유격 근거지를 건설하는 데 그다지 훌륭

56) John k. Fairbank and Albert Feuerwerker, *Ibid*, pp.726~727.

57) 진찰기변구의 형성과 발전 과정에 대해서는 선행 연구인 Chalmers A. Johnson, *Peasant Nationalism and Communist Power：The Emergence of Revolutionary China 1937~1945*, Stanford, California：Stanford University Press, 1967, pp.92~122 및 魏宏運·左志遠 主編, 『華北抗日根據地史』(北京：檔案出版社, 1990), 36~46쪽을 참조 바람.

58) 李新·陳鐵健 主編, 中國新民主主義革命史長編 『全民抗戰 氣壯山河(1937~1938)』, 上海：上海人民出版社, 1995, 443쪽.

한 조건을 지니고 있지는 않았지만, 산서성은 노구교사변 이전부터 항일 운동이 축적되어 왔다.[59]

산서성에서는 1935년 '12·9 운동' 이래 학생을 중심으로 항일 민중 운동을 전개하고 있었다. 산서성 군벌 옌시산도 일본의 침략, 홍군(紅軍)의 압력, 그리고 국민정부의 통일화 정책에 직면해서 자신의 지배를 유지하기 위해 항일로 전환하기 시작하고 있었다. 이리하여 항일 민중 운동의 추진과 옌시산의 변화가 맞물려 1936년 9월 18일 '9·18 사변' 5주년 기념일에 태원에서 항일 대중 단체인 '희생구국동맹회(犧牲救國同盟會)'(약칭 희맹회)가 성립되었다. 희맹회는 옌시산을 총회장으로 삼고 있었지만, 주요 간부는 항일 의식을 지닌 지식인·청년이었고, 중공당원 보이보(薄一波)가 집행부에 참여하고 있었던 것에서도 알 수 있듯이, 통일 전선의 성격을 띠고 있었다.[60] 1937년 9월 초에 일본군이 산서성으로 침입하자, 희맹회를 중심으로 전지총동원위원회(戰地總動員委員會)[61]가 조직되어 태원 함락 직전에는 성 정부 조직과 희맹회 등의 항일 단체가 공동으로 회의를 열고 중국 공산당의 '항일구국십대강령(抗日救國十大綱領)'을 계승한 '민족혁명십대강령(民族革命十大綱領)'을 결의했다. 이 강령에는 유격전의 전개, 항일 유격 근거지의 건설, 감조감식(減租減息)의 점진적인 실시 등이 포함되었다. 게다가 희맹회는 옌시산의 승인을 얻어 자신의 군대인 '신군(新軍)'[62]을 조직했는데, 여기에 많은 청년·노동자들이 참가했다. 또한 희맹회는 일본군의 침공으로 붕괴된 과거의 행정 기구를 대신하여 새로운 행정 기구의 재건을 추진하였다.[63] 이 과정에서 희맹회 출신자들이 산서성

59) 石島紀之, 『中國抗日戰爭史』, 東京 : 靑木書店, 1985, 70쪽.
60) 內田知行, 「閻錫山の民衆統制と抗日民族統一戰線」, 『中國史における社會と民衆』, 東京 : 汲古書院, 1983(石島紀之, 『中國抗日戰爭史』, 71쪽에서 재인용).
61) 이것에 관한 구체적인 사료와 각종 활동 등에 관해서는 『戰地總動員—民族革命戰爭戰地總動員委員會鬪爭史實』上·下(太原 : 山西人民出版社, 1986)를 참조 바람.
62) 원래 산서성에 배속되어 있던 정규 부대인 '舊軍'과 구별하기 위해 이렇게 불렀는데, 그것은 4개의 '決死縱隊'로 조직되었다(John k. Fairbank and Albert Feuerwerker, *Ibid*, p.729).
63) 石島紀之, 『中國抗日戰爭史』, 71쪽.

의 105개 현 가운데 70개 현에서 유격현장(遊擊縣長)을 맡았다. 그런데
'신군'은 민중과 밀접한 관계를 가지고 있었지만 자체의 통일성 및 중앙
의 지도와 군사적 경험이 결핍되어 있었다. 학생·교수·농민으로 조직
된 이 부대 내에서 학생은 총을 쏠 줄 몰랐고 교수는 전술을 몰랐으며
농민은 전술과 정치를 몰랐다.[64] 즉 희맹회는 아마추어적인 성격의 느슨
한 항일 조직이었던 것이다. 이 희맹회의 조직에 새로운 변화를 초래한
것은 팔로군의 산서성 진출 및 그에 따른 그 둘의 밀접한 연계였다.

　항일 유격 근거지의 건설과 관련하여, 팔로군 부대는 어느 곳이든 공
작 대상 지구에 도착하면 제일 먼저 지방의 공산당 혹은 진보 세력과 연
계를 맺은 뒤 다양한 지방 세력 및 지방 사회와 접촉해서 그들 속에서
자신의 지위를 모색하였다. 대개 팔로군은 공작 지구에 잠입해서 해당
지구의 상층부와 접촉한 뒤 그들을 통해 인력과 정보를 획득할 수 있었
고 민중에게도 접근할 수가 있었다. 우리가 일반적으로 생각하듯이, 팔로
군이 화북의 농촌에 처음 나타났을 때 화북의 농민들이 그들을 무조건
환영한 것은 아니었다.[65] 보이보가 언급한 것처럼, 당시의 화북 농촌 사
회에서는 현지인의 협조가 없으면 외래자는 해당 지역 주민들의 신임을
얻기가 매우 어려웠다. 설령 외래자가 공작 지구로의 진출을 용인받을
수 있다고 해도 그들의 진정한 지지를 받을 수가 없었을 뿐만 아니라 해
당 지구에 뿌리를 내릴 수가 없었다. 이러한 상황에서 국민당 부대는 이
전부터 민중과의 연계의 필요성을 인식하지 못했고 그러한 연계를 제대
로 해내지도 못했다.[66] 이에 반해 팔로군측에서는 그 점을 염두에 두고
항일 유격 근거지 수립 공작을 활발하게 펼쳤다.

　이러한 상황에서 녜룽전이 오대산 지구에 항일 근거지를 건설하려고
했을 때, 협력한 것은 희맹회의 간부로서 공산당의 비밀 당원이자 오대
현(五臺縣)의 유격현장이었던 쑹샤오원(宋邵文)[67]이었다. 쑹샤오원이 지도

64) Jack Belden, *China Shakes the world*, New York : Harper, 1949, p.52.
65) 이러한 상황에 관해서는 이 책의 제3편을 참조 바람.
66) John k. Fairbank and Albert Feuerwerker, *Ibid*, p.739.
67) 그는 북경대학을 졸업한 후 1933~1934년에는 항일 선전 활동을 하다가 투옥되

하는 희맹회는 녜룽전 부대가 최초로 연계를 맺은 조직 가운데 하나였다. 이 부대는 평한철로(平漢鐵路)를 넘어 하북 중북부 평원에서 뤼정차오(呂正操:하북항일인민자위군, 공산당원)와 접근했다.[68] 이와 아울러 녜룽전은 2천 명의 예하 병사들을 각지로 파견해서 민중의 동원과 무장화에 힘썼다. 또한 녜룽전과 쑹샤오원은 제이전구총사령(第二戰區總司令) 옌시산과 하북성 및 차하르(察哈爾)성의 군사·정치·민중 단체 지도자들로부터 변구의 임시 행정 기구 설립에 관한 동의를 얻는 데 성공했다. 이리하여 1938년 1월 10일부터 15일까지 산서성의 경계에서 가까운 하북성의 산간 소도시 부평현성(阜平縣城)에서 진찰기변구군정민대표대회(晉察冀邊區軍政民代表大會)가 열렸다. 대회에는 무장 부대·현정부·대중 단체·소수 민족(몽골족·회족·티베트족)·종교계 및 국·공 양당의 대표 149명이 참가했다. 이 대회에서는 진찰기변구임시행정위원회(晉察冀邊區臨時行政委員會)를 성립시키고 위원으로 쑹샤오원(행정위원회 주임)·후런쿠이(胡仁奎:산서성 우현장[盂縣長], 국민당원, 행정위원회 부주임)·류티엔지(劉奠基:국민당 대표)·녜룽전(공산당원)·장쑤(張蘇:차하르성 울현장[蔚縣長])·뤼정차오 등 9명을 선출했다.[69] 이리하여 일본 점령지에서 최초의 항일 유격 근거지가 성립되었다.

진찰기변구는 자원이 풍부하여 공산당의 활동에 경제적으로 큰 도움을 주었다. 이 변구는 산서·하북·차하르·열하(「만주국」 소재)·요녕(「만주국」의 봉천성)의 5개 성의 일부를 포함하고 있었고, 서쪽은 송령(松嶺)산맥·노로호(努魯虎)산맥 등으로 험준했으나 하북성 중부는 끝없이 펼쳐지는 평원이어서 광산물·농산물이 풍부했다.[70] 이후 진찰기변구는 꾸준히 발전하였고 그 영향을 미치고 있던 현은 108개, 인구는 2천 5백만 명

기도 했다. 그에 관한 상세한 내용에 관해서는 Kathleen Hartford, "Step-by-step: reform, resistance and revolution in the Chin-Ch'a-Chi border region, 1937~1945", Stanford University, Ph.D. dissertation, 1980, p.84~89를 참조 바람.

68) John k. Fairbank and Albert Feuerwerker, *Ibid*, p.741.

69) 『抗日戰爭時期解放區槪況』, 27쪽 ; 安井三吉, 「抗戰初期華北の抗日民族統一戰線—晉察冀邊區軍政民代表大會をめぐって」,『歷史評論』 제327 호, 1977.

70) 王健民,『中國共産黨史稿』第三冊, 臺北:大陸問題硏究所, 1980, 447쪽

에 이르게 되었다.[71]

1937년 11월 11일 팔로군 총사령부는 제129사를 산서성 동남부로 들여보내 유격전을 벌이면서 태행산을 기반으로 하는 진기예근거지를 개척하도록 했다. 이에 따라 제129사 부대와 중공진기예성위(中共晋冀豫省委:1937년 10월 성립)는 요현(遼縣)으로 이동하여 근거지 개척 공작을 지도했고, 희맹회와 산서청년항적결사대(山西靑年抗敵決死隊) 등의 진보적인 민중 조직과 항일 무장 단체가 산서성 동남 지구에서 적극적으로 공작을 전개했다. 이리하여 마침내 하북성 남부에서는 1938년 3월 중공기로예변구성위(中共冀魯豫邊區省委)가 남궁(南宮)에서 성립되었고, 이어서 각지의 항일 유격대를 모태로 기남군구사령부(冀南軍區司令部)가 성립되어 쑹런충(宋任窮)이 사령원(司令員) 및 정치위원에 선임되었다. 동년 4월에는 진기예군구사령부(晋冀豫軍區司令部)가 정식으로 성립되었고,[72] 동년 5월에는 이곳에 진출한 팔로군 제129사의 주력(정치위원 덩샤오핑[鄧小平])이 하북민군기서유격대사령관(河北民軍冀西遊擊隊司令官) 양슈훵(楊秀峯) 등과 함께 8월에 기남행정주임공서(冀南行政主任公署)를 성립시켰고 양슈훵과 쑹런충을 각각 정·부주임에 선임했다. 진기예지구의 동쪽에는 태산이, 서쪽에는 태행산이 자리잡고 있었다. 이 양대 산악 지구를 의지하고 있는 진기예지구는 화북과 화중의 일본군 점령 지역 내의 유격구를 연결하는 요도(要道)로서, 평한선·진포선(津浦線:天津 ↔ 浦口)의 남단(南端), 농해선(隴海線:蘭州 ↔ 連運港)의 중앙부, 덕석선(德石線:德州 ↔ 石家莊)의 동단(東端)을 직접 위협하고 있었다. 또한 하북·산동·하남의 3성 변경 지대의 기로예항일근거지는 동으로는 진포선, 서로는 평한선, 남으로는 농해선, 북으로는 덕석선의 4개 철로 노선으로 둘러싸여 기남과 기중을 연계해 주었고 태행과 산동·화중의 근거지를 연계하는 데 반드시 거쳐야 할 곳으로서 매우 중요한 전략적 위상을 지니고 있었다. 더 나아가 제129사의 일부와 제115사의 일부가 진출한 것을 계기로 중공직남임시

---

71) 『抗日戰爭時期解放區槪況』, 24쪽.
72) 『全民抗戰 氣壯山河(1937~1938)』, 457쪽.

특위(中共直南臨時特委)는 각지의 중공당 조직을 회복시켜 군중을 동원하고 유격대를 조직하는 동시에 항일 민족 통일 전선을 확대시켜 각계 인사와 연합한 뒤, 항일 동맹 조직을 성립시켜 기로예항일근거지의 기초를 닦았다. 이리하여 1938년 봄 기로예항일구국총회(冀魯豫抗日救國總會)가 성립된 것을 계기로 각지에서 반(半)정권 성질을 띤 항일 군중 단체가 잇달아 조직되었고, 중공직남임시특위는 직남(直南)·예북(豫北)의 두 개 지위(支委)로 개편되었다. 1940년 4월에는 기로예변구당위(冀魯豫邊區黨委)와 기로예군구사령부(冀魯豫軍區司令部)가 잇달아 성립되어 왕총우(王從吾)가 서기에, 황징(黃敬)이 군구사령원에, 추이티엔민(崔田民)이 정치위원에 선임되었다. 1941년 1월에는 기로예변구행정주임공서(冀魯豫邊區行政主任公署)가 정식으로 성립되었다. 그 후 태행·기남·기로예의 세 근거지는 합쳐져서 진기로예변구정부(晋冀魯豫邊區政府)로 되어 화북과 화중의 항일 유격 근거지를 연결하는 결합점이 되었다.[73]

산동항일근거지는 다른 유격 근거지와 달리 산동 지방 당 조직이 일으킨 각 지역의 무장 기의를 바탕으로 조직된 산동 지방 항일 무장 세력이 산동 지역으로 들어온 팔로군 제115사 부대들의 협력을 얻어서 개척하였다.[74] 당시 산동 지역에서는 수수·조·밀·감자·대두·땅콩 등 물산이 풍부해서 항일 군대에 대해 풍부한 식료를 제공해 줄 수 있었다. 따라서 산동 지역은 일본군과 팔로군 모두에게 전략적으로 중요할 수밖에 없었다.[75]

화북의 항일 유격 근거지 가운데 하나인 산동항일유격근거지의 형성과 관련하여, 1937년 7월 하순 중공 중앙은 장징우(張經武)를 군사 연락관으로 제남에 파견하여 산동성 정부주석 겸 제3로군 총지휘 한후쥐(韓復榘)의 항일 무장 세력에 대한 공작을 벌이게 하였다. 그런데 1937년 10월 일본군이 덕주(德州)에 침입하여 12월 하순 두 길로 나누어 황하를 건너

---

73)『華北抗日根據地史』, 58~60쪽;『中國抗日戰爭史』, 73쪽.
74) 賈蔚昌,「試論山東抗日根據地建立的特點」,『山東師範大學學報』1985년 제4기.
75) 馬場毅,「抗日根據地の形成と農民―山東區を中心に」, 95쪽.

오자, 한후쥐는 10만 군대와 정부 기관을 거느리고 남쪽으로 도주했다. 그 결과 산동성에서 철도 주변의 성진(城鎭)을 제외한 대부분의 지역은 행정적으로 공백 상태가 되었다. 이리하여 1937년 말부터 산동성위는 유리한 시기를 이용하여 인민들을 지도해서 대규모의 무장 기의를 일으켰다. 동년 11월 중공기로변공인위원회(中共冀魯邊工人委員會)는 화북인민항일구국군을 조직했고, 각지에 항일 민주 정권을 수립해 나갔다. 동년 12월 중공교동특위(中共膠東特委)는 산동인민항일구국군제삼군(山東人民抗日救國軍第三軍)을 조직했고, 1938년 1월에는 위해위민족해방선봉대(威海衛民族解放先鋒隊)의 도움을 얻어 부대를 확대하여 제3군의 지도 기관인 군정위원회(軍政委員會)를 조직했다. 이를 계기로 각지에서 항일 유격대가 조직되자, 동년 5월 중공 중앙은 산동성위를 소로예환변구성위(蘇魯豫皖邊區省委)로 확대하기로 결정하고 궈홍타오(郭洪濤)를 변구성위(邊區省委) 서기로 선임했다. 그 후 중공 중앙은 변구성위 소속의 모든 부대를 통일적으로 정리·개편하여 기로변(冀魯邊 : 하북성과 산동성의 경계 지역의 유격구)의 주력군과 산동 서북의 부대를 제외하고 팔로군산동인민항일유격대(八路軍山東人民抗日遊擊隊)라는 번호를 사용하도록 했고, 산동성 서북과 호서 지구의 무장 부대는 여전히 항일의용군 제일총대, 제이총대의 번호를 사용하도록 했다. 동년 9월 기로변에도 독찰전원공서(督察專員公署)가 조직되어 8개 현의 항일 민주 정권을 관할하였다.[76]

　산서성 서북방에서는 허룽이 이끄는 팔로군 제120사가 산서전지동원위원회(山西戰地動員委員會) 및 희맹회와 협력하여 민중을 조직화하면서 진서북 근거지를 개척해 나갔다. 이 지구는 안문관(雁門關) 이북, 평수선 이남, 동포선 이서, 황하 이동으로 둘러싸인 6만여 km²의 삼각 지대로서 1937년 10월 진서북구당위(晋西北區黨委)가 조직되었다. 그 후 팔로군의 세력이 확대·발전되자, 옌시산은 팔로군 및 산서신군(山西新軍)의 발전을 억제·통제하기 위해 희맹회만을 자신의 조직으로 인정하여 무기를 지급한 반면 전지동원위원회에는 지급하지 않았다. 이처럼 옌시산 부대와

76)『全民抗戰 氣壯山河(1937~1938)』, 469~476쪽.

팔로군 사이에 알력과 마찰이 일어나는 가운데 1940년 1월 정식으로 진
서북행정공서(晉西北行政公署)가 성립되었고, 2월 초에는 진서북군정위원
회가 조직되어 허룽·관샹잉(關向應)이 각각 정·부 서기로 선출되었다.
이와 동시에 진서북과 진서남의 구당위는 진서북구당위로 합쳐졌고 진서
북신군총지휘부가 조직되었다.[77]

　진서북 근거지는 수원성(綏遠省)의 대청산에 항일 유격 근거지를 구축
하는 데 유리한 조건을 제공했다. 1938년 6월 하순 팔로군 제120사의
일부가 대청산지대를 조직했고 7월에는 전지동원위원회가 진찰수변구공
작위원회(晉察綏邊區工作委員會)를, 중공진서북임시구위(中共晉西北臨時區
委)는 대청산특위를 조직했다. 동년 10월에는 수서동원위원회(綏西動員委
員會)의 성립을 계기로 전지동원위원회가 각지에서 조직되었다. 1939년 9
월 전지총동원위원회(總動委會)는 팔로군수몽총동위회(八路軍綏蒙總動委
會)로 개칭되어 민중을 동원·조직·무장시킴과 동시에 군민(軍民) 관계
를 조정하고 군수 물자의 수급을 돕거나 독촉하고 통전(統戰) 관계를 유
지하면서 정부의 이름으로 행정적인 지도와 정권 건설 공작을 추진했다.
1940년 3월에는 수서전원공서(綏西專員公署)가, 6월에는 수중전원공서(綏
中專員公署) 및 수동전원공서(綏東專員公署)가 각각 성립되어 양쯔린(楊植
霖)·우다핑(武達平)·청중이(程仲一)가 각각 전원(專員)을 겸임했다. 동
년 8월에는 수찰행정판사처(綏察行政辦事處)가 성립되었다. 이후 진서북
근거지와 대청산근거지가 합해져 진수유격근거지가 되었다. 진수근거지는
동쪽으로는 진찰기변구, 서쪽으로는 황하를 사이에 두고 섬감녕변구와 접
해 있으면서 섬감녕변구의 장벽으로서 혹은 각지의 항일 근거지를 연결
하는 교통로로서 큰 역할을 했다.[78]

　한편 상술한 항일 유격 근거지(혹은 변구)들의 역사적 성격[79]에 관해,

---

77) 『華北抗日根據地史』, 60~64쪽.
78) 『華北抗日根據地史』, 65~70쪽 ;『中國抗日戰爭史』, 72~73쪽.
79) 참고로 딩준핑(丁俊萍)은 항일과 민주를 찬성하는 모든 사람들을 사회 구성원으
　　로 했고 항일과 민주의 양대 정신을 체현했으며, 參議會制의 정치 체제와 三三制
　　의 정권 구성원의 분배 원칙을 실행했다는 점을 지적하는 동시에, 그러한 항일 민

항일 유격 근거지는 '중국 혁명의 원형(原型)' 혹은 중국 사회주의의 맹아로 평가되거나[80] 중국의 '인민 민주 정권의 초보적인 모델'로서 인식되고 있다.[81] 게다가 항일 유격 근거지는 항일 민족 통일 전선을 전제로 한 중화민국의 구성 부분인 동시에, 공산당에 의해 다스려지는, 상대적으로 독자적인 지역 정권이라는 이중적인 성격을 띠고 있었다.[82] 특히 오늘날 중국 정부가 '일국양제(一國兩制)'를 주창하면서 홍콩 및 마카오에 자치권을 부여하여 이들 지역을 중국으로부터 독자적인 권한을 위임받은 지방 정권으로 인정함으로써, 한 개의 사회주의 국가와 두 개의 자본주의적 지방 정권이 공존하고 있는 중국의 정치 현실과 관련지어, 최초의 변구인 섬감녕변구를 '일국양제'의 모델로 보는 견해[83]도 제기되고 있다. 결국 항일 유격 근거지가 '중화인민공화국을 잉태한 초보적인 국가 모델'이었던 것만은 부정할 수 없다.

어쨌든 공산당군은 일본군의 점령 지역 내에 배타적인 지배 구역(즉 항일 유격 근거지)을 확보함으로써 일본의 점선적인 지배를 위협했을 뿐만 아니라, 그들의 면적인 지배를 어렵게 만들었다. 더 나아가 공산당군은 섬감녕변구를 제외하고 대부분의 항일 유격 근거지를 일본군 점령 지구 내에 수립함으로써 국민당 세력의 간섭을 받지 않고 직접 중국 민중과 접촉할 수 있는 기회를 맞이하게 되었다. 당시 중국에 있던 미국 외교관들의 정보 보고서에서도 언급되고 있었듯이, 공산당군은 국민당 기관의 간섭이 비교적 덜 미치는 일본군 점령 지역 안에서, 즉 일본군 전선 후면에서 의도한 대로 작전을 하고 있었던 것이다.[84] 이는 그들의 정책·

　　족 통일 전선에 기초한 정권의 수립은 당시 중국 전역에 많은 영향을 주었고 전국적인 항일 통일 전선 정권의 하나의 모델이었다고 평가하고 있다(「論抗日根據地政權的性質及其特點」, 『武漢大學學報(哲史版)』 1997년 제5기, 14쪽).

80) 安藤正士, 「抗戰期中國の解放區」, 『歷史敎育』 137호(1965. 1), 62~67쪽.
81) 福島正夫, 『中國の人民民主政權』, 東京: 東京大學出版會, 1965.
82) 井上久士, 「邊區(抗日根據地)の形成と展開」, 池田誠 編著, 『抗日戰爭と中國民衆』, 京都: 法律文化社, 1987, 157~177쪽.
83) 延安地區檔案局, 「陝甘寧邊區孕育了"一國兩制"模式」, 『陝西檔案(西安)』 1997년 제4기, 20~21쪽.
84) United States Relations With CHINA : with Special Reference to the Period 1944

이데올로기・투쟁 활동・애국심 등을 중국 민중에게 알림으로써 그들의
존재를 각인시킬 수 있는 기회이기도 했다.

　하여튼 중일전쟁의 발발로 국민당군의 주력 부대가 일본군에 패하여
점차 서남부로 퇴각하면서 화북 사회에 무정부적 상황이 초래되자, 팔로
군은 일본군의 지배력이 미치지 못하고 있던 광대한 화북의 점령 지구
내 농촌에서 국민당군의 견제와 압력을 받지 않고 직접 중국 민중과 접
촉하면서 세력을 확장하는 동시에 신민주주의 혁명을 추진할 수 있는 투
쟁 환경을 맞이하게 되었다.

　상술한 정황에서 화북의 공산당군이 자신들의 항전 결의와 항전의 당
위성을 내외에 알린 것이 백단대전이었다. 그리고 백단대전은 이제껏 대
장정에 지친 패잔병 무리쯤으로 인식되고 있던 공산당군의 위력과 존재
를 내외에 알린 충격적인 사건이었다. 팔로군의 백단대전은 화북의 정세
를 변화시키는 요인으로 작용한 동시에, 자연히 일본군의 강력한 대응을
야기했다. 또한 백단대전은 일본군에 패해 남서부로 퇴각해 있던 국민당
군에게도 공산당군의 위력을 인식하게 만드는 계기가 되어 공산당군에
대한 국민당군의 경계와 압력을 가중시켰다.

3. 백단대전과 화북 사회의 정세 변화

　화북 지역에서 급속하게 세력을 확장하고 있던 팔로군은 1940년 8월
부터 12월까지 백단대전을 일으켰다. 이때 팔로군은 115개 연대 약 40만
명의 병력을 동원하여 화북의 전역에 걸쳐 기습 공격을 감행했다. 팔로
군은 초기에 화북의 각 주요 교통선 즉 정태선・평한선・동포선・진포
선・교제선(膠濟線:靑島 ↔ 濟南)・덕석선・평수선, 그 중에서도 정태선에
공격 목표를 두었다. 9월 하순부터는 일본군의 섬멸과 해방구를 잠식해

　~1949, Based on the Fikes of the Department of State, U.S.A., 1949 가운데
　　John Stewart Service의 1944년 8월 3일 보고(이영희 편역, 『中國白書』, 서울:
　　전예원, 1984, 83쪽).

들어오는 거점의 소멸에 공격 중점을 두고 태행지구·진찰기변구 등의 일본군 경비대를 급습했다.[85] 작전 지역은 기찰(하북성과 차하르성) 전역, 진수(산서성과 수원성)의 대부분, 열하성 남부 지구에 걸쳐 있었다. 이 전쟁은 종래의 유격전과 달리 광대한 지역의 민병과 자위대가 참여한 가운데 통일적인 지휘하에 실시되었다. 이때 기중지구에서는 자위대가 총동원되어 자동차 도로를 전부 파괴했으며, 북악구(北岳區)의 민병도 모두 동원되어 주력군과 배합하면서 교통선을 파괴했고, 전시 보급품과 노획품을 운반했다. 정태선 작전에 동원된 민병은 2만여 명, 50개 민병 대대에 달했고 158리의 철로를 파괴해서 철궤(鐵軌) 308근(根), 전선 13만 근을 거두었다. 기동지구에서는 8만여 명의 민병이 동원되기도 했다.[86] 사실상 백단대전은 항일전쟁 기간 공산당군이 일본군에 대해 감행한 최대의 기습 진공 작전이었다. 그리고 이 전쟁은 종래의 기본 원칙이었던 유격전의 규모를 벗어나 대규모의 정규군과 민병을 동원한 운동전(運動戰)이었다.

그렇다면 팔로군은 무엇 때문에 그와 같은 대규모 전투를 감행했을까? 그 배경과 원인은 크게 국외적인 측면과 국내적인 측면으로 나누어 살필 수 있다. 먼저, 대외적으로는 백단대전이 발발된 1940년에는 국제 정세가 크게 변화하고 있었다는 사실이다. 동년 5월 독일은 마지노선을 돌파하고 프랑스 전역을 석권하고 괴뢰 정권을 수립하였다. 또한 이탈리아도 전쟁에 참여하여 유럽의 형세는 결정적으로 추축국(樞軸國)측에 유리하게 돌아가고 있었다. 영국은 프랑스의 항복으로 본토 자체가 존망의 기로에 놓여 있었기 때문에 아시아에 대해서는 소극적일 수밖에 없었다. 그래서 영국과 미국이 일본과 타협해서 '동방뮌헨협정'에 응하지나 않을까 하는 의구심이 높아가고 있었다.[87]

국내적인 원인은 다음의 공산당측 문건에서 쉽게 간파할 수 있다.

---

85) 『中國抗日戰爭史』, 131쪽 ; 『抗日戰爭時期解放區槪況』, 58~59쪽.

86) 宋劭文, 「關于晋察冀邊區的政權建設和經濟建設」(1943. 1), 『晋察冀抗日根據地』 史料叢書編審委員會·中央檔案館 編, 『晋察冀抗日根據地』(이하에서는 『抗日根據地』라 약칭) 第一冊(文獻選編 下), 北京:中共黨史資料出版社, 1989, 762쪽.

87) 宍戶寬 等著, 『中國八路軍, 新四軍史』, 東京:河出書房新社, 1989, 101~102쪽.

일본은 우리 서남부에서의 國際道路를 단절함과 동시에 적극적인 정면 진
공을 통해 압력을 증대하여 중국 내부를 분열시키고 중국에 투항하도록 압
력을 가하고 있다. 이리하여 중국의 항전 정세도 새로운 환경에 놓이게 되
었고 미증유의 난국과 투항의 위험성이 급속하게 도래되고 있다. 그러나 투
항의 위험을 극복하고 시국을 호전시킬 가능성도 커지고 있다. 투항할 위험
성의 근원은 英・美・佛의 '東方뮌헨政策'이 아니라 일본의 압력과 아울러,
독일과 이탈리아의 승리로 일본이 고무되어 和平勸誘 정책이 가능하게 된
점, 국민당 보수파의 반공 정책이 자신들을 크게 약화시킴으로써 국민당 내
부의 재분열과 새로운 汪精衛派의 탄생이 불가피하게 된 점 등으로, 전국
인민 사이에 살 길이 없다는 좌절감이 증대할 것이다.[88]

팔로군측의 시국 인식과 그들의 주장에 의하면, 왕징웨이가 일본에 투
항한 이후 중국 국내에서는 대일 항전의 동요 현상이 초래되어 철저한
항전을 주장하는 중국 공산당을 탄압해서 투항을 유도한 뒤 화평을 이루
려는 조류가 전국에 확산되고 있었다[89]는 것이다.

결국 반공 투항의 분위기가 고조되어 가는 것을 간파한 중공 중앙은,
정치적으로는 백단대전을 일으켜 승리를 거두어 반공 투항파의 이론을
분쇄하고 전국 인민의 항전 신념을 견고히 하는 동시에, 1939년 이래
국・공관계가 급속하게 악화되고 있던 상황에서 국・공 관계의 조정 교
섭에서 주동적으로 국민당에게 해결책을 제시하고자 하였다.[90] 더 나아가
팔로군측은 일본군이 버마 루트의 서남부 교통선을 단절한 데 이어 서안
으로 진공해서 섬감녕변구의 생명줄이라고 할 수 있던 서북의 교통선까
지도 단절시키려 한다고 여겼기 때문에, 기선을 제압해서 일본군에게 일
격을 가하여 진공을 저지하려고 했다.[91]

88) 「中共中央關于目前形勢與黨的政策的決定」(1940. 7. 7), 中央檔案館 編, 『中共
中央文件選集』 第12 冊(1939~1940), 北京 : 中共中央黨校出版社, 1991, 418쪽.
89) 실제로 동년 3월에는 왕징웨이의 南京國民政府가 정식으로 발족되었고 장강 하
류의 國民黨系 雜軍에서는 괴뢰 남경국민정부측으로 도망하는 자가 적지 않았다
(『中國八路軍, 新四軍史』, 102쪽).
90) 八路軍政治部 編, 『八路軍百團大戰特輯』, 1941. 3.
91) 『彭德懷自述』, 235쪽 ; 『中國八路軍, 新四軍史』, 104쪽.

백단대전 과정에서 팔로군은 화북의 전 지역에서 대규모 병력을 동원해 운동전을 펼침으로써, 팔로군의 전력을 과소 평가하여 분대 단위로 분산 배치한 일본군에게 커다란 손실과 충격을 주었다.[92] 또한 백단대전을 계기로 1940년 말에는 팔로군의 세력이 화북 전역으로 확대되어 치안은 끊임없이 동요되기 시작했다. 따라서 팔로군을 경시하고 있던 일본군은 백단대전을 계기로 민중 사이에 깊이 침투해 있던 팔로군의 예상 이상의 잠재력에 경계심을 강화할 수밖에 없었다.[93] 백단대전은 방면군, 특히 일본군 정보 관계자들에게 심각한 반성을 촉구하게 만들었고, 이것을 계기로 일본군의 대공(對共) 정보 기능이 획기적으로 쇄신·강화되기 시작했다.[94] 결국 백단대전은 종래의 화북 정세를 크게 변화시켰다.

그렇다면 위와 같은 정세 변화의 주요 원인은 무엇이었는가. 그것은 일본군이 국민당군을 중시하고 공산당군을 경시한 채 국민당 군대의 주력에 주요 공격 목표를 두고 있던 틈을 타서, 공산당군이 광범한 화북 농촌에 침투해서 탁월한 전술·전략을 통해 민중(특히 농민)을 동원하고 이들을 조직해서 인적·물적 기반으로 삼은 데 있었다. 그리고 그것의 결정적인 계기가 백단대전이었다.

1940년 백단대전이 발발하기 전까지 일본군이 주요 공격 목표를 국민당군에 두고 있었다는 것은 다음과 같은 사실들에서 입증되고 있다. 공산당군을 소규모의 군대만으로 유격전을 행하고 있는 미약한 존재에 불과하다고 여기고 있었던 일본군은 1938년 3월 이전까지 하북성 및 산서성의 현·시들을 점령하려는 시도를 거의 하지 않았으며, 1939년 4월까

---

92) 백단대전과 관련하여 당시 北支那方面軍復員局이 펴낸 「北支那方面作戰記錄」 (1941. 12)에 의하면, "北支 일대에 할거하고 있는 공산군은 1940년 8월 20일 밤을 기해 일제히 우리 교통선 및 생산 지역(주로 鑛山)에 대해 기습을 가했는데, 특히 山西省에서의 그 세력은 치열해서 石太線(石門 ↔ 太原) 및 북부 同蒲線의 경비대를 습격함과 동시에 철도·교량·통신 시설 등을 폭파하거나 파괴했으며, 井陘炭坑 등의 시설을 철저하게 훼손하였다. 이 기습은 우리 군이 완전히 예기치 못한 것으로서, 그 손해는 심각하고 커서 그것들을 복구하는 데 많은 시일과 경비가 요구되는 실정"이었다는 것이다(『北支の治安戰』 1, 338쪽에서 재인용).

93) 『中國八路軍, 新四軍史』, 103쪽.

94) 『北支の治安戰』 1, 338쪽.

지도 하북성의 120개 현 가운데 80개 현에만 주둔하고 있었다.[95] 그에 따라 1940년까지 화북 지역에서의 일본군의 병력 밀도는 다른 지역보다 훨씬 낮았다. 즉 1940년 말 화북 점령 지역의 병력 밀도를 1로 한다면 무한 지구는 9, 양자강 하류의 삼각 지대는 3.5, 화남 지역은 3.9에 해당되었다.[96] 이처럼 일본군이 국민당군의 주력을 주요 공격 대상으로 삼았기 때문에, 상대적으로 많은 일본군이 화중·화남 지역에 주둔하고 있었던 것이다. 게다가 일본군이 초기에 공산당군을 경시했다는 것은 일본군이 백단대전을 거의 눈치채지 못한 채 팔로군에게 기습을 당했다는 사실에서도 간접적으로 증명되고 있다. 만일 이전부터 일본군이 공산당군을 중시하고 끊임없이 주의를 기울이고 있었다면, 그처럼 무방비 상태에서 당하지는 않았을 것이기 때문이다.

백단대전을 일으킬 만큼 공산당군이 화북에서 급속하게 세력 기반을 확대해 나가게 된 원인은 다음의 두 가지로 집약될 수 있다. 하나는 1935년 준의회의(遵義會議)를 계기로 모택동의 '농촌의 도시 포위 전략' 노선과 항일 민족 통일 전선이 1937년 말부터 1940년까지 본격적으로 시험 가동되고 있었다는 점이다. 다른 하나는 1940년 8월 백단대전이 일어나기 전까지 일본군이 국민당 군대의 주력을 주요 공격 대상으로 삼고 이들을 서남 지역으로 물리침으로써, 그 군대에 의존하고 있던 국민당의 농촌 행정 기관들의 붕괴를 야기했다는 점이다. 그리고 일본군이 자신들의 군사적 물리력의 한계로 인해 광대한 농촌을 방기한 채 점과 선의 점령 형태를 취한 결과, 공산당군에게 공백을 파고들 수 있는 기회를 제공했다는 점이다. 이처럼 화북 지역에서는 일본군의 침공으로 국민당의 권력 공백이 파생되자, 팔로군은 광범위한 농촌에서 수많은 농민들과 비교적 활발하게 접촉할 수 있는 절호의 기회를 맞이하게 되었다. 이러한 상황에서 공산당군은 이미 사기가 저하된 국민당 군대를 각종 공작을 통해

---

95) 찰머스 A·존슨 지음, 서관모 옮김, 『중국혁명과 농민민족주의』, 한겨레, 1985, 73~74쪽.

96) 日本防衛廳防衛硏修所戰史室, 『大本營陸軍部作戰指導史』 및 『吉橋戒三中佐回想錄』(『北支の治安戰』 1, 462쪽에 부분 所收).

회유하거나 와해시키면서 자신들의 세력 범위를 확대해 나갔다.

　팔로군의 급속한 세력 확장은 일본군의 화북 지배를 위협했고 궁극적으로는 그들의 제국주의 침략 전략에 많은 차질을 초래하였다. 그리고 팔로군의 급속한 대두는 방면군의 주목과 경계를 받게 되었고, 이것은 방면군으로 하여금 팔로군에 대해 새롭게 인식하게 함은 물론 종래의 점령지 정책과 전술에 대한 재검토와 새로운 대책을 수립하게 만들었다.

Ⅲ 일본 점령 체제의 '총력전' 체제화

1. 치안 숙정에서 치안 강화로

(1) 치안 강화로의 전화 배경

한편 앞의 제1편 제Ⅱ장에서 밝힌 것처럼 화북에서 팔로군의 세력이 급격히 팽창하면서, 특히 백단대전을 계기로 화북의 정세가 급변하게 되자, 방면군에서는 새로운 대책을 수립하지 않을 수가 없었다. 방면군 정보 주임자들은 1940년 12월에 회동하여 화북에서의 치안 상황에 따른 대책을 강구하게 되었다. 이 회동에서 방면군 참모장 가사하라 마유키(笠原幸) 중장의 다음 언급은, 당시 화북에서의 치안 상황 및 그에 대한 일본측의 대응을 엿볼 수 있게 해준다.

현 정세를 더욱 깊이 관찰해 볼 때, …… 지방 무력을 중심으로 정치와 민중을 기조로 한 항전 조직, 공산당군을 배경으로 한 민중의 항전 조직은 점점 지하화하고 있다. 현재 (공산당군은) 항일 심리를 가슴에 품고 있는 화북 민중을 내몰아서 점점 항일로 매진하게 하고 있는 상황이다. 더욱이 현 단계에서의 치안 숙정의 근본적인 의의는 軍·政·黨·民의 유기적인 결합을 토대로 한 항전 조직의 타파에 있다는 것을, 諸官들도 이미 깊이 인식하고 있는 바이다. …… 특히 금후 화북 치안의 癌은 중국 공산당 및 공산군이므로, 여기에 관한 정보(수집)에는 전폭적인 노력을 경주하는 동시에, 思想戰 대책에 대해서도 충분한 연구와 노력을 희망한다.[97]

위의 대책회의 발언문에서 알 수 있듯이, 당·정·군·민의 유기적인

---

97)『北支の治安戰』1, 215~216쪽에 所收.

결합을 토대로 한 중국 공산당군은 점점 비밀리에 항전 활동을 하면서 화북의 민중을 항일에 매진하도록 하고 있었다. 방면군 고위 참모의 정세 분석처럼, 팔로군은 "민중을 밀림으로 삼아 그 속에 잠복해 있으면서 항일전을 벌이고"[98] 있었기 때문에, 일본군의 토벌 작전으로 "팔로군 세력이 표면적으로는 거의 평정된 것 같았지만, 실제로 화북 사회의 표피를 들어내면 그 속은 붉은색의 실체를 그대로 드러내는"[99] 형세였다. 그 결과 화북에서의 '치안의 암적 존재'가 공산당군임을 인식한 방면군은, 공산당군에 대한 연구와 정보 수집의 필요성을 절감했다. 이에 따라 방면군 참모부, 특히 제2과는 공산당군의 정보 수집에 힘을 기울이는 동시에, 따로 황성(黃城)사무소(중앙멸공위원회조사부[100])를 지원해서 공산당 세력의 실태 조사를 하는 한편, 특종 정보 관계자에게 공산당군의 암호 해독에 주력하게 했다.[101]

1941년 1월 12일부터 13일까지 북경에서 개최된 예하 병단장 회동에서 방면군 사령관은

　　각 兵團이 끊임없이 肅正討伐作戰을 벌이고 근거 지구에 대해 소탕 작전을 벌인 결과 공산군의 전력에 상당한 타격을 줄 수 있었지만, 공산군의 군사적 세력이 쇠퇴하고 있음에도 불구하고 당의 지하 활동은 여전히 활발해서 이들의 潛行地域은 확대되고 있는 실정이다. 따라서 군은 공산군의 조직과 활동의 근거를 탐구해서 군사 및 정치의 통합 시책을 통해 더욱더 신속하게 공산군의 초멸에 노력해야 한다. …… 공산군을 초멸하기 위한 필승의 신념을 지니고 있다고 할지라도, 공산군이 중앙군[장제스의 직할 군대 : 인용

---

98) 日本防衛廳戰史室 編, (中文譯書)『華北治安戰』下, 天津 : 天津人民出版社, 1984, 390쪽(이 자료는 中文譯書를 소개하기 위해 인용했음).

99) 鈴木啓久, 「制造"無人地帶"」, 『遵化黨史資料』 제2집, 383쪽.

100) 방면군은 1938년 11월 12일 화북에서의 思想戰을 강화하기 위한 목적으로 「北支那滅共委員會」를 설치했다. 그리고 軍의 외곽 기관으로서 중국 공산당, 코민테른, 國共 관계, 만주에서의 剿共 경험 등을 자유롭게 연구할 수 있는 綜合調査部를 北京 시내의 黃城地區에 설치했다. 이를 계기로 이 조사부는 '黃城事務所'로 불리었다. 이 조사부에는 유능한 좌익 전향자뿐만 아니라 내무성·사법성·興亞院·각 公社調査部 등으로부터 인재가 파견되었으며, 현지 정례 회의에는 滿鐵調査部나 일본 본토의 전문가도 참석했다(『北支の治安戰』 1, 220~221쪽 참조).

101) 『北支の治安戰』 1, 383쪽.

자]과 雜軍에 비해 [월등히 우수하기 때문에 초멸하는 것이 : 인용자] 용이하지 않은 실정이다. 그래서 우리 군의 군정 시책에도 불구하고 공산 세력의 잠행 시책이 교묘해서 여전히 그 세력 범위를 확대해 나가고 있는 현황에 비추어 볼 때, 끊임없는 조치를 취해야 할 것이다. 이렇게 볼 때 공산군의 세력이 장기간 화북 치안의 癌으로 존재할까 우려된다.[102]

라고 훈시했다. 위의 훈시 내용을 보면, 당시 방면군 사령관은 일본군의 여러 가지 치안 조치에도 불구하고 잠행적인 공작을 펼치고 있는 공산당 세력이 화북에서 급속하게 확대되고 있는 현실을 상당히 우려하면서, 군사 및 정치의 통합 시책을 통한 공산군 초멸을 강조하고 있었음을 알 수 있다. 결국 정치 공작·경제 공작·사회 사조 등 비군사력을 토대로 하는 싸움이 공산군의 전의와 전력의 발전을 도와 때로는 일본측의 전력을 발휘하지 못하도록 했다.[103] 당시 일본측은 단순히 군사력의 우세, 군사 행동의 승패만으로는 전국(戰局)에 결정적인 영향을 미치지 못하는 상황에 직면해 있었다.[104]

따라서 일본 대본영육군부(大本營陸軍部)에서는 1941년 1월 「대동아전쟁지도요강(大東亞戰爭指導要綱)」과 「대화장기작전지도계획(對華長期作戰指導計劃)」을 입안하고 중국에 대해 장기 지구전을 전개한다는 전제하에 치안 유지와 점령지의 숙정을 주요 목표로 삼고, 당분간 대규모의 진공 작전을 벌이지 않고 필요할 때에만 단기간의 기습 작전을 벌이기로 했다.[105] 이와 아울러 당시의 세계 정세에 따른 국력 및 군비의 탄력성을 유지하기 위해 중국에 있는 일본군 병력[106]의 점진적인 삭감 계획[107]을 수

---

102) 「北支那方面軍司令官訓示」, 『北支の治安戰』 1, 434~435쪽에 所收.

103) 『北支の治安戰』 2, 568쪽.

104) 小林孝純, 「抗日戰爭期における晉西北根據地の財政問題」, 『社會文化史學』 제34호(1995. 8), 34쪽.

105) 日本防衛廳防衛硏修所戰史室 編, 『中國事變陸軍作戰』 3, 東京 : 朝雲新聞社, 1979, 328쪽.

106) 참고로 1940년 11월 말 당시 支那派遣軍, 즉 在中國 일본군 병력은 北支那方面軍 25만 명, 中支那方面軍 29만 6천 명, 南支那方面軍 16만 6천 명, 定員 外 병력 약 1만 6천 명, 총병력 72만 8천 명이었으며, 항공 부대는 北支那 8개 중대, 中支那 6개 중대, 南支那 6개 중대, 총 20개 중대였다(「田中新一中將業務日誌」에

립하고 대중국 장기전에 대비하기 시작했다.[108] 그리고 전술한 것처럼 치안 상황이 가장 심각한 화북에서의 치안 향상을 위해, 지나파견군(支那派遣軍)은 1941년 2월 화중 지역으로부터 2개 사단을 화북 지역으로 증파시켜 산서성 남부의 국민당군을 격멸한 뒤 점차 지역을 나누어 관할 지구의 숙정을 실시하기로 했다.[109]

더 나아가 방면군은 괴뢰 무장 단체의 육성과 아울러 정치 · 경제 · 문화 방면의 모든 시책을 강화하기 시작했다. 이에 따라 일본의 화북 점령 지구 괴뢰 기관인 화북정무위원회(華北政務委員會)[110]는 위원장 왕이탕(王揖唐)의 지도하에 '일만화공동선언(日滿華共同宣言)'의 취지에 입각해서 시책의 중점을 치안의 확립과 민심의 안정, 중요 물자의 개발과 식량 대책, 비상시 경제 대책의 확립에 두었다. 특히 치안 확립을 위해 동 위원회는 지방 행정 기관의 충실, 북지치안군 및 경무 기관의 정비를 꾀함과 동시에 1941년 초부터 소위 치안강화운동을 추진하기 시작했다.[111]

한편, 1941년 12월 태평양전쟁이 발발한 후 일본의 점령지와 식민지는 연합군과의 전쟁 수행을 위한 병참 기지로서 더욱 중요한 의의를 지니게 되었다. 일본의 지배는 더욱 가혹해졌고 그에 따라 점령지 · 식민지 민중

의한다. 여기에서는 『北支の治安戰』 1, 452쪽에서 재인용).

107) 이 계획에 의하면 1940년도 평균 77만 명(연초 85만 명, 11월 하순 72만 8천 명), 1941년도 평균 65만 명(북지나방면군 25만 명, 중지나방면군 30만 명, 남지나방면군 10만 명 예정), 1942년도 평균 55만 명(북지 25만 명, 중지 15만 명, 남지 15만 명), 1943년도 평균 50만 명으로 점차 축소해나갈 계획을 수립하고 있었다(『北支の治安戰』 1, 451쪽). 그런데 여기에서 주목되는 점은 북지나방면군의 병력은 계속 고정되고 있었다는 사실이다.

108) 『北支の治安戰』 1, 451쪽 참조.

109) 『吉橋戒三中佐回想錄』(『北支の治安戰』 1, 462쪽에서 재인용).

110) 화북의 괴뢰 정권인 中華民國臨時政府의 후신이라고도 할 수 있는 괴뢰 조직으로서, 1940년 1월 왕징웨이(汪精衛)를 수반으로 하는 괴뢰 중화민국정부가 상해에서 건립되자, 화북 지역을 관할하기 위해 종래의 중화민국임시정부의 조직을 주축으로 1940년 4월 1일 北平에서 성립되었다가 1945년 8월 15일 해산되었다. 주요 부서로서 내무 · 재무 · 치안 · 교육 · 건설의 5개 總署가 설치되었고, 각 총서에는 督辦 1인이 政務를 관장했으며, 王克敏 · 王輯唐 · 朱深 · 王陰泰 등이 위원장에 취임했다(『民國史大辭典』, 北京:中國廣播電視出版社, 1991, 457쪽 참조).

111) 『新支那現狀報告』(創造社, 1941)(『北支の治安戰』 1, 491쪽에서 재인용).

과의 모순도 확대되었다. 중국 내의 일본 점령 지구, 특히 화북은 석탄·철광석·면화 등 자원 공급지로서 중요성을 지니고 있었다. 또한 농산물의 수탈에 기반한 '현지자활주의(現地自活主義)'의 달성은 일본 점령군에게 긴급한 과제가 되었다. 이러한 상황에서 태평양전쟁이 발발하자, 일본은 미국·영국 등이 중국에서 가지고 있던 자산(도시의 공장·상사·은행·광산 등)과 조계(租界)에 있던 기업의 자산을 접수했다. 광업 자원의 수탈은 적어도 1942년경까지는 계획에 거의 근접할 정도로 달성되어 중요 자원의 일본 수출도 증가되었다. 그러나 일본군이 현실적으로 지배할 수 있는 지역이 점(도시)과 선(교통선)에 지나지 않았기 때문에, 일본의 자원 수탈도 순조롭게 진전되지는 못했다. 그래서 일본은 채찍과 당근의 정책과 전술을 동시에 구사해서 지배 지역을 점(도회지)에서 면(농촌)으로 확대하려고 했다.[112] 일본의 '면'적인 점령 기도는 결국 치안강화운동으로 구체화되었다.

요컨대 소위 중일전쟁 이후 일본의 치안숙정공작과 더불어 화북의 정세는 급변하고 있었다. 국민당군의 세력은 일본군의 군사 작전으로 타격을 입거나 공산당군 세력에게 잠식당해 점차 쇠퇴·구축되어 갔다. 반면에 당·정·군·민의 일체화 내지 결합을 토대로 한 공산당군의 세력은 일본군 점령 지역 내에 공산 유격 근거지를 건설하면서 급속하게 확대되고 있었다. 공산당군의 세력 확장은 소위 백단대전으로 이어지면서 일본 측에게 막대한 타격과 충격을 주었을 뿐만 아니라, 공산당군에 대한 일본군의 인식을 획기적으로 바꿔 놓는 계기로 작용했다. 그 결과 일본, 특히 방면군을 비롯하여 이것의 '내면 지도'를 받고 있던 화북정무위원회와 신민회는, 공산 해방구(근거지) 및 그들의 유격구에 대한 공세의 일환으로서, 정치적·군사적·경제적·사상적인 모든 시책을 배합한 치안강화운동을 전개하게 되었던 것이다.

---

112) 『中國抗日戰爭史』, 145쪽.

(2) 치안강화운동의 추이

상술한 화북의 정세에 비추어 일본 지나파견군 소속의 방면군, 즉 화북의 군사적 점령 및 점령지의 치안을 담당하고 있던 화북 주둔 일본군에서는 1941년 2월 15일 「치안강화운동실시계획」[113]을 작성한 뒤 화북의 치안 확보를 위해 그 계획을 실천에 옮기기 시작했다. 그런데 여기에서 주목되는 것은, 방면군이 화북에서의 치안 확보를 위해 괴뢰 정권인 화북정무위원회를 전면에 내세워 이 위원회가 주동적으로 치안강화운동을 추진하는 것처럼 꾸민 뒤, 그 배후에서 이 운동을 전면적으로 지원·조종했다[114]는 점이다.

그렇다면 방면군이 괴뢰 정부를 전면에 내세워 치안강화운동을 전개한 이유는 무엇이었는가? 그것들을 열거하면 다음과 같다. 첫째, 화북의 치안 확립이 자신들보다도 중국측의 책임임을 주지시켜 괴뢰 정부측 관민들을 치안 공작에 더욱 광범위하게 끌어들여 지방의 치안을 강화하려는 데 있었다. 또한 중국측 관민들이 치안강화운동에 자주적·적극적으로 참여하고 있다는 사실을 대내외적으로 선전함으로써, 항일 세력의 전의를 꺾는 동시에 반일적 성향의 열강들에게 자신들의 중국 침략 행위가 정당함을 간접적으로 드러내려는 것이었다. 즉 항일 세력에 대한 치안숙정공작이 일본 자신의 침략적 야욕에서 비롯된 것이 아니라, 화북 인민들의 염원인 것으로 포장하려고 했던 것이다. 둘째, 괴뢰 정권인 화북정무위원회의 정치적 통제력을 강화하여 화북에서의 일본의 영향력을 강화시키려는 것이었다.[115] 셋째, 괴뢰 정부를 전면에 내세움으로써 화북 점령지에서의 강압적인 정책과 전술의 추진에 따른 중국민들의 비난이 괴뢰 정부에 쏠리게 하고 방면군 자신은 그 뒤에 숨어 비난의 예봉을 피하려는 의도

---

113) 여기에 관해서는 中央檔案館·中國第二歷史檔案館·吉林省社會科學院 合編, 『華北治安强化運動』(北京：中華書局, 1997), 63~65쪽을 참조 바람.

114) 王國華,「關于日僞的五次强化治安運動」, 北京市檔案館 編,『日僞在北京地區的五次强化治安運動』(이하에서는 『治安運動』이라고 略稱) 上卷, 北京：北京燕山出版社, 1987, 2쪽.

115) 北支那方面軍參謀部第四課,「'治安强化運動'實施計劃」(1941.2.15),『華北治安强化運動』, 63쪽；『治安運動』上卷, 17쪽.

도 깔려 있었다. 게다가 괴뢰 정부를 전면에 내세우는 방식은 '이이제이 (以夷制夷)'의 성격을 띤 동시에 중국민의 분열을 유도하려는 정책적 음모도 내포하고 있었다.

　방면군의 하수인으로서 '화북의 보위'라는 중대한 임무를 부여받은 화북정무위원회에서는, 방면군이 제시한 「치안강화운동실시요령」[116]에 기초해서 동 위원회 수립 1주년 기념일을 계기로 화북 치안 공작에 대한 자주성을 강화한다는 명목하에 1941년 3월부터 1942년 12월까지 다섯 차례에 걸쳐 치안강화운동, 즉 '총력전' 체제를 구축하기 시작했다. 제 1 차 치안강화운동은 1941년 3월 30일부터 4월 3일까지, 제 2 차 치안강화운동은 1941년 7월 7일부터 9월 7일까지, 제 3 차 치안강화운동은 1941년 11월 1일부터 12월 25일까지, 제 4 차 치안강화운동은 1942년 3월 30일부터 6월 15일까지, 제 5 차 치안강화운동은 1942년 10월 8일부터 12월 10일까지 전개되었다.[117] 치안강화운동은 제 1 차를 제외하면 매번 2개월 전후의 기간으로 1년에 두 차례씩 약 2년에 걸쳐서 실시되었던 것이다.

　제 1 차 치안강화운동의 일환으로 화북정무위원회에서는 1941년 3월 30일부터 5일간 화북의 군·정·(신민)회, 각계 기관 및 전 민중을 총동원해서 대규모의 '치안강화민중운동'을 전개하기로 결의했다.[118] 화북정무위원회 위원장에 임명된 왕이탕은 이 운동과 관련하여 "치안의 확립 없이는 안거낙업(安居樂業)할 수 없으므로 군·관·민이 모두 동덕동심(同德同心)하여 우군의 힘에만 의존하지 말고 자주적·적극적으로 치안 공작에 매진해서 우리 힘으로 화북을 행복한 지역으로 조성해 나가자!"[119]라

---

116) 전술한 「'治安强化運動'實施計劃」의 실시요령에 의하면, "華北政務委員會는 3월 30일부터 4월 3일까지를 치안강화운동 실시 기한으로 정하고 軍·政·會, 각 기관 및 민중을 동원해서 소재지 일본군과 협력해서 치안 강화 공작을 하도록 한다(제 1 조).……각지의 일본군은 그 지방의 현황에 맞춰 중국측으로 하여금 자주적·적극적으로 치안 강화에 기여하도록 지도한다(제 3 조)"(北支那方面軍參謀部第四課, 「'治安强化運動'實施計劃」(1941. 2. 15), 『治安運動』 上卷, 17~18쪽)라고 하여 방면군측의 의도대로 치안강화운동이 전개되고 있었음을 알 수 있다.

117) 王國華, 「關于日僞的五次强化治安運動」, 『治安運動』 上卷, 2쪽.

118) 『華北治安强化運動』, 63~64쪽.

119) 여기에 관한 상세한 내용은 「華北政委會委員長王揖唐發表"華北全民奮起强化

는 치안 운동의 취지를 강조했다. 제1차 치안강화운동의 목표는 ① 구
(區)・향(鄕)・촌(村) 지구의 자치・자위의 육성・강화, ② 민중 조직의
확대・강화, ③ 치안 교란 분자의 배제・초멸에 두었다.[120] 그런데 제1차
치안강화운동의 중심은, 그 실시 기간이 말해 주듯이, 치안 확보를 위한
실천에 있었다기보다는 범정부적인(화북정무위원회가 비록 괴뢰 정부 기관
이긴 하지만) 치안 강화의 결의에 있었다.

　제1차 치안강화운동은 대략 네 가지 방면으로 추진되었다. 첫째 방면
의 공작은 향촌 지방의 자치・자위 공작의 확대・강화 및 훈련 차원의
것으로서, 공산당 조직의 척결 및 파괴, 행정 기관 직원의 훈련, 보갑제
(保甲制) 시행 지구의 확대, 호구 조사[121]의 실시, 자위단의 확충 및 훈련,
경비 연습의 실시, 정보 전달, 도로・성벽・전주・호(壕)・교량 등의 수
축이 추진되었다. 둘째 방면의 공작은 민중 조직을 확대・강화하기 위한
것으로서, 합작사(合作社)[122]의 확충・강화, 청소년단・부녀회・노공협회
(勞工協會) 등의 확충 및 훈련 등이 실시되었다. 셋째 방면의 공작은 군
사력의 효과를 높이기 위한 것으로, 일본군에 대한 북지치안군・경비대
등의 협조, 이들 무장 단체의 자력 혹은 일본군과의 협동하에서의 토
벌・시위・행군 등이 실시되었다. 넷째 방면의 공작은 사상 공작 혹은
선전 공작 차원의 것으로서, 강연・영화・사진・포스터・방송・연극・
소책자 등을 이용한 '동아 신질서' 이념 및 '일만화조약(日滿華條約)' 내용

治安"講演」(『民衆報』 1941년 3월 21일자)(『治安運動』 上卷, 31~33쪽에 所收)를
　　참조 바람.
120) 「"强化治安運動"之實施及宣傳計劃」, 『華北治安强化運動』, 67~68쪽.
121) 이것의 목적은 항일 분자를 적발・검거하고 총기・화약류・독극물・燃燒劑・
　　무전기 등을 회수함으로써, 중요 시설 자원, 일본군 및 괴뢰 군사 기관, 要人의 경
　　호에 만전을 기하려는 데 있었다. 北京憲兵隊의 호구 조사 실시 요령을 살펴보면,
　　호구 조사반, 총포 화약류 조사반, 독극물류 조사반, 무선 전기류 조사반, 수사 경
　　계반이 편성되었다[「(極秘)北京憲兵隊特高課長對實施戶口調査的指示」(1941. 4. 6),
　　『治安運動』 上卷, 44~49쪽 참조].
122) 合作社는 합작사원들의 出資로 조직되었는데, 그 목표는 鄕村 산업의 생산력을
　　발달시켜 社員의 생활 안정을 도모하고자 하는 데 있었다. 합작사의 업무는 금융・
　　구매・판매・생산 및 이용 등 다방면에 걸쳐 있었다(北支那方面軍司令部, 「華北
　　ニ於ケル思想戰指導要綱」(『北支の治安戰』 1, 285~292쪽에 所收).

의 보급·선전 등이 행해졌다.[123]

한편 제1차 치안강화운동이 끝난 1941년 여름부터 방면군에서는 치안 전의 본질, 특히 공산 세력의 실태를 잘 이해하고 일본군 점령 지역 및 그 주변의 치안 상황을 명확히 해서 그에 따른 시책을 펴지 않으면 실효를 거둘 수 없다는 사실을 인식하고, 항일 세력, 특히 공산 세력에 대한 각종 조사·연구를 계속해 왔다. 또한 중원회전(中原會戰)[124]이 끝나자, 참모부의 주무자들은 치안 문제에 관해 집중적인 토의를 벌였다. 그들은 군·정·민 조직의 일체화를 더욱 강화하고 장기 계획하에 착실한 시책을 추진한다는 방침을 확정한 뒤, 점차 여러 가지 시책을 종합하고 체계화하려고 했다.

당시 방면군이 화북의 정세 및 치안 확보 문제를 어떻게 인식하고 있었는지는 작전 주임 참모로서 본 계획의 입안을 맡았던 시마누키 다케하루(島貫武治) 대좌(大佐)의 다음과 같은 언급에서 잘 드러나고 있다.

> 방면군은 중공 세력의 실태 조사에 힘쓴 결과, "그들은 黨·軍·政·民 一體의 결합 조직이고 명확한 사명관을 지니고 있으며, 혁명 완성을 위해 민중의 획득과 조직화를 통해 그 세력의 확대·강화를 꾀하고 있다. 그들은 사상·군사·정치·경제의 제 시책을 교묘히 통합해서 그 노력의 배합을 政治七分, 軍事三分에 두고 있다. 따라서 우리도 군사력만으로는 (그들을) 진압할 수 없고, 다원적·복합적인 시책을 통합해서 실시하지 않으면 안 된다"고 결론을 내렸다. 그런데 이민족인 일본군이 중국 민중의 마음을 사로잡아 중공 세력의 확대를 막고 그들을 박멸할 수 있을까. 여기에 대해서는 방면군 막료들 사이에 비관론과 낙관론이 대립했다.[125]

위의 인용문에 의하면, 당시 방면군 참모들은 공산당군에 대한 군사 토벌이 기대한 것만큼의 효과를 올리지 못했기 때문에 군사 토벌 이외에 정치·경제·사상 방면의 제 시책을 종합적으로 병행해야 한다는 사실에

---

123) 「'治安强化運動'實施計劃」, 『治安運動』 上卷, 18쪽.
124) 1941년 5월 남부 太行, 中條 兩山脈의 준엄한 산악 지대를 근거지로 삼아 활약하고 있던 국민당계의 웨이리황(衛立煌)부대(26개 사단, 약 18만 명)를 소멸하기 위해 방면군이 벌인 전투이다.
125) 「島貫武治大佐回想錄」(『北支の治安戰』 1, 528～529쪽에 所收).

대부분 동의하고 있었음을 알 수 있다. 그렇지만 방면군에서는 화북의 치안 확보 문제에 관한 비관론과 낙관론이 분분한 가운데 획기적인 치안 강화운동의 필요성이 절실하게 대두되고 있었음도 알 수 있다.

방면군은 제1차 치안강화운동이 끝난 뒤, 새로운 관점에서 화북 점령 지역의 치안 실태를 규명하고, 각 병단에 군사・정치・경제・사회의 견지에서 그 담당 지역을 '치안지구(공산당측에서는 '적점구[敵占區]'라 호칭)', '준치안지구'(공산당측에서는 '유격구'라 호칭), '미치안지구'(공산당측에서는 '근거지', '해방구'라 호칭')로 나누어 그 상태를 보고하도록 했다.[126] 즉 방면군에서는 치안 상황에 따라 점령 지구를 상술한 세 지역으로 나눈 뒤, 그에 따른 대처 방식을 달리하기 시작했다.

그렇다면 방면군에 의해 획분된 각 지구의 상황과 그에 따른 그들의 인식은 어떠했는지를 살펴보자. 우선 '치안지구'는 괴뢰 정부측의 경비력 만으로도 안정을 확보할 수 있던 지역으로서, 괴뢰 정권의 시책이 대략 침투되고 있었고 민심이 안정되어 주민들이 일본측의 시책에 협력하고 있었다. 다음에 '준치안지구'는 군사적으로는 일단 안정되어 있었지만, 다른 방면에서는 불안정했고 일본군과 공산당군 세력이 뒤섞여 있던 지역으로서, 괴뢰 정권의 시책은 일본군이 상주해야만 비로소 실현되었고, 공산당측의 유격 활동이 정치・경제・사회 방면에서 활발한 지구였다. 끝으로 '미치안지구'는 군사 토벌로 일시적으로 공산당 세력을 물리칠 수는 있었지만, 작전 종료와 동시에 다시 공산당군의 근거지로 되어 항상 공산당 세력이 점거하고 있던 지구로서, 괴뢰 정권의 시책이 침투될 수 없었다.[127]

방면군측과는 달리 중국 공산당측의 입장에서 보자. 먼저 '근거지'는

---

126) 『北支の治安戰』 1, 529쪽. 참고로 일본군과 공산당군이 동시에 점령하고 있던 지역은 통일적으로 '遊擊區'라고 불렸으나, 일본군의 공격 시에만 철수하던 지역은 '戰區', '根據地', '紅區', '解放區' 등으로 불렸다. 또한 일본군이 강력히 주둔하고 있어서 공산당군의 비밀 연락대와 정보 부대만 있을 수 있던 곳은 '白區'로 불렸다(減共中央委員會調查課, 『察南邊地對日赤化工作實態調查報告書』, 1940. 7, 「T 933」, 1쪽).

127) 『北支の治安戰』 1, 530쪽.

공산당측이 이미 상당히 공고한 행정 기구를 설치한 지구로서 공개적으로 직권을 행사할 수 있었고 개혁을 추진할 수 있었다. 이러한 개혁은 비교적 큰 영향력을 지니고 있었고 해당 사회에 깊이 뿌리를 내리고 있었으며 이전의 어떠한 중국 정부가 거둔 개혁의 성과도 능가하고 있었다. 이들 핵심 지구는 커다란 근거지 속에서 안전한 섬과도 같았다. 다음에 비교적 불안전한 지구(공산당측 자료에서 '유격구'로 칭해지고 일본측 자료에서 '중간지대' 혹은 '준치안지구'라고 칭해짐)에서는 공산당군·국민당 부대·지방민단·토비(土匪)·괴뢰군 등 다양한 세력이 병존하고 있었다. 이들 유격구에서 공산당측은 목전의 공동 이익에 근거해서 동맹 세력들을 찾고 있었다. 이 지구에서 공산당측은 단지 초보적인 조직 공작만을 할 수 있었고 절제된 개혁만을 시도하고 있었다. 끝으로 정도의 차이는 있지만 일본군에 의해 지배받던 지구는 공산당측의 핵심 지구와 달리 일본군에 의해 점령된 도회지·대집진(大集鎭)·주요 교통선, 그리고 그 주변 지대로서 일본군과 괴뢰군의 세력이 우세를 점하고 있었다.[128]

상술한 것처럼 치안 상황에 따라 점령 지역을 세 가지로 분류한 방면군에서는, 1941년 7월 당시 자신들의 화북 점령지 면적 가운데 10%를 '치안지구'로 판단하고 있었는데, 이 지구에는 주로 도시나 교통 간선의 주변부 및 중요 자원의 산출 지역 등이 포함되었다. 또한 방면군은 점령 지역의 30%(그 가운데 약 10%가 공산당측 중심 근거지)를 공산당 세력권 (즉 '미치안지구')으로, 나머지 약 60%를 일본군과 공산군 세력이 뒤섞여 있는 '준치안지구'로 판단하고 있었다.[129] 이와 같은 일본측의 정세 판단이 자신들의 세력을 과대 평가했을 것이라는 점을 고려해본다면, 공산당측이 지배권을 행사하고 있던 지역은 방면군 관할 지구의 30%(즉 방면군이 '미치안지구'로 설정한 면적) 이상에 달하고 있었고, 공산당측의 활동 구역은 방면군 관할 지구의 90%(즉 '미치안지구'와 '준치안지구'를 합친 면적)에 육박하고 있었을 것으로 추측해 볼 수 있다.

---

128) John k. Fairbank and Albert Feuerwerker, *Ibid*, pp.735~729.
129) 『華北抗日根據地史』, 156쪽 및 『北支の治安戰』 1, 533쪽.

실제로 제3차 치안강화운동이 시작될 무렵 화북 지역에서의 일본 세력과 공산당군의 전력 상황에 관해서 펑더화이(彭德懷)가 1941년 11월 1일 중공중앙북방국확대회의(中共中央北方局擴大會議)에 제출한 보고서 내용에 의하면, 화북의 인구 가운데 공산당측 유격 근거지에 2천 2백만 명이, 일본측 점령 지구에 6천만 명(이 가운데 일부는 '준치안지구'에 거주)이 거주하고 있었다고 한다. 또한 화북의 전체 면적 가운데 공산당측이 60%, 일본측이 40%를, 그리고 화북의 현성(縣城) 437개 가운데 공산당측이 10개를, 일본측이 나머지를 차지하고 있었다고 한다. 당시 공산당측의 점령 지구는 대부분 인구가 적고 가난하고 척박한 지역, 즉 산간 지역이었는 데 비해, 일본측의 점령 지구는 대부분 인구가 조밀하고 풍요롭고 기름진 지역, 즉 평원(平原) 지역이었다고 한다. 그리고 군사 역량을 대비해 볼 때, 일본측은 화북에 9개 사단과 14개 독립혼성여단 등 총 32만 5천 명의 일본군(이 중 팔로군과 작전할 수 있는 병력은 26만 5천 명)과 11만 7천 명의 괴뢰군(즉 북지치안군)을 거느리고 있어서 중요한 거점마다 평균 일본군 85명, 괴뢰군 38명씩을 주둔시키고 있었다는 것이다. 이에 비해 팔로군측의 경우 병력 수는 일본 세력과 비슷했지만 장비가 열악했다고 한다. 그 결과 전체적으로 보면 일본군이 강했고 팔로군은 약했다[130]는 것이다.

그렇지만 일본군 점령 지역 내의 공산 유격 근거지는 광대했고 각 지구는 서로 연계할 수 있었으며, 일본군의 병력은 그 광대한 지역의 치안을 담당하기에 부족한 실정이었다. 게다가 팔로군이 점령한 지역의 면적은 넓었고 유리한 산악 지역의 대부분을 팔로군이 장악하고 있었는 데 비해, 일본군은 병력을 적절히 배합할 수 없었다. 이 시기의 상황은 일본군과 팔로군이 서로 포위하고 있는 형세였다. 따라서 일본군의 우세는 상대적인 것이었을 뿐 절대적인 것은 아니었다. 즉 일본군의 우세는 군

---

130) 彭德懷, 「敵寇"治安强化"運動下的陰謀與我們的基本任務」(1941. 11. 1), 河北省檔案館等編, 『晋察冀抗日根據地史料選編』(이하에서는 『史料選編』이라 약칭) 下冊, 石家莊 : 河北人民出版社, 1983, 142~143쪽.

사상·경제상의 우세였을 뿐, 정치 및 국제 형세상, 그리고 인민의 지지 획득이라는 측면에서는 팔로군측이 우세했다.[131]

이와 같은 정세 속에서 방면군에서는 '치안지구'에서의 치안 업무는 점차 괴뢰 정권측의 행정·경비 기관 등에게 이양하고, 일본군은 그 세력을 공산당측으로 밀고 나가면서 치안 권역을 확대하는 데 주안점을 두었다. 이를 위해 방면군은 '미치안지구'를 '준치안지구'로, '준치안지구'를 '치안지구'로 만들어 치안 지역의 면적을 점차 확대한다는 구상을 가지고 있었다. 방면군에서는 1941년 7월부터 1943년까지 3년 동안 이 구상을 실현시키기 위해 「숙정건설3개년계획(肅正建設三個年計劃)」[132]을 작성했다. 이 계획에서 수립된 치안의 확립 목표는 〈표 1-3〉에서 잘 드러나듯이 1941년 7월부터 1943년까지의 기간에 '치안지구'를 10%에서 70%로 확대하는 반면에, '미치안지구'를 30%에서 10%로 축소시키는 데 있었다.

〈표 1-3〉   북지나방면군의 「숙정건설3개년계획」

연도별	治安地區	準治安地區	未治安地區
1941년 7월 당시	10%	60%	30%
1941년 말(제1년도)	20%	50%	30%
1942년도(제2년도)	40%	40%	20%
1943년도(제3년도)	70%	20%	10%

<출전> 『華北大掃蕩』, 36쪽.

결국 「숙정건설3개년계획」은 군사 토벌을 주로 하고 여기에 정치·경제·사상·문화 등의 수단을 보강해서, 해방구(즉 근거지 혹은 '미치안지구')를 포위·섬멸하고, 유격구(즉 '준치안지구')를 잠식하려는 총력전[133]을 의미했다. 공산당측의 견해를 빌리자면, 제2차 치안강화운동 이후는 이미 방면군이 수립한 '수롱(囚籠:감옥)정책'을 기초로 먼저 '치안지구'에서는 청향

---

131) 彭德懷, 「敵寇"治安强化"運動下的陰謀與我們的基本任務」(1941. 11. 1), 144쪽.
132) 이 계획의 구체적인 내용에 관해서는 『華北大掃蕩』, 30~39쪽을 참조 바람.
133) 胡德坤, 「中國抗戰與日本對華政策的演變(1941~1945)」, 『世界歷史(京)』 1985년 제9기(復印報刊資料 『中國現代史』 K4 1985-11, 北京:中國人民大學書報資料社, 28쪽에서 인용).

(淸鄕:향촌에서 반일분자를 숙청한다는 의미)에 중점을 두어 보갑제도를 강화하고 향제(鄕制)를 대대적으로 편제해서 배급 제도를 적극 실시하고 양식을 비축하고 청장년을 끌어다가 괴뢰군에 충원함으로써 향촌의 자위 능력을 강화하려는 것이었다. 그리고 '준치안지구(즉 유격구)'에서는 봉쇄·잠식에 역점을 두어 특무 조직과 무장 부대를 배합해서 공포와 회유 정책을 병용하여 점차 인민을 협박하고 무인지구(무주지대[無住地帶])를 조성하려는 것이었다. 마지막으로 '미치안지구'인 항일 근거지에서는 소탕과 파괴 작전, 삼광정책(三光政策)[134] 등을 실시해서 인민들 사이에 패배 의식을 조성한 뒤 국민당 내의 반공 특무 조직과 결탁해서 폭동 등을 책동하려는 것이었다.[135] 한 마디로 말해 방면군의 「숙정건설 3개년계획」은 지역을 나누고 시기를 정해서 '치안지구'를 확대·고정시키고 끊임없이 동적·공세적 태세를 취하면서 계획적·종합적으로 시책을 추진하려는 데 목표를 둔 것이었다.

이 계획은 당시까지 시기별 숙정 목표를 분명히 정하지 않은 채 정적·방어적 태세를 취하고 있던 일본군의 고도의 분산 배치 정책을 동적·공세적 태세로 바꾼 것을 의미한다. 종래의 분산 배치 상태에서는 일본군이 토벌을 행하지 않으면 공산당측과 접촉하지 않게 되어 마치 양자 간에 불가침 조약을 맺은 것처럼 평정을 유지할 수 있었다. 그런데 방면군의 정세 판단에 의하면, 일본군과 공산당군이 공존하는 사이에 공산당측이 민중에 대한 공작을 은밀히 진행시켜 세력을 충실히 한 뒤 일거에 공세로 전환했다는 것이다. 그래서 방면군에서는 상술한 「숙정건설 3개년계획」을 통해 지역을 획정하고 시기를 정해 '치안지구'를 고정시키고 '준치안지구'를 '치안지구'로, '미치안지구'를 다시 '준치안지구'로 만들려고 했다.

게다가 그 계획에 의하면, 방면군에서는 1억 명의 화북 민중을 자신들 편으로 만들려는 궁극적인 목표도 가지고 있었다. 당시 방면군에서는 화

---

134) '殺光'(모두 죽임), '燒光(모두 불태움)', '搶光(모두 빼앗음)'을 가리키는 것으로 일본의 무자비한 점령지 정책을 의미한다.

135) 『抗日戰爭時期解放區槪況』, 71~72쪽.

북 민중이 자신들 쪽에 붙을지 공산당측에 붙을지는 민중 자신들의 생명을 보호하고 생활을 보장하는 데 어느 쪽이 유리한가에 따라 결정될 것이라고 인식했다. 이와 관련해 방면군은 군사력의 우월 정도, 치안의 보장 정도, 산업 경제의 발전 정도, 생활의 안정 정도를 민중 획득의 지표로 제시하고 있었고, 이러한 지표에 의해 민중 획득이 좌우될 것으로 판단하고 있었다.[136] 방면군에서는 민중 획득을 둘러싸고 공산당군과의 전면적인 대결을 준비하고 있었던 것이다. 이는 화북에서의 일본군과 공산당군 사이의 승패가 결국은 양자 사이의 민중 획득의 정도 여하에 따라 결정될 것이라는 점을 시사한다.

위와 같은 치안 확립 방침에 기초해서 방면군은 치안력의 침투 정도에 따라 지구별로 통치 방법을 각각 다르게 적용하기 시작했다. 즉 '치안지구'에서는 중국인의 감정을 지나치게 자극하지 않는다는 원칙하에 신민회 · 흥아회(興亞會) 등의 각종 친일 조직을 표면에 내세우고 자신들은 배후에서 이들을 조종하는 형식을 취했다. 이에 비해 '준치안지구', 즉 과거에 공산군의 유격구였다가 일본군에게 점령당한 지역에서는 민중의 항일 정서나 의지를 꺾고 민중이 절망감에 빠지도록 애썼다. 또한 민중 상호간에 시기하거나 감시하도록 하여 상호간에 불신감을 품도록 했다. 또한 '멸공자위대' · '봉봉대(棒棒隊)' 등을 조직해서 유격구에서 방화 · 살인 · 약탈을 자행하게 하여 각 지방간의 알력을 조성한 뒤, 민중이 서로 대립하도록 유도했다. 끝으로 '미치안지구'에 대해서는 진공 때 완전히 파괴하는 정책과 전술을 써서 근거지를 초토화하려고 했다.[137]

한편 방면군은 「숙정건설 3개년계획」에 입각해서 화북정무위원회를 전면에 내세운 가운데 1941년 7월부터 9월까지 제2차 치안강화운동을 추진했다. 이 운동의 목적은 ① 화북 전역을 반공 사상이 확립된 지구로 만드는 것, ② 군 · 정 · (신민)회 · 민이 일체가 되어 통합적인 위력을 발휘하는

---

136) 『島貫武治大佐回想錄』, 535쪽.
137) 彭德懷, 「敵寇"治安强化"運動下的陰謀與我們的基本任務」, 140~141쪽 참조.

것, ③ 향촌의 방공(防共) 자위력을 확충하는 것 등으로,[138] 초공(剿共)에 의
한 치안의 확보가 최대 과제였다고 할 수 있다. 이것의 일환으로 화북정
무위원회 위원장인 왕이탕, 치안총서독판(治安總署督辦)인 치셰위엔(齊燮
元), 각 성장(省長)・도윤(道尹)・현지사(縣知事) 등이 일제히 관할 구역을
순회・격려하거나 직접 진두에 서서 토벌을 벌였으며, 자위 조직을 확
대・강화하고 치안 도로를 건설했다.[139] 이와 아울러 방면군에서는 1941년
7월부터 공산당측이 화북 제일의 근거지라고 자부하던 진찰기변구에 대해
군사 토벌 및 치안 공작을 실시했다.[140]

　상술한 제2차 치안강화운동이 제1차에 비해 주목되는 점은, 우선 점
령 지역을 치안 상황에 따라 '치안지구'・'준치안지구'・'미치안지구'로 나
눈 뒤 각각의 치안 상황에 따라 대책을 달리 적용했다는 점이다. 다음에
일본이 공산당측 근거지를 고사시키기 위해 성경(省境)을 따라 봉쇄선(封
鎖線)을 설정하고 봉쇄호(封鎖壕)・망루・토치카 등을 점・선 형태로 설
치했을 뿐만 아니라 무주 지대를 설정해서 근거지에 많은 타격을 주었다
는 점이다.[141]

　방면군에서는 제1, 2차 치안강화운동에 이어 이 운동을 비약적으로 확
대시키기 위해 1941년 11월부터 12월까지 제3차 치안강화운동을 전개했
다. 이를 위해 방면군에서는 1941년 9월 10일 각 병단(특무기관) 및 민간
회사에 「제3차치안강화운동실시요령」[142]에 준거해서 이 운동을 실시하도
록 했고, 흥아원화북연락부(興亞院華北連絡部)에 그 지도 방안을 통첩해서
화북정무위원회를 '내면 지도'하도록 했다.[143] 제3차 치안강화운동부터는
방면군 이외에 일본 정부의 입김이 직접적으로 미치는 흥아원 화북연락부
가 개입하여 일본 정부의 후원과 통제가 가해지기 시작했던 것이다.

---

138)「華北政務委員會第二次治安强化運動實施及宣傳計劃」,『治安運動』上卷, 97쪽.
139) 黃城事務所,「剿共指針」제1~7호(『北支の治安戰』1, 538쪽에서 재인용).
140)『華北抗日根據地史』, 156쪽.
141)『北支の治安戰』1, 553쪽.
142) 이것의 구체적인 내용에 관해서는『華北治安强化運動』, 205~208쪽을 참고 바
　　람.
143)『北支の治安戰』1, 573쪽.

당시 일본 정부에서는 중·일간 전쟁의 확대로 점령 지역의 정무가 복잡해지고 각종 개발 및 건설 사업이 속출하게 되자, 이들 기관 및 업무를 통일적으로 지도하는 중앙 기관과 현지 연락 기관의 필요성을 느꼈다. 이에 따라 일본 정부는 1938년 12월 흥아원의 본부를 동경에 설립하고, 화북(북경)·몽강(장가구)·화중(상해)·하문(廈門)에 각 연락부를, 청도·광동에는 화북연락부의 출장소를 설치했다. 흥아원의 총재에는 수상이, 부총재에는 외무·대장(大藏)·육군·해군의 각 대신이 취임했다. 또한 흥아원 밑에는 화북개발주식회사와 화중진흥주식회사라는 국책 회사가 설치되었고, 전자의 예하에는 18개의 분공사(分公司), 후자의 예하에는 13개의 분공사가 설립되었다. 이 양자는 중국의 북부 및 중부의 점령지 내에 있던 석탄·소금·수력 발전·교통·전신·항운·수산 등의 산업을 장악했다. 일본군 점령 지역에는 보편적으로 실업백화점(實業百貨店), 물자교환소, 물자통제처 등의 기구가 설립되었다. 흥아원은 중국에서의 정치·경제·문화에 관한 사무, 정책 수립, 특수 회사의 업무 감독, 밀수 등을 담당했다.[144] 흥아원은 1942년 11월 1일 대동아성(大東亞省)[145]이 설치되면서 이 성(省)의 일부로 되었다. 대동아성의 설치 목적은 대동아 전 지역의 모든 역량을 집중적으로 발휘해서 전투력을 증강하려는 데 있었다.

이처럼 제3차 치안강화운동의 주안점은 활발한 군사 토벌과 함께 강력한 경제전을 감행한 데 있었다.[146] 이 운동의 일환으로 방면군에서는 산동성 남부 지역의 공산 유격 근거지 및 하북성 남동부와 산동성경(省境) 지역 사이의 공산 유격대와 화북의 유일한 장제스 직계인 제1 전구

---

144) 『日本外交年表及主要文書』下, 578쪽 ; 信夫淸三部, 『日本外交史』下(商務印書館), 684쪽 ; 『北支の治安戰』1, 104~106쪽 ; 常奧定, 『經濟封鎖與反封鎖』, 重慶 : 1943, 13쪽(齊春風, 「抗戰時期國統區與淪陷區間走私貿易述論」, 『民國檔案』 1991년 제1기, 77쪽에서 재인용) ; 呂明灼, 「抗日戰爭時期日本侵華的經濟戰」, 『齊魯學刊』(曲阜) 1991년 제5기, 46쪽 참조.

145) 대동아성과 관련해서는 徐勇, 抗日戰爭史叢書 『正服之夢 — 日本侵華戰略』(桂林 : 廣西師範大學出版社, 1993), 298~302쪽을 참조 바람.

146) 「敵寇三次"强化治安"重心在于經濟掠奪」(1941. 11. 3), 『華北治安强化運動』, 210쪽.

(戰區) 제 27군, 그리고 오르도스 지역(황하와 위하[渭河]로 둘러싸인 지역)의 국민당군에 대한 군사 토벌을 벌였다.[147] 그리고 공산 유격 근거지 쪽으로 일체의 물자가 흘러 들어가지 않도록 철저하게 유격 근거지를 봉쇄・차단하는 한편, 공산 유격 근거지로부터 취득할 수 있는 물자는 적극적으로 확보하도록 했다. 또한 배급 제도를 합리화하여 화북 경제의 자급자족 태세를 촉진하여 민생을 안정시키려는 동시에,[148] 화북의 식민 경영에 따른 부담을 경감하고 일본이 필요로 하는 전쟁 자원을 원활하게 수급하려고 했다.[149] 즉 제 3차 치안강화운동의 특징은 항일 유격 근거지에 대한 경제적 봉쇄와 물자의 약탈을 통해 유격 근거지 및 공산당군의 물자 수급을 방해하고, 일본군 지배 지구에서의 원활한 물자 수급과 주민의 민생 안정을 꾀하며 전쟁 자원을 원활하게 조달하려는 것이었다.

　태평양전쟁이 발발한 직후 방면군에서는 공세의 고삐를 늦추지 않고 화북 전 지역, 특히 산서성・노중(산동성 중부)・노서(산동성 서부)・기동(하북성 동부)・기남(하북성 남부)・하남성 지역에 대해 대대적인 군사 토벌을 감행했다.[150] 1942년에 들어서자, 이제까지 초공 위주의 군사 토벌에 중점을 두었던 방면군에서는 기동・기중・진기예변구(晋冀豫邊區)・기남 지역에 대한 군사 토벌과 아울러 행정・경제・문교 등의 시책 및 신민회・합작사 등의 민중 공작 등을 긴밀히 조화시켜 군・정・(신민)회・민이 일체가 된 제 시책의 유기적인 일원화를 꾀했다. 그리고 긴급 시책으로서 치안의 확립, 민생의 향상, 괴뢰 정부측의 자치・자위의 강화, 식량 문제의 해결, 금융 경제의 안정을 중시했다.[151] 1942년부터 치안강화운동의 중점이 군사 토벌에서 정치・경제・사상 등의 치안 공작으로 옮겨가기 시작했던 것이다.

---

147) 『北支の治安戰』 2, 29~30쪽 참조.
148) 『偕行社記事』(昭和 13년 9월호, 동 16년 7, 8월호, 동 17년 5월 특호, 7월호 참조)(『北支の治安戰』 1, 573쪽에서 재인용).
149) 『北支の治安戰』 2, 78쪽.
150) 『北支の治安戰』 2, 37쪽. 여기에 대한 구체적인 내용에 관해서는 『日軍侵華戰爭』 3, 1720~1750쪽을 참조 바람.
151) 『北支の治安戰』 2, 116~117쪽.

상술한 모든 방침은 1942년 3월 30일부터 6월 15일까지 실시된 제4
차 치안강화운동에 반영되어 현실화되기 시작했다. 즉 화북정무위원회에
서는 '동아해방(東亞解放)'·'초공자위(剿共自衛)'·'근검증산(勤儉增産)'이라
는 3대 목표를 내세우면서 적극적으로 사상전과 각종 치안 활동을 벌였
다.[152]

제4차 치안강화운동과 관련된 구체적인 치안 활동은 북경시가 수립한
운동 목표들의 사례를 통해서도 알 수 있다. 북경시의 운동 목표를 보면,
우선 동아 해방과 관련해서 대동아공영권(大東亞共榮圈)의 당위성 선전,
일본을 맹주로 한 아시아의 자각과 단결, 영·미와의 전쟁에 대한 사
상·선전의 강조를, 다음으로 초공 자위와 관련해서는 반공 단체의 규합
을 통한 방공 사상의 철저, 임시 호구 조사의 반복, 보갑제도의 쇄신과
연좌법의 적용, 연락망의 정비, 관리 기강의 숙정과 탐관오리의 배제, 거
주증 및 여행증 제도의 철저화, 무장 자위단의 훈련 등을, 끝으로 근검
증산과 관련해서는 혼인·장례 의식의 간소화, 허례·향응 등의 낭비 제
거, 저축 사상의 보급, 폐기물 회수 및 헌금 운동, 금연 운동, 아편 재배
의 금지, 국방 자원의 증산, 근검 운동, 황무지 개간 및 종자 소득, 식량
의 자급자족, 식수운동(植樹運動), 통제 경제의 확립, 물자 배급 제도의
확립, 신민회 활동의 촉진, 불합리한 부담 경감, 노동력의 배급 등을 내
세웠다.[153]

특히 제4차 치안강화운동에서 주목되는 것은 태평양전쟁의 발발에 따
른 '대동아공영권' 수립의 당위성과 동아시아의 해방, 그리고 일본을 맹
주로 한 아시아의 자각과 단결, 영미와의 전쟁에 대한 당위성이 적극적
으로 선전되기 시작했다는 점이다. 또한 호구 조사 및 보갑 연좌법을 실
시함으로써 항일 세력과 일반 민중의 접촉 및 항일분자의 민간 잠입을

---

152) 「華北政務委員會關于擧辦第四次治安强化運動訓令」(政法字第1352號)의 「附:
第四次治安强化運動實施要領」, 『治安運動』 下卷, 321쪽; 「華北政務委員會第四次
治安强化運動實施要綱」(1942. 3. 3), 『華北治安强化運動』, 417쪽.

153) 「北京特別市及四郊之制四次治安强化運動實施要領」, 『治安運動』 下卷, 345~
349쪽 참조.

차단하는 데 치중하기 시작했다는 점이다.

방면군에서는 상술한 치안 공작과 아울러 1942년 4월 1일부터 기동 작전을 필두로 기남·기중·진기예변구에 대한 군사 토벌을 단행했다. 이때 괴뢰 정부측 북지치안군도 일본군의 지원하에 토벌과 치안 공작에 참여했으며, 단독으로 일부 지구에 대한 경비를 담당하기도 했다. 이때의 군사 토벌 중점은 기중지구[154]에 두어졌다. 그 이유는 기중지구가 하북 중심부의 곡창 지대로서 전략적·경제적으로 중요했고 공산당 세력의 뿌리가 깊이 내려 있었을 뿐만 아니라, 북부 태행산맥 내의 항일 유격 근거지에 대한 전력 배양의 원천으로 작용하고 있었기 때문이다.[155]

다시 말해 기중지구에는 거대한 평야 지대가 존재하고 있어서 물산이 풍부했고 인구가 많았으며, 곡물과 면화의 집산지였다. 그 결과 진찰기변구 같은 산악 지대에서는 주민과 물자의 내원(來源)이 극히 빈약해서 인력과 물자 보급의 약 80%는 기중지구에 의존하고 있었다. 따라서 산악 지대에서 기중지구가 차지한 가치는 매우 중대했다.[156] 이는 기중지구를 둘러싼 일본군과 팔로군 사이의 쟁탈전이 치열했음을 의미한다. 실제로 기중지구에서는 전쟁의 참상을 혹독하게 경험했고 이 지역의 항일 세력은 힘겨운 항전을 벌여 나갔다.

제4차 치안강화운동이 끝난 1942년 9월부터 방면군에서는 노서(산동성 서부)·노동(산동성 동부)지구 이외에, 「만주국」과 인접해 있던 기동지구에 대해서도 군사 토벌과 아울러 각종 치안 공작을 추진했다. 특히 기동지구에서는 활발한 선무공작과 주민의 보갑 자위 조직을 확충했고, 공산당군의 정보 요원·지하 조직·비선(秘線) 조직을 척결하는 데 힘썼다. 또한 팔로군의 「만주국」 침입 및 이동을 방지하기 위해 만리장성 연변에

---

154) 공산당측에서는 군사·행정 구획상 京漢·津浦·石德·北寧의 각 鐵道線(沿線 지역을 포함) 내를 지칭했다. 방면군 참모부 제2과 調整資料에 의하면, 이 지구의 면적은 9천 km², 인구는 약 280만 명, 1km²당 인구 밀도는 약 300명으로서, 지세는 일반적으로 기복이 없이 촌락이 點在하는 대평원 지구였다(北支那方面軍司令部參謀部, 「情報勤務ノ參考」(1943. 7)(『北支の治安戰』 2, 150쪽에 所收).

155) 『北支の治安戰』 2, 142쪽.

156) 程子華, 「敵對冀中掃蕩與冀中戰局」(1942. 8. 4), 『史料選編』 下冊, 208쪽.

차단호(遮斷壕) · 토치카 · 보루 · 성벽 등을 축조했다.[157] 당시 만리장성을 사이에 두고 「만주국」과 인접해 있던 기동지구의 공산당군은 화북의 방면군과 「만주국」의 관동군 사이의 치안 틈새를 이용해서 만리장성을 넘어 「만주국」의 영토, 특히 열하성 지역으로 진출해서 유격 구역을 넓히고 있었다. 팔로군의 유격 구역이 확대됨에 따라 기동지구의 항일 유격 근거지는 「만주국」의 열하성과 봉천성이 포함된 기열료지구로 개편되었다. 이리하여 방면군은 「만주국」의 실질적인 지배권을 지니고 있던 관동군의 협조를 얻어 협동 작전을 통해 이 지구의 팔로군 소탕에 힘을 기울였다.

한편 방면군 및 화북정무위원회는 1942년 10월부터 2개월 간에 걸쳐 제5차 치안강화운동을 전개했다. 이번 운동에서는 동년 8월에 방면군에서 작성한 요강[158]에 따라 대동아전쟁의 완수, 공산당군의 초멸, 농산물의 확보, 물가의 안정, 생활 혁신을 통한 민생의 안정에 목표가 두어졌다.[159] 이를 실현하기 위해 수많은 중국 민중과 재중국 일본인 40만 명이 총동원되었다.[160]

제5차 치안강화운동에서도 이전의 운동과 마찬가지로 공산당군을 소멸하기 위해 경제 봉쇄에 치안의 중점을 두었다. 그 실태를 구체적으로 살펴보면, ① 일본군 점령 지역 외곽의 공산당측 지구에 대한 차단선의 설치, ② 점령 지구 내의 공산 유격 근거지에 대한 차단 지대의 설치, ③ 도시 주변, 철도 · 수로, 중요 교통 지점에서의 물자 유통 제한선의 설치 등으로 요약될 수 있다. 이때 ①에 대해서는 방면군이 직접 계획 · 통제했고, ②이하에 대해서는 각 병단이 실시하고 있었다.[161]

제5차 치안강화운동의 특징은 우선 군사적으로는 대규모 군대를 동원

157) 「第27師團參謀世良田勇中佐の回想」(여기에서는 『北支の治安戰』 2, 232쪽에서 재인용).
158) 「華北方面軍第五次治安强化運動實施綱要」(1942. 8. 6), 『治安運動』 下卷, 427쪽.
159) 「華北政務委員會第五次治安强化運動實施綱要」, 441쪽 및 「王揖唐關于實施第五次治安强化運動聲明」(1942. 9. 26), 『治安運動』 下卷, 452쪽 ; 『華北治安强化運動』, 615~621쪽.
160) 「第五次治安强化運動實施要綱」의 방침(『北支の治安戰』 2, 258쪽에 所收).
161) 『北支の治安戰』 2, 264쪽.

해서 공산 근거지에 대해 소위 '철벽합위'(鐵壁合圍:철저한 포위), '청초척결(淸剿剔抉)', '갈택이어(竭澤而漁)', '소비전술'(梳篦戰術:싹쓸이 전술) 등을 통해 공산당군 주력 부대를 근거지로부터 축출하고 많은 새로운 거점을 구축한 뒤, 봉쇄호·봉쇄구·보루 등을 설치하고 모든 공로(公路)를 그물망화하는 것이었다. 그리고 정치적으로는 신민회 조직을 강화하고 자수(自首) 정책의 도입과 반공 선전의 강도를 높이는 것이었다.[162]

그렇다면 상술한 치안강화운동의 구체적인 내용과 체계, 모든 공작들의 의도와 상호 관련성 등은 무엇이었는지를 살펴보자.

2. 치안강화운동 = '총력전' 체제의 실태

(1) 정무 지도 기구의 정비 및 괴뢰 무장 단체의 확충·강화

방면군에서는 군사 토벌과 아울러 화북을 '대동아전쟁' 수행의 거점으로 만든다는 정무(政務) 지도 방침을 수립하고 방면군 사령관의 통솔하에 정무 지도력을 쇄신·강화하려고 했다. 그리고 괴뢰 정권측 행정 기관, 특히 도공서(道公署)의 능력 향상, 신민회의 강화, 현경비대(縣警備隊)의 증강, 향촌 자치·자위력의 강화를 통해 괴뢰 정권측의 정치력 및 무력을 육성·강화한 뒤, 이들이 독자적으로 치안을 확보할 수 있도록 지도해 나가고자 했다.[163]

이에 따라 방면군에서는 군사 토벌과 아울러 정치·경제·문화 방면의 치안 공작을 긴밀히 연계시키기 위해 성(省) 및 도(道)의 정무 지도를 중시하여 기존의 특무 기관을 충실히 하는 동시에, 각 도공서 소재지에 특무 기관을 신설했다. 각 특무 기관은 방면군의 정경(政經) 지도 방침─중요 국방 자원의 개발·촉진, 자급자족 경제 및 대적(對敵) 경제 봉쇄의 확

---

162) 崔西山·趙光·曹文齋·高田·孟毅然, 「憶建立與恢復豊玉遵寧抗日民主根據地的 鬪爭」, 冀熱遼人民抗日鬪爭史硏究會編輯室 編, 『冀熱遼人民抗日鬪爭文獻·回憶 錄』(이하에서는 『文獻·回憶錄』이라 약칭) 제2집(天津:天津人民出版社, 1987), 211쪽.

163) 『北支の治安戰』 2, 53~54쪽.

립, 중국 행정 기관 및 민중의 자주적·적극적인 협조 활동의 확보—에 입각하여 치안강화운동 등과 연계해서 치안권을 확대하고 모든 개발 시책을 추진했다.[164]

당시 방면군의 정무 지도 기구 계통을 살펴보면, 방면군 사령관은 작전에 관해서는 지나파견군 총사령관의 지휘를 받고 있었지만, 정무에 관해서는 직접 일본 대본영육군부 대신(大臣)의 지시를 받아 화북에서의 정무 지도의 대강을 파악하고 점령 지역 내의 행정을 통감하고 있었다. 또한 방면군 사령관은 화북 전반에 관련된 중요 사항에 관해서는 화북의 괴뢰 정권인 화북정무위원회를 직접 지도했고, 주로 경제 관계 사항에 관해서는 흥아원화북연락부를 통해 화북정무위원회를 내면적으로 지도하도록 했다. 당시 흥아원화북연락부 장관은 직접 흥아원의 명령을 받고 있었다. 결국 경제 관계 사안에 관한 한 화북정무위원회는 방면군과 흥아원화북연락부의 지도를 받고 있었고, 흥아원화북연락부 역시 방면군과 흥아원의 지시와 명령을 받고 있었다.

화북정무위원회, 각 성, 각 특별시 정부에는 일화고문협정(日華顧問協定)에 기초해서 고문부(顧問部)[165]가 설치되어 있었는데, 이 기구는 괴뢰 정권측의 행정·사법·군사·경찰 등의 업무를 원조·협력하면서 일본측과 괴뢰 정권인 화북정무위원회측의 연락·조정 역할을 하면서 괴뢰 정권을 뒤에서 지도하고 있었다.[166] 성 및 각 특별시의 정무는 각각 성 및 특별시특무기관이, 도[167] 이하의 각 지역의 정무는 각 사단, 각 여단 소속의 특무 기관이 내면 지도하고 있었는데, 이를 위해 각 지역의 특무 기관은 도공서·현공서를 지도하기 위해 각각 도연락원·현연락원을 파견하고 있었다(〈도표 1〉 참조).[168] 이 밖에 몽강 지역에서는 방면군이 관

---

164) 『北支の治安戰』 2, 242쪽.
165) 最高顧問·고문·고문 보좌관 등으로 구성되었고, 그 신분은 일본군 囑託이었다.
166) 『北支の治安戰』 2, 54쪽.
167) 당시 일본은 지방에 대한 행정력을 강화하고 剿共工作을 용이하게 하기 위해, 1940년 6월 이후 省과 縣의 중간 행정 구역으로서 '道'를 신설했다(『北支の治安戰』 2, 60쪽 참조).
168) 『北支の治安戰』 2, 57쪽.

〈도표 1〉　　華北에서의 政務指導機構 계통도(1941년 11월 당시)

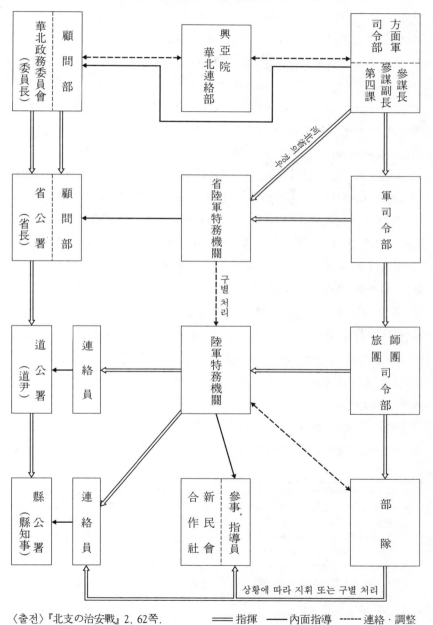

〈출전〉『北支の治安戰』2, 62쪽.　　━━ 指揮　━━ 內面指導　------ 連絡·調整

여하지 않고 주몽군사령관(駐蒙軍司令官)이 행정을 통감하였으며, 필요에
따라 흥아원몽강연락부장관(興亞院蒙疆連絡部長官)이 몽고연합자치정부[169]
를 내면 지도했다. 몽고연합자치정부에는 최고고문 이하 일본계 직원들이
각 부문에서 중핵이 되어 실무를 담당했다.[170]

　화북의 정무 지도 기구 계통을 살펴보면, 화북의 실질적인 최고 통치
자인 방면군은 작전에 관해서만 지나파견군 총사령관의 지휘를 받았고,
정무에 관해서는 일본 대본영육군부 대신의 지시를 받아 화북의 괴뢰 정
권인 화북정무위원회를 정무 전면에 내세우고 내면적으로 그것을 지도하
고 있었으며, 경제 분야에 관한 한 흥아원화북연락부를 통해서 화북정무
위원회를 내면적으로 지도하고 있었다. 게다가 방면군은 화북정무위원회
및 각 성, 특별시에 고문부를, 각 도·현공서에 연락원을, 심지어 민간
차원에서의 통치 기구라고 할 수 있는 신민회와 합작사에 참사나 지도원
을 설치하고 예하 각 부대 내의 특무 기관으로 하여금 해당 직급의 고문
부와 연락원 혹은 참사나 지도원을 통해 괴뢰 정권을 수직적·유기적으
로 내면 지도를 하면서 화북을 통감하고 있었다. 다만 몽강지구에서는
방면군이 직접 관여하지 않고 주몽군사령관에 위임하여 내면 지도를 하
게 했다. 결국 화북에서의 내면 지도 방식을 통한 통치 체계는 관동군의
내면 지도 방식에 따라 다스려지고 있던 「만주국」의 통치 경험을 모방한
데서 비롯되었다고 할 수 있다.

　방면군의 화북 통치 체계는 단지 공식적인 행정 조직만으로 구성된 것
은 아니었다. 방면군은 공식 행정 조직 이외에 종교 단체, 친일적인 각종

---

169) 1939년 9월 1일 駐蒙軍司令部의 실질적인 내면 지도하에 張家口에서 성립되
　　었다(主席 德王, 最高顧問 金井章次). 이 정부의 권한은 괴뢰 국민정부(南京 所
　　在)가 규정한 內蒙自治法에 의거하도록 했지만, 실질적으로는 華北政務委員會(北
　　京 所在)와 함께 대표적인 괴뢰 자치 정부로서, 몽강 지역을 강력한 방공 자치 구
　　역으로 만들겠다는 대의 명분을 내걸고 있었다(『蒙疆年鑑』(昭和 17年版)(蒙疆新聞
　　社刊);『日本外交年表竝主要文書』下卷, 東京：原書房, 1966 참조).
170) 『蒙疆政務關係資料綴』 및 『蒙疆年鑑』(昭和 17년, 18년판)(蒙疆新聞社刊)(『北
　　支の治安戰』 2, 68쪽에서 재인용). 당시 동 정부 및 경찰 직원 가운데 일본계 직원
　　은 각각 전 직원의 약 10%, 약 22%를 차지하고 있었다(『北支の治安戰』 2, 68쪽).

민간 단체를 조직하여 향촌의 자치 조직 내지 대공 정보망으로 활용했다. 우선 방면군에서는 향촌 사회의 통치 편의를 위해 각지에 선천도(先天道)·후천도(後天道)·황사회(黃沙會)·삼선도(三仙道) 등과 같은 각종 도문(道門:도교 조직)을 조직해서 공산당군에 대한 정보를 탐지하게 했다. 또한 괴뢰 조직을 강화하기 위해 신민회(新民會)·반공자위단(反共自衛團)·부녀회·호로소년부녀대(護路少年婦女隊)·화평구국회(和平救國會)·연합향(聯合鄕)·애호촌(愛護村) 등을 조직·활용했다. 이때 소촌(小村)과 대촌(大村)의 부담을 균등히 하고 행정의 효율성과 통제의 편의성을 위해 소촌의 주민들을 협박해서 대촌으로 옮겨가도록 했다. 특히 연합향(즉 복수의 향촌들로 구성된 행정 네트워크)에서는 해당 지역의 유민들이나 토호들의 비밀 조직인 (치안)유지회(維持會)를 이용해서 특무망(特務網)을 조직하기도 했다.[171] 더욱이 화북정무위원회에서는 반공 세력을 결집시켜 초공 공작을 강화하기 위해 화북방공위원회(華北防共委員會)·멸공반(滅共班)·화북초공위원회(華北剿共委員會) 등을 조직하기도 했다.[172]

특히 일본의 식민 통치 기구 가운데 중요한 비중을 차지하고 있던 신민회는 관제(官製) 민중 통제 조직으로서 치안 공작상 중요한 역할을 했다. 1937년 12월 24일 북경에서 조직되었던 신민회는 사상 공작을 주로 한 친일적인 민중 교화 단체로 출발했다가 점차 반공 정치 단체로 변모·되어 갔다. 신민회는 중화민국임시정부의 행정원장이었던 왕커민(王克敏)이 회장에 취임함에 따라 1940년 3월 군선무반(軍宣撫班)과 통합되어 대신민회(大新民會)로 되었다가 1941년 5월 기구가 개편되어 초공단체(剿共團體)로 바뀌게 되면서 일본의 치안숙정공작 및 치안강화운동에 참여하기 시작했다.[173]

신민회는 방면군 내의 특무 기관의 내면 지도를 받으면서 중국인들에

171) 阿之,「最近敵寇在華北各地的陰謀活動」,『晋察冀日報』 1941년 6월 20일자.

172)「華北防共委員會暫行組織大綱」(1941. 4. 9);「中國憲兵司令部頒發之滅共班組織辦法大綱」(1941. 3. 21);「關于"剿共委員會"」(1943. 11),『華北治安强化運動』, 881, 906, 917쪽.

173)『北支の治安戰』 1, 76〜78쪽 참조.

대한 조직·감시 공작을 수행하고 있었을 뿐만 아니라, 합작사 공작까지
위임받아 합작사를 통한 각종 경제 활동을 추진하고 있었다. 신민회는
'만주국협화회(滿洲國協和會)'에 상당하는 파쇼적 대중 단체로서, 발족 때
에는 만주국협화회 직원들의 지도를 상당히 받았다.[174] 신민회의 활동 범
위는 하북·하남·산동·산서의 4개 성과 북평(지금의 북경)·천진·청
도의 3개 특별시에 한정되었다.[175] 상술한 것처럼 방면군의 '내면 지도'
방식을 통한 통치 체계가 「만주국」의 통치 경험에서 비롯되었던 것처럼,
관제 민중 통제 조직으로서의 신민회 역시 만주국협화회의 조직 및 운용
상의 경험을 그대로 전수받았던 것이다.

신민회는 1940년 3월 방면군 선무반과 통합된 이후, 그 강령에서 국민
당에 대한 적대적 표현을 삭제해서 국민당의 투항을 유도하려고 했다.[176]
신민회는 화북정무위원회와 표리 일체가 되어 치안 확보를 위한 군의 중
요한 일익으로 점차 바뀌어 갔다. 더욱이 신민회는 화북에서의 유일한
정치 부대로서 혹은 군의 강력한 후계자로서 군의 강력한 후원과 지원
하에 친일 멸공의 대중 조직으로 변모되어 갔다. 이 과정에서 신민회는
무장공작대 및 무장청년단을 조직해서 공산당군에 대해 적극적으로 공세
를 취하기 시작했다.[177] 신민회는 지도자를 양성하기 위한 신민숙(新民塾),
중앙과 지방의 청년훈련소 등의 교육 기관을 운영했으며, 일반적인 인민
조직으로서 청년단·소년단·소녀단·부녀회 등을 조직했다. 더 나아가
신민회가 상술한 합작사 공작까지도 떠맡게 됨으로써 치안 대책인 향촌
건설운동 및 무장화도 신민회 분회를 중심으로 추진되었다. 이리하여 당
초에 사상 교화 단체로서 조직되었던 신민회는 상의하달(上意下達), 하의

---

174) 歷史學研究會 編, 『太平洋戰爭史』 4(太平洋戰爭 1, 1940~1942), 東京 : 靑木
    書店, 1975, 234~235쪽.
175) 「新民會解散」, 『實報』(北平) 1945년 8월 24일자.
176) 中華民國新民會, 「新民會會務詳細報告」, 『新民會報』 제97, 98호 合刊(1940.
    12).
177) 「北支那方面軍政務關係者會同書類綴」(1940. 12. 19)(『北支の治安戰』 1, 398
    쪽에 所收).

상주(下意上奏)의 정부 어용 기관으로 되었을 뿐만 아니라, 합작사 공작에 의한 경제 실천 기관으로까지 변모되어 갔다.[178]

이 과정에서 신민회는 중앙의 지도력 강화뿐만 아니라 공산당군의 치안 교란에 기동력 있고 탄력성 있게 대처하기 위해, 번잡한 관청식(官廳式)의 부과제(部科制)를 없애고 회장·부회장 밑에 사무총부(事務總部)와 참사관실(參事官室)을 신설했으며, 여기에 인사(人事)·주계(主計)·연락·조직국을 직속시켰다. 그 후 신민회의 지방 조직도 순조롭게 발전하여 1941년 9월 말 당시 성총회(省總會)가 5개, 도판사처(道辦事處)가 23개, 특별시총회(特別市總會)가 3개, 현시총회(縣市總會)가 363개, 주일판사처(駐日辦事處)가 1개씩 조직되었다.[179]

〈표 1-4〉　　　　　　　新民會 分會의 조직 현황(1941. 9)

(단위: 개, 명)

구분	분회수	회원수	구분	분회수	회원수
農村分會	2,304	507,191	官吏分會	56	28,601
商業分會	586	82,978	宗敎分會	248	8,001
職工業分會	58	13,136	合計	3,548	674,057(정회원 148,352,
敎育分會	296	34,150			협찬회원 525,705)

<출전> 『第二屆全體聯合協議會會議錄』, 28~29쪽(曾業英, 「略論日僞新民會」, 『近代史硏究』 1992년 제1기, 261쪽에서 재인용) 및 『北支の治安戰』 1, 493쪽.

그 이외에 신민회 산하에는 〈표 1-4〉에서 알 수 있듯이, 농촌·상업·직공업·교육·관리·종교 등의 수많은 분회가 조직되어 있었다. 1941년 이후 '치안지구'에서는 대개 말단까지 신민회가 조직되어 공산 사상의 침투를 억압하는 효과를 나타냈다. 따라서 방면군에서는 신민회를 반공 세력 결성의 정신적 거점으로 삼아 그 조직을 확충하려고 했다.[180] 이러한 조직화 노력에 의해 1941년 9월까지 신민회 소속의 청년단원은

---

178) 『太平洋戰爭史』 4, 234~235쪽.
179) 『北支の治安戰』 1, 492~493쪽.
180) 『島貫武治大佐回想錄』(『北支の治安戰』 1, 493~494쪽에서 재인용).

20만여 명, 소년단원은 13만 8천여 명, 소녀단원은 3만여 명, 부녀회원은 5만 3천여 명, 자위단원은 186만 3천여 명에 달하고 있었다.[181] 그 후 신민회의 조직은 계속 확대되어 1942년 12월까지 신민회 분회 수는 1만 3,490개, 회원 수는 364만 3,199명에 달하게 되었다.[182]

신민회에서는 1941년도 공작의 중점을, 공산당 대책 및 민중의 조직과 훈련, 신민(新民) 정신의 침투에 두고, 사상 공작을 가장 중시하면서 치안강화운동에서 중심적인 역할을 했다.[183] 1943년도에 들어서 신민회는 종전의 산만하게 나누어진 각종 운동을 소위 '동아해방신국민운동'이라는 이름하에 통합·정리해서 대중 운동을 펼쳐 나갔다. 이 운동은 소위 '동아 해방'을 목표로 했고 '신민정신'을 지도 사상으로 하였으며, '교민(敎民)'·'보민(保民)'·'양민(養民)'의 3대 운동을 실천 요강으로 삼고 있었다.[184] 특히 이 시기 신민회는 대공산당 방면에서 ① 군사 토벌과 호응해서 광범위한 정치·경제·사상 투쟁을 전개했고 국민 조직과 자위 역량의 강화에 중점을 두었으며, ② 화북정무위원회와의 협조하에 선정을 베풀어 민심을 장악해서 공산당과의 민중 쟁탈 목적을 달성하려고 했으며, ③ 각지의 군경·자위단·선봉대·돌격대·무장청년훈련생 등의 반공 무장 단체에게 정신 훈련을 실시해서 반공 사상과 기능을 주입하려고 했다. 또한 ④ 사회·종교·문화·사상 방면의 민중 단체를 묶어서 '화북민중단체반공대연맹'을 성립시키고, ⑤ 청소년운동을 전개하고 반공 훈련을 실시해서 반공 주력을 양성하며, ⑥ 보갑제도와 향촌 연방 기능을 강화하는 데 노력을 기울였다.[185]

상술한 사실들을 고찰해 볼 때, 원래 관제의 민간 조직으로 출발한 신민회는 민간 사회에서 친일 조직을 결성하여 공식 행정 조직이 감당하기

181) 『北支の治安戰』1, 493쪽.
182) 「新民會創立六年之回顧(上)」, 『實報』(北平) 1943년 12월 24일자.
183) 『北支の治安戰』1, 493쪽.
184) 曾業英, 「略論日僞新民會」, 『近代史研究』1992년 제1기, 265쪽.
185) 「新民會與新國民運動」(1944. 5. 25), 北京市檔案館 編, 『日僞北京新民會』, 北京：光明日報出版社, 1989, 377~378쪽.

어려운 통치상의 공백을 메우면서 행정적인 보조 기관으로서의 역할을
수행하고 있었음을 알 수 있다. 또한 신민회는 합작사 공작을 맡는 등
민생 문제에까지 관여하고 있었다. 게다가 신민회는 민중에 대한 조직·
훈련·사상 공작의 차원을 넘어 자체의 무장 조직까지 결성해서 직접 대
공 작전에도 참가하고 있었다. 이렇게 볼 때 신민회는 '반민반군(半民半
軍)'의 성격을 띤 전방위의 파쇼 조직이었다고 할 수 있다.

　결국 방면군에서는 정무 지도 기구를 정비·강화하는 동시에 괴뢰 무
장 단체를 조직·확대함으로써 중국 사람들을 치안 활동에 많이 끌어들
여 군·관·회·민의 일체화를 실현한 뒤, 당·군·정·민의 결합을 기
초로 하고 있던 공산당측에 총체적으로 대항하려고 했던 것이다. 다시
말해 화북에서 일본군이 점령하고 있던 지역은 '점'과 '선'의 형태, 즉
'뼈'만을 갖추고 있었기 때문에, 광범위한 중국의 군·관·회·민을 치안
활동에 끌여들여 치안지구를 확대해서 그 뼈에 '살'을 붙여 '면'적인 점령
형태를 만들려고 했다.

　한편 일본 대본영육군부는 1941년 1월 30일 「대륙지(大陸指)제824호」
에 의거, 괴뢰 국민정부측의 정규군 및 기타 무장 단체의 정비 지도 요
강을 작성하고 그것의 실천을 지시했는데, 그 목적은 중국에 있는 일본
군 병력을 삭감하는 대신에 괴뢰군을 육성해서 장기 전국(戰局)에 대응하
려는 데 있었다.[186] 당시까지 중국에서 조직된 괴뢰군으로는 화중·화남
지구의 치안을 보조하고 있던 괴뢰 국민정부의 직할 군대, 화북의 치안
을 보조하고 있던 북지치안군(즉 화북수정군), 몽강 지역의 치안을 보조하
고 있던 몽고군 등이 있었다. 이들 괴뢰군은 위의 요강에 따라 각각 괴
뢰 국민정부, 화북정무위원회, 몽고연합자치정부에 예속되었다.

　위의 요강에 따르면, 향후 일본측이 목표로 했던 괴뢰 정규군의 총 병
력 수는, 괴뢰 국민정부의 직할 군대 약 11만 명(화중 방면 약 10만 명, 화
남 방면 약 1만 명), 북지치안군 약 10만 명(초공군 포함), 몽고군 약 1만
명이었다. 그리고 괴뢰 정규군 이외의 무장 단체에 대해서는 괴뢰 국민정

---

186)『北支の治安戰』1, 454쪽 참조.

부, 지방 행정 기관 등의 재정 상태, 지방 특성, 치안 상황 등을 고려해서
각 지방이 각자 결정하도록 했다. 이에 따라 1941년까지 조직된 괴뢰 무
장 단체(즉 비정규군)로는 ① 성·특별시·도·현·시 등의 경찰대, 경비
대, 몽고경찰대, ② 무장 향촌, ③ 철도·수로·통신의 경비대(예를 들면 화
북교통주식회사나 화북전신전화주식회사의 각 경비), ④ 공장·사업장의 경
비대, ⑤ 기타 공인되어 병기를 보유하고 있던 단체 등이 있었다.[187]

괴뢰 정규군의 지휘 계통을 살펴보면, 괴뢰 국민정부 직할 군대에 대
해서는 지나파견군 총사령관이나 관계 군사령관의 명령 또는 지시에 따
라 움직이는 괴뢰 국민정부군사위원회 고문 및 여기에 속한 기관 등이
지도하도록 했다. 화북정무위원회 및 몽고연합자치정부에 각각 속해 있던
북지치안군과 몽고군은 각각 방면군 사령관, 주몽군 사령관의 명령에 따
라 해당 군 소속의 고문·교관 등이 지도하도록 했다.[188] 화북에서는 화
북정무위원회의 치안총서(治安總署)(독판[督辦] 齊燮元)가 군사 및 경찰
등의 치안 업무를 모두 관리했고, 화북수정군(華北綏靖軍=북지치안군)총사
령부는 총서직원이 겸임했다. 이들에 대한 지도 역시 방면군 군사고문부
가 맡았다.[189] 결국 각 소재지의 일본인 지휘관이 실질적으로 괴뢰 무장
단체를 지휘할 수 있도록 하여, 괴뢰군은 사실상 일본군의 지휘를 받도
록 했던 것이다. 이러한 지휘 체계 역시 「만주국」의 경우와 별반 다른
것이 없었다.

일본군은 괴뢰군을 확대·강화하기 위해 장정들을 잡아가거나 차출해
서 대규모로 괴뢰군을 확대시키는 동시에, 전술한 신민회를 통해 괴뢰군
을 감시하거나 수시로 부대의 소속을 바꿔 반란을 예방하려고 했다. 또
한 괴뢰군을 작전에 동원해서 승리할 경우의 사기 진작과 전투력의 제고
를 통해 괴뢰군의 위신을 높이는 동시에, 괴뢰군에 대한 민중의 신뢰

---

187) 『北支の治安戰』 2, 71쪽.
188) 『新支那年鑑(第七回)』(昭和 17년판) 및 『北支蒙疆年鑑』(昭和 17년판)(여기에
　　　서는 『北支の治安戰』 1, 483~485쪽 참조).
189) 『北支の治安戰』 2, 71쪽.

를 얻으려고 했다.[190] 그렇지만 당시 괴뢰군은 항일의 대업을 위해서가 아니라 침략군의 제국주의 야욕을 위해 일하고 있다고 인식하고 있었고, 게다가 공산당측의 선전 공작에 직면해 있었기 때문에, 그들의 사기는 그리 높지 못했다.

　1941년까지 육성된 일본군 점령 지역 내 괴뢰 무장 단체의 현황을 살펴보면, 괴뢰 중화민국임시정부 성립 당시(1937년 12월) 화북의 치안을 담당하고 있던 괴뢰 병력은 경방대(警防隊) 3개 연대, 헌병 3개 대대로 약 5천 명에 불과했지만, 1939년 10월 1일 북지치안군이 창설된 이래 모병에 의해 8개 단, 약 1만 5천 명을 골간으로 3개 집단과 2개 독립단으로 편성되었다. 1940년 11월에는 북지치안군의 병력이 14개 단, 2만 6천 명, 1941년 말에는 5만 4천 명으로 증가되었다. 그리고 1941년 12월부터 시작된 제3기 건군 계획에 따라 다시 6개 단이 증편되어 보정(保定) 및 통주지구(通州地區)에서 훈련 중이었다. 기동정부(冀東政府)의 보안대를 개편해서 창설한 경방대는 사령부와 3개 구대(區隊), 병력 약 4천 명으로 구성되어 있었는데, 북경 북동방의 경고철도(京古鐵道) 연선의 4개 현에 대한 경비를 맡고 있었다. 또한 1941년 말 당시 화북의 경찰관[191] 총수는 6만 9천 명, 1개 현 평균 약 144명, 총기 68정이었다. 성경비대(省警備隊)는 산동성만 약 4천 명을 보유하고 있었으며, 현경비대는 1941년 말 당시 9만 5천 명, 1개 현당 평균 약 253명, 총기 222정이었다. 현경비대는 대대 또는 중대로 편성되어 현지사의 지도하에 일본군과 협력해서 주로 토비에 대한 토벌을 맡고 있었지만, 점차 초공 작전(剿共作戰)에도 투입되어 중요한 역할을 부여받게 되었다.[192] 그 밖에 공산군

---

190) 呂正操, 「冀中新局面與我們的任務」, 『晋察冀日報』 1941년 6월 22일자.
191) 당시 화북의 경찰 제도를 살펴보면, 화북정무위원회 治安總署(警務局)하에 省警務廳, 道警務科, 縣警務局, 市警務局, 特別市警務局 등이 있었다. 그리고 치안을 목적으로 하는 치안총서 직속의 헌병 제도가, 지방에는 縣保衛團制度 및 보갑제도가 설치되어 있었다(東亞同文會, 『新支那年鑑(第七回)』(昭和 17년판) 및 東亞同文會, 『北支蒙疆年鑑』(昭和 17년판) ; 『北支の治安戰』 1, 484〜485쪽 참조).
192) 『新支那年鑑(第七回)』(昭和 17년판) 및 『北支蒙疆年鑑』(昭和 17년판)(『北支の治安戰』 1, 483〜485쪽 및 『北支の治安戰』 2, 71쪽에서 재인용).

및 장제스 직계 중앙군을 제외한 지방군·잡군·토비 등에서 귀순[193]한 자들로 구성된 부대가 있었다.

이들 부대 가운데 병력이 많았고 소질이 비교적 좋았던 부대로 초공군이 있었는데, 이 부대는 화북정무위원회로부터 군사 경비를 지급받고 있었고, 소재지 일본군의 지휘하에 치안 경비를 담당하고 있었다. 초공군의 총 병력 수는 8천 명으로 제1, 2, 3로군으로 나뉘어 하북성 순덕(順德) 부근 및 산동성 내양(萊陽) 부근에 배치되어 있었다. 초공군 이외에 귀순 자들(주로 국민당 군대나 토비 출신)로 구성된 다른 부대의 병력 수는 많았지만 공산당군에 대항하기에는 무리가 따랐다.[194] 1941년 1월 당시 귀순 부대의 총 병력 수는 11만 4,423명에 달했다.[195]

상술한 사실들에 의거하여 화북의 괴뢰 무장 병력 수를 개략적으로 산출해 보면, 화북정무위원회의 관할하에 있던 괴뢰 정규군인 북지치안군은 1941년 말에 5만 4천여 명과 1941년 12월부터 증편된 6개 단(약 1만 2천 명)을 합칠 경우 약 6만 6천여 명에 달했고, 귀순자들로 조직된 부대는 1941년 1월 당시 11만 4천여 명이었으며, 경찰관 총수는 1941년 말 당시 6만 9천 명이었고, 성경비대가 수만 명, 현경비대는 9만 5천 명에 달했다고 추측해 볼 수 있다.

몽강 지역의 경우, 1942년 1월까지 조직된 괴뢰 정규군인 몽고군은 약 6천 명, 무장경관대는 약 5천 명, 준정규군인 귀순 부대는 약 7천 5백 명이었다.[196]

그런데 당시 방면군의 작전 주임 참모였던 시마누키 다케하루의 자체 평가에 따르면, 북지치안군은 정규의 군사 훈련을 실시하고 많은 경비를 들여서 편성했지만, 치안전에서의 실적은 기대에 미치지 못하고 있었다고

---

193) 1940년 왕징웨이 괴뢰 국민정부 성립 이후 귀순자들이 점차 증가하고 있는 추세였다(北支那方面軍參謀部, 「歸順部隊歸順狀況」 참조).
194) 『北支の治安戰』 2, 71쪽.
195) 『陸支普大日記』(昭和 16년 1월~6월)(여기에서는 『北支の治安戰』 1, 485~489쪽에서 추출·합산한 것이다).
196) 『朝日年鑑』(昭和 18·19年版)(『北支の治安戰』 2, 76쪽에서 재인용).

한다. 귀순 부대도 일본군의 지원하에 경비·숙정의 보조 역할을 담당하고 있었지만, 적극적인 투쟁심이 결여되어 있어서 공산당군에게 대항할 수 없었다고 한다. 당시 괴뢰 무장 단체 가운데 경비에 열의를 가지고 성과를 올렸던 것은 경찰 및 성과 현의 경비대였다고 한다.[197] 결국 괴뢰 정규군은 일본의 치안 확보에 효용성을 발휘하지 못한 반면에, 정규군과 같은 규모로 추정해 볼 수 있는 경찰과 성·현의 경비대는 항일 세력의 대항 세력으로서 어느 정도 성과를 올렸던 것이다.

(2) 군사 토벌의 강화

정무 지도 기구의 정비를 통한 내면 지도 체계의 확립, 신민회를 통한 민간 통제의 강화, 그리고 괴뢰의 정규군 및 향토 경비대의 조직을 통한 치안 경비 체계의 육성 등을 바탕으로 화북 점령지의 치안 체계를 갖춘 방면군은, 치안강화운동이 실시된 1941년도에 접어들어 군사 토벌의 중점을 여전히 공산당군에 두었다. 그리고 '치안 숙정' 시책의 중점을 화북의 북부 지역 및 중요 국방 자원이 존재하던 지대에 두었다.[198]

이리하여 방면군은 1941년 5월부터 7월까지 소위 기동작전과 기북작전을 벌여 하북성과 열하성의 경계 지역 즉 만리장성의 연변 지역 및 백양정(白洋淀) 부근의 공산당군에 대해 군사 작전을 벌였다.[199] 이처럼 군사 토벌이 「만주국」의 관할 구역인 열하성까지 확대된 것은 당시 팔로군이 만리장성을 넘나들면서 화북과 「만주국」의 경계 지역에서 활발하게 유격전을 펼치면서 유격 근거지를 확대해 나가고 있었기 때문이다.

항일전쟁 이후부터 산해관을 자유롭게 넘나들던 만주국군은 1940년 가을부터 평북(지금의 북경 북부)지구에서 유격전이 활발해지자, 10여 개 단을 증원해서 평북지구로 진격해 왔고, 1941년 6월에는 평북의 변경 지역에 주둔하고 있었다. 또한 기동 방면에서는 동년 중반에 관동군이 와타나

---

197) 『島貫武治大佐回想錄』(『北支の治安戰』 1, 495쪽에 所收).
198) 「北支那方面軍兵團長會同ニ關スル綴」(1941. 3. 18)(『北支の治安戰』 1, 467~468쪽에서 재인용).
199) 『北支の治安戰』 1, 473쪽, 481~483쪽.

베(渡邊), 야마나카(山中), 하세가와(長谷川) 등의 부대를 증원했다. 그 결과 이들 만주국군과 관동군은 기동 지역 팔로군의 유격전에 대처하는 주력 부대로 자리잡게 되었다. 게다가 그 후에 하북성과 열하성의 변경 지역에서 팔로군이 유격전을 활발하게 펼치자, 이 지역의 치안을 담당한 주력 부대는, 과거의 방면군·북지치안군·만주국군의 편성 체계에서 관동군·방면군·만주국군·몽고군·북지치안군의 체계로 재편성되었다.[200] 즉 팔로군의 유격 활동 구역이 방면군의 관할 구역인 하북성 동부 지구, 주몽군의 관할 구역인 차하르성 남동부, 관동군의 관할 구역인 열하성 서남부 지구로 확대되자, 관할 부대들이 이 지구의 치안 활동에 모두 참여하게 되었던 것이다.

기찰열작전에 이어서 방면군은 동년 7월부터 11월까지 공산당군의 주요 근거지인 진찰기변구[201]에 대한 대규모 작전을 비롯해서, 국지전 성격의 심하작전(沁河作戰:9월~10월, 산서성 남부 지역), 박서작전(博西作戰:9월~10월, 진포선[津浦線] 동방과 교제선[膠濟線] 남방의 산악 지역), 제2차 노남작전(魯南作戰:11월~12월, 산동성 남부 지역) 등을 벌였다.[202]

1942년도에도 방면군의 공산당군 근거지에 대한 군사 토벌 작전이 계속되어 소위 동계산서숙정작전(冬季山西肅正作戰:2월~3월, 산서성 지역), 노중작전(魯中作戰:2월, 산동성 중부 지역), 노서작전(魯西作戰:3월, 산동성 서부 지역), 기동도숙정작전(冀東道肅正作戰:2월~3월, 하북성 동부 지역),[203] 제2차 기남작전(冀南作戰:4월~5월, 하북성 남부 지역), 기중작전(冀中作戰:5월~6월, 하북성 중부 지역), 기동작전(冀東作戰:4월~9월, 하북성 동부 지역), 진기예변구작전(晉冀豫邊區作戰:5월~7월, 산서·하북·하남성 경계 지역), 제2차 노동작전(魯東作戰:3월~4월, 산동성 동부 지역), 제3차 노

---

200) 肖克, 「目前冀熱察形勢與我們幾個工作任務(節選)」(1941. 6. 12), 『文獻·回憶錄』 제2집, 40쪽. 이 문건의 원문은 『晉察冀日報』 1941년 7월 30일자에 게재되어 있다.

201) 『北支の治安戰』 1, 539~557쪽 참조.

202) 『北支の治安戰』 1, 582~591쪽.

203) 『北支の治安戰』 2, 37~49쪽 참조.

중작전(魯中作戰 : 8월, 산동성 중부 지역), 평로지구작전(平魯地區作戰 : 7월, 몽강 지역),[204] 기동말기작전(冀東末期作戰 : 9월~11월, 하북성 동부 지역), 동평호서방작전(東平湖西方作戰 : 9월~10월, 산동성 서부 지역), 제 3 차 노동작전(11월~12월)[205]이 실시되었다.

특히 기열료지구의 경우, 방면군은 1941년 6월부터 1942년 11월까지 6~10만 명의 병력을 동원해서 32~70일간의 전투를 벌였다. 1943년도의 소탕전은 그 빈도 및 규모 면에서 이전보다도 더 강화되어 이 지구의 팔로군측에게 엄청난 곤란을 안겨 주었다. 1943년 4월부터 1944년 6월까지 일본측이 1천 명 이상의 병력을 동원한 대소탕전은 20여 차례에 달했다. 그리고 이와 같은 소탕전의 양상은 1945년 일본이 패망할 때까지 지속되었다.[206]

한편 방면군이 공산당군에 대해 빈번한 군사 토벌 작전을 벌였음에도 불구하고 그 효력은 크지 않았다. 이것은 "유격전과 퇴피전법을 되풀이하는 공산당군에 대해서는 거의 파리를 없애 버리려는 것과 같아서, 무력 토벌의 효과는 매우 작았다"[207]는 방면군 참모의 솔직한 고백에서도 잘 드러나고 있었다. 결국 군사 토벌의 한계를 인식한 방면군에서는 정치·경제·사상·문화 등의 모든 방면에서 정·군·관·민을 총동원한 총력적인 치안 정책의 필요성을 절감하기 시작했다. 이에 따라 방면군에서는 치안이 확보되어 있던 도회지나 일본군 주둔지의 일부 지역, 그리고 지배권이 유동적인 '준치안지구'(즉 공산군의 유격구)에서는 주로 자치자위공작을, 공산당군의 활동이 두드러진 '준치안지구'나 '미치안지구'(즉 공산당군의 근거지) 주변, 그리고 자신들이 점령한 공산당군 근거지의 일부 지역에서는 주로 '집가공작'('비민분리' 공작)을 실시했다.

---

204) 『北支の治安戰』 2, 145~178쪽, 182~194쪽, 197~200쪽.

205) 『北支の治安戰』 2, 232~241쪽 참조.

206) 王永保, 「論冀東抗日遊擊戰爭的特殊性」, 中共河北·北京·天津·遼寧·內蒙古·唐山·省市區委黨史(委)硏究室, 豊潤縣委 編, 『冀熱遼抗日根據地硏究論文集』(이하에서는 『冀熱遼論文集』이라 略稱)(北京 : 中共黨史出版社, 1995), 193쪽.

207) 「島貫武治大佐回想錄」(『北支の治安戰』 1, 528~529쪽에 所收).

그렇다면 이들 공작의 내용은 무엇이었고 그것의 구체적인 실태는 어떠했는지를 살펴보자.

(3) 자치자위공작과 감시 체제의 구축

1) 보갑제도 및 자위단의 조직 강화

방면군은 소위 '자치자위공작'의 일환으로 점령 지구 내에서 친일분자들을 총동원하여 대대적으로 치안 활동을 벌이는 동시에, 교통선을 보호하기 위해 교통선 부근의 각 촌에 대해 괴뢰군이나 한간(漢奸)을 이용하여 신민회・(치안)유지회・반공자위단・반공연장회(反共聯莊會)・부녀대・반공청년단・애호촌 등을 조직하게 하는 동시에 강제로 호구를 등기하게 하고 사진을 찍고 주민증을 발급하였으며, 광범위하게 보갑제도와 보갑연좌제를 실시했다. 이것은 종래의 점・선적인 봉쇄를 '면'적인 봉쇄로 진전시켜 현재의 치안지구를 공고히 하는 동시에, 공산 유격구(즉 '준치안지구')를 점차 '치안지구'로 만들기 위한 조치였다.[208] 이 조치는 공산당군이 활동하고 있던 유격구를 잠식・분할하려는 것이었다.

「만주국」의 치안 확보에 지대한 성과를 올린 보갑제도는 일본군의 병력만으로는 광범위한 점령지의 경비나 치안을 감당할 수 없던 상황에서 치안 행정을 보조하기 위한 것으로서, 일제에 의해 1898년부터 대만에서, 1934년부터 「만주국」에서 실시되었다.[209] 보갑제도는 1930년대 초기에는 초공 작전을 보조하기 위한 차원에서 국민당 정부의 토비위원회에 의해 시행되었는데,[210] 중일전쟁 이후 일본에 의해 화북 및 화중 지역에도 도

---

208) 呂正操, 「冀中新局面與我們的任務」, 『晋察冀日報』 1941년 6월 22일자 및 「敵寇對我大淸河以東百餘村的殘酷搜剿」(『晋察冀日報』 1941년 8월 8일자) 및 崔西山 外, 「憶建立與恢復豊玉遵寧抗日民主根據地的鬪爭」, 『文獻・回憶錄』 제2집, 211쪽 ; 「敵寇在平川縣的"第五次治强運動"及其他」(1943. 4. 20), 『華北治安强化運動』, 795~803쪽.

209) 여기에 관해서는 尹輝鐸, 『日帝下「滿洲國」의 治安肅正工作硏究—滿洲抗日武裝鬪爭의 內的 構造와 關聯하여—』(1995년도 서강대학교 박사학위 논문), 140~163쪽을 참조 바람.

210) 하남성의 경우, 장제스의 「豫鄂晥三省剿匪總司令部施行保甲訓令」(1932. 8)(聞鈞天, 『現行保甲制度』, 547~549쪽에 所收)에 따라 1932년 10월부터 실시되었다

입되었던 것이다.

1937년 12월에 결성된 괴뢰 중화민국임시정부는 방면군의 방침에 따라 1939년부터 철저한 호구 조사와 민중의 자위 능력 증진, 청향공작의 완성을 위해 각 현에서 보갑제도를 실시하도록 했고, 시나 특별시에서는 보·갑을 조직할 필요가 있을 때 본 조례에 준해서 조직하도록 했다.[211] 이 방침의 일환으로 중화민국임시정부는 1938년 겨울에 북경 근교 및 기동 지역에 속하는 통현(通縣)·창평(昌平)·순의(順義)·계현(薊縣)·밀운·평곡(平谷)·회유(懷柔) 등에서 먼저 시험적으로 실시한 뒤 그 효과가 좋다고 판단되자, 1939년 7월 26일 「보갑조례」를 공포하고 하남·하북·산동·산서성 및 북경·천진·청도의 세 특별시, 그리고 소북행정구(蘇北行政區)에서 보갑제도를 실시했다.[212]

보갑제도의 조직 실태를 살펴보면, 각 현의 보·갑은 구로 나누어 조직되었는데, 구는 각 현의 경찰구를 기준으로 삼았으며, 경찰구를 획분하지 않은 성에서는 현 자치구를 기준으로 삼도록 했다. 호를 단위로 10호를 '갑'으로, 10갑을 '보'로 조직했는데, 호에는 호장을, 갑에는 갑장을, 보에는 보장과 부보장을 각각 두었다. 보는 원칙적으로 관할 구역 내 향진이나 혹은 둘 이상의 향진을 합쳐서 편성하도록 했다.[213]

(朱德新, 『二十世紀三四十年代河南冀東保甲制度硏究』, 北京 : 中國社會科學出版社, 1994, 24쪽). 국민당 정부는 江西省에서 부락의 집단 책임을 강화하고 한 家口에서라도 공산주의자를 은폐해 주는 경우 부락 전체에 대한 보복·위협 수단으로서 보갑제도를 이용했다. 공산주의자에 대한 토벌 작전이 끝난 후에도 국민당 정부는 1939년 9월의 법령에서 보갑제도를 현 행정 기구의 공식적인 한 부분으로 존속시켰다. 왜냐하면 그것은 국민 징병법을 집행하고 전시 사회 통제를 유지하는 데 탁월한 수단이었기 때문이다[Ch'ien Tuan-sheng, "Wartime Local Government in China," *Pacific Affairs*, XVI(1943), p.449]. 국민당 정부는 1932년 8월 1일 河南省·湖北省·安徽省에서 보갑제도를 채택했고, 1934년 11월 이후부터는 국민당이 통치하는 모든 지역에 확대·적용시켰다(滿洲國軍事顧問部 編, 『國內治安對策の硏究』 제2집, 新京 : 同顧問部, 1937, 482쪽 참조). 국민당 정부의 剿共 작전에 관해서는 『國內治安對策の硏究』 439〜521쪽을 참조 바람).

211) 「華北臨時政府公布保甲條例」(1939), 제1장 總則, 南開大學歷史系·唐山市檔案館 合編, 『冀東日僞政權』, 北京 : 檔案出版社, 1992, 327쪽.

212) 華北政務委員會治安總署, 『保甲敎科全書』(1942), 13, 15〜16쪽.

213) 「華北臨時政府公布保甲條例」(1939), 제2장 保甲之編組, 第3, 4, 5條. 『冀東

각 현의 보갑 사무에 대한 감독·지도 책임은 현지사에게 있었고, 현 경찰국 및 각 경찰분국이 추진 기관이었다. 현의 경찰국장은 현지사의 명을 받아 현의 보갑 사무를, 각 구의 경찰분국장은 경찰국장의 명을 받아 해당 구의 보갑 사무를, 자치구로 인가된 곳에서는 각 구장이 현지사의 명을 받아 해당 구의 보갑 사무를 추진했다. 각 구의 경찰국장이나 구장은 구내의 각 보장을, 각 보장은 보내의 각 갑장을, 각 갑장은 갑내의 각 호를 감독했다. 보장과 부보장은 보내 갑장들 가운데 한 명씩이 천거되어 해당 경찰분국장이나 구장을 거쳐 현지사의 사정(査定)을 거친 후 임명되었다. 갑장은 갑내 호장들 중에서 한 명이 천거되어 구의 경찰분국장의 사정을 거친 후 임명되었다. 이리하여 보갑제도가 실시되고 있던 지역의 지방 행정 기구는 현 → 구 → 보 → 갑으로 조직되었다.[214]

보장의 직무는 소속 갑장의 직무에 대한 감독, 자위단의 통솔·훈련, 자위단 무기의 보관, 경찰분국장이나 구장의 직무 보조, 군경의 항일분자 수색·체포 활동에 대한 보조, 보내 건설 공사에 필요한 노동력의 분배·감독·통솔, 보갑 규약상의 상벌 조치, 보갑 경비의 수지·예산·결산의 편성 등이었다. 갑장의 직무는 보장 직무에 대한 보조, 자위단의 통솔·훈련, 갑내 호구 조사, 갑내 출입자에 대한 감시·감독, 군경의 항일분자 수색·체포 활동에 대한 보조 등이었다.[215]

일본측은 향촌의 자위력을 강화하기 위해 보갑자위단(화회[伙會]·봉자대[棒子隊]·곤단[棍團] 등으로 불렸음[216])을 조직했다. 자위단은 보갑 내 18세 이상 40세 이하의 남자들로 구성되었는데, 이들은 분기별로 훈련을 받았다. 자위단의 편제를 보면, 갑마다 1개의 갑대(갑장이 통솔)가, 1보 내의 각 갑대들로 1보대(보장이 통솔)가, 1구 내의 각 보대들로 1구대(경찰분국장이나 구장이 통솔)가, 이들 각 구대들로 현자위단이 결성되어 현경

『日僞政權』, 327쪽 ; 앞의 문건 「敵寇在平川縣的"第五次治强運動"及其他」, 795쪽.

214) 「華北臨時政府公布保甲條例」, 제7, 8, 11조, 『冀東日僞政權』, 328～329쪽.

215) 「華北臨時政府公布保甲條例」, 제22, 23조, 『冀東日僞政權』, 330～331쪽.

216) 朱德新, 『二十世紀三四十年代河南冀東保甲制度硏究』, 北京 : 中國社會科學出版社, 1994, 52쪽 참조.

찰국장이 현지사의 명을 받아 자위단을 통솔했다.[217] 자위단원은 곤봉을
가지고 다니면서 분반을 나누어 주야로 촌 밖에 설치되어 있는 초소에서
망을 보다가 팔로군이나 항일 요원을 발견하면 징이나 종을 쳐서 각 촌
에 알려 서로 호응하게 한 뒤, 단원들이 일제히 함성을 질러 그들을 포
위해서 체포한 뒤 주둔지로 압송했다.[218] 따라서 자위단은 항일 세력에게
커다란 위협이 되었다.

보갑 경비는 보갑 내의 주민들로부터 징수되었고, 보갑 직원들은 원칙
적으로 무급직이었지만, 서기에 한해서는 최저한의 생계비가 지급되었다.
또한 자위단이 군경의 경계 업무나 항일군의 습격 저지 활동을 도울 때
그들에게 필요한 급양이 지급되었다. 특히 주목되는 것은 보갑 내에서
연좌제가 실시되었다는 점이다. 즉 10인 연좌제를 통해 갑의 주민 가운
데 항일 분자(공산군 포함)와 내통하거나 이들을 숨겨 주었을 경우, 그리
고 괴뢰 정부에 대한 반란 음모 혹은 도로·통신망의 파괴와 관련된 정
황을 알고 있으면서도 이를 숨기거나 비호했을 경우에는, 경찰분국장(혹
은 구장)이 갑장 및 갑의 각 호장에게 3원(元) 이하의 연좌벌금을 부과했
다.[219] 특히 공무원에 대해서는 5인, 교직원에 대해서는 10인의 연좌제를
실시했다.[220] 이것은 연좌제를 통해 주민 상호간의 감시 체제를 구축함으
로써 항일 분자와의 내통 행위나 항일 요원의 부락 내 잠입을 방지하려
는 데 일차적인 목적이 있었다. 이것은 항일 요원들의 대민 활동을 제약
하는 요소로 작용하였다.

  2) 주민·물자의 이동 통제 및 항일 요원의 색출

  화북정무위원회에서는 제2차 치안강화운동과 관련해서 1941년 3월 1
일 화북 지역에 있던 거주민과 각지의 여행인사에게 거주증(신분증 혹은
양민증)과 여행증을 발급하도록 하는 특별법을 공포한 뒤, 이 법을 동년

  217) 「華北臨時政府公布保甲條例」, 제28, 29조, 『冀東日僞政權』, 332쪽.
  218) 李楚離, 『堅持冀東遊擊戰爭,爲創造大塊遊擊根據地而鬪爭』, 1943년 2월(朱德新,
     『二十世紀三四十年代河南冀東保甲制度硏究』, 53쪽에서 재인용).
  219) 「華北臨時政府公布保甲條例」, 제32, 33, 36조, 『冀東日僞政權』, 332~333쪽.
  220) 朱德新, 『二十世紀三四十年代河南冀東保甲制度硏究』, 48쪽.

7월 1일부터 화북의 각 성·시·현에서 일제히 실행하여 거주증 및 여행증 발급을 통해 항일 요원의 색출을 용이하게 했다. 이에 따라 당시 북경특별시에서는 남녀를 불문하고 만 12세 이상 60세 이하의 사람들에게 모두 거주증을 발급했다.[221] 그리고 화북 지구의 각 성·시·현에서 발급한 거주증 및 화북 지구 이외에서 발급한 여행증이 없는 자에 대해서는 숙박을 금지하고 엄중 조사하거나 감시했다. 각 성·시·현의 거주증과 여행증을 휴대하고 있는 자가 북경시에 잠시 머물려고 할 경우, 머물고자 하는 집의 호주와 함께 관할 파출소에 가서 본인의 거주증을 제시한 뒤, 호주를 통해 임시 거주를 신청해야 했다. 더 나아가 여관·공동주택·회관·기관(妓館) 등에 머물려고 하는 자는 보증인을 대동하고 경찰국에 가서 임시 거주증을 신청해야 했으며, 북경을 떠날 때는 다시 경찰서에 가서 여행증을 신청해야 했다.[222] 따라서 밖에 나가 볼일을 보거나 장에 가서 물건을 사러 갈 때에는 반드시 각종 신분증을 휴대해야 했는데, 만일 휴대하지 않을 경우에는 체포되거나 총살을 당했다.[223] 이러한 각종 증명서 발급 제도는 이미 「만주국」에서도 실시되었던 것으로 「만주국」에서 항일분자를 색출·검거하거나 항일분자의 민간 사회 잠입을 방지하고 민간인과의 접촉을 차단하는 데 많은 성과를 거두었다. 이 제도 역시 「만주국」의 통치 경험이 반영된 것이었다.

이와 아울러 방면군에서는 「만주국」에서와 마찬가지로, 항일 요원의 잠입 방지와 색출·검거를 용이하게 하기 위해 수시로 호구 조사를 실시했다. 호구 조사와 관련된 사례로서 기동지구의 경우를 살펴보면, 방면군은 대연합향(大聯合鄕)을 조직한다는 명분하에 먼저 호구를 등기하도록 했다. 그리고 호구를 조사하기 전 새벽녘에 각 촌의 8세 이상의 사람들을 촌 밖으로 내몰아서 봉쇄호를 파거나 도로를 정비하게 했고 돌을 주워 오도록

---

221)「北京特別市公署警察局保安科關于"頒發居住證以確保良民之安全"講演詞」(1941. 5. 21,『治安運動』上卷, 149~150쪽, 152쪽.

222)「北京特別市公署布告(第七號)」(1941. 5. 22) 가운데 「附:居住證旅行證施行細則」의 제3조, 제6조,『治安運動』上卷, 159~160쪽.

223) 朱德新,『二十世紀三四十年代河南冀東保甲制度研究』, 46쪽.

했다. 날이 저물어 부락민이 돌아올 때에는 조사를 철저히 해서 항일 요원이 부락으로 잠입하지 못하도록 했다. 또한 주둔지를 중심으로 하나씩 바깥쪽으로 각 촌을 조사해 나갔다.[224] 1942년 9월에 행해진 계현(薊縣)에서의 항일 요원 색출 실태 및 자위단의 결성 과정 사례를 살펴보면, 먼저 군경을 동원해서 어떤 부락을 포위하고 부락에 있던 남녀노소를 모두 한 곳에 집합시킨 뒤, 그 옆에 사형 도구를 설치하고 기관총구를 주민들에게 겨누고 호구등기부와 대조해 나가면서 항일 요원 가족과 공산당 촌 간부를 색출해 냈다. 이때 그 사실을 시인한 자는 후회해서 자수한 자로 간주했고, 시인하지 않는 자는 살해했다. 시인한 자에게는 자위단 분대장 직책을 주어 방면군을 위해 일하도록 했다.[225]

심지어 한 마을마다 일률적으로 5명씩의 은둔한 팔로군, 혹은 항일 요원의 가족, 비밀소조 등을 지목하게 하거나 감추어 둔 팔로군의 물자를 갖다 바치도록 강요했다. 만일 마을 사람들이 실토하지 않을 경우 마을 사람들 가운데 상당수를 살해했다.[226] 이처럼 살벌한 상황에서 상당수의 촌 간부들은 자수했고, 그 결과 자위단이 점차 조직되어 갔다.[227] 또한 일반 민중에 대해서는 호구책(戶口冊)과 이름을 대조하였고, 여행 증명서를 가지고 외출한 자는 기일 내에 돌아와야 했으며, 외출자로서 거취가 불분명한 자에 대해서는 가족과 향장·보장을 구금하거나 공산당과 내통한 자로 처벌했다.[228]

---

224) 李楚離, 「堅持冀東遊擊戰爭爲創造大塊遊擊根據地而鬪爭(1940～1942)」, 『文獻·回憶錄』 제3집, 77～78쪽.

225) 李楚離, 「堅持冀東遊擊戰爭爲創造大塊遊擊根據地而鬪爭(1940～1942)」, 79쪽.

226) 楊福臣, 「侵華日軍在薊縣暴行綜述」, 中國人民政治協商會議天津市薊縣委員會文史工作委員會 編, 『侵華日軍在薊縣暴行』(『薊縣文史資料』 專輯, 內部資料), 天津：同委員會, 1995, 5쪽.

227) 「堅持冀東遊擊戰爭爲創造大塊遊擊根據地而鬪爭(1940～1942)」, 79쪽.

228) 이와 관련해서 당시 일본측은 팔로군에게 정보를 제공한 자, 교량·전선·도로를 파괴한 자, 팔로군의 물건을 감추어 두고서도 이를 보고하지 않은 자, 일본군에게 거짓 정보를 주거나 공작반의 행동을 방해한 자, 팔로군에게 양식과 돈을 제공한 자, 일본군이나 공작반을 보고 도망친 자, 명령 위반자 등을 사형에 처한다는 규정을 두고 있었다(「堅持冀東遊擊戰爭爲創造大塊遊擊根據地而鬪爭(1940～1942)」, 79쪽).

게다가 주둔지마다 종을 설치하고 주야를 막론하고 종을 쳐서 농민들을 집합시켰다. 이때 늦게 집합한 자에게는 벌을 주었고 집합하지 않은 자는 처형했다. 또한 각 촌으로 하여금 서로 호구 조사를 하고 상호 감시를 하도록 함으로써 각 촌이 사사로운 정에 얽매여 불법적인 일을 하지 못하도록 했다.[229] 호구 조사가 끝난 뒤에는 주소, 호주 성명, 거주 중인 남녀의 수, 임시 거주인의 유무 등을 적은 문패를 대문 위에 걸도록 했는데, 문패에는 소속된 향보공소의 인장이 찍혀 있었다. 호적의 관리는 괴뢰 경찰분주소에서 관할했는데, 이를 위해 1~2명의 호적 담당 경찰관이 호구의 이동을 관리했다. 모든 향에는 총호구부가 있었고 보에도 해당 보의 호구책이 비치되어 있었다. 보장은 매일 '순환부(순찰부)'를 적어야 했으며, 팔로군이나 행적이 의심스러운 자를 발견하면 곧바로 향공소로 압송해야 했다.[230]

이와 아울러 방면군에서는 공산당측의 집요한 지하 공작을 봉쇄하기 위해 항일 요원의 첩보 활동을 척결하는 데 힘썼다. 특히 1942년도부터 헌병대의 계획과 지도하에 우수한 포로를 특별히 재교육하여 특무 공작에 활용함으로써, 1942년 1월부터 4월까지 6,500명의 항일 요원들을 검거했다.[231] 이를 위해 일본측은 수많은 특무 조직과 첩보망을 구축했다.

특무 조직 및 첩보 활동과 관련하여 기동지구를 예로 들면, 대표적인 특무 조직으로 신민회·반공자위단·반공투쟁단·무장특무대 등이 있었다. 신민회는 일본측 주둔지에서는 공개적인 기관을 조직하고 공개적으로 활동한 반면에, 촌에서는 조직을 공개하지 않고 비밀리에 활동했다. 이처럼 신민회가 촌에서만 비밀 활동을 벌인 것은 당시 농촌 대부분이 공산당군의 활동 구역, 즉 공산 유격구로서 치안이 확보되지 못하고 있었기 때문이다. 신민회는 주로 자체 조직에서 훈련을 받은 청년들과 향·보장들로 구성되었다. 반공자위단은 촌을 단위로 조직되었으며, 촌마다 단

---

229) 「堅持冀東遊擊戰爭爲創造大塊遊擊根據地而鬪爭(1940~1942)」, 77~78쪽.
230) 朱德新, 『二十世紀三四十年代河南冀東保甲制度硏究』, 46쪽.
231) 「第百十師團長林芳太郎中將回想」 및 「中村三郎小將回想錄」(『北支の治安戰』 2, 158~159쪽에서 재인용).

장・부단장・동원주임 혹은 지도원이 한 명씩 있었다. 그리고 반공자위
단에는 첩보조・정보조・연락조・수사조・검거조・자위조가 있었고, 그
예하에 노년반・청년반・아동반・부녀반 등이 있었다. 반공투쟁단은 대
부분 투항자나 친일적인 지식인, 상층의 사람들로 구성되었다. 여기에는
확군조(擴軍組：팔로군 내에 첩자를 투입)・초집조(招集組：공산당측의 투항을
유도)・선전조・조사조・암살조 등이 있었다. 특히 조사조는 정보반과
조직반으로 구성되었는데, 전자는 다시 정치계와 군사계로 나누어졌다. 정
치계는 공산당・정・민의 각 기관 내부의 정황, 공산당측의 정보망, 연락
장소, 공산당 요원 등에 대한 조사를 담당하고 있었다. 조직반은 다시 무
장계와 지방계로 나누어졌다. 무장계는 팔로군 내에 간첩을 투입해서 팔
로군의 행동 규율・주둔지・부대원수・무장 상황・연락 표시・후방 공
급 기관 등을 정탐하거나 거짓 정보를 흘려 팔로군의 동요를 유도하고
때로는 팔로군 지휘관을 살해하기도 했다. 지방계는 공산당 유격 근거지
내 농촌의 민중 단체 속에 잠복해서 농촌의 조직 상황과 공산당측의 지
방 통치 조직 등을 정탐했다. 무장특무대에는 수사반・돌격대・흥아대(興
亞隊：투항자들로 구성)・회민대(回民隊) 등이 있었다. 그 밖에 일제의 정보
망이 있었는데, 그것은 대단히 복잡하고 광범위했을 뿐만 아니라 기술도
매우 뛰어나서 공산당측이 적발해 내기가 쉽지 않은 실정이었다.[232]

특히 1940년대 이후 팔로군이 「만주국」의 관할 지역이었던 열하성으
로 침투해서 항일 활동을 벌이게 되면서 열하지구는 항일 활동의 무대로
등장하게 되었다. 그 결과 열하지구에서는 방면군이 아닌 「만주국」 서남
지구방위위원회의 통일적인 지휘하에 광범위한 수색・체포 체제가 구축
되었다. 즉 승덕헌병대(承德憲兵隊)에는 헌병유격대가, 만주국헌병대에는
특무헌병대가 따로 조직되었고, 수십 개의 경찰대, 통화성(通化省)에서 차
출되어 온 경찰대대, 열하성경찰대(熱河省警察隊：정빈대대[程斌大隊][233])의

---

232) 李楚離, 「堅持冀東遊擊戰爭爲創造大塊遊擊根據地而鬪爭(1940～1942)」, 79～
　　82쪽.
233) 여기에 관해서는 尹輝鐸, 『日帝下「滿洲國」硏究─抗日武裝鬪爭과 治安肅正工
　　作─』(서울：一潮閣, 1996), 177～178쪽을 참조 바람.

후신)의 설치 이외에, 각 성과 현에는 정수대(偵搜隊 : 통칭 특무반) 등이
설치되었다. 그 밖에 일본 헌병과 「만주국」의 헌병·경찰로 구성된 대공
조사반이 조직되었는데, 이것은 관동군 서남지구 방위사령관의 통합하에
승덕헌병대장의 지휘를 받았다. 또한 금주철로경호대(錦州鐵路警護隊) 예
하에도 약 700명 가량의 4개 철로경호대가 조직되어 대대적인 수색과
검거 활동에 참여하고 있었다.[234]

열하지구에서 수색·검거 체제를 구축한 일본측은 1942년 상반기에만
154차례의 대대적인 수색·검거 활동을 벌였다. 1943년에는 승덕헌병대
의 지휘하에 "기호작전(基號作戰)"이라는 암호명으로 두 차례의 대규모
검거 활동을 벌였다. 제1차 때는 1943년 1월 10일부터 3월 8일까지 헌
병유격대·괴뢰 경찰·철로경호대 등이 연합해서 총 5,737명의 항일 요
원들을 검거했다. 제2차 때는 2월 7일부터 3월 5일까지 대검거 활동을
벌여 1,050명을 체포했다.[235] 1943년 가을에도 관동군과 「만주국」의 헌병
및 경찰 등이 두 차례의 검거 활동을 벌였다. 제1차 때는 9월 11일부터
9월 27일까지 승덕 동남 지구(천준홍연합현정부[遷遵興聯合縣政府] 관할
지구), 흥륭(興隆) 동부 지구(천준홍연합현정부 관할 지구), 청룡현(靑龍縣)
동남부 지구(청수릉연합현정부[靑綏凌聯合縣政府] 관할 지구), 평천(平泉)
서남부 지구(承平聯合縣政府 관할 지구)에 대해 검거 활동을 벌여 958명
을 체포했다.[236] 제2차 때는 10월 16일부터 19일까지 흥륭·승덕·난평
(灤平) 등지에서 활동을 벌여 292명을 검거했다.[237] 특히 관동군측은 더
많은 항일 요원들을 체포하기 위해 명절 등 가족들이 모이는 기회를 이
용해서 대규모의 체포 활동을 벌였다. 이 활동으로 1942~1944년까지
흥륭현에서만 약 1만 2천여 명이 체포되었는데, 그 가운데 살해되었거나

234) 解學詩, 『僞滿洲國史新編』, 北京 : 人民出版社, 1995, 793쪽.

235) 關東憲兵司令部, 「警務報告」(1943. 3~4. 18).

236) 「熱河省警務廳長皆川富之亟致警務總局長山田俊介之報告(熱警特密 37 號 262-
    4)」(1943. 11. 5)(解學詩, 『僞滿洲國史新編』, 794쪽에서 재인용).

237) 「熱河省警務廳長皆川富之亟致警務總局長山田俊介之報告(熱警特密 37 號 262-
    4)」(1943. 11. 5).

투옥 혹은 징용된 자가 1만 1,400여 명에 달했다.[238]

이처럼 화북의 방면군측과 「만주국」의 관동군측은 철저한 호구 조사, 엄격한 호적 관리, 신분증 및 거주증의 발급을 통해 보갑민을 철저하게 통제·감시·감독했을 뿐만 아니라, 일본군·괴뢰군·헌병·경찰, 그리고 특수 목적의 수색대 등을 총동원하여 대대적인 수색·검거 활동을 벌여 수만 명의 항일 요원들을 체포하여 살해하거나 투옥했으며 다른 곳으로 끌고 가 노무자로 활용하기도 했다.

방면군(표면적으로는 화북정무위원회)의 치안 공작은 인적 교류나 이동을 통제·감시하는 데 그친 것이 아니었다. 방면군측은 물자의 유통과 매매에도 많은 통제와 제한을 가해 각종 물자가 항일 유격 근거지나 항일 게릴라들에게 흘러 들어가는 것을 사전에 차단하고자 했다. 방면군에서는 제3차 치안강화운동(1941. 11. 1~1941. 12. 25)의 실시와 더불어 공산 유격 근거지에서의 물가 앙등 및 경제 위기를 심화시키기 위해 경제 물자를 공산당측 지구와 철저히 차단·봉쇄하도록 했으며, 개인적 이익을 위해 공산당측 지구와 교역하는 자는 대중의 경제 생활을 교란하는 자 혹은 한간으로 간주하여 배제하도록 했다. 또한 경제 봉쇄의 효과를 높이기 위한 조치로 농민·상인·회사·조합 등의 적극적인 협조와 물자 유통 기구의 정비를 강조했고, 신민회 세력의 확충·강화의 필요성을 제기했다.[239] 이에 따라 방면군에서는 물자가 공산 유격 근거지로 유출되는 것을 방지하기 위해 여러 가지 통제와 제한을 가했다.[240] 가령 거주증

---

238) 「興隆縣公安局調查報告」(1954. 8. 6)(앞의 책, 『僞滿洲國史新編』, 794쪽에서 재인용).

239) 「華北政務委員會令發第三次治安强化運動實施要領」(1941. 10. 23)의 '第二 指導要領」, 『治安運動』 上卷, 183~184쪽 및 岡村部隊本部, 「第三次治安强化運動實施要領」(1941. 9. 10)(『北支の治安戰』 1, 573~575쪽에 所收).

240) 물자 통제와 관련해서 1941년 12월 山西省 孟縣에 주둔하고 있던 어느 일본군 대대장이 산서성 東北의 치안지구로 끌려온 사람들에게 布告한 내용—첫째, 밀가루는 軍用品이기 때문에 일반 백성들이 私有할 수 없다. 만일 3斤의 밀가루를 사유한 자는 전 가족을 총살한다. 둘째, 백성들은 1개월분의 양식을 제외하고 나머지는 모두 孟縣城에 보관해야 하는데, 그 작업은 1주일 내로 끝내라(左祿 主編, 中國抗日戰爭史料叢書 『濺血的武士刀』(日軍屠殺錄), 北京 : 解放軍出版社, 1994,

이 없는 자에 대해서는 식량·석탄·약품 등의 물자를 구매하거나 운반
하는 것을 금지시켰다.[241]

특히 중요한 물자의 이출입(移出入)에 대해서는 허가제를 실시했다. 그
러한 실례로 북경시를 살펴보면, 이출(입) 허가 품목[242]을 관외(내)로 이출
(입)할 경우, 현물자대책위원회(縣物資對策委員會)의 신청서 부본(副本)이
첨부된 신청서 2부(이입의 경우 3부)를 북경육군특무기관[243] 및 북경물자대
책위원회에 제출해서 허가를 받도록 했다. 관내 화북교통주식회사의 각
역과 영업소에 대해서는, 관내(외) 이출(입) 물자의 수탁과 관련해서 북경
육군특무기관장 및 북경물자대책위원장의 이출(입) 허가증이 제시된 경우
에만 그 물자를 수탁받도록 했다.[244] 게다가 1941년 10월 1일부터 중요 물
자를 구매하거나 반출할 때에는 현지 중국 경찰 기관의 물품구입증명서를
소지한 자에 한해 허가했다.[245] 게다가 방면군에서는 철도·수로 및 주요
도로의 횡단 지점이나 도시의 출입구에는 검문검색소를 설치하거나 이동
검찰반으로 하여금 순찰하게 함으로써 공산당측 지구로 물자가 유출되는
것을 감시하거나 차단했다.[246]

공산 유격 근거지에 대한 경제 봉쇄와 관련해서, 일본군측에서는 특무
기관이 주체가 되어 헌병대·영사관 경찰을 통제하면서 괴뢰 정부측 모

349~350쪽)─에서도, 당시 농민들의 식량에 대한 통제의 실상이 어떠했는지를
    쉽게 짐작할 수 있다.
241) 「北京特別市公署令發第三次治安強化運動實施方案及要領」(1941. 10. 30), 『治
    安運動』上卷, 191쪽.
242) 참고로 移出入(또는 搬出入) 許可品目들을 열거하면, 철강 금속류, 총기·탄약
    류, 인쇄 기계, 電池, 石棉, 화학 약품류, 木材類, 石油類, 糧食類, 종이류, 가축류,
    석탄, 빈 병류, 옷감류(면화·마·짐승털·피혁·모피) 등이었다(「北京陸軍特務機
    關制發"流動物資取締要綱"」(1941. 10), 『治安運動』上卷, 207~208쪽 참조).
243) 주로 燃料類, 즉 가스와 석탄·석유 등에 한해 許可權을 행사했다. 기타 물자
    에 대해서는 대부분 物資對策委員會에서 관할했다(「北京特別市商會爲遵照北京物
    資對策委員會調整物價事致各會員商號函」(1941. 12. 6)」의 附(2) 物資對策委員
    會朝廷物價辦法及注意事項」, 『治安運動』上卷, 264쪽 참조).
244) 「北京陸軍特務機關制發"流動物資取締要綱"」(1941. 10), 202쪽.
245) 「警察局飭令遵照封鎖經濟搬出重要物資辦法」(1941. 10), 『治安運動』上卷, 209
    쪽.
246) 『北支の治安戰』2, 265~266쪽.

든 기관이 실시하는 경제 봉쇄 활동을 지도했다. 그리고 미치안지구와
접해 있던 지구에서는 경비 부대가 그 임무를 담당했다. 괴뢰 정부측에
서는 현이 실행 단위가 되었으며, 현의 제 기관, 즉 순회경제경찰·고정
물자검문소·이동물자검문소·현물자대책위원회·현경비대·신민회·합
작사·애로(愛路) 여러 단체(철로애호촌 등)·부외 무장 단체(예를 들면 화
북교통경무대) 등이 그 봉쇄 임무를 맡았다. 특히 산서 지구의 경우 경제
봉쇄의 중점은 공산당군 근거지인 진찰기변구·진기예변구·진서북군구
(晋西北軍區)·진남지구에 두어졌다.[247]

　요컨대 방면군은 소위 자치자위공작, 즉 보갑제도와 자위단을 근간으
로 인적·물적 교류에 대한 엄격한 통제·감시와 더불어 부단한 검문·
검색·검거 활동을 벌여 항일 요원의 부락 내 잠입과 중국 민중의 항일
활동 참여를 사전에 방지하려고 했던 것이다. 소위 자치자위공작은 항일
게릴라나 항일 요원들이 주로 활동 무대인 농촌에서 주민들과 접촉하거
나 그들로부터 인적·물적 자원의 획득을 곤란하게 만들어 궁극적으로
항일 세력(주로 농민들과의 연계를 기반으로 한 공산군측)의 행동 반경을 제
약하는 요소로 작용했다.

(4) 집가공작과 '비민분리'

　당시 중국 공산당측은 민중의 지지를 얻는 데 최대의 비중을 두고 있
었을 뿐만 아니라, 민중과의 밀접한 유대 관계를 형성하고 있었다. 공산
당군과 민중의 유대를 단절하는 것은 그들의 생명선을 단절하는 것과 같
았다.[248] 바로 이러한 공산 혁명의 '내적 구조'를 인식하고 있던 방면군은
공산당측 유격 근거지의 각종 인적·물적 자원을 고갈시키기 위해 항일
근거지 주변 지역을 중심으로 무주지대(혹은 무인지구)를 설치했다. 지세
가 탁 트여 있고 인구가 비교적 조밀하며 일본군측이 방어하기에 유리한

---

247) 『北支の治安戰』 2, 266~267쪽.
248) 陳平, 「千里無人區」, 『冀東日僞政權』, 351쪽.

지역에 집단부락(集團部落)[249]을 만들어[250] 무주지대 거주 주민들을 강제로 수용한 뒤, 이들을 팔로군과 철저하게 격리시키려고 했다. 그리고 무주지대 내의 모든 가옥은 파괴·소각하고 농경을 금지시켰다. 이러한 집가공작의 목적은 소위 '비민분리(匪民分離)'를 통해 팔로군과 민중의 관계 단절, 즉 '갈택이어(竭澤而漁)'를 달성하려는 데 있었을 뿐만 아니라,[251] 공산 근거지를 초토화하려는 데 있었다. 다시 말해 집가공작은 공산당측 유격대에 의해 통제 받을 가능성이 있던 지역의 주민을 일본측이 항상 활동하는 촌이나 거점 및 부근 지역으로 집결시켜[252] 공산당군과 완전히 격리시킨 뒤 공산당측의 인력·물력 동원 공작을 봉쇄하기 위한 것이었다.

'비민분리' 공작은 이미 1934년부터 「만주국」에서 본격적으로 시행되고 있었다.[253] 1941년 9월 관동군 서남지구방위사령부에서는 팔로군이 「만주국」으로 침입해 들어오는 것을 차단하기 위해 「서남지구숙정공작실시요강」을 작성했다. 이와 아울러 열하성 소재 승덕의 일본 헌병대 본부에서도 '국경 지대의 무인지구화(집가공작)에 따른 민심 안정'이라는 방침하에 「만주국」 서남 국경 지대의 무주지대화 공작에 적극 참여했다.[254] 이때 관동군과 만주국군은 수만의 병력을 집결시켜 만리장성 주변을 엄격하게 봉쇄하는 동시에 열하성 남부 지구에서 반복적으로 소탕 작전을 벌였으며, 전면적으로 집가병촌(集家幷村)을 실시하고 무인지구를 만들었다.[255] 그런 뒤에 강제로 주민들을 동원하거나 기중지구 혹은 산동 등지에서 잡아온 10만여 명의 인부들을 동원해서 봉쇄구(封鎖溝)를 파고 보

---

249) 중국인들은 이것을 '集中營'(수용소), '人圈'(사람 우리)이라고 부르고 있었다.

250) 鄭家彦, 「從反"集家幷村"鬪爭的勝利看民族地區的反侵略鬪爭」, 『冀熱遼論文集』, 225쪽.

251) 陳平, 「千里無人區」, 『冀東日僞政權』, 350쪽.

252) 姜宇, 「一九四三年下半年冀熱邊情況報告」(1943. 12. 30), 『文獻·回憶錄』 제 2집, 74쪽.

253) 「滿洲國」의 治安肅正工作에 관해서는 尹輝鐸, 『日帝下 「滿洲國」 硏究』를 참조 바람.

254) 『華北抗日根據地史』, 157~158쪽 및 陳平, 「一個特殊的戰略地帶—長城線上的千里'無人區'」, 『唐山黨史資料通訊』 제25 기(1987. 9), 122쪽.

255) 中共唐山市委黨史硏究室 編, 『冀東革命史』, 北京: 中共黨史出版社, 1993, 279쪽.

루선을 구축했다.[256]

더욱이 관동군의 치안숙정공작은 하북성 내의 관동군 활동 지구에서도
실시되었다. 특히 삼광정책을 포함한 집가공작은 열하성과 하북성의 무녕
(撫寧)·천안(遷安)·계현(薊縣)·평곡(平谷)·밀운·영녕(永寧) 등의 현
뿐만 아니라, 열하성과 접해 있던 관동군 활동 지구에서도 추진되었다.[257]
관동군의 치안 활동이 「만주국」의 영역을 넘어 화북 지역에까지 미치고
있었던 것이다. 관동군은 1942년 겨울까지 열하성 서부의 만리장성 선상
에서의 집가병촌 건립 계획을, 1944년 봄까지는 열하성과 요녕성 지구에
서의 무주지대 설치 계획을 기본적으로 완성했다. 이리하여 무주지대의
범위는 동서로 산해관 서쪽 10km에 있는 구문구(九門口)부터 북경 서북
의 독석구(獨石口)까지 전장(全長) 850km, 남북으로는 최대 길이 250km,
총면적 5만km²에 달했다.[258]

한편 방면군에서도 관동군의 조치에 보조를 맞춰 팔로군이 「만주국」으
로 출입하는 것을 차단하기 위해, 만리장성 안쪽에 있는 마란곡(馬蘭谷)부
터 건창(建昌)까지 폭 약 4km의 대상지역(帶狀地域)을 무주지대로 설정한
뒤, 이곳에 산재해 있던 부락들을 없애버리고 주민들을 다른 곳으로 이주
시켰다.[259] 이리하여 기동의 만리장성 양측에는 무주지대가 만들어졌는
데,[260] 그 가운데 규모가 가장 큰 것은 서로는 고북구(古北口)에서, 동으로
는 산해관까지 동서 길이 약 350km, 남북 폭 약 30km, 면적 약 1만km²로
서, 이것은 난평(灤平)·승덕·홍륭(興隆)·평천·능원(凌源)·청룡(青龍)·
밀운·준화(遵化)·천안의 9개 현에 걸쳐 있었다. 그런데 1943년부터 팔로

256) 王文, 「冀熱遼人民抗日鬪爭史軍事工作資料(下)(1942년 봄~1943년 말까지)」,
　　　『文獻·回憶錄』 제3집, 176~177쪽.

257) 高木貞次 등 20명에 대한 審問調査書, 「關東軍在熱河的"三光"政策」, 孫邦 主
　　　編, 于海鷹·李少伯 副主編, 僞滿史料叢書 『僞滿軍事』, 長春: 吉林人民出版社,
　　　1993, 281쪽.

258) 王永保, 「論冀東抗日遊擊戰爭的特殊性」, 『冀熱遼論文集』, 194쪽.

259) 「第27師團參謀世良田勇中佐の回想」, 『北支の治安戰』 2, 232쪽에 所收.

260) 무주지대의 설치와 관련된 구체적인 상황에 관해서는 「軍事部思想戰研究部"西南
　　　地區治安問題之考察"摘錄」(1944. 4), 中央檔案館·中國第二歷史檔案館·吉林省
　　　社會科學院 合編, 『東北大討伐』(北京: 中華書局, 1991), 609~613쪽을 참조 바람.

군이 동북지구로 침투해 나가자, 이 무인지구는 부단히 확대되어 1945년 패망 때까지 계속되었다.[261] 특히 이 지구에서는 방면군과 관동군이 상호 간의 작전 협력으로 공산당측에 협공을 가했다.[262]

그 밖에 진찰기변구 북악구에서도 1941년 7월 방면군 사령관에 취임한 오카무라 야스지(岡村寧次)가 일본군 및 괴뢰군 7만여 명을 동원하여 대규모의 소탕전을 벌이는 동시에, 하북성과 산서성의 경계 지역에 무주지대를 설치하기 시작했다. 방면군은 진찰기변구의 서쪽인 내원현(淶源縣) 서남쪽에서부터 낭자관(娘子關)까지에 이르는 산악 지대에 제1선의 봉쇄호를 구축하고, 다시 서쪽으로 수십 리 떨어진 지대에 제2선의 봉쇄호를 구축한 뒤 이 양 선 사이를 무주지대로 설정했다.[263] 이리하여 '치안지구'와 '미치안지구' 사이에는 봉쇄호와 수겹의 철조망, 보루군(群), 그리고 무주지대 등이 설치되어 두 지구의 연락은 대부분 두절되었다.[264] 이 공작은 계속 확대되어 1942년에는 북으로 오대산 동북의 포천장(跑泉場), 남으로 맹현(孟縣)의 산서·하북 접경 지역에 걸쳐 길이 200km, 폭 50~60km의 무주지대가 조성되었다.[265] 무주지대의 범위는 1945년 8월 일본이 항복할 때까지 동으로 수중(綏中), 서로 선화(宣化), 북으로 위장(圍場), 남으로 장성(長城) 안팎까지 총 연장 1천 리에 달했다.[266]

이처럼 방면군에서는 「만주국」의 국경 지대와 접해 있던 지역뿐만 아니라 일부 미치안지구 주변에서도 대규모로 집가공작을 실시하면서 광대한 지역을 무주지대로 설정한 뒤, 그 안에 거주하고 있던 주민들을 내몰아 단기간에 집단부락에 수용해서 '절연지대(絶緣地帶)'를 조성했던 것이다.[267] 이때 치안 유지가 곤란한 부락의 경우, 주민을 일시적으로 이주시

261) 軍事科學院外國軍事硏究所 編, 中國抗日戰爭史料叢書 『凶殘的獸蹄』(日軍暴行錄), 北京:解放軍出版社, 1994, 82쪽.
262) 陳平, 「千里無人區」, 354쪽.
263) 『濺血的武士刀』(日軍屠殺錄), 340쪽.
264) 戴燁,「敵寇的"三光政策"與"幷村政策"」,『晋察冀日報』1941년 9월 29일자 참조.
265) 『華北抗日根據地史』, 158쪽.
266) 『濺血的武士刀』(日軍屠殺錄), 347쪽.
267) 『華北抗日根據地史』, 157~158쪽 및 陳平, 「一個特殊的戰略地帶 — 長城線上

커 원래의 거주지를 무인부락으로 만들었으며, 중국 인민들을 동원하여
차단호·광사(框舍)·보루·성채(城寨) 및 통신망 등을 가설하고 자동차
도로를 신설해서 병력의 기동과 연락을 용이하게 했다.[268] 그리고 무주지
대 내에서의 주거, 통행, 물자의 반입을 금지하였다. 이러한 명령을 어기
고 무주지대에 들어간 사람을 발견하면 죽였고, 가옥을 발견하면 불태웠
으며, 그 안에 있던 모든 농토는 훼손해서 황무지로 만들었다.[269]

　소광(燒光)·살광(殺光)·창광(搶光), 즉 모조리 불태우고 모조리 죽이
고 모조리 빼앗는 삼광정책은 특히 잔혹했다.[270] 실례로 1942년 한 해 동
안 진찰기변구에서 일본군에게 참살·구타·체포·강간당한 사람 수가
10만 명 이상에 달했다.[271] 또한 「만주국」 열하성의 경우, 삼광정책으로
인해 최대의 피해를 본 흥륭·청룡·관성(寬城)·승덕·풍녕·난평·융
화(隆化) 등의 현에서는 모두 33만여 채의 가옥이 불태워졌고 16만여 두
(頭)의 가축이 손실되었으며, 약 40만 무(畝)의 토지가 황폐화되었을 뿐
만 아니라, 7만 5천 명이 목숨을 잃었고 약 3만 명이 체포되어 끌려갔
다.[272] 또한 기열료행서(冀熱遼行署)의 조사 보고에 의하면, 고북구(古北口)
에서 산해관까지 설치된 700리[273]의 무주지대 면적은 4만 2,000km²이었
고, 1천여 개의 촌락이 폐허로 되었으며, 가축은 한 마리도 눈에 띄지 않

　　　的千里'無人區'」, 122쪽.
268)「支那駐屯步兵第二聯隊史」,『北支の治安戰』2, 232～233쪽 所收.
269)『華北抗日根據地史』, 158쪽.
270) 예를 들면 1940년 10월 2일부터 11월 30일까지 방면군이 太行·太岳根據地에
　　 대해 소탕전을 벌일 때, "이번 작전의 목적은 과거와는 완전히 다르다. 팔로군 및
　　 그 근거지를 완전히 섬멸하기 위해서는 근거지 내의 사람들은 남녀노소를 불문하
　　 고 모두 죽여야 하고, 모든 가옥은 불태워 버리거나 파괴해야 하며, 식량 가운데
　　 운반할 수 없는 것은 모두 불태워야 한다. 또한 모든 솥과 그릇은 부수어야 하고
　　 우물은 메우거나 독을 뿌려야 한다"라는 명령이 하달되었다[『凶殘的獸蹄』(日軍暴
　　 行錄), 68쪽].
271)　中國現代史資料叢刊,『抗日戰爭時期解放區槪況』(제4판), 北京 : 人民出版社,
　　 1981, 30쪽.
272)「日軍侵華時期原承德地區部分縣直接損失統計表」, 中共承德地委黨史資料徵集辦
　　 公室 編,『暴行與血淚』, 169쪽.
273) 1里는 약 500m에 해당한다.

왔고, 장성 양측의 6개 현에서는 600만 무의 토지가 황무지로 변해 버렸다고 한다.[274] 특히 평정현(平定縣)에서 무주지대를 설치할 때에는 일본군 200명, 민부(民夫) 2,000명으로 절옥대(折屋隊)·굴착대(掘鑿隊)·방화대(放火隊)·파괴대(破壞隊)·절수대(切穗隊)·겸도대(鎌刀隊)·창량대(搶糧隊)·수색대(搜索隊) 등을 조직해서 30여 촌 200여 호를 남김없이 약탈했다.[275]

「만주국」의 관동군측은 집단부락 등을 이용하여 협화회분회(協和會分會)·인보(隣保)·합작사 등을 조직하고 연계를 공고히 하여 방위 정신과 건국 의식을 발양하여 반공 전선을 구축하려고 했다.[276] 당시 「만주국」의 승덕헌병대측 보고에 의하면, 1943년 6월 15일까지 2,236개의 집단부락이 건설되었다고 하는데, 이 부락 수는 원래 계획의 82%에 해당되었다.[277] 또한 1943년 12월까지 열하성에서 건립된 무주지대 및 집단부락 상황을 보면,[278] 풍녕(豊寧)·난평에서는 90%, 홍릉·청룡·승덕에서는 80%, 객나심중기(喀喇心中旗)에서는 일부분이 완성되었다.[279] 더욱이 관동군측의 집가공작은 그 후에도 계속 진행되어 1944년까지 약 3,000개의 집단부락이 조성되었고 약 18만 호가 거기에 수용되었다고 한다.[280] 그리하여 1944년까지 열동(열하성 동부)·열남(열하성 남부)·요서북(당시의 봉천성 서북부) 지구에 무인지구가 조성되면서 「만주국」 열하성 총 인구 약 400만 명 가운데 약 105만 명이 집단부락에 수용되었다고 한다.[281]

274) 『濺血的武士刀』(日軍屠殺錄), 347~348쪽.
275) 『晋察冀日報』 1941년 9월 26일자.
276) 「關東防衛司令部西南地區國境防衛組織指導要綱」(1942. 7), 『東北大討伐』, 603 쪽.
277) 承德憲兵隊, 「警務報告」(1943. 8. 20).
278) 집단부락이 설치된 지역에 관해서는 「軍事部思想戰硏究部"西南地區治安問題之 考察"摘錄」(1944. 4)(『東北大討伐』), 609~613쪽을 참조 바람.
279) 「長島玉次郎等二十二人檢擧書」(1954. 12. 10), 『東北大討伐』, 672쪽.
280) 滿洲國通信社 編, 『滿洲國現勢』(1945年版), 大連:同通信社, 1944(解學詩, 『僞 滿洲國史新編』, 790쪽에서 재인용).
281) 이것은 당시 冀熱遼軍區 司令兼政委인 李運昌의 1946년도 기술에 의한 것이 다(『濺血的武士刀』(日軍屠殺錄), 348쪽). 참고로 『晋察冀日報』 1944년 1월 7일자 에 의하면, 일본군은 1943년 12월까지 만리장성 양측에 집단부락을 완성하고 1백

당시 집단부락 주위에는 높이가 1장 5척(약 5m) 가량 되는 높은 담벽
이 둘러쳐졌고 담벽에는 총안(銃眼)이 설치되었으며, 담벽 위에는 철조망
이 둘러쳐졌거나 가시가 달린 나뭇가지가 촘촘히 꽂혀 있었다. 그리고
몇십 미터 간격으로 망루가, 담벽의 네 모퉁이와 대문 위에는 보루(토치
카)가 설치되어 있었고 집단부락 안에는 큰 길이 만들어져 있었으며, 몇
십 미터 간격으로 초소가 설치되어 있었다. 집단부락 안에서는 일본군이
나 괴뢰 군경들 혹은 의용봉공대(義勇奉公隊:즉 자위단), 무장한 부락경
(部落警) 등이 주야로 파수(把守)를 보면서 출입자를 통제·감시하고 있
었다.[282] 집단부락에는 2개의 대문이 있었는데, 대문 위에는 "건설부락",
"자흥향토(自興鄕土)", "공존공영(共存共榮)", "왕도낙토(王道樂土)" 유의
표어가 붙어 있었다.[283]

결국 방면군이 화북에서 실시한 집가공작은 관동군이 「만주국」에서 실
시한 집가공작과 차이가 거의 없었는데, 이것은 「만주국」에서의 집가공
작의 각종 경험이 화북 지역에서도 그대로 투영된 결과라고 할 수 있다.
그리고 그것은 「만주국」의 통치 체계가 화북으로까지 확산된 것을 의미
하는 동시에, 「만주국」과 화북에서 일본의 일원적인 식민 통치 체계가
수립되었음을 의미하는 것이기도 했다.

집가공작은 경비·방어 방면과 정치·경제 방면에서 두 가지 기능을
지니고 있었다. 전자와 관련하여 집가공작은 공산당측 공작원의 잠입을
방지하고 공산당측의 물자 공급로를 차단하는 동시에, 공산당군의 숙영지

　　　만 명의 주민들을 수용했다고 한다. 또한 왕용바오(王永保)에 의하면, 1944년 봄
　　　까지 이 지대 안에 있던 1만 7천여 개의 自然村에 거주하던 140만 명의 주민이
　　　2,506개의 집단부락에 수용되었으며, 이 과정에서 10만여 명의 주민들이 목숨을
　　　잃었다고 한다(「論冀東抗日遊擊戰爭的特殊性」, 194쪽) ; 장쉐리(張雪麗)에 의하면,
　　　「만주국」 西南國境, 즉 만리장성 바깥쪽에 無住禁作 지대로 설정된 13개 현 내
　　　18만 개의 촌락이 2,500여 개의 집단부락으로 합병되어 과거의 1/5도 안 되는 면
　　　적에 140여만 명이 거주하고 있었다고 한다(「淺談堅持"無人區"鬪爭在抗日戰爭中
　　　的歷史地位及作用」, 『冀熱遼論文集』, 231쪽).
282)　『凶殘的獸蹄』, 84～85쪽 ; 陳平, 「千里無人區」, 355～356쪽 ; 陳平, 「一個特殊
　　　的戰略地帶—"無人區"」, 『文獻·回憶錄』 제3집, 223～224쪽.
283)　陳平, 「一個特殊的戰略地帶—"無人區"」, 224쪽.

(宿營地)를 없애고 공산당측의 정보 원천을 단절시켜 소위 '비민(匪民)을 분리'할 뿐만 아니라, 자위단 및 기타 방위 시설을 통한 자위 기능을 지니고 있었다. 후자와 관련하여 집가공작은, 유리한 측면과 불리한 측면을 동시에 가지고 있었다. 집가공작은 행정·경제의 각종 정책을 실시할 수 있는 교량으로서, 계몽·교육·훈련 거점으로서의 긍정적인 역할을 할 수 있었다. 그렇지만 집가공작은 주거지와 경작지의 거리를 멀어지게 하여 농경의 효율성과 노동 생산성을 떨어뜨렸을 뿐만 아니라, 공작 추진 과정에서 상당수의 경작지가 무주지대로 설정되었기 때문에 경작지 면적의 축소를 초래했다. 또한 집가공작은 집단부락이나 경비 도로·교량의 수축 공사에 많은 주민들의 동원을 초래함으로써 농업 노동력의 손실과 생산성 저하를 가져왔을 뿐만 아니라, 각종 건설 자금 및 자재의 수요 급증을 유발하여 주민들에게 경제적인 타격을 주어 더욱 빈곤하게 만들었다. 특히 경작지에 비해 상대적으로 인구가 희박한 평원 지대에서는 집가공작으로 인한 불리한 요인이 적었지만, 상대적으로 인구가 조밀한 산간 지구에서는 불리한 요인이 많았다.[284]

그런데 집가공작이 추진되면서 불리한 요인이 더욱 증가했기 때문에 집가공작의 기능이 점점 더 취약하게 되었다. 특히 집가공작은 일본측의 치안권에서는 소위 '비민분리' 기능상 많은 효과가 있었지만, 치안권 밖에서는 효과가 거의 없었다. 이에 따라 자위 기능 역시 일본측의 경비력이 미치는 범위 내에서는 효력이 있었지만, 세력권 밖에서는 도리어 일본측의 자위력이 효력을 발휘하지 못했다. 정치·경제 방면에서의 상황 역시 비슷한 양상을 나타냈다.[285] 집가공작의 효율성 저하 내지 한계의 원인은 팔로군측의 효율적인 항전 전술 및 정책에 있었지만, 「만주국」의 동북항일연군(東北抗日聯軍)과는 달리, 화북 지역의 팔로군측은 단순한 '비민분리' 공작만으로는 제압할 수 없을 정도의 군사력과 항전 동원 능력을 지니고 있었던 데도 있었다.

---

284) 「軍事部思想戰研究部"西南地區治安問題之考察"摘錄」, 610쪽.
285) 「軍事部思想戰研究部"西南地區治安問題之考察"摘錄」, 610~611쪽.

Ⅳ 소결

1937년 소위 중일전쟁 이래 일본은 화북 지역에 대한 통치 기반을 확고히 하기 위해 많은 노력을 기울였지만, 팔로군측의 근거지는 계속 확대되고 있었다. 팔로군측은 기존의 국민당군 주력이 서남쪽으로 퇴각하면서 생겨난 공백을 급속하게 메우거나 국민당군의 세력 기반마저 잠식해 들어가면서 세력을 계속 확장해 나가고 있었다. 이러한 정세 변화의 극적인 표출은 1940년에 발생한 백단대전이었다. 이를 계기로 팔로군의 역량을 새롭게 인식하기 시작한 일본은 1941년부터 1942년까지 군사·정치·경제·사상의 모든 방면을 망라한 5차에 걸친 '총력전'을 전개하기 시작했다. 이 '총력전' 체제의 구축 운동이 소위 '치안강화운동'이었다.

이 운동의 핵심은 화북의 점령 지역을 치안지구, 준치안지구, 미치안지구로 나눈 뒤, '준치안지구'와 '미치안지구'를 봉쇄·분할·잠식해서 점차 '준치안지구'를 '치안지구'로, '미치안지구'를 '준치안지구'로 전화시켜 궁극적으로 '치안지구'를 확대하려는 것이었다. 이를 위해 화북의 점령 지구를 총괄하던 방면군에서는 '준치안지구'와 '미치안지구'의 경계에 봉쇄선(차단선)을 설치하고 차단호·차단벽·망루·토치카(거점)·경비 도로 등을 점선처럼 수축한 뒤, 이것들을 활용해서 팔로군이 '준치안지구'와 '치안지구'로 침입하는 것을 저지하려고 했을 뿐만 아니라, 궁극적으로 팔로군측의 근거지(즉 '미치안지구')를 다른 지구와 격리시키려고 했다. 그리고 '준치안지구'를 점차 잠식해 들어갔다.

게다가 방면군에서는 소위 자치자위공작의 일환으로 각종 물자와 인적 자원 등이 '미치안지구'로 흘러 들어가는 것을 막기 위해 물자나 사람의 이동을 철저하게 통제했다. 이를 위해 방면군에서는 보갑제도 및 보갑연 좌제를 실시하여, 철저한 호구 조사, 엄격한 호적 관리, 신분증 및 거주 증의 발급을 통해 보갑민(保甲民)을 철저하게 통제·감시·감독했다. 뿐만 아니라 일본군·괴뢰군·헌병·경찰, 그리고 특수 목적의 수색대 등을 총동원하여 대대적인 수색·검거 활동을 벌여 수만 명의 항일 요원들을 체포하여 살해하거나 투옥 혹은 다른 곳으로 끌고가 노무자로 활용했다. 이와 아울러 방면군에서는 공산 유격 근거지에 대한 봉쇄 조치를 강화하기 위해 여러 겹의 봉쇄선을 설정한 뒤, 일본군의 허가를 받지 않은 사람이나 물자의 통과를 불허했으며, 이를 어길 경우 당사자는 무조건 체포하거나 때로는 총살했고 물자는 압수했다.

더욱이 방면군에서는 팔로군측이 항일 무장 투쟁을 지속시켜 나가는 데 필요한 각종 물자(식량·의복·탄약·자금·의약품·정보)를 제공해 주는 등 사실상 팔로군의 모체 역할을 하고 있던 민중을 팔로군측과 근본적으로 격리시키기 위해 소위 집가공작을 실시했다. 이를 위해 방면군에서는 대규모의 군사력을 동원해서 항일 근거지에 대한 소탕전을 벌였고, 주로 항일 근거지 주변을 중심으로 무주지대(혹은 무인지구)를 설정하고 이 지구 내에 있던 모든 가옥들을 불태우거나 파괴했다. 그리고 그 지구 내에 거주하고 있던 민중을 집단부락 안으로 몰아넣은 뒤, 민중의 일상 생활과 물자의 이동을 엄격하게 감시·통제했다.

일본측은 치안강화운동을 통해 팔로군의 활동 지구 및 주변의 연계 지역을 철저하게 파괴해서 팔로군의 기반을 없애는 동시에, 팔로군이 외부로 발전할 수 있는 길을 차단하려고 했다. 이와 아울러 군사상의 소탕 활동, 정치상의 투항 및 자수의 권유, 경제상의 통제와 약탈 등을 병행했다. 구체적으로 말하면 일본측은 병력을 집중시켜 부단히 소탕전을 벌이고 삼광정책을 통해 팔로군 활동 지구 내의 사람·양식·가옥 등을 없애려고 했으며, 민중을 위협해서 강제로 집단부락에 수용했다. 또한 일본측은 거점을 증설하고 공로(公路)를 수축하고 산 속에서 투쟁을 견지하는 항일 게릴라들을 계속 소탕했으며, 이들에 대한 특무 활동과 아울러 한간을 동원하여 투항 및 자수를 적극 권유했고 각종의 유인 정책을 취했다. 게다가 산간의 가옥들을 한 곳으로 집중시켜 조그만 권역을 형성하고 다시 이 소권역(小圈域)을 집중시켜 대권역(大圈域)으로 만든 뒤, 점차 그 통치 권역에 괴뢰 조직을 만들고 그들에게 무기를 제공해서 자위력을 높이는 동시에 특무 공작을 강화하였다.

결국 치안강화운동의 추진 과정은 세 가지 형태를 거쳤는데, '치안 숙정'은 그것의 맹아적 형태로서 정치·사상 방면에 한정되었고, '치안 강화'는 '치안 숙정'이 확대·발전된 형태로 군사·경제 등 모든 방면에 걸쳐 있었다. 또한 화중·화남에서 '신국민운동'의 기치하에 각각 실시된 '청향운동'이나 내몽골에서의 '시정약진(施政躍進)', 그리고 동북(즉 만주)에서의 '국민협력'은 모두 강도 면에서는 치안강화운동보다 약했지만 '치안 강화'의 또 다른 형태였음은 틀림없다. 그리고 그것들은 모두 일본군이 점령 지구 내의 민심을 장악해서 중국을 일본 식민지로 만들려는 파시스트 침략 수단이었으며, 정치·경제·군사·사상이 일원화된 일본군의 총력전 체제의 구체적인 표현이었던 것이다.[286]

요컨대 항일전쟁 시기 방면군이 화북에서 실시한 치안강화운동은 다음과 같은 점에서 주목된다. 첫째, 방면군이 실질적으로 지배하고 있던 '치안지구' 및 공산당군과 세력이 교직되어 있던 '준치안지구'와, 공산당측이 지배하고 있던 근거지('미치안지구')에 대해 치안 정책과 전술을 각각 다르게 적용했다는 점이다. 즉 '치안지구'와 '준치안지구'에서는 수탈과 파쇼적인 통치를 하면서 도로를 건설하고 봉쇄호를 파고 아편을 재배하게 하여 농경지를 훼손하고 농업 생산을 파괴하고 재정 수입을 조달했다. 이에 비해 항일 근거지에 대해서는 삼광정책, 즉 모조리 약탈하고 불사르고 죽이다시피 해서 근거지 군민들의 물자 결핍을 초래해서 생존 자체를 곤란하게 만들었다. 또한 전자에서는 고가로 항일 근거지의 식량이나 면화를 사들이거나 항일 근거지로부터의 수출품을 제한하고 통제해서 근

---

286) 呂明灼, 「抗日戰爭時期日本在華所推進的"治安强化運動"」, 『山東大學學報』 1987년 제7기.

거지의 물자 부족을 심화시켰다. 이에 비해 후자에 대해서는 필수품이
항일 근거지로 흘러 들어가지 못하도록 엄격하게 통제했을 뿐만 아니라,
불필요한 사치품이 항일 근거지로 흘러 들어가도록 유도했다. 게다가 변
구의 화폐를 헐값으로 구입하는 동시에 위초(僞鈔:즉 괴뢰 정부 화폐)를
대량으로 발행해서 항일 근거지의 시장과 금융 질서를 교란시켰다.[287] 둘
째, 일본측은 시기에 따라 치안 정책과 전술의 강도를 달리했다는 점이
다. 치안강화운동의 초기에는 삼광정책을 위주로 하는 진압 정책을 많이
사용했지만, 중기 이후에는 정치적인 방면에 상대적인 비중을 두면서 일
본측이 진공하기가 쉽지 않거나 통치할 수 없는 지역에 한정해서 삼광정
책을 썼고, 체포한 항일 요원들에 대해서도 투항과 유인을 중시했다. 특
히 유격전이 벌어지고 있던 항일 근거지 및 점령 지구에서는 치안과 사
상 교육을 강화하는 동시에, 무력 진압과 회유, 공개적인 탄압과 비밀 공
작을 병행했다.[288] 셋째, 일본군은 치안강화운동을 통해 단순히 군사력을
통한 토벌의 강화에 그친 것이 아니라, 정치·경제·사상 등의 제 방면
에서 각종 괴뢰 및 친일 조직과 점령 지구의 관민 등을 총동원하여 공산
당군의 전민항전에 맞불을 놓으려 했다는 것이다. 넷째, 치안강화운동은
항전 초기 일본군이 화북에서 실시하던 치안숙정공작의 차원을 훨씬 뛰어
넘은 강도 높은 치안전이었다는 점이다. 그것은 단순히 '치안 공작'의 수
준에 머문 것이 아니라 총력전의 형태를 띤 일종의 '전쟁'이었다. 다섯째,
치안강화운동의 주요 목표가 유격 근거지 주민들과의 밀접한 연계 속에서
각종 인적·물적 자원을 획득하면서 유격전을 기본 전술로 하는 공산당
군을 화북의 민중으로부터 격리·소멸시키거나 항일 근거지를 봉쇄·분
할·잠식해서 팔로군의 터전을 파괴하려는 데 있었다는 것이다. 궁극적으
로는 다양한 수단을 통해 화북을 통제하거나 진공하면서 '적백대립(赤

---

287) 呂正操,「冀中新局面與我們的任務」,『晋察冀日報』1941년 6월 22일자.

288) 肖克,「目前冀熱察形勢與我們幾個工作任務(節選)」(1941. 6. 12),『文獻·回憶
　　錄』제2집, 39쪽. 이 문건의 원문은 『晋察冀日報』1941년 7월 30일자에 게재되
　　어 있다.

白對立)' 국면을 조성해[289] 화북을 '대동아공영권' 실현을 위한 병참 기지로 만들려는 것이었다고 할 수 있다.

일본의 화북 점령지 정책과 전술, 특히 치안강화운동은 진찰기변구 사회에 엄청난 변화를 야기했다. 우선 공산 유격 근거지에 대한 봉쇄·분할·잠식 공작은 공산 유격 근거지를 수많은 소지역으로 분할시켜 공산당측의 투쟁 활동 및 지방 공작을 곤란하게 만들었으며, 수많은 유격 근거지를 잠식했다. 또한 그러한 공작은 공산 근거지에 극심한 물자 결핍을 초래했다. 자치자위공작은 팔로군 및 공산당원으로 하여금 촌락 내의 잠복·은폐를 곤란하게 만들었을 뿐만 아니라, 이 공작으로 수많은 항일요원들이 색출됨으로써 공산당측의 지방 공작에 많은 피해를 주었다. 그리고 집가공작과 거기에 수반된 삼광정책은 유격 근거지 주민들에게 막대한 인적·물적 피해를 안겨 주었고 그들의 생활을 극도로 열악하게 만들었으며, 그들로 하여금 공산당군과의 접촉이나 인적·물적 지원을 곤란하게 만들었다.

그렇지만 일본은 화북에서의 '총력전' 체제 구축 운동, 즉 치안강화운동을 통해 화북 점령지의 치안을 확고히 하려던 당초의 목적을 달성하지는 못했다.[290] '중일전쟁혁명'의 중요한 내용의 일부이자 점령지 정책과 전술의 핵심이었다고 할 수 있는 치안강화운동은, 화북 점령지의 치안 확보를 위한 수단으로서 일본의 '대동아공영권' 실현을 위한 병참 기지 구축에 목적이 있었지만, 제3편 제Ⅲ장에서 후술하듯이, 완전히 성공하지는 못했다. 그 운동은 실패했다고 할 수 있다. 왜냐하면 팔로군측의 각종 항전 정책과 전술, 특히 '적진아진(敵進我進)' 전술 및 '양면촌(兩面村)' 정권 수립 공작, 그에 따른 화북 민중의 활발한 항전 활동, 그리고 태평양전쟁 발발에 따른 화북에서의 정세 변화 등으로 인해 치안강화운동이 본래 의도했던 '비민분리' 효과를 제대로 거두지 못했기 때문이다. 치안강화운동의 성

---

289) 『抗日戰爭時期解放區槪況』, 71~72쪽.

290) 王國華, 「從檔案材料看日僞的五次强化治安運動」, 『北京檔案史料』 1987년 제3기.

과가 미미했다는 것은 태평양전쟁 말기, 구체적으로 말하면 1944년 중반부터 방면군이 화북 지역에서 점차 수세에 몰리기 시작했다는 사실에서도 입증되고 있다.

그렇다면 '중일전쟁혁명' 시기 점령지 정책과 전술의 일환으로 일본군에 의해 실시된 치안강화운동, 즉 '총력전' 체제의 구축 운동이 화북 사회에 드리운 그늘은 어느 정도였는지를 살펴보자. 사실 화북 지역에서 '중일전쟁혁명'의 한쪽 축을 형성한 치안강화운동은 화북 사회, 특히 항일 유격 근거지 사회 및 공산당군의 제 정책과 전술뿐만 아니라, 화북 민중의 전쟁이나 혁명에 대한 인식 및 행동 양태에도 많은 변화를 초래했다.

제 2 편

전쟁의 상흔과
화북 농촌 사회의 변화상

화북의 평원에서 중국 민병이 일본군의 토치카를 포위 · 공격하려는 모습

I 문제 제기

중국과의 전쟁을 통해 단기간 내에 중국 대륙을 점령할 수 있을 것으로 예견했던 일본은, 1938년 10월 광주(廣州)와 무한(武漢)을 점령한 직후, 종래의 대규모 병력을 동원한 정면 대결 방식을 지구전 방식으로 전화시켜 나가기 시작했다. 이것은 표면적으로는 일본의 국력, 특히 군비를 확충해서 소련 및 중국과의 전쟁에 대비하고 장래의 국제 정세 변화에 능동적으로 대처해 나가는 동시에, 일본·「만주국」·중국 3국간의 동맹 관계를 형성한다는 새로운 전략 방침에 기인한 것이었다.[1] 그런데 실제로 화중 및 화북의 일본군 점령 지역에서는 서주(徐州) 및 한구작전(漢口作戰)을 위해 일본군 병단이 외부로 동원되었기 때문에, 후방에는 일본군 병력이 부족해서 점(點)과 선(線)적인 면적만을 점령하고 있던 실정이었고, 전선이 확대되면서 도처의 방비 태세가 매우 취약하게 되었다. 게다가 항일 세력, 특히 공산당군이 일본군 방비의 약점을 틈타 일본군 점령 지역 후방을 교란시키거나 국부적인 반격을 가해왔다. 이 때문에 일본은 종래의 전면전 방식에서, 국력 확충을 통한 점령 지역 및 그 주변 지역의 치안 확보라는 장기 지구전 형태로 전략을 바꾸었다.[2]

치안강화운동은 일본의 화북 점령지 정책과 전술의 전형으로 그것이 화북의 정세와 민중에게 미친 영향은 지대했다. 아울러 치안강화운동에 대응한 팔로군측의 각종 전술과 정책은 공산당군의 항일 전술의 본보기

---

1) 堀場一雄, 『日本對華戰爭指導史』(內部發行), 北京：軍事科學出版社, 1988, 195쪽 참조.
2) 『日本對華戰爭指導史』, 225쪽.

이자 신민주주의 혁명의 실체로서 이후에 전개된 국공내전에도 커다란 작용을 했다. 또한 항일 근거지의 변구 정부는 사회주의 국가의 초보적인 모델로서의 의미도 지니고 있었다. 특히 치안강화운동이 화북 민중의 생활상에 미친 영향은, 화북 민중의 항일 활동이나 신민주주의 혁명 활동에의 참여 여부를 결정짓는 중요한 인자로 작용하고 있었다. 게다가 1940년대에 들어서 화북 지역에서의 '중일전쟁혁명'의 양상이 기본적으로는 농민 및 각종의 다양한 무장 세력의 획득 혹은 유격 근거지의 보호·확대와 파괴·축소를 둘러싸고 전개된 공산당군과 일본 세력(괴뢰 정부 포함) 사이의 역학적 산물이었다는 점을 고려해 볼 때, 일본 세력과 공산당 세력 사이에 놓여 있던 화북 농민들의 생활상의 변화 및 그에 따른 그들의 동향은, 양대 세력의 역학 관계를 규정짓는 중요한 요소로도 작용하고 있었다. 또한 치안강화운동에서 비롯된 화북 농민들의 생활상의 변화와 그에 따른 그들의 행동 양상, 그리고 그 과정에서의 혁명화는 이후에 전개된 국공내전의 양상과 불가분의 관계에 있었다.

따라서 일본이 야기한 소위 중일전쟁이 화북 사회에 미친 영향을 분석하는 작업은 항일 투쟁 및 신민주주의 혁명에서의 화북 농민들의 역할이나 위상뿐만 아니라, 일본의 화북 점령지 정책 및 전술과 중국 혁명의 내적 관련성을 해명해 주는 데 필요한 근거를 제공해 줄 수 있다.

그런데 필자는 치안강화운동이 화북 농촌사회 및 해당 주민들의 심리 혹은 정치적 태도에 미친 모든 영향의 분석과 관련해서 진찰기변구, 그 중에서도 기열료지구(冀熱遼地區) 주민들의 정치적 행동 양태에 주목하고자 한다. 그 이유는 다음과 같다.

첫째, 일본의 침략이 공산당 승리의 중요한 원인으로 작용했다는 찰머스 존슨(Chalmers A. Johnson)의 견해에서조차도 화북에서의 일본 점령지 정책과 전술의 정수였다고 할 수 있는 치안강화운동을 간과한 채 일본의 점령지 정책 및 전술과 중국 혁명의 상관 관계를 분석하고 있다는 점이다. 즉 찰머스 존슨은 농민 동원에 있어서의 일본의 역할을 해명하기 위해, 화중·화남 지역에서 실시된 청향운동에 관해서는 비교적 많은 지면을 할애한 반면, 화북 지역에서 실시된 치안강화운동에 관해서는 군사 토벌과 삼광정책만을 간략하게 언급했다. 그 때문에 그가 결론을 토출해 내는 과정 및 견해에는 몇 가지 문제점을 안고 있다.[3]

우선 소위 중일전쟁 이후 공산당의 주요 활동 무대가 화북이었고 공산 군의 주력군 역시 팔로군이었다는 점, 공산군 주력을 섬멸하기 위해 추진된 치안강화운동은 화북에서의 일본 점령지 정책과 전술의 핵심이었다는 점, 치안강화운동에서 비롯된 화북의 정세 변화는 이후에 전개된 국공내전의 양상과 불가분의 관계에 놓여 있었다는 점 등을 고려해 볼 때, 일본의 역할과 중국 농민의 항일 활동 사이의 상관 관계를 규명하기 위해서는 연구의 비중을 청향운동보다 치안강화운동에 두었어야 했다. 그리고 그러한 전제에서 일본의 치안강화운동과 화북 농민의 항일 활동 사이에는 어떠한 상관 관계가 있었으며, 더 나아가 그 관계가 중국 혁명에서 어떠한 의미를 지니고 있었는지를 해명했어야 했다. 그런데도 찰머스 존슨이 치안강화운동을 간과하고 청향운동을 바탕으로 해서 일본의 점령지 정책 및 전술과 중국 혁명의 상관 관계를 규명한 것은, 수박의 겉을 핥으면서 맛을 진단한 것과 같은 이치라고 할 수 있다.

다음, 찰머스 존슨은 화북의 농민에 비해 화중의 농민은 경제적으로 풍요로웠고 정치적 의식이 낮아서 유격대와 민중의 결합이 상대적으로 약했을 뿐만 아니라, 화북에서의 치안강화운동보다 화중에서의 청향운동이 상대적으로 덜 가혹했기 때문에 청향운동이 치안강화운동보다도 상대적으로 더 많은 성과를 거두었다는 논리를 전개하고 있다.[4] 이것은 일본의 가혹한 보복 정책이 농민들로 하여금 항일 활동에 뛰어들게 만들었다는 그의 핵심 논리에 기초해서, 일본의 보복 정책의 강도 여하와 중국

---

3) 설령 그의 견해가 타당하다고 할지라도 그것은 팔로군과 신사군 및 일부 국민당 군이 각각 활동하고 있던 華北 및 일부 華中 지방에 국한될 뿐이다(여기에서 국민당군이란 따이리(戴笠)系의 忠義救國軍을 가리킨다. 古廐忠夫, 「日本軍占領地域の‘淸鄕’工作と抗戰」, 池田誠 編著, 『抗日戰爭と中國民衆──中國ナショナリズムと民主主義──』, 京都 : 法律文化社, 1987, 180~186쪽 참조).

4) Chalmers A. Johnson, *ibid*, pp.48~69 및 古廐忠夫, 「日本軍占領地域の‘淸鄕’工作と抗戰」, 186쪽 참조.

민중의 정치적 행동 양태 사이의 상관 관계를 해명하려고 한 데서 기인한 것이 아닐까 여겨진다. 그런데 일본의 점령지 정책과 전술이 본격화된 1940년대 전반기 공산군의 병력 수를 보면, 그러한 견해에 의구심을 갖지 않을 수 없다. 왜냐하면 팔로군의 경우 1943년도의 병력 수는 치안강화운동이 실시되기 이전인 1940년의 그것에도 미치지 못하고 있었는데 비해, 신사군의 경우 청향운동이 효력을 발휘하던 1942년을 제외하고는 병력이 꾸준히 증가[5]하고 있었기 때문이다. 이것은 찰머스 존슨의 견해와는 달리, 치안강화운동이 오히려 청향운동보다도 상대적으로 더 많은 성과를 거두었다는 것을 간접적으로 시사해 준다.

둘째, 일본의 무자비한 점령지 정책이 화북 농민들의 민족 감정을 불러 일으켜 그들로 하여금 항일 활동에 뛰어들게 만들었다는 찰머스 존슨의 견해를 검증하기 위해서는, 일본의 침략 활동이 다른 공산 유격 근거지보다도 상대적으로 혹독했던 진찰기변구, 그 중에서도 가장 잔혹했던 기열료지구에서의 주민들의 정치적 행동 양태가 어떠했는지를 분석하는 것이 좀더 타당하다고 여겼기 때문이다. 게다가 이 지구는 국공내전기에 공산당 세력이 동북 지방을 제일 먼저 석권하는 데 징검다리 역할을 한

5) 〈표 2-1〉   공산당측의 정규군 및 민병의 증감 현황

연도	八路軍	新四軍	華南遊擊隊	합계	民兵*
1937	80,000	12,000	–	92,000	
1938	156,700	25,000	–	181,700	
1939	270,000	50,000	–	320,000	총수 220만 명
1940	400,000	100,000	–	500,000	(화북:161만 5천 명
1941	305,000	135,000	–	440,000	화중:58만 명
1942	340,000	110,960	–	450,960	화남:5천 명)
1943	339,000	125,892	4,500	469,392	
1944	507,620	251,393	20,730	779,743	
1945	1,028,893	268,581	20,820	1,318,294	

<출전> 정규군 수는 劉庭華 編著, 『中國抗日戰爭與第二次世界大戰系年要錄
統計薈萃(1931~1945)』(修正本), 北京:海潮出版社, 1995, 312쪽;민
병 수는 『抗日戰爭(軍事 下)』第二卷, 2373쪽에서 인용.
* 민병 수의 경우 晋察冀邊區와 晋綏邊區는 1945년 12월, 나머지는 1944년 말
의 통계이다.

곳이기도 해서, 항일전쟁과 중국 혁명의 상관 관계를 해명하는 데도 적합하다고 여겼기 때문이다.

진찰기변구는 화북의 항일 근거지 가운데 방면군측의 가장 혹독한 소탕전 및 봉쇄·분할·잠식 공작을 경험했다. 진찰기변구 가운데 기열료지구는 동북 지방에서 화북 지방으로 통하는 통로로서 이 양 지역을 이어주는 인후(咽喉)와 같은 요충지였다.[6] 따라서 이 지구의 치안 확보는 「만주국」의 치안과도 직결되었을 뿐만 아니라, 이 지구에는 각종 농산물과 전략 물자가 풍부했기 때문에, 일본측은 화북의 다른 지방보다도 이 지구에 더 많은 주의를 기울였다. 그 결과 이 지구에 대한 일본의 지배 강도는 다른 지구보다도 훨씬 강했다. 따라서 기열료지구에서의 항일 투쟁 양상은 다른 지역보다도 훨씬 치열했고, 일본 세력으로부터 가장 많은 피해를 보게 되었다.[7] 또한 이 지구는 화북에 있던 항일 유격 근거지의 최전초 기지였을 뿐만 아니라, 일본군 점령지 가운데서도 가장 멀리 떨어진 후방에 위치하고 있었기 때문에, 전국(戰局)이 공산당측의 반격 국면에 들어섰을 때에도 이 지구의 형세 변화는 다른 지구에 비해 훨씬 늦었고, 다른 지구보다도 훨씬 더 오랫동안 곤란한 국면에 처해 있었다.[8] 따라서 일본의 혹독한 점령지 정책과 전술이 화북 민중에게 미친 영향을 좀더 확연하게 이해하는 데는, 기열료지구가 적합한 연구 대상 지역이라고 할 수 있다. 게다가 기열료지구 주민들의 정치적 행동 양태에 대한 분석은, 앞서 언급한 일본의 점령지 정책 및 전술과 중국 혁명의 상관 관계를 해명하는 데도 중요한 단서가 될 수 있다.

셋째, 치안강화운동의 구체적인 내용 및 그 운동이 화북 사회에 미친 제반 변화상 등에 관한 본격적인 연구가 거의 없다는 점이다. 특히 일본

6) 鄧榮顯, 「試論冀東抗日遊擊戰爭堅持與發展的基本特徵」, 『冀熱遼論文集』, 160쪽.
7) 「中共中央北方分局對于冀東工作的指示(節選)」(1943. 3. 25), 『文獻·回憶錄』 제2집, 67쪽 ; 『抗日根據地』 제1책(文獻選編 下), 823쪽 ; 王永保, 「論冀東抗日遊擊戰爭的特殊性」, 187~188쪽 참조.
8) 「中共中央北方分局對于冀東工作的指示(節選)」(1943. 3. 25), 67쪽 ; 『抗日根據地』 제1책(文獻選編 下), 823쪽 ; 王永保, 「論冀東抗日遊擊戰爭的特殊性」, 187~188쪽 참조.

의 화북 점령지 정책과 전술, 특히 치안강화운동이 화북의 농촌사회 혹은 농민의 생활이나 정치적 성향에 미친 영향, 공산 유격 근거지에 미친 영향, 거기에 대응한 팔로군측의 전략 전술, 그러한 여러 가지 요인으로 인해 초래된 화북의 정세 변화 등에 관한 연구는 제대로 이루어지지 않고 있다.

그렇다면 본 편에서는 1940년대 전반기 일본이 화북 지배를 확고히 하기 위해 실시한 치안강화운동이 화북 농촌사회, 특히 진찰기변구에 어떠한 변화를 초래했고 그로 인해 진찰기변구 주민들의 생활, 심리나 행동 양태에 어떠한 변화가 일어났는지를 살펴보자.

II 일본의 '총력전' 체제가
화북 농촌 사회에 미친 영향

1. 화북 항일 유격 근거지의 정세 변화

군사·정치·경제·사회·사상의 제 방면에서 실시된 일본의 '총력전' 체제, 즉 치안강화운동은 화북의 항일 유격 근거지 사회, 특히 항일전쟁 기간 방면군과 팔로군측 사이의 치열한 공방전이 빈번하게 일어났던 진찰기변구 사회에 엄청난 변화를 야기했다. 우선 항일 유격 근거지가 일본군 점령 지역 깊숙이 있고 일본군에 의해 사면이 포위되어 대후방(大後方:국민당의 통치 지구 혹은 일본군의 미 점령 지역)의 큰 도시와 격리되어 있던 상황에서, 일본군의 소탕·잠식, 그리고 잔학한 약탈·소각·살상 등은 일상적인 삶의 일부분처럼 되어버렸다.[9] 항일 근거지에 대한 일본군의 토벌과 경제 봉쇄가 강화되면서 기중(冀中)·기남(冀南) 등 진찰기변구 내 평원 지역의 근거지는 커다란 타격을 받아 변구는 축소되었고, 팔로군은 산악 방면으로 퇴각해야만 했다.[10] 그 이유는 앞의 문제 제기에서 밝혔던 것처럼, 기중·기남지구(冀南地區)와 같은 평원 지역 내의 항일 근거지에는 농산물과 전략 물자가 풍부해서 그것을 차지하려는 일본군의 공세가 심했을 뿐만 아니라, 산악 지역과는 달리 팔로군측이 유격전을 펼칠 만한 마땅한 자연 지형물이 없었기 때문이다.

---

9) 宋劭文,「關于晋察冀邊區的政權建設和經濟建設」(1943. 1), 『抗日根據地』 第一冊(文獻選編 下), 773쪽.

10) 池田誠, 『抗日戰爭と中國民衆—中國ナショナリズムと民主主義—』, 167쪽.

그런데 항일 유격 근거지를 군사적으로 떠받쳐 주던 팔로군 세력의 퇴각은 반대로 일본군 점령 지구의 확대 및 항일 유격 근거지의 축소를 의미했다. 항일 유격 근거지의 축소는 일본군이 수축해 놓은 각종 치안 시설에서도 비롯되었다. 불완전한 통계에 의하면, 1942년 말까지 일본군이 화북에서 수축한 철도가 차지한 토지 면적은 1,800평방리(平方里), 신축한 도로의 면적은 3만 5,000평방리 이상, 철도 양편의 호로구(護路溝 : 항일 근거지를 분리시키기 위해 일본군이 철도 양편에 철도를 따라 파놓은 수로)가 차지한 면적은 7,000평방리, 도로 양편의 호로구가 차지한 면적은 1만 5,000평방리, 철도·도로·호로구 사이에 있던 토지 면적은 2만 2,000평방리, 봉쇄벽이 차지한 면적은 5,000평방리 등 총 8만 5,800평방리에 달하였다. 물론 이 수치에는 일본측의 망루·토치카·전봇대·비행기장 등이 차지한 면적은 빠져 있다.[11] 이들 군사 시설들이 차지하고 있던 곳은 원래 비옥한 경작지였다. 일본군 군사 시설의 농경지 잠식은 화북 농민, 특히 항일 유격 근거지 주민의 생존과 밀접하게 관련된 경지의 감소를 의미했다.

게다가 유격 근거지의 축소는 팔로군측의 행동 반경을 축소시켜 그들의 작전에 엄청난 제약을 가져다 주었다. 예를 들면 방면군이 수많은 거점과 도로망을 더욱 조밀하게 만들고, 거점과 도로·철도 양측에 봉쇄구와 봉쇄벽·토치카를 구축함으로써,[12] 항일 유격 근거지는 수많은 작은 구역으로 분할되었다. 또한 방면군은 빼곡하게 분포된 도로·토치카·봉쇄구를 발판 삼아 수시로 항일 유격 근거지로 쳐들어와 소탕전을 벌일 수가 있었다. 이에 반해 팔로군에서는 대부대의 활동이 곤란하게 되었고, 심지어 항일 활동 자체가 불가능한 경우가 빈번해져서 평원 지구에서는 운동전을 포기하고 분산적이면서 민중에 많이 의존하는 유격전으로 전화

---

11) 聶榮臻, 「敵僞五次"治安强化"運動的暴行與慘敗」, 『晉察冀日報』 1942년 12월 8일자.

12) 실례로 진찰기변구의 경우, 1941년 봄에는 800여 개에 불과했던 거점들이 1942년 6월에는 1,460개로 증가되어 縣마다 평균 15개의 거점이 구축되었다(「華北各抗日根據地處在空前殘酷鬪爭中」, 『解放日報』 1942년 6월 7일자 ; 彭明 主編, 金德群 副主編, 高等學校文科教學參考書 『中國現代史資料選輯』 제 5 책 補編, 1937 ~1945, 396쪽에 所收).

할 수밖에 없게 되었다. 게다가 통일적이고 대규모적인 투쟁은 점점 곤
란하게 되었다.[13] 특히 물이 흐르는 봉쇄구를 건너다니거나 차단벽을 넘
어다니는 일은 매우 힘들어졌다. 그 결과 유격 근거지에서는 분할된 각
구역간의 교통을 연계하거나 공작을 지도할 때 커다란 곤란을 겪게 되었
다. 이처럼 유격 근거지가 방면군의 치안 상황 판단에 따라 임의적으로
수많은 소구역으로 분할되었다는 것은, 단순히 항일 세력의 항전 활동을
곤란하게 만들었다는 의미 이외에, 항일 유격 근거지에 거주하고 있던
화북 민중의 생활권 자체의 분할과 그에 따른 일상 생활의 엄청난 왜곡
또는 파괴를 의미했다.

또한 일본 세력의 점령 형태인 '점'과 '선'이 증가함에 따라 일본군과
괴뢰군은 군사적으로 더욱 편리하게 되어 과거보다 더 많은 군대를 사용
할 필요가 없게 되었다. 게다가 유격 근거지가 수많은 소지역으로 분할
됨으로써, 이들은 분할된 구역별로 소탕전을 벌이거나 분할된 지역을 조
금씩 잠식해 들어갈 수 있게 되었다. 이 과정에서 일본 세력의 소탕전은
빈번해졌고 더 잔혹해졌으며, 팔로군과 일본 세력 사이의 거리도 더욱
좁아지게 되었다. 그 결과 팔로군은 일본 세력으로부터 습격을 당하는
경우가 많아졌다.[14]

기열료지구의 경우 일본측의 제5차 치안강화운동 직후에는 항일 근거
지가 이미 잠식된 형편이었다. 더욱이 일본측이 보루(토치카)를 조밀하게
구축하고 거점을 증설한 뒤 반이나 분대를 단위로 경비함으로써 근거지
를 엄중하게 봉쇄하는 동시에, 기동 병력을 동원해서 촌락을 포위하고
수색·체포를 되풀이함으로써 팔로군이나 공산당원의 잠복·은폐를 곤란
하게 했다. 그리고 유격 근거지에 연장회(聯莊會)나 보갑자위단(保甲自衛
團), 청향위원회(淸鄕委員會) 및 각종 정보망을 조직함으로써 공산당측의
지방 공작을 파괴했다. 그 결과 공산당측의 지방 공작 및 지방의 부대들

---

13) 彭德懷, 「關于平原抗日遊擊戰爭的幾個具體問題對魏巍同志的答復」(1942. 7. 15),
    『史料選編』下冊, 200~201쪽.
14) 앞의 신문 기사 「華北各抗日根據地處在空前殘酷鬪爭中」.

은 모두 은폐 상태로 들어갔으며, 이들의 활동 범위도 제한되어 지방 공작은 매우 곤란하게 되었다. 또한 지방 공작에 종사하던 각종 무장 부대나 공작원들의 인명 손실도 많았을 뿐만 아니라, 항일의 지방 정권 수립 공작도 대부분 실패했다.[15] 항일 정권 수립 공작은 지지 세력의 확보를 전제로 했지만, 팔로군 주력 부대가 퇴각하고 일본군의 총력적인 치안 작전이 펼쳐지는 상황에서는 항일 공작원이든 일반 민중이든 그들의 표면적인 항일 활동은 사실상 곤란했다.

이러한 상황에서 일본측에게 자수하거나 항일 공작에서 이탈하는 자들이 날로 증가되었고, 지방의 무장 부대나 공작원들의 자신감도 점차 상실되어 갔으며, 인적·물적 자원의 보충도 매우 곤란하게 되었다. 게다가 팔로군의 주력이 축출된 뒤 해당 지역으로 돌아오지 않게 되자 일본측의 기세는 등등해졌다. 이에 반해 유격 근거지 주민들의 항일 정서 역시 찰머스 존슨의 견해와는 달리, 점차 약화되어 갔다.[16] 일반 민중의 입장에서는 항일 투쟁에 앞서 자신들의 생명과 재산의 보호를 우선적으로 고려해야 했기 때문이다.[17]

한편 일본이 근거지에 대한 경제 봉쇄와 더불어, 소탕 작전 때 근거지 군·민의 생존 조건을 철저하게 파괴하기 위해 삼광정책과 집가공작을 실시함으로써 몇몇 지구는 완전히 무인지구로 변했다. 대부분의 민중 역시 일본의 위협과 폭력적 수단에 의해 집단부락으로 들어갈 수밖에 없었다. 이때 집단부락에 들어가기를 거부하고 산간에 남아 있던 일부 민중도 결국에는 물자 부족으로 인해 집단부락 신세를 질 수밖에 없게 되었다. 그 결과 팔로군측의 일부 부대는 인적·물적 기반을 상실해서 자신들의 생존을 보존할 방법이 없게 되자 무주지대 밖이나 산간 지역으로 퇴각하여 엄청난 시련을 겪었다. 이리하여 유격 근거지 가운데 상당한 지역에서는 공

---

15) 王文,「冀熱遼人民抗日鬪爭史軍事工作資料(下)」(1942. 봄～1945. 8.),『文獻·回憶錄』제 3 집, 180쪽.
16) 宋劭文,「關于晋察冀邊區的政權建設和經濟建設」(1943. 1), 772～773쪽.
17) 이에 관해서는 본 편의 제 Ⅲ 장에서 살펴보겠다.

산당과 민중의 연계가 단절되었다.[18] 결국 일본측에서는 「만주국」에서 '비민분리' 공작의 일환으로 추진했던 집가공작의 경험을 화북에서도 대부분 그대로 적용했고, 초기까지는 상당한 치안 성과를 올릴 수 있었다.

일본측은 군사 토벌에 수반해서 근거지 내 생산 시설을 파괴하고 항일 유격 근거지를 봉쇄하기 위해 차단호·차단석벽·토치카를 설치했으며, 유격 근거지로부터 항전 필수 물자를 약탈했다. 이것은 결국 항일 유격 근거지 사회에서 노동력과 물자의 부족, 공업 생산력의 파괴 혹은 부진 현상을 초래했다. 그로 인해 항일 유격 근거지의 경제는 나날이 곤란해져 갔고, 장기 전쟁에 대한 부담과 더불어 근거지 인민들의 생활도 극도로 궁핍하게 되었으며, 특히 군용 물자의 결핍이 심각해졌다.[19] 그리고 이 상황을 더욱 악화시킨 것은 자연 재해와 난민의 유입이었다.[20] 이처럼 일본의 총력전 체제가 구축되어 가면서 항일 유격 근거지의 민중은 항일에 동조하든 하지 않든 어쩔 수 없이 중·일간의 전쟁 혹은 그것의 구체적인 실체인 치안강화운동을 뼈저리게 체험하게 되었다.

당시 진찰기변구의 팔로군 총책임자(군구사령)였던 녜룽전(聶榮臻)은 자신의 회고록을 통해, 치안강화운동 기간(1941~1942) 항일 유격 근거지의 상황이 얼마나 심각했는지를 다음과 같이 밝히고 있었다.

> 일본 침략군은 진찰기변구에 대해 연속적으로 제4차, 제5차 치안강화운동을 벌였다. (이 운동의 일환으로 일본은) 冀中·冀東·平西·平北·北岳區의 대다수 지방에 대해 반복적으로 대규모의 掃蕩을 벌여 각 근거지의 면적을 현저하게 축소시켰고 많은 無人區를 만들었다. 敵이 도처에서 가옥을 불태우고 농토를 파헤치고 촌에 있는 것을 모조리 약탈해 갔기 때문에 그런 곳에는 부서진 담장과 벽들만이 남아 있었다. 또한 1942년 변구에서는 대가

---

18) 周治國, 「熱遼部分抗日遊擊區的開闢」, 『文獻·回憶錄』 제2집, 261·264쪽 참조.
19) 「華北各抗日根據地處在空前殘酷鬪爭中」.
20) 1941년부터 1943년에 걸쳐 화북에서는 水害·旱害·蝗害·疫病·饑饉 등이 계속되어, 장제스 국민정부 치하의 難民들이 공산당 치하로 殺到했다(Jack Belden, China Shakes the World, New York:Harper, 1941, p.61(日譯, 『中國は世界をゆるがす』 上卷, 1941, 73쪽);藤田正典, 「第一次整風運動の史的背景」, 『歷史學研究』 제215호, 1958. 1, 13쪽에서 재인용).

뭄이 발생해서 엄청난 곤란에 빠졌다. 당시 인민 군중에게는 먹고 자는 문
제가 심각했고, 대다수 지방의 민중은 나무 껍질이나 나뭇잎을 먹었다. 적지
않은 청장년들은 적에게 붙들려 갔고, 수많은 가축과 농기구도 적에게 약탈
당했으며, 대다수의 토지는 황무지로 변해버려 생산력이 대폭적으로 떨어졌
다. 부대(즉 팔로군)에는 식량이 부족했고 기름·소금·야채 등이 없었기
때문에, 黑豆나 밀기울로 虛飢를 채우고 있었다. 한때 변구 여러 지방에서는
虐疾·痢疾·回歸熱 등의 많은 전염병이 만연했고, 적지 않은 부대에는 夜
盲症이 발생했으며, 각종 약품과 생활용품도 상당히 부족했다.[21]

투쟁이 격렬해짐에 따라 팔로군의 전투원뿐만 아니라 당·정·군·민
의 각급 간부 가운데 사상자 수도 매우 많아졌다.[22] 이러한 상황에서 특
히 당·정·군의 지도 기관은 방면군 세력의 주요 습격 대상이었기 때
문에, 조금이라도 경계를 소홀히 하면 방면군 세력에 의해 전멸될 위험
성이 커졌다. 뿐만 아니라 방면군 세력의 소탕 작전으로 말미암아 근거
지가 갑자기 유격구나 방면군의 점령 구역으로 바뀌는 경우가 많았는데,
이때 몇몇 지구에서는 즉시 대응하지 못함으로써 불필요한 손실을 입는
경우도 많았다.[23]

일본의 봉쇄·분할 정책 이외에 잠식 정책도 유격 근거지에 많은 영향
을 주었다. 즉 잠식 정책으로 인해 항일 유격구가 일본 세력에게 많이 잠
식되었던 것이다. 이러한 형세는 기남구(冀南區)와 같은 평원 지역에서 더
욱 두드러졌다. 잠식 정책은 군사적인 소탕 작전과 달리 완만하고 은밀
하게 추진되었기 때문에 유격구에 미치는 충격은 상대적으로 작았다. 대
부분의 유격구에서는 이 정책을 경시해서 효과적으로 대응하지 못하기도
했다. 심지어 몇몇 지구에서는 일본 세력에게 잠식되어 버리기도 했다.
그 결과 일본의 점령 지구는 확대된 반면에, 항일 유격구는 축소되었다.
축소된 근거지 가운데 70~80%는 잠식 정책에서 비롯되었다.[24] 실제로 일

---

21) 聶榮臻, 『聶榮臻回憶錄』 中, 北京:解放軍出版社, 1984, 537쪽.
22) 「華北各抗日根據地處在空前殘酷鬪爭中」.
23) 위의 기사 「華北各抗日根據地處在空前殘酷鬪爭中」.
24) 「中共中央北方局,華北軍分會關于反對敵人"蠶食"政策的指示」, 『抗日根據地』 下
       冊, 648쪽.

본 세력이 치안강화운동을 벌인 지 1년 만에 공산 유격 근거지는 약 1/6로 축소되었으며,[25] 원래의 근거지는 대부분 유격구(혹은 '치안지구')로 바뀌었다.[26]

진찰기변구 북악구(北岳區)의 사례에서 잘 드러나듯이, 경제적으로도 일본군의 분할·봉쇄·잠식 공작으로 항일 유격 근거지가 축소되면서 공산당측이 통제할 수 있는 자원이 감소되었다. 게다가 유격구의 자원들은 일본군측이 야만적인 수단으로 약탈해 갔기 때문에 공산당측이 이용할 수 있는 자원은 격감되었다. 이 때문에 항일 유격 근거지에서는 물가가 등귀했고 물자의 이입 초과 현상이 심각해졌다. 실례로 1937년의 물가 지수를 100으로 할 경우, 1941년의 서안 물가 지수는 1,000~2,800까지, 연안의 물가 지수는 900~4,400까지 급등하고 있었다. 4년 동안 중공 중앙이 자리잡고 있던 연안의 물가는 9~44배까지 오르고 있었던 것이다 (〈표 2-2〉 참조).

〈표 2-2〉   물가 등귀 및 邊幣의 환율 상황

연 도	西安	延安	法幣 1元에 대한 邊幣의 비율(%)
1937	100	100	-
1941. 1	1,025.7	926.0	100.0
2	1,170.7	1,089.3	112.5
3	1,285.7	1,260.0	120.0
4	1,359.6	1,382.8	135.0
5	1,359.8	1,563.5	148.7
6	1,507.3	1,914.5	170.5
7	1,717.3	2,124.6	198.8
8	1,901.7	2,129.7	218.8
9	2,114.1	2,851.5	205.0
10	2,315.6	3,295.4	225.0
11	2,577.0	3,790.3	230.0
12	2,804.6	4,421.0	249.2

<출전> 朱理治, 「邊幣的根本問題」, 『解放日報』 1942년 5월 28일자.

---

25) 彭德懷, 「敵寇治安强化運動下的陰謀與我們的基本任務」, 139쪽.
26) 冀東地區의 경우 1941년에 일본의 치안강화운동으로 인해 근거지가 모두 유격구로 바뀌었다고 한다(朱德新, 『二十世紀三四十年代河南冀東保甲制度硏究』, 145쪽).

또한 기중지구의 경우 1942년 5월 소탕 작전이 실시되기 전에 닭 한 마리가 1원 가량, 돼지 고기 한 근이 1원 가량이었는데, 소탕 작전이 끝난 뒤에는 전자가 8, 9원으로, 후자가 3원 가량으로 폭등했다. 그 결과 기중지구 주민들의 생존은 중대한 위협에 봉착하고 있었다.[27]

1941년에 물가가 급등한 주요 원인은 일본군의 치안강화운동 이외에 환남사변(晥南事變) 후 변구에 대한 국민당측의 경제 봉쇄에서도 찾을 수 있었다. 게다가 무역 수지의 불균형과 재정 수지의 불균형(변구의 생산력과 재정 소비량의 모순)이 있었다. 그리고 변폐(邊幣:변구의 화폐)가 변구의 유통 시장에서조차 법폐(法幣:국민정부의 화폐)만큼 유통되지 못하고 있었거나 일부 지역에서 유통되지 못하고 있던 점도 변구의 인플레이션을 첨예화시킨 요인으로 작용하고 있었다. 또한 국민당 지구의 투기적인 상인들의 파괴 공작, 변구 민중과 일부 부대의 법령 무시 태도도 그러한 상황을 악화시켰다. 그리고 변구의 경제가 분산적인 농업 경제의 성격을 탈피하지 못하고 있었던 점과 아울러, 변구 경계 지역의 경제 생활이 변구의 중앙부보다도 국민당 지구와 밀접하게 연계되어 있었던 점도 부정적으로 작용했다.[28]

더욱이 공산당측의 통제 기반이 상대적으로 강했던 공고구(鞏固區)는 대부분 산간 지구였기 때문에 자원이 빈약했다. 양식이나 면포는 부분적으로 유격구에서 조달해야 했고 식염이나 생활용품(양화[洋貨])은 모두 일본군 점령 지구에서 구매해야 했다. 당시 북악구에서 내다 팔 수 있는 물건은 대부분이 모피나 약재 혹은 산에서 나는 것들이었고, 일부는 목재·돼지·양·계란 등이었다. 그런데 당시에 북악구에서 활동하던 공산당 세력은 이들 물품의 유통을 장악하지 못하고 있었다. 이들 물품들은 모두 상인들이나 물품 구매원들이 앞을 다투어 토산품을 낮은 가격으로 내다 팔고 생활용품을 비싼 가격에 구매하고 있었기 때문에 물자의 유출

---

27) 程子華, 「敵對冀中掃蕩與冀中戰局」, 『晋察冀日報』 1942년 8월 4일자.
28) 今井駿, 「邊區政權と地主階級」, 『講座中國近現代史』 6(抗日戰爭), 東京:東京大學出版會, 1978, 145~146쪽.

이 심해졌고 무역상의 입초(入超) 현상은 점점 더 심각해졌다. <표 2-2>
에서도 알 수 있듯이 이 과정에서 변구 화폐의 가치는 점점 떨어졌다.[29]

　요컨대 일본의 군사 토벌과 여러 가지 치안 공작, 특히 항일 유격 근거
지에 대한 봉쇄·분할·잠식 공작, 그리고 무주지대 및 집단부락의 설치
공작과 그에 따른 삼광정책 등은 항일 유격 근거지에 많은 영향을 주었
다. 우선 무주지대의 설치와 삼광정책의 실시 과정에서 항일 유격 근거
지 주민들은 엄청난 인적·물적 피해를 당했다. 무주지대의 설치로 광대
한 면적의 토지가 황무지로 변해 주민들에게 심각한 식량 부족 문제를
야기했으며, 이 과정에서 이주를 거부하던 수많은 주민들이 잔혹하게 살
해되었다. 또한 삼광정책 과정에서 무수한 주민들이 살해되었을 뿐만 아
니라,[30] 식량·가축·농기구와 각종 생활 물자 등이 약탈당했고, 가옥들도
불태워졌다. 결국 치안강화운동의 일환으로 방면군이 화북 농촌사회, 특히
항일 유격 근거지에 대해 펼친 빈번한 군사 토벌과 봉쇄·분할·잠식 및
집가 공작은 항일 유격 근거지 사회 및 공산당 세력에게 경제적인 궁핍과
인적·물적 손실을 가져다 줌으로써 엄청난 타격을 입혔다. 또한 그것은
공산당군의 영향력하에 있던 화북의 농촌사회를 분할시켰고, 전통적인 향
촌 사회간의 연계를 단절시켜 이들 지역에 거주하던 민중의 생활권을 왜
곡 또는 파괴했다. 게다가 그 운동은 화북의 항일 유격 근거지에 심각한
물자의 부족과 아울러 그에 따른 무역상의 수입 초과 현상 및 물가의 등
귀를 초래했을 뿐만 아니라 변구 화폐의 가치를 저하시키는 등 심각한 경
제적 곤란을 가져다 주었다. 더욱이 그 운동은 항일 유격 근거지 주민들
의 심리 상태 및 정치적 행동 양태에 많은 영향을 미쳤다.

---

29)「關于北岳區貿易工作及組織的決定」(1942. 7. 29),『晋察冀邊區財政經濟史資料選
　　編』(『財經資料選編』이라고 약칭)(工商合作編), 天津 : 南開大學出版社, 1984, 359~
　　360쪽.

30) 참고로 熱河省 興隆縣의 경우, 縣의 전체 면적 1,300km² 가운데 40%가 무주지
　　대로 설정되었고, 이 과정에서 4천여 명이 살해되었다고 한다(「興隆縣公安局關于
　　日僞在興隆罪行的調査」(1954. 8. 6), 孫邦 主編, 于海鷹·李少伯 副主編, 僞滿史
　　料叢書『僞滿軍事』, 長春 : 吉林人民出版社, 1993, 291쪽).

2. 일본의 점령지 정책과 화북 농민의 생활상

(1) 농경 생활의 변화

일본의 치안강화운동, 특히 지역의 획분과 공산 유격 근거지에 대한
봉쇄·분할·잠식 공작, 보갑제도의 실시 및 자위단의 조직을 핵심으로
한 자치자위공작, 그리고 무주지대(무인지구)의 설치와 집단부락으로의 주
민 수용을 근간으로 한 집가공작 등은 진찰기변구, 특히 기열료지구 주
민들의 생활 전반에 엄청난 변화를 야기했다. 그 중에서도 집가공작은
주민들의 경제 생활 자체를 파괴하다시피 했다.

우선 방면군의 치안강화운동으로 인해 당시 집단부락에 강제 수용된 항
일 유격 근거지 출신의 주민들은 생활상의 곤란을 겪게 되었다. 집단부락
주위에 농경이 허가된 토지는 매우 적었고, 그 가운데 상당 부분은 무주
지대·봉쇄호(차단호)·차단벽(봉쇄벽)·토치카·철도·경비 도로 등에 의
해 점용되었기 때문이다. 또한 일본측이 전투 지역에 있던 토지를 없애버
린 데다 농사지을 수 있는 사람들이 부족해져 농경지는 황폐화되다시피했
다.[31] 실례로 만리장성 양측에 있던 6개 현에서는 일본군의 무주지대 설치
공작에 의해 600만 무(畝)의 토지가 황무지로 되었고,[32] 기동지구에서는
43만 5,000무의 토지가 훼손되었으며, 이 과정에서 1천만 명 가량의 농민
들이 고향을 떠나 타향을 전전하게 되었다.[33] 특히 홍륭현(興隆縣)의 경우
11만 1천여 명이 199개의 집단부락으로 강제 수용되었으며, 전 현 면적의
41.7%에 해당하는 1,301km²가 주거 및 경작 금지 구역으로 설정되었다.[34]
그리고 집단부락으로부터 10리 밖에 있던 농토에서의 농경은 대체로 금지
되었기 때문에,[35] 경지는 자연히 축소될 수밖에 없었다.

---

31) 李楚離, 「堅持冀東遊擊戰爭爲創造大塊遊擊根據地而鬪爭(1940~1942)」, 21쪽.
32) 『濺血的武士刀』(日軍屠殺錄), 348쪽.
33) 『晋察冀日報』 1943년 1월 5일자.
34) 中共唐山市委黨史研究室 編, 『冀東革命史』, 北京:中共黨史出版社, 1993, 305쪽.
35) 『濺血的武士刀』(日軍屠殺錄), 350쪽.

게다가 일본측의 집가공작이 주민들의 실정을 무시하고 추진되었기 때문에 여러 개의 자연촌이 하나의 집단부락으로 통합·흡수된 이후에는 대부분의 농경지가 집단부락으로부터 너무 멀리 떨어지게 되었다. 대부분의 항일 유격 근거지가 자리잡고 있던 산간 지구에는 산이 높고 땅은 넓은데 사람은 적어서 자연촌 사이의 거리가 수십 리나 떨어져 있는 경우도 많았다. 뿐만 아니라 심지어 촌과 촌 사이에도 여러 개의 큰 산이 자리잡고 있는 경우도 많았다.[36] 설령 경작이 허가되었다고 해도 일본측이 집단부락의 출입 시간을 엄격하게 통제하고 있었기 때문에, 농민들은 먼 곳의 농경지까지 가서 일을 하고 제시간에 집단부락으로 돌아올 수 없는 경우가 많았다. 만일 제시간에 집단부락으로 돌아오지 못할 경우, 대부분의 경우는 '통비자'(通匪者:공산당 세력과 내통한 자)로 의심을 받아 해당 경비 기관에 끌려가 고초를 겪어야 했다. 상당수 농민들은 자신들의 경지를 포기할 수밖에 없었고, 그 때문에 상당량의 토지는 황무지로 변해 버렸다.[37] 이것 역시 농민들의 경지 부족과 식량 공황을 부채질하는 하나의 요인으로 작용했다.

이렇게 해서 농경지가 상실되었거나 줄어들어 생활해 나갈 방도가 없게 된 농민들은, 어쩔 수 없이 집단부락이 자리잡고 있던 해당 지역의 지주들로부터 약간의 토지를 빌려 소작 생활을 해야 했다. 더욱이 집단부락 주위에 농경이 허가된 토지는 매우 적었고 소작지를 원하는 사람들은 늘어났기 때문에 소작료는 비쌀 수밖에 없었고, 그나마 소작지를 얻는 것도 매우 어려운 실정이었다.[38] 농민들은 대부분 삶의 의욕을 상실했다.[39] 게다가 조합(組合)을 통한 배급 제도 등이 실시되면서 물자에 대한

---

36) 陳平, 「一個特殊的戰略地帶—"無人區"」, 『文獻·回憶錄』 제3집, 223쪽. 실례로 흥륭현의 경우 2천여 개의 自然村이 199개의 집단부락으로 흡수·통합되었는데, 이것은 약 10개 정도의 자연촌이 한 개의 집단부락으로 흡수·통합되었음을 의미한다. 그 결과 촌과 촌 사이에도 여러 개의 큰 산이 가로막고 있었기 때문에 농경은 포기할 수밖에 없게 되었다(陳平의 글).

37) 『冀東革命史』, 339쪽.

38) 陳平, 「一個特殊的戰略地帶—"無人區"」, 223쪽.

39) 葉劍拓, 「日寇在華北最近的動態」(『解放日報』 1942년 2월 13일자) 및 軍事科學

엄격한 통제나 수탈이 행해져 집단부락민들의 생활은 점점 악화되었다.[40]

일반적으로 농민들의 부업 수입 역시 방면군측의 각종 경제 봉쇄 조치
와 수탈로 줄어들었다. 그러한 예로 방면군측이 지배하고 있던 하북성
정북(定北)의 3개 촌에 대한 경제 개황을 살펴보자. 하북성의 중요한 면
화 생산지였던 이 지역에서는 토지 면적의 50~60%에 면화를 심었고,
전 농가의 30% 가량이 가내 수공업 방식의 방직업을 경영하고 있었다.
당시 수공업적 방직업은 도시의 기계제 방직업으로 점차 대체되고 있었
지만 여전히 중요한 위치를 차지하고 있었다. 이들은 자가 노동력을 이
용해서 포필(布匹)을 짠 뒤 중간 소매상에게 팔거나 자신들이 직접 시장
으로 가지고 가서 화폐나 생활 필수품으로 교환함으로써 방직업을 생활
비나 각종 세금을 충당하는 주요한 원천으로 삼고 있었다. 그런데 소위
중일전쟁 이후 일본이 강제로 일정한 수량의 면화를 심게 한 뒤, 그것의
소유권과 사용권을 박탈하고 헐값으로 매입해 버렸다. 그 결과 자연히
방직업 경영에 따른 부업 수입은 줄어들었다.[41]

방면군은 진지나 경비 도로 구축 혹은 예비 탄약 운반에 소요되는 노
동력을 확보하기 위해 수많은 중국인 청·장년들을 체포·연행해 갔거나
운반에 필요한 역축(役畜)이나 대차(大車) 등을 징발함으로써 농업 경영
에 막대한 손실을 입혔다. 이러한 사실은 아래의 사례들에서도 잘 드러
나고 있다.

> 부락이란 부락을 모조리 뒤져서 18세부터 45세까지의 남자들과 山羊·
> 소·돼지 등을 전부 끌어 모은 뒤, 부락민들에게 그것들을 일정한 장소에
> 집결시키도록 했다. 그곳으로 軍의 트럭이 오자 가축은 가축끼리 사람은 사
> 람끼리 따로 모아 끌고 갔다.…… (이들을) 靑島로 데려가 큰 체육관에 수용

　　院外國軍事硏究所　編, 中國抗日戰爭史料叢書 『凶殘的獸蹄』(日軍暴行錄), 北京:
　　解放軍出版社, 1994, 85쪽.
40)　姜宇, 「一九四三年下半年冀熱邊情況報告」(1943. 12. 30),『文獻·回憶錄』제 2
　　집, 85쪽.
41)　丁原, 「定北敵占區三個村莊的經濟槪況」,『晋察冀日報』1941년 8월 2일자.

했으며, 거기에 들어갈 수 없는 사람들은 제1공원의 競馬場에 수용했다.[42]

일본군은 대량으로 사람들을 살해하는 동시에, 사람들의 생존 조건에 대해
서는 철저하게 약탈하거나 없애버렸다. 일본군은 각지에서 1백여 량의 大車
를 징발해 갔고, 河區의 각 촌에 있는 식량·대추·땅콩·돼지·양·닭·
오리·家具 등을 모조리 빼앗아 갔으며, 가져갈 수 없는 것은 집과 함께 모
조리 불태웠다. 심지어 닭장이나 돼지우리마저 하나도 남겨두지 않았다.[43]

뿐만 아니라 1942년부터는 10세 이상의 사람들에게 봉쇄호를 파게 하
거나 돌을 주워 오도록 했으며,[44] 유격 근거지보다도 상대적으로 높은 임
금으로 노동자들을 유인·흡수함으로써 유격 근거지에서의 노동력 부족
현상을 악화시켰다.[45]

방면군에 잠식되지 않은 항일 유격 근거지 사회의 상황과 해당 주민들
의 생활상도 마찬가지였다. 일본 세력의 경제 봉쇄로 야기된 식량 결핍
상황을 타개하기 위해 해당 지역 농민들이 마차를 동원해서 식량을 운반
했는데, 이 과정에서 많은 사람들과 역축들이 피해를 입거나 마차들이
파괴되기도 했다.[46] 이처럼 농경 활동에 필요한 역축과 농기구, 그리고
노동력이 부족해지게 됨에 따라 농업 생산력은 떨어질 수밖에 없었다.
실례로 공산당측 자체의 「抗戰五年來的損害(항전오년래적손해)」라는 문건
에 근거하여, 1941년 말까지 항일 유격 근거지의 주민들이 일본의 치안
강화운동으로 인해 입은 피해 상황을 보면, 인구 사망률은 연간 11.5%로

---

42) 田中宏·內海愛子·石飛仁, 『解說資料 中國人强制連行』, 東京 : 明石書店, 1986,
   545쪽.
43) 徐有禮, 「沙區浩劫—冀魯豫邊"四一二"掃蕩紀實」, 禹碩基·楊玉芝·邢安臣 主
   編, 『日本帝國主義在華暴行』, 瀋陽 : 遼寧大學出版社, 1989, 517쪽.
44) 李楚離, 「堅持冀東遊擊戰爭爲創造大塊遊擊根據地而鬪爭(1940~1942)」, 21쪽.
45) 「中央對晋東南抗日根據地職工運動的指示」, 『解放日報』 1942년 5월 1일자, 2쪽
   (「資料 20 中共中央晋東南抗日根據地の勞動運動についての指示」, 日本國際問題
   研究所中國部會 編, 『中國共產黨史資料集』 11, 東京 : 勁草書房, 1975, 107쪽).
46) 실례로 진찰기변구 北岳區에서는 유격 근거지 밖으로부터의 식량 운반 자체가
   하나의 전투였다. 유격 근거지 농민들이 일본 세력의 총탄이 비 오듯 하는 속을 뚫
   고 식량을 大車로 운반하는 과정에서, 공출된 대차 4,940여 량 가운데 300여 량,
   역축 200여 頭를 상실했다(傅尙文, 「晋察冀邊區北岳區的糧食戰」, 『歷史敎學』 1985
   년 제2기, 14쪽).

출생률을 초과하고 있었고, 그 결과 노동력은 자연히 7.3%나 감소되었으며, 축력(畜力)도 노새와 말은 1/2, 소와 당나귀는 1/3이나 감소되었다. 이처럼 노동력과 역축의 감소, 그리고 전화(戰火)로 인해 항일 유격 근거지 소재 논에서의 평균 생산액은 1/3이나 감소되었다. 특히 1941년에는 일본의 토벌 작전 때문에 밀의 수확과 가을 농사를 포기한 마을들이 매우 많았다.[47]

결국 무주지대의 설치에 따른 농경지의 잠식 및 황폐화, 각종 봉쇄호 (차단호)·봉쇄벽·경비 도로 등의 설치에 따른 농경지의 점용 및 축소, 노동력과 역축의 징발 및 격감, 토벌이나 훈련 등에 따른 농작물의 방치, 미잠식 지구에서의 공산당측의 전투 준비에 따른 청·장년의 동원 등으로 인해, 일본측에게 잠식된 지역이나 그렇지 않은 지역이나 모두 농업 생산력은 격감되고 있었다. 이러한 상황을 더욱 악화시켰던 것은 일본측과 공산당측의 식량 공출(출하)과 징세, 그리고 부업 수입의 감소였다. 전반적으로 빈농은 반고농(半雇農)이나 고농(雇農)으로, 중농은 빈농으로, 지주는 부농으로 각 계층이 몰락하는 경향, 즉 농민층의 하강 분해 현상이 농후해졌다.[48] 반면에 유격 근거지에서의 농업 경영 악화 현상과는 달리, 소상인과 투기적인 소매꾼들이 많이 증가하고 있었으며, 인력거 영업이 번창하고 있었다. 이것은 전쟁 상황으로 인해 상업적 이윤이 상대적으로 커졌기 때문이다.[49]

(2) 각종 부담의 증가

일본군 통치하의 농민들은 수확한 곡물을 조합에 납부해야 했는데, 당시에는 이것을 '곡물출하'라고 불렀다. 면화는 개인의 보유가 전혀 인정되지 않았다. 이 밖에 출하 명목에는 '대두출하', '유류출하', '보국출하',

---

47) 北支那方面軍參謀部, 「剿共指針」 제 7 호(1942.1)(『北支の治安戰』 2, 274쪽에서 재인용).

48) 姜宇, 「一九四三年下半年冀熱邊情況報告」, 85쪽.

49) 李楚離, 「堅持冀東遊擊戰爭爲創造大塊遊擊根據地而鬪爭(1940~1942)」, 21~22 쪽.

'민주출하', '부락출하' 등이 있었다. 게다가 일본군은 문패연(門牌捐)·호적연(戶籍捐)·가축연(家畜捐)·비행기연(飛行機捐)·결혼세·조상연(照像捐:사진세)·양민증연(良民證捐)·아편세·방세·자동차세·기연(旗捐) 등 수많은 잡세를 부과했다. 뿐만 아니라 농민들에게 성금·강철·모피·닭·계란·야채·살구·밤·호두 등을 헌납하도록 강요했다.[50] 이처럼 일본측에 대한 각종 부담은 매우 무거웠다.[51]

일반적으로 집단부락민들에 대한 징세 항목과 액수는 지역에 따라 달랐다. 실례로 어느 집단부락의 보·갑장이 맡았던 징세 항목 및 그 액수를 나열하면, 먼저 정세(正稅)로는 ① 민생적곡(民生積穀:매무[每畝] 2斗 4升), ② 토지세(중등지 매계매무[每季每畝] 5각[角], 하등지 3각), ③ 토지부가세(매계매무 2각 5분[分]), ④ 문호비(門戶費:1각~1백원), ⑤ 협합비(協合費:매호[每戶] 최소한 한 명이 협합회에 참가해야 했는데, 1인당 회비는 2원), ⑥ 목축비(당나귀 4원, 양 7각 5분, 노새와 소는 그 값의 5%), ⑦ 출생비와 사망비 각 2각, ⑧ 도축비(돼지 4원, 양 2원), ⑨ 재료비(매무 2각) 등이 있었다. 다음에 잡세로는 ① 채소 상납(매갑[每甲] 3일에 한 번, 매번 50~100근[斤]), ② 땔감 상납(매갑 3일에 한 번, 매번 500근), ③ 돼지 상납(매갑 매월 80근 이상짜리 돼지 3~10마리), ④ 닭 상납(매갑 매월 5~20마리), ⑤ 송례(送禮:헌병대장 등의 결혼식 비용 보조, 매갑 70원), ⑥ 반공자위단원의 훈련비(매갑에서 10명을 차출해서 훈련을 시키는데, 1명당 매월 100여원), ⑦ 노력 동원(매갑 매월 10~30명 차출) 등이 있었다.[52]

한편 진찰기변구, 특히 기열료지구에서는 일본의 치안강화운동으로 종래의 항일 근거지('미치안지구')가 유격구('준치안지구')로 점차 변질되면서,

---

50) 陳平, 「一個特殊的戰略地帶—"無人區"」, 225쪽 ; 陳平, 「千里無人區」, 南開大學 歷史系·唐山市檔案館 合編, 『冀東日僞政權』, 北京 : 檔案出版社, 1992, 356~357 쪽 및 阿之, 「最近敵寇在華北各地的陰謀活動」, 『晋察冀日報』 1941년 6월 20일자.

51) 그러한 단적인 실례로 灤平縣 玻璃廟村에서는 원래 3천 두의 羊이 있었는데, 집단부락이 건설된 지 2년 만에 괴뢰 軍警이 제멋대로 잡아먹어 남은 것은 11두에 불과했지만, 세금은 여전히 3천 두로 계산해서 징수되었다고 한다(陳平, 「一個特殊的戰略地帶—"無人區"」, 225쪽).

52) 吳襄, 「人間地獄"人圈"生活」, 『冀熱遼政報』 제5 기.

반대로 팔로군측이 '양면촌(兩面村)' 정권 수립 정책과 '적진아진(敵進我進)' 전술을 구사함에 따라 '양면촌' 정권이 점차 늘어나면서[53] 결과적으로 화북 민중의 세금 부담은 가중되었다. 왜냐하면 일본 세력과 공산당 세력 사이에 공방전이 치열해지면서 이들 두 세력이 모두 활동하고 있던 유격구의 주민들은 생존을 위해서 중·일 두 세력의 우열에 따라 정치적 태도를 수시로 바꿀 수밖에 없었고, 그에 따라 중·일 두 세력 모두에게 세금을 바쳐야 했기 때문이다.

다시 말해 중·일 두 세력 모두와 연계하면서 그들의 요구에 응할 수밖에 없었던 '양면촌'의 주민들은, 공산당 세력이 확고하게 지배했을 때에는 공산당에게만 세금을 부담하면 되었지만, 일본의 치안강화운동으로 종래의 많은 근거지가 유격구로 변질되면서 중·일 두 세력이 병존하게 되자 일본측에게도 세금을 납부해야 했다. 반대로 일본의 점령지였던 지역에 거주하던 주민들은, 공산당 세력의 '양면촌' 정권 수립 정책 및 '적진아진' 전술로 인해 공산당 세력이 출현하게 되자, 공산당 세력에게도 식량이나 세금 등을 납부해야 했다.

따라서 '양면촌' 주민들은 어느 일방에게만 세금을 지급해도 되는 지구, 즉 현성이나 일본측 주둔지 및 그 주변 지역 혹은 철도 주변 지역 등의 평원 지구에 있던 친일 일변도의 촌이나, 일본측 주둔지로부터 멀리 떨어져 있고 공산당의 지배권하에 있던 산간 지구의 항일 일변도의 촌에 비해 상대적으로 과중한 세금을 부담해야 했다. 이와 관련해서 당시 괴뢰 치안군 제101 집단군 참모장 난궁천(南宮辰)조차도 풍윤현향진장회의(豊潤縣鄕鎭長會議)에서 "풍윤현 농민들의 최근 조세 부담이 무겁고 세목이 번거로워 본 현 남부 지구의 농민들은 곡물의 쭉정이나 겨로 연명하고 있다"[54]고 할 정도로 농민들의 조세 부담은 무거웠던 것이다.

당시 유격구의 주민들이 일본측에 부담하는 세금은 세목이 번잡한 잡

---

53) 이 부분에 관해서는 제3편 제Ⅲ장에서 다루겠다.
54) 「豊潤縣鄕鎭長會議記錄」(1943. 6. 5)(『豊潤縣政公報』 제5권 제11~12기 合刊, 1943. 6;『二十世紀三四十年代河南冀東保甲制度硏究』, 132쪽에서 재인용).

세가 대부분이었다. 그 세부 항목을 보면, 일본 특무의 초대비 및 공작비, 괴뢰 향보공소(鄕保公所)의 판공비 및 괴뢰 판공원(辦公員)의 고용비, 거마비(車馬費), 치안군·반공자위단·정보원에 대한 각종 비용 등이었다. 이에 비해 항일 세력에게 부담하는 것은 주로 식량·신발·양말·위로금·초대비, 판사원(判事員) 및 무장반장(武裝班長)의 수당, 일본측 정보를 수집하는 정보원이나 각 촌에 침투해 있던 정탐원의 비용, 촌 간부들이 회의를 열 때의 식사비 등이었다. 따라서 유격구의 행정 기관에는 일본측과 공산당측 양쪽을 위한 장부가 각각 따로 마련되어 있었다. 일본측은 인구와 토지의 다과에 따라 평균적으로 부과했는 데 비해, 공산당측은 농민의 자산 상황에 따라 합리적으로 부담시켰다.

　이러한 상황에서 일본군이나 괴뢰군이 식량과 자금 등을 요구할 때, 보장이 이들을 접대하는 동안 보의 회계가 계산을 해서 주민들에게 분배한 뒤, 다시 판사원의 비준을 얻어 일본 세력의 거점으로 보냈다.[55] 공산당측의 경우 재량위원(財糧委員)이 항일 지구 정부의 재정 담당자로부터 할당 액수를 수령해 와서 판사원과 함께 각 호에 할당해야 할 액수를 계산했다. 이것이 끝나면 보초를 서고 있던 청년보국대원이 각 호에 알려 밤에 농민들에게 재량위원처로 식량(주로 소미[小米])을 보내도록 했다. 다시 시간을 선택해서 깜깜한 밤에 사람을 보내서 비밀리에 양식을 부대로 보냈다.[56]

　유격구 주민들이 양측 세력에게 부담한 액수를 비교해 보면, 일본측의 세금은 일본군 및 괴뢰군 주둔지와 가까운 곳이나 평원 지대의 촌에서는 무거웠고, 주둔지와 멀리 떨어진 곳이나 산간 지구의 촌에서는 가벼웠다. 이와는 반대로 공산당측의 세금은 산간 지구나 일본측 주둔지로부터 멀리 떨어진 곳에서는 무거웠던 반면에 평원 지구나 일본측 주둔지와 가까운 곳에서는 가벼웠다. 특히 일본측 주둔지와 가까운 곳에 대해서는 세

---

55) 朱德新, 『二十世紀三四十年代河南冀東保甲制度硏究』, 157～158쪽.
56) 당시 판사원을 맡았던 劉歡과 財糧委員을 맡았던 카오춘훵(高春峰)을 방문한 뒤의 기록에 따른 것이다(朱德新, 위의 책, 158쪽).

〈표 2-3〉　　공산당측과 일본측에 대한 유격구민들의 부담 상황

(단위 : 괴뢰 국민정부의 元)

		공산당측에 대한 부담(a)					일본측에 대한 부담(b)					차이(a-b)	
		①	②	③	④	합계	ⓐ	ⓑ	ⓒ	ⓓ	합계	實 數	%
遷遵興聯合縣	興旺村 (1941)	781	380	–	912	2,073*	–	2,166	2,964	646	7,643**	−5,570	27.1
	大曹各寨村 (1941)	2,797	240	600	288	3,925					22,168	−18,243	17.7
	大安口村 (1942)	4,820	1,800		300	6,920	1,496	4,565	1,800	1,570	9,431	−2,511	73.4
	亢港村 (1943)	51,925	675		33,600	86,200					22,193	+64,007	388.4
遷青平聯合縣	一區七村					1,284					2,735	−1,451	213.0
	黄槐峪村 (1943)	1,284	285		1,887	3,456					2,735	+721	126.4

<출전>　興旺村・大曹各寨村・大安口村은 필자 불명, 「冀熱遼社會狀況考察」(1943. 8), 魏宏運 主編, 『晋察冀邊區財 政經濟史資料選編』(總論編), 天津:南開大 學出版社, 1984, 782~783쪽에서;亢港村・黄槐峪村은 劉連喜調査資料, 「遵 化縣實行合理負擔情況」, 中共遵化縣委黨史資料徵集辦公室 編, 『遵化黨史資 料』 제 2 집에서.

<비고>　①은 부담한 식량・신발・양말들을 돈으로 환산한 가격, ②는 慰勞費, ③은 접대비, ④는 村經費・辦公費, ⓐ는 토지세, ⓑ는 접대비, ⓒ는 협잡・갈취 비, ⓓ는 괴뢰鄕公所 경비를 말한다. 1941년 들어서 유격 근거지가 개척・확 대되면서 동년 겨울 冀東地區는 다음과 같이 구획이 조정되었다.
承德縣・灤平縣・興隆縣의 세 변경 지역에서는 承灤興聯合縣辦事處가, 遷安 縣 북부, 平泉縣 남부, 青龍縣 지역에는 遷青平聯合縣政府가, 새로 개척된 興隆 동부와 중부 지역은 遷遵興聯合縣政府가, 玉田縣 남부, 豊潤縣 서부, 寧河縣 북부 지구에는 豊玉寧聯合縣政府가 각각 건립되었다.[57]

* 원 자료에는 2,985元으로 되어 있는 것을 바로잡음.

** 는 합계가 불분명하지만 필자는 알 수 없음.

57) 『冀東革命史』, 260쪽 참조.

금을 분납하도록 하는 경우도 있었다.[58] 이것은 항일성이 강한 산간 지구
와 달리, 친일성이나 양면성을 띤 일본측 주둔지 및 그 부근 지역 주민
들의 이중적인 세금 부담 상황을 고려한 조치였을 뿐만 아니라, 이들 지
역의 촌들을 점차 양면성 혹은 항일성의 촌으로 전화시키기 위한 전략적
인 배려였다고 할 수 있다. 일본측의 의도 역시 공산당측과 유사했다. 당
시 유격구민의 공산당측에 대한 부담액은 총수입 가운데 대체로 2.5∼
11.7%, 일본측에 대한 부담액은 3.8∼29.6%를 차지하고 있었다.[59] 일본
측에 대한 부담액이 공산당측보다 많았던 것이다.

納세와 관련된 또 하나의 특징으로 주목되는 것은 치안강화운동 기간
인 1941년부터 1942년까지 일본측에 대한 각종 부담이 공산당측보다 몇
배 많았던 데 비해, 1943년부터는 거꾸로 공산당측에 대한 부담이 훨씬
많아졌다는 점이다(〈표 2-3〉 참조).

이것은 물론 지역적 특성에 따른 결과이겠지만, 가장 큰 원인은 1943
년을 전후로 해서 기동지구의 공산당 세력이 점차 증대되면서 공산 유격
구가 확대된 데 따른 재정 수요의 증대에 있었다. 또 다른 원인은 일본
의 치안강화운동에 맞서기 위해 그동안 생산에 종사하던 청·장년들이
공산당군에 참여했거나 일본측에게 끌려간 결과 농경 종사자(납세 대상
자)는 감소되었음에도 불구하고, 공산당측이 재정 예산을 충족시키기 위
해 잔존해 있던 납세 대상자에게 더 많은 부담을 지웠기 때문이다.[60] 또
한 치안강화운동으로 각종 물자 부족에 시달리던 공산당측이 부족한 재
원을 보충하기 위해 재정 예산을 늘린 결과 때문이기도 했다.[61] 실제로
1941년 후반부터는 새로운 정책으로 조세 부담 농가를 전체 호수의 8∼

58) 朱德新, 앞의 책, 158쪽.
59) 「冀熱邊社會狀況考察」(1943. 8), 晋察冀邊區財政經濟史編寫組·河北省檔案館·
    山西省檔案館 編, 『晋察冀邊區財政經濟史資料選編』(『財經資料選編』이라 약칭),
    天津: 南開大學出版社, 1984, 760∼762쪽.
60) 「中共中央北方分局關于冀東工作向北方局的報告」(1941. 6. 19), 『文獻·回憶錄』
    제2집, 52∼53쪽 참조.
61) 「中共中央北方分局關于冀東工作向北方局的報告」, 1941. 6. 19, 53쪽 ; 李楚離,
    「堅持冀東遊擊戰爭爲創造大塊遊擊根據地而鬪爭(1940∼1942)」, 23쪽.

9할로 확대시켰다.[62] 이와 같은 공산당측의 재정 팽창은 인플레이션 및 물자의 등귀 현상을 야기했다.

일본은 각종 군사 시설물 공사나 괴뢰군에 충당하기 위해, 혹은 광산이나 군사 공장에 필요한 노동력을 확보하기 위해 수많은 중국인 청·장년들을 징병했거나 징용으로 끌고 갔다. 일례로, 방면군 제27사단 제2연대의 징용 상황을 살펴보면, 동 연대는 1942년 11월 16일까지 차단호 319km, 토치카 132개, 보루 3개, 성채(城寨) 18개, 관문(關門) 2개를 구축했는데, 여기에 소요된 총 노동 일수는 52일, 작업 연인원은 195만 7천 명이었다.[63] 이것은 1일 평균 3만 7천여 명씩이 동원되어 강제 노동에 시달렸음을 말해 주는 동시에, 각종 군사 시설 구축에 동원된 민중의 규모가 매우 컸음을 말해 준다. 방면군측의 노동력 징발은 이미 전술한 것처럼 농민들의 농업 경영에 적지 않은 손해를 끼쳤다.

그리고 「만주국」에서 실행한 대검거 제도를 기동지구의 집단부락에도 도입한 방면군에서는 검거 수단을 통해서도 수많은 중국인 청·장년들을 끌어가 노무자로 충당했다.[64] 실례로, 방면군에서는 1942년 10월 하순부터 12월까지 화북 및 산동반도 전역에서 제3차 노동작전(魯東作戰)을 펼치면서 체포된 3만 명 가량의 중국인을 중국 및 만주의 탄광이나 일본의 탄광·항만 등으로 끌고 가서 광부나 하역 인부로 활용했거나, 일본군의 진지 구축 공사장이나 물자 운반 작업에 보내 강제 노동에 종사시켰다.[65] 당시 방면군이 징용으로 끌고 간 중국인 노동자의 수와 관련해서 『해방일보』가 보도한 바에 의하면, 1937년에 32만 3,689명, 1938년에 50만

---

62) 田中恭子, 「中國の農村革命(1942~1945)―減租·淸算·土地改革―」, 『アジア經濟』 24-9, 1983. 9, 25쪽.
63) 「支那駐屯步兵第二聯隊史」, 『北支の治安戰』 2, 232~233쪽에 所收.
64) 당시 일본군은 그러한 행위를 '勞工사냥'이라고 불렀다(森山康平, 『證言記錄 三光作戰―南京虐殺から滿洲國崩壞まで』, 東京 : 新人物往來社, 1975, 83쪽).
65) 『證言記錄 三光作戰―南京虐殺から滿洲國崩壞まで』, 83쪽, 87~88쪽. 중국인의 강제 연행과 관련해서 1942년 11월 27일 東條內閣에서는 「華人勞動者內地移入ニ關スル件」을 의결하고 체포한 중국인들을 '契約'이라는 위장 방법을 통해 일본으로 강제로 연행해 갔다(『資料 中國人强制連行』, 544쪽, 746쪽).

1,686명, 1939년에 95만 4,882명, 1940년에 약 120만 명으로서 이 4년 동안 총 298만 257명이 끌려갔으며,[66] 1941년 한 해만 해도 화북에서 약 248만 명이 징용되었다고 한다.[67] 특히 징용과 징병 과정에서 장정에게는 10원, 아동에게는 5원씩의 현상금이 붙어 '인간 사냥'이 벌어지는 광경조차 있었다고 한다.[68]

당시에 일본군의 기만적인 모집, 강제 징용, 검거 등의 수단을 통한 노동력 확보 정책이 얼마나 무자비하게 이루어졌는지에 관해서는 당시 방면군 소속이었던 어느 일본 병사의 참회록 내용을 보면 잘 알 수 있다.

子正 전후에 제3중대는 주둔지에서 吐絲口鎭 일대로 출발하여 새벽에 200여 戶가 있는 어느 마을에 도착했다. 중대장이 각 반에 검거 명령을 내렸다. 오키(大木)班은 3인 1조로 나누어 이루어졌다. 마을의 중앙에 도착한 후 그들은 어느 집 대문을 열고 방안에 들어가 보니 병든 노인이 다 부서진 온돌방 위에 누워 있었고, 그 옆에 30세 가량의 부녀자가 아기를 안고 서 있었다. 이때 그 부녀자를 쏘아보고 있던 오가와(小川)의 두 눈에는 음란한 미소가 흘러 나왔다. 그는 곧 노인과 부녀자만 있다는 구실로 나와 아베(阿部)를 내보냈다. 우리들이 옆집으로 들어가 보니 40세 가량의 부녀자와 7, 8세 가량의 남자아이가 방 구석에 웅크리고 있었다. 우리들은 곧 방안을 수색해서 40세 가량의 남자를 찾아내어 그를 끈으로 묶은 뒤 발로 차면서 밖으로 밀어냈다. 방구석에 있던 그 부녀자는 이 광경을 보고 곧 울부짖으면서 그 남자를 붙잡고 놓아주지 않았고, 남자아이도 울면서 그 남자의 다리를 붙들었다. 그러나 나는 욕을 하면서 진흙이 묻은 군화발로 그 여자의 머리를 걸어차고 그 남자를 밖으로 끌어냈다. 그 여자는 그 남자가 틀림없이 잡혀갈 것을 알고 방안으로 뛰어들어가서 꾸러미를 가지고 나와 남자의 허리춤에 끼워 넣었다. 내가 그것을 빼앗아 보니 버드나무 잎을 섞어 만든 떡이었다. 나는 그 남자를 땅바닥에 쓰러뜨리고 발로 걸어차고 짓밟은 후 마당으로 끌고 나왔다. 이때 그 부녀자의 비통에 젖어 절규하는 통곡 소리는 이웃집에서도 잘 들렸다.

---

66) 彭德懷, 「敵寇治安强化運動下的陰謀與我們的基本任務」(1941. 11. 1), 『史料選編』 下冊, 135쪽.

67) 葉劍拓, 「日寇在華北最近的動態」, 『解放日報』 1942년 2월 13일자.

68) 鐘人方, 「最近敵寇在華北的'掃蕩'戰」, 『解放日報』 1942년 2월 28일자.

나와 아베가 나와 보니 이웃집에서 그 부녀자를 강간하고 나온 오가와가 다른 두 명의 남자를 묶어서 끌고 나왔고, 뒤쪽에서는 강간당한 부녀자의 통곡 소리가 진동했지만, 그는 근본적으로 그러한 상황을 이해하지 못했다. 12시가 좀 지나 대장의 명령으로 이들을 집합시켜 보니 이 200여 호의 조그만 마을에서 150명이 잡혔는데, 그 가운데는 노인과 소년들도 있었다. 인원이 다 집결되자 (일본군은) 붙잡힌 농민들을 大隊로 끌고 갔다. 정오가 되자 태양이 매우 뜨거워졌다. 당시 끌려온 농민들은 등에 무거운 탄약 상자를 짊어지고 일본군의 감시하에 힘을 다해 걷고 있었다.…… 이들 가운데 매우 갈증을 느끼고 있던 어떤 사람이 길 옆의 변기통에 물이 괴어 있는 것을 보고 달려들어 마시기 시작하자, 오가와라는 사병이 뛰어와서 그 변기통을 발로 차서 엎어뜨렸다.[69]

방면군은 각지에서 붙잡아 온 사람들을 임시로 노동자 수용소에 수용하고 잔혹하게 다뤘다.[70] 그 결과 수용소에 붙들려 온 사람들은 엄청난 박해에 시달려야 했다. 실례로, 석가장노공훈련소(石家莊勞工訓練所)는 주위에 3겹의 전기 철조망이 둘러쳐지고 몇 겹의 봉쇄호와 십여 개의 포대가 설치되어 있었으며 일본군의 삼엄한 감시하에 있었다. 여기에 갇힌 노동자들은 통상 몇만 명에 달했는데, 이들 노동자에게는 자유가 박탈되

---

69) 『凶殘的獸蹄』, 216~217쪽. 이 사례는 1941년 여름과 가을에 山東에 주둔하고 있던 일본군 獨立混成 第10旅團(제59사단의 前身)이 博山 以西 지구에서 농민들을 검거해서 勞工에 충당하는 과정에 직접 참여했던 동 여단 제44대대 제3중대 軍曹였던 오키 나카지(大木仲治)의 술회 내용이다.

70) "어느 날 밤에 石家莊訓練所에 수용된 수백 명의 노동자들이 일본군 哨兵을 때려 죽인 후 수용소 문 밖으로 몰려 나갔지만, 일본군의 경비가 삼엄했기 때문에, 대부분이 수용소 안으로 밀려 들어왔다. 다음 날 일본군은 돌아온 300여 명의 노동자들을 광장으로 끌어내어 집단으로 학살할 준비를 했다. 그 중의 한 사람인 나(郭家德)도 묶인 채로 무릎을 꿇고 있었다. 웃옷을 벗어 던진 일본군들은 한 손에 大劍을 들고 다른 한 손에는 술병을 들고 노동자들 주위에 서 있었다. 이때 명령이 떨어지자 이들 망나니들이 사나운 이리떼처럼 노동자들에게 달려들어 亂刀질을 했다. 일순간 200여 명의 머리가 잘려 나갔고 鮮血이 금방 땅을 붉게 물들이다가 곧 凝固되었다. 이러한 잔악한 屠殺 장면을 목격한 나는 곧 기절했다가 얼마 후에 깨어났다. 이때 일본군들은 잡혀 온 노동자 300여 명을 모두 살해한 것이 아니라 100여 명에게는 사형 집행 광경을 보게 하기 위해 살려두었던 것이다. 노동자들을 도살한 일본군은 사람들의 머리를 잘라내어 수용소 주위에 둘러쳐진 전기 철조망의 나무 말뚝 위나 正門·便所·길 옆, 심지어 밥 먹는 곳에까지 걸어두었다(『凶殘的獸蹄』, 218~219쪽)."

었다. 평상시에는 마음대로 대화를 할 수가 없었고, 대소변도 통일적으로 보았으며, 밤에 취침하거나 대소변을 볼 때는 허가를 받아야만 했다. 또한 밥도 구령에 맞춰 먹어야 했으며, 가벼운 질병에 걸렸을 때에는 치료를 받지 못했고, 중병에 걸렸을 때에는 옷이 모두 벗겨진 채 죽음을 기다려야 했다.[71] 상당수의 사람들은 일주일마다 한 번씩 피를 뽑아 부상당한 일본군에게 수혈을 해야 했다. 이러한 상황에서 많은 사람들은 박해와 탄압을 견디지 못하고 짧은 인생을 마감해야 했다.[72]

(3) 의식주의 변화

당시 진찰기변구, 특히 기열료지구 주민들은 일본군의 봉쇄・분할・잠식 공작과 그에 따른 인적・물적 교류의 통제로 극심한 물자 부족 상황에 처하게 되었다. 구체적으로 말하면 봉쇄・분할・잠식 공작 등에 따른 빈번한 군사 토벌과 인적・물적 교류의 통제는 물자의 원활한 유통을 불가능하게 했다. 또한 일본이 집가공작의 일환으로 항일 근거지 주변을 무주지대(혹은 무인지구)로 설정하고 그 지역에서의 농경을 금지시킴으로써 무주지대 내에 있던 수많은 농경지는 황무지로 변해 버렸다.[73] 게다가 일본이 농경지의 분포와는 무관하게 집단부락을 설치함으로써 농경지와 집단부락 사이의 거리가 멀어져 사실상 농경을 포기할 수밖에 없는 경작지도 많이 생겨났다. 이처럼 원활하지 못한 물자의 유통과 농경지의 축

---

71) 이와 관련해서 古河鑛業足尾鑛業所의 상황 보고에 의하면, "…… 식사로는 饅頭 (粟)와 湯만이 지급되었다.…… 수용소의 病室에는 밤낮으로 신음하는 자, 보행이 전혀 불가능한 자 등 실로 처참한 상황이었다. 그러나 여기에 대해 의사나 치료실은 전혀 없었고…… 중국인 노동자 중에는 매일같이 사망자가 발생하는 상황이었다"고 한다(『資料 中國人强制連行』, 554~555쪽).

72) 『凶殘的獸蹄』, 218쪽.

73) 실례로 「만주국」 熱河省의 興隆・青龍・寬城・承德・豊寧・灤平・隆化 등의 현에서는 약 40만 畝의 토지가 황폐화되었으며(「日軍侵華時期原承德地區部分縣直接損失統計表」, 中共承德地委黨史資料徵集辦公室 編, 『暴行與血淚』, 169쪽), 또한 冀熱遼行署의 조사 보고에 의하면, 古北口에서 山海關까지 설치된 700里의 무주지대의 면적은 4만 2,000km²이었고, 장성 양측의 6개 현에서는 600만 畝의 토지가 황무지로 변해 버렸다고 한다(『濺血的武士刀』, 347~348쪽).

소는 자연히 항일 유격 근거지, 특히 기열료지구 주민들의 식량 등의 물자 사정을 악화시켰다.

더욱이 일본군은 태평양전쟁의 발발로 전선이 확대되고 참전 군인 수가 증가함에 따라 소요되는 군용 양식을 확보하고 통치 지구의 식량 부족 상황을 타개하기 위해 배급 제도를 실시했다.[74] 주민들은 대부분 배급 물자에 의존해서 생활해야 했다. 이때 배급 양식은 '공합면(共合面)'이라고 불렸는데, 이것은 모두 콩깻묵, 상자면(橡子面:상수리나무를 갈아서 만든 가루), 쌀겨, 곰팡이가 슬어 썩은 냄새가 나는 양식 등을 섞어 갈아 만든 것이었다. 특히 배급에만 의존할 수밖에 없었던 집단부락민들은 장기간에 걸쳐 쌀겨, 상자면만을 먹고 살았기 때문에 몸이 붓고 대변조차 볼 수 없는 사람들도 많았다.[75] 또한 1945년 중공 변구정부가 열하성(熱河省) 난평현(灤平縣) 사해촌(四海村)과 치봉차(峙峰茶) 등지에서 조사한 결과에 의하면, 이곳의 주민들은 하루에 옥수수죽 두 끼만을 먹고 살았다고 한다.[76] 심지어 그것마저도 동이 날 경우에는 대다수 주민들이 초근목피로 연명을 하였다. 당시 화북 민중의 식량 사정에 관해서는, 각 지구의 일본군이 방면군에게 행한 아래의 보고서 내용과 당시 만주국군 제5군관구 참모장이었던 우궈꾸이(吳國貴)에 대한 심문조사서, 그리고 당시 진찰기변구의 팔로군 군구사령이었던 녜룽전의 회고록 등에서 잘 드러나고 있다.

保定 管內 산간 지방에서는 강우량 부족 때문에 나뭇잎이나 껍질로 연명하면서 평야 지대로 피난 가고 있다. 邊區軍區政治部는 청년층의 도망을 저지하기 위해 일반 청년의 등록을 실시하거나 상호간에 행동을 감시하고 있다.[77]

1942년 5월 나는 일본인 고문 이와모토(岩本) 소속의 만주국군을 거느리

---

74) 『濺血的武士刀』, 350쪽.
75) 『凶殘的獸蹄』(日軍暴行錄), 85쪽.
76) 『濺血的武士刀』, 352쪽.
77) 『北支の治安戰』 2, 274~275쪽.

고 시찰을 하는 과정 중……永寧에서 백성들이 나뭇잎을 주워 모아 햇볕에 말려 겨울 동안의 식용으로 준비하고 있는 것을 보았다.…… 이 지방에서 강제로 이주해 온 농가는 대략 800호였는데, (그들은) 극도의 빈곤과 비위생적인 생활을 하고 있었다.[78]

1942년 봄 군중과 부대에는 모두 식량이 떨어졌다. 봄이 되자 백양나무(楊樹)와 버드나무에 잎이 돋아나기 시작했다. 백성들은 그 잎을 주요한 양식으로 삼았다. 우리 부대의 취사반에서는 그 나뭇잎을 채집해도 되는지를 물어왔다. 이에 대해 나는 軍區의 정치부를 통해 모든 부대의 취사반이 촌락 부근에서 백양나무와 버드나무의 잎을 채집하지 말고 군중이 따먹을 수 있도록 하라는 훈령을 내렸다.[79]

이러한 상황에서 굶어 죽는 자가 속출하는 것은 일상사였다. 실례로 홍륭현(興隆縣) 대수천(大水泉) 집단부락에서는 1년 사이에 부락민 전체의 20%에 해당하는 200여 명이, 창구(廠溝) 집단부락에서는 2년 동안에 부락민 전체의 38%에 해당하는 265명이 굶어 죽었다.[80]

당시 주민들은 조금의 양식이라도 숨겼다가 발각되면 곧 '경제범(經濟犯)'이나 '통적자비'(通敵資匪 : 공산군과 내통하여 공산군을 도와준 자)라는 죄명으로 처벌을 받았다. 이와 관련된 극단적인 예를 들면, 홍륭현 육도하자(六道河子)의 어느 사람은 병에 걸려 쌀로 죽을 끓여 먹었는데 어느 날 길거리에서 토했다고 한다. 이때 구토한 오물 속에 쌀알이 있는 것이 괴뢰 경찰에게 발각되어 끌려간 뒤 양식이 어디에서 났는지를 추궁받는 등 갖은 박해를 다 받았다고 한다.[81]

또한 일본군은 평지에서는 면화를, 한지(旱地)에서는 아편을 심게 하고 수확한 면화나 아편을 모두 관가(官價)로 수매해 갔는데, 관가는 약탈이나 다름없을 정도로 헐값이었다. 예를 들면 열하성에서의 면화 시가는 1

---

78) 「吳國貴筆供」(1954. 7. 28), 日本帝國主義侵華檔案資料選編 中央檔案館・中國
　　第二歷史檔案館・吉林省社會科學院 合編, 『東北大討伐』, 北京 : 中華書局, 1991,
　　651쪽.
79) 聶榮臻, 『聶榮臻回憶錄』 中, 540쪽.
80) 『凶殘的獸蹄』, 85쪽.
81) 陳平, 「一個特殊的戰略地帶―"無人區"」, 225쪽.

근당 10여 원이었는 데 비해 관가는 3모(毛)(0.3원)였다.[82] 원래 일본측은 식량 작물의 재배를 제한하고 대용 작물의 재배를 장려했지만, 상술한 것처럼 대용 작물 역시 헐값으로 수매해 갔기 때문에 식량 작물 재배지의 축소와 더불어 농민들의 식량 사정은 더욱 악화되었다.

농민들의 물질적 고통이 식량 문제에만 국한되었던 것은 아니었다. 농민들의 의복 실태는 그들의 삶을 더욱 춥게 만들었다. 집단부락민들은 매년 1인당 포 10척이 배급되도록 규정되어 있었지만 많아야 3, 4척만이 배급되었으며, 몇 년 동안에 1척의 포조차 배급되지 않은 지방도 상당수 있었다. 이것은 전쟁에 따른 물자 부족 이외에 관리·경찰·특무들의 중간 착복에서도 비롯되었다. 집단부락민들에게 배급된 옷감도 질이 매우 나쁜 인조 섬유로서 물에 한번 비벼 빨면 곧 해어졌기 때문에, 부락민들은 그것을 '타말단(唾沫緞)'이라 불렀다.[83]

당시 집단부락민들의 의복 실태가 얼마나 비참했는지는 다음과 같은 팔로군 병사의 목격담을 들어보면 알 수 있다.

> 우리 부대가 그 일대에서 활동할 때, 집단부락에서 농경지로 나가는 사람들의 대다수가 다 찢어진 布나 마대 조각을 몸에 걸치고 있는 것을 보았다. 어떤 사람은 단지 다 해어진 모피로 안을 댄 중국식 웃옷만을 몸에 걸치고 살았는데, 겨울에는 그 옷만을 걸쳤고, 여름에는 옷을 벗고 살았다. 그는 밭에서는 옷을 땅에 벗어 두고 맨몸으로 일을 했다. 한 번은 부대가 灤平縣 黃土梁子에 들어갔을 때, 몇몇 병사들이 물을 마시려고 어느 집에 들어가려고 했는데, 집 안에서 여인이 당황해하면서 "동지들! 들어오지 마세요"라고 소리쳤다. 원래 집 안에는 두 명의 젊은 시누이와 올케가 있었는데, 한 명은 벌거벗고 있었고 다른 한 명은 구멍이 뚫린 바지를 입고 있었기 때문에 문 밖에 나올 수가 없었던 것이다. 병사들이 눈물을 글썽이며 자신들이 걸쳤던 옷을 벗어 집 안에 던지자, 그들은 비로소 부끄러워하면서 병사들을 맞아들였다. 이러한 광경은 무인지대에서 활동해 본 사람들은 모두 본 적이 있었다.[84]

---

82) 『濺血的武士刀』, 350쪽.

83) 陳平, 「一個特殊的戰略地帶―"無人區"」, 225쪽 ; 陳平, 「千里無人區」, 『冀東日僞政權』, 357쪽.

84) 「一個特殊的戰略地帶―"無人區"」, 225쪽 ; 「千里無人區」, 357쪽.

집단부락민들의 의복 실태와 관련하여 1945년에 중공 변구정부가 열하성 난평현 사해촌과 치봉차 등지에서 조사한 결과에 의하면, 사해촌의 경우 64호, 370명 가운데 20호, 150명은 음력 섣달에 솜옷이 없이 홑옷만을 입고 살았고, 치봉차의 경우 24호, 130명 가운데 반수는 의복이 없었다고 한다. 심지어 어떤 사람은 한 벌의 찢어진 옷밖에 없었고, 부녀자들이나 어린이들은 대부분 벌거벗은 채로 매일같이 온돌 위에 몸을 녹이고 있다가 한낮이 되어서야 밖에 나와 햇볕을 쬐고 있었다고 한다. 밤에는 이불이 없어서 온돌방을 뜨겁게 달군 후 누워 자지만 몸의 위쪽은 춥고 아래쪽은 뜨거워서 어쩔 수 없이 몸을 아래 위로 굴리면서 자야 했다고 한다. 또 어느 17, 18세의 여자는 옷이 없어서 밤낮으로 온돌방에서 마대 조각을 덮고 지냈다고 한다.[85] 어떤 집에서는 한 집에 다 떨어진 바지가 하나밖에 없어서 남자가 그것을 입고 나가면 여자는 벗은 채로 생활했는데, 이러한 집에는 집 안에 몸을 숨기는 구멍을 파놓아 사람이 찾아오면 그 속으로 들어가 숨었다고 한다.[86]

일본군에 의해 무주지대로 설정된 지역의 집들은 파괴되거나 불태워졌는데,[87] 이때 원래 살던 고향을 떠나 집단부락에 강제로 수용된 주민들은 자신들의 가옥을 스스로 지어야 했다. 일반적으로 각 집마다 할당된 집터는 3장(丈) 평방(약 10m²)이었으며, 지세가 협소한 지방에서는 1.5~2장(약 5~7m²)이었다. 그런데 집단부락에 수용될 때 대다수의 주민들은 새로 집을 지을 수 있는 자금이 없어서 초막이나 움집 등을 짓고 살아야 했다. 기열료지구의 경우, 이러한 상태는 1942년에 집단부락으로 수용된 뒤부터 1945년 일본이 패망할 때까지 지속되었다. 그 결과 겨울에는 사방에서 눈바람이 스며들어 냉기가 살을 에는 듯했기 때문에 적지 않은 사람들이 얼어죽었다. 실례로 홍릉현 한곳에서만도 몇 년 동안에 얼어죽

---

85) 『濺血的武士刀』, 352쪽.
86) 『冀東革命史』, 341쪽.
87) 실례로 「만주국」 熱河省의 경우, 삼광정책으로 인해 최대의 피해를 본 興隆·青龍·寬城·承德·豊寧·灤平·隆化 등의 현에서는 모두 33만여 채의 가옥이 불태워졌다고 한다(「日軍侵華時期原承德地區部分縣直接損失統計表」, 169쪽).

은 자가 1,000여 명에 달했다. 여름에는 더러운 물·분뇨·진흙탕물 등이
흘러들어 악취가 코를 찔렀고, 파리·모기·쥐·빈대 등이 들끓어 흑사
병·장티푸스·콜레라·이질 등의 전염병이 만연했다.[88] 아래의 사례는
당시 집단부락민들의 주거 실태가 어떠했는지를 여실히 보여주고 있다.

　　부락 내의 가옥…… 새로 흙으로 만든 온돌은 濕해서 장작을 때면 수시
로 흰 수증기가 솟아올랐다. 밤중에는 찬바람이 스며들어 몇 가족이 하나의
온돌 위에 꼭 끼여서 자야 했는데, 마치 물 속에 잠겨 있는 것처럼 매우 추
웠다. 집에는 담장이 없었고, 지붕도 제대로 덮여 있지 못했으며, 이불은 고
사하고 찬바람을 막을 만한 것도 없었다. 어느 때 비가 오거나 눈발이 휘날
리면 어쩔 수 없이 그대로 맞을 수밖에 없었다.…… 가옥은 마치 새장처럼
매우 답답하고 어수선하고 더러웠다. 사람과 돼지·닭이 한데 모여 있었고
마당이나 공간은 없었다. 도처에는 대변과 쓰레기가 널려 있어서 악취가 심
했다. 온돌 위에는 벌레가 있었고 몸 안에는 이가 있었으며,…… 여기에서
번창하는 것은 사람이 아니라 세균이었다. 이곳은 사람의 집이 아니라 질병
과 전염병과 죽음이 판치는 집이었다. 이곳은 '사람 우리'였다.[89]

화북의 항일 유격 근거지 내 집단부락에서는 매우 열악한 주거 환경으
로 전염병의 만연 정도가 높았을 뿐만 아니라, 영양 부족으로 인해 질병
에 대한 저항력이 저하되어 있었으며, 의약품마저 거의 없었다. 그로 인
해 집단부락민들 가운데는 전염병으로 인한 사망자가 많이 발생했다. 실
례로 1943년 여름에 전염병이 한번 휩쓸고 지나가자, 「만주국」 열하성
홍릉현에서만 6,000여 명이, 근장자촌(靳仗子村)에서는 하루 만에 40여
명이, 대수천촌에서는 페스트가 유행하면서 300명 가량이, 준화현(遵化縣)
신립촌(新立村)의 집단부락에서는 530여 명이 사망했다.[90] 또한 화북의
기동지구에서는 평천현(平泉縣)의 경우 7만여 명 가운데 1만여 명이, 유
계향(柳溪鄕)에서는 11개 부락 5,300여 명 가운데 2,100여 명이, 건창현

---

88) 「一個特殊的戰略地帶—"無人區"」, 224쪽 ; 「千里無人區」, 356쪽 ; 『凶殘的獸蹄』,
　　85쪽.
89) 丁民, 「人圈」, 『北方文化』 1936년 3월호(『濺血的武士刀』, 349쪽에서 재인용).
90) 「千里無人區」, 356쪽 및 『凶殘的獸蹄』, 84～85쪽.

(建昌縣)에서는 7,700여 명이 전염병으로 죽었다.[91] 집집마다 시체가 널려 있어서 시체 썩는 냄새가 코를 찔렀고 통곡 소리가 끊이질 않았다.[92] 게다가 1943년 오대호욕구(五台狐峪溝)에서는 60% 이상의 사람들이 질병을 앓고 있었으며, 부녀자들 가운데는 일본군과 괴뢰군에게 강간을 당해 30%가 성병을 앓고 있었다.[93] 이처럼 화북 농촌사회(「만주국」의 열하성 및 봉천성의 일부 지역을 포함해서)에서 중국 농민들에게 남겨진 전쟁의 상흔은 너무도 컸고 이들 농민들이 감당해야 했던 고통은 이루 말할 수 없었다.

(4) 정치·사회적 생활의 변화

화북의 유격 근거지 주민들의 정치·사회적 생활 실태가 참혹했다는 사실은, 일본의 화북 점령지 정책 및 전술 자체가 비인간적이고 무자비하게 추진되었음을 반증해 준다. 일본의 치안강화운동, 즉 총력전 체제의 구축은 화북 농민들의 생활이나 심리 상태 등을 제대로 고려하지 않고 폭력적으로 추진되었던 것이다. 그러한 사실은 '비민분리(匪民分離)'를 요체로 한 집가공작 과정에서도 쉽게 드러나고 있었다. 다음의 인용문들은 당시 집가공작을 경험한 화북 민중의 증언 내용이다.

> 흥륭현 馬尾溝의 인민들은 죽음을 무릅쓰고 정든 집을 떠나지 않으려고 산속의 굴 속에 숨어서 배고픔을 참고 있었다. 그런데 교활한 일본군이 警察犬을 풀어 도처에서 사람들을 수색하다가 사람을 발견하면 그 자리에서 살해했다. 어떤 때는 사람들이 굴 속에서 나오기를 기다렸다가 잔혹하게 살해했다. 그 한 예로 어느 부녀자는 아이를 업고 굴 속에서 나와 야채를 찾다가 발견되었는데, 15명의 일본군에게 윤간을 당했다. 이때 일본군들은 그녀의 왼쪽 유방을 잘라내고 다른 사람들이 어디에 숨어 있는지를 추궁했지만, 그녀가 대답하지 않자 母子를 모두 살해했다.[94]

---

91) 『冀東革命史』, 340쪽.
92) 「千里無人區」, 356쪽 및 『凶殘的獸蹄』, 84∼85쪽.
93) 『濺血的武士刀』(日軍屠殺錄), 352쪽.
94) 『凶殘的獸蹄』, 82쪽.

이렇게 20여 일 동안에 全長 약 100km, 폭 4km 남짓, 약 400km² 지구 내의 가옥 1만 5,700여 채를 불사르고 수많은 거주민을 강제로 이주시켜 광대한 농경지가 황무지로 변해버렸다. 동시에 주민 200여 명을 살해했다. 후에 한 조사에 의하면 이 주민들 가운데 172명이 굶어죽었거나 얼어죽었다고 한다.[95]

위의 증언 내용에서도 짐작할 수 있듯이, 일본은 집가공작, 즉 무주지대 및 집단부락 설치 공작을 추진하는 과정에서 공산당측 근거지에 있던 수많은 주민들을 살해했고, 곡물이나 가축 등 먹을 수 있는 것들은 모두 빼앗았다. 심지어 냄비나 솥 등 가장 기본적인 생활용품들마저 모두 부수거나 약탈했고, 가옥들은 모두 불태워서[96] 도망친 주민들이나 팔로군들이 다시 돌아와 생활하는 것을 곤란하게 만들었다. 또한 일본군들은 여자들의 비단옷, 농부들의 무명바지·신발·속옷 등을 송두리째 벗겨 끌고 온 중국인을 거의 알몸으로 만들었다. 어떤 마을의 여인들은 하나도 빠짐없이 일본 점령군에게 강간을 당한 경우도 있었다. 마을 남자들은 마치 짐을 끄는 짐승처럼 '황군(皇軍)'의 채찍질을 받으며 짐을 끌다가 쓰러져 죽거나 미쳐버리기도 했다.[97]

일본군의 잔악한 행위로 인해 1939년부터 1942년까지 하북성 남부 지방에서는 인구의 15~40%가 사망했고, 30~90%가 포로가 되었다. 또한 화북의 항일 유격 근거지의 인구는 1939년에 4,400만 명이던 것이 1942년에는 3,000만 명으로 감소했고 팔로군 병력도 40만 명에서 30만 명으로 줄었다는 자료[98]도 제시되고 있다. 이처럼 모조리 죽이고 모조리 불사르고 모조리 빼앗는 삼광정책은 공산당측 근거지를 초토화하려는 데 목적이 있

---

95) 일본군 육군 중장 스즈키(鈴木啓久)의 回顧錄 내용의 일부(『凶殘的獸蹄』, 84쪽에서 재인용).

96) 당시 일본군이 공산당측 근거지 내의 부락들을 모조리 불태울 때 나는 화염과 연기 때문에, 지상의 정찰기들이 정찰을 할 수 없다고 항의하는 일이 많았다고 한다(『證言記錄 三光作戰—南京虐殺から滿洲國崩壞まで』, 86쪽).

97) Theodore White, *In Search of History*, Warner Books, 1979(黃義坊 譯, 『中國政治秘史』, 서울 : 曙光出版社, 1983, 45쪽).

98) Mark Selden, *The Yenan Way in Revolutionary China*, Harvard Univ. Press, 1971.

었다. 이때 무주지대로 설정된 지구에 살던 주민들을 마을에서 내몬 뒤
집단부락에 강제로 수용한 조치는, 특히 주민들의 원한을 사게 되어, 삼광
정책과 아울러 팔로군측의 대민 선전에 이용되기도 했다.[99]

집단부락에서는 팔로군의 침입을 막기 위해 밤에는 항상 징 소리를 내
어 군중이 신호를 들을 수 있게 했으며, 이때 군중은 담장 위로 뛰어 올
라가 함께 함성을 지르도록 했다. 낮에는 해가 높이 떠올라 평안 무사함
을 확인한 후에야 부락의 문을 열어 사람들이 밖에 나가 농경 활동을 하
게 했으며, 저녁에는 해가 지기 전에 문을 닫고 엄중하게 경계했다. 조금
이라도 바람이 불어 풀이 흔들리면 며칠씩 문을 열지 않았다.[100] 게다가
많은 토벌대와 괴뢰 경찰들이 집단부락을 봉쇄하고 있었다.

방면군은 집단부락민들을 엄격하게 통제하기 위한 수단으로 집단부락
에서 보갑제도를 실행했다. 그리고 성년 남자에 대해서는 '양민증'(혹은
주민증)이나 '여행허가증'을 발급해서[101] 부락의 출입이나 여행 시에 검사
해서 팔로군이나 항일분자들의 부락 내 잠입을 차단하려고 했다. 이를
위해 투항자, 부랑자, 특무·비밀 조직인 흥아회(興亞會), 밀탐반(密探班),
정보망 등을 이용하여 집단부락민들의 언행을 수시로 감시하고 정찰했다.
특히 방면군측의 첩보원들은 공산당 공작원으로 위장해서 밤에 부락민들
을 시험 삼아 찾아가는 등의 행위로 부락민들 상호간에 불신감을 조장했
다. 또한 각 촌에는 정보원들이 파견되어 있어서 이들이 정보를 방면군
측 거점에 보내고 있었다.[102]

일반적으로 집단부락에 수용된 농민들은 자유로운 경작권이 없었고,
친척집을 방문하거나 부락을 떠나는 것, 심지어 소규모 매매 행위까지도
엄격하게 금지되었다.[103] 청·장년의 남자들은 대부분 자위단에 편성되어
매시 순찰을 돌아야 했기 때문에 잠을 제대로 잘 수가 없었으며, 매달

99) 『鈴木啓久中將回想錄』(『北支の治安戰』 2, 233~234쪽에 所收).
100) 『凶殘的獸蹄』, 84~85쪽 및 陳平, 「千里無人區」, 355~356쪽.
101) 『凶殘的獸蹄』, 85쪽.
102) 文成, 「豊玉寧地區反"蠶食"鬪爭」, 『文獻·回憶錄』 제2집, 231쪽.
103) 『濺血的武士刀』(日軍屠殺錄), 351쪽.

15일~20일씩 '근로봉공(勤勞奉公)'이라는 구실로 경비 도로 및 토치카의 수축, 광물 채굴, 봉쇄호의 굴착 등과 같은 강제 노역에 종사해야 했다. 그 결과 피로에 지쳐 죽는 사람들도 많았다.[104] 이처럼 일본이 집단부락에서 노역을 강요하거나 모진 박해와 감시를 했기 때문에,[105] 자신들의 처지가 개ㆍ돼지보다 못하다고 여긴 주민들은 집단부락을 '사람 우리(인권[人圈])'라고 불렀다.[106]

일본군은 집단부락민들에게 정치범ㆍ사상범ㆍ경제범ㆍ밀수범ㆍ비밀 누설범ㆍ통비(通匪:항일 게릴라와 내통한 자)ㆍ제비(濟匪:항일 게릴라에게 물자를 제공한 자)ㆍ자비(資匪:항일 게릴라에게 도움을 준 자) 등의 수많은 죄명을 제멋대로 씌웠다. 실례로 몇 장의 편지 봉투를 찾아내면 곧 '통비죄(通匪罪)'를 씌웠고, 사서(四書)를 읽으면 '사상범'의 죄명을 씌웠으며, "우리는 중국인이다"는 말 한마디만 해도 '반만항일(反滿抗日)'[107]의 죄명을 씌워 중벌을 가했다.[108] 조금만 반항하거나 불손한 태도를 취해도 제멋대로 죄명을 붙여 총살에 처했으며, 개인이 포필을 매매하거나 돼지를 잡아도 '경제범'이라고 하여 처벌을 가했다. 또한 어느 한 집단부락의 식량을 다른 집단부락으로 가지고 갈 수 없었고 더욱이 국경 밖으로는 운반할 수 없었다. 만일 발각되면 '밀수범'이라 하여 엄벌에 처해졌다.[109] 이처럼 가혹한 인적ㆍ물적 통제를 가했던 배경에는 집단부락에 수용된 중국 민중이 대부분 공산당군측의 유격 근거지에 거주하던 자들이었기 때문에 그만큼 공산당군과의 연계를 의심했던 방면군측의 의도가 작용하고 있었기 때문이다.

집단부락에서는 매달 한 번 혹은 매년 한 차례씩 대대적인 검거 선풍이 불어 수많은 농민들이 살해되었거나 징병ㆍ질병ㆍ기아 등의 요인으로 인

---

104) 『濺血的武士刀』(日軍屠殺錄), 351쪽 및 『凶殘的獸蹄』, 85쪽.
105) 『凶殘的獸蹄』, 84쪽.
106) 「千里無人區」, 355쪽.
107) 괴뢰 「만주국」에 반대하고 일본에 반항한다는 의미이다.
108) 「千里無人區」, 358쪽 ; 「一個特殊的戰略地帶―"無人區"」, 225쪽.
109) 『濺血的武士刀』, 351쪽

구가 급격히 줄어들었다. 실례로 무주지대의 중점 지구였던 「만주국」 열하성 홍룡현의 경우, 1933년 3월 일본군에게 점령될 때 총 인구는 약 14만 명이었지만, 무주지대가 설치된 뒤 몇 년 사이에 전체 현에서 3만 4천여 명이 살해되었고, 얼어죽었거나 질병·기아 등으로 사망한 자가 1만여 명에 달했으며, 비참한 생활로 인해 절대 다수의 부녀자들이 생식 능력을 상실했다. 그 결과 1945년 일본의 패망 때까지 12년 반 동안의 인구 증가율을 고려할 때 약 18~19만 명에 달해야 했던 인구가 10만 명에도 못미쳤다.[110] 또한 청룡현에서는 1934년에 28만여 명이었던 것이 1945년에는 25만여 명으로, 난평현에서는 1933년에 24만여 명이었던 것이 1945년에는 21만여 명으로 감소했다.[111]

이때 특이한 사실로서 삼광정책에 따른 대량 학살과 대규모 노동력의 징발로 인해 무주지대에는 '과부촌'의 양상을 띤 부락이 많았다.[112] 또한 부녀자들에 대한 일본군 병사들의 능욕은 일일이 거론할 수 없을 정도로 비일비재했으며, 또한 '위안부'로서 군에 강제로 징용되는 일조차 공공연하게 벌어지고 있었다.[113] 일본군은 집단부락 내에서 부녀자들을 공개적으로 강간하는 것을 합법적인 일로 여겼다. 일본군은 집단부락민들에게 대문을 열어두도록 했고 밤에도 문을 잠그지 못하도록 했기 때문에, 일본군은 아무런 제지 없이 들어가 부녀자들을 강간할 수 있었다.[114] 그로 인해 부녀자들이 능욕을 참지 못하고 자살하거나 능욕당하는 것에 항거하

---

110) 「千里無人區」, 358~359쪽.

111) 『冀東革命史』, 343쪽.

112) 「一個特殊的戰略地帶—"無人區"」, 227쪽 및 楊福臣, 「侵華日軍在薊縣暴行綜述」, 『侵華日軍在薊縣暴行』, 6쪽. 실례로 興隆縣 秋木林子와 大莫峪村에는 130호의 人家가 있었는데, 그 가운데 180명의 남자가 일본측에 의해 살해되었다. 그리하여 이 두 마을은 '寡婦村'의 양상을 띠고 있었다고 한다(楊福臣, 위의 증언록, 227쪽). 또한 만리장성 부근의 前干澗村에서는 수백 명의 마을 사람들 가운데 100여 명이 일본측에 의해 살해되었고, 孫各莊村에서는 300여 명의 사람들 가운데 80명 가량의 청·장년들이 일본군에 의해 熱河省 쪽으로 끌려가 살해되었다. 이리하여 이 두 마을 역시 '寡婦村'의 양상을 띠고 있었다고 한다(楊福臣, 위의 증언록, 6쪽).

113) 『解放日報』 1942년 1월 9일자.

114) 「一個特殊的戰略地帶—"無人區"」, 224쪽.

다가 피살되는 일이 다반사였으며, 만일 부녀자가 순순히 응하지 않으면 '통비범'이라는 죄명으로 살해했다. 어느 집단부락에서는 전체 부녀자들 중에 십중팔구의 부녀자가 능욕을 당하기도 했다.[115]

당시 집단부락에서 물자 공급이 풍족했던 것은 아편뿐이었다. 각급 정부에는 '금연국(禁煙局)'이라는 부서가 설치되어 표면적으로 아편의 흡입을 금지하고 있었지만, 실제로 이 부서는 아편 재배를 관장하는 기구로서의 성격을 띠고 있었다. 당시 농민들의 생존 유지가 곤란할 정도로 농경지가 축소되었지만, 아편 재배 면적은 오히려 매년 증대되고 있었고 아편 출하량도 매년 증가하고 있었다. 또한 아편을 충분히 출하하지 않으면 생활 물자를 배급하지 않는다는 규정까지 두었다.[116] 실례로 당시 아편 생산의 중요한 기지였던 열하성에서는 1무당 아편 생산량을 13~16량으로 규정했는데 이러한 생산량을 달성하기는 쉽지 않았다. 그런데 만일 규정된 양의 아편을 출하하지 않으면 생활 용품을 배급하지 않았을 뿐만 아니라 구타하거나 감옥에 보내거나 심지어 징용으로 끌고가기도 했다.[117]

당시 아편 판매는 일본 식민 당국의 주요한 재정 원천으로 작용하고 있었기 때문에, 일본측은 아편의 재배·매매·흡입을 사실상 묵인하면서 암암리에 거기에 관여하고 있었던 것이다.[118]

대대로 조상의 혼이 깃들어 있던 정든 고향에서 쫓겨나 '사람 우리'= 집단부락에 갇혀 모든 자유를 박탈당한 채 모멸과 박해와 감시 속에서 개·돼지 취급을 받고 있던 집단부락민들은, 일본에 대한 증오심과 삶에 대한 자포자기 심리를 동시에 가지고 있었다. 집단부락민들에게 삶에 대한 고통을 일시적으로 잊게 만들어 주었던 것은 아편이었다. 집단부락민들은 모든 자유를 박탈당하고 있었지만 아편 흡입만은 제한을 받지 않았다. 아편을 흡입하거나 아편 주사를 맞는 일이 만연되어 성인 남자 가운

115) 『凶殘的獸蹄』, 86쪽.
116) 「千里無人區」, 357쪽.
117) 『冀東革命史』, 341쪽.
118) 朴櫃, 「20세기 전반기 동북아에서의 일본 아편 정책과 그 성격」, 『한국민족운동사』 제 29 집(2001, 12), 318~325쪽.

데 60~70%가 아편에 손을 대고 있었으며, 특히 여자들의 아편 흡입률
은 더 높았다.[119] 아편 흡입은 중국인의 오랜 아편 흡입 습관과 맞물려
일본이 집단부락민들의 정치적 의식을 마비시키려는 데서뿐만 아니라, 아
편 판매를 통한 재정 확충을 위해 반공개적으로 조장한 데 기인했다. 이
처럼 일본이 대량의 아편 생산과 흡입을 방조하는 정책을 추진한 결과
대부분의 사람들이 아편을 흡입하게 되자, 항일 세력이 간부를 물색하거
나 민중을 동원해서 팔로군에 참여시키는 일 등 항일 활동에 적합한 인
물을 찾는 데 어려움을 초래하여 항일 무장 투쟁에 불리한 여건을 조성
하기도 했다.[120] 이와 같은 일본의 파쇼적인 통치와 우민화(愚民化) 정책
으로 건달패나 부랑자가 크게 늘어났으며 밀매꾼 또한 매우 많아졌다.[121]
이들 주민들의 생활상은, 1944년도에 「만주국」 국무원군사부 사상전연구
부가 분석한 비밀 보고서에서도 잘 드러나고 있었다.

서남지구의 지리 및 각종 사회 조건은 집가공작 등이 초래한 각종 민생
문제와 관계가 매우 컸다. 조그만 땅덩어리에 의존하고 있던 주민들을 비교
적 큰 부락으로 집결시킨 결과 거주지와 경작지 사이의 거리가 멀어졌다.
그러한 조치는 풀 한 포기 나무 한 그루에도 생활상에 영향을 받는 빈곤한
주민들의 삶에 필연적으로 각종 모순을 야기했다. 예를 들면 광대한 무주지
대를 설정함으로써 농경지를 축소시켰는데, 특히 본 연도에 실시한 경작 금
지 지구의 획정은 민중에게 매우 큰 영향을 주었다. 가령 靑龍縣의 경우 금
년의 경작지는 작년에 비해 약 50%가 감소되었다고 한다. 또한 무주지대에
는 약간의 민중이 숨어 살고 있는데, 이들은 완전히 匪方〔팔로군 : 인용자〕
의 보호하에 있다. 이러한 정황은 팔로군측이 招民한 결과이기도 하지만, 가
장 큰 원인은 그들이 평지로 이주당한 뒤에는 생활할 방도가 없었기 때문이
다. 그 밖에 생활상의 기초가 워낙 빈약한 주민들로서는 강제 이주당한 뒤
집을 짓고 방위 시설을 구축하는 데 따른 인력·재력을 감당할 수가 거의

---

119)「千里無人區」, 357쪽 및 「一個特殊的戰略地帶—"無人區"」, 226쪽. 실례로 圍
　　場縣의 경우 全縣의 인구가 24만 명이었는데, 그 가운데 아편 흡입자가 5만 5천
　　명에 달했다고 한다(『冀東革命史』, 342쪽).
120)『冀東革命史』, 342쪽.
121) 姜宇, 「一九四三年下半年冀熱邊情況報告」 1943. 12. 30, 85쪽.

없는 상황이었다. 게다가 최근 몇 년간 치안 불량으로 피아 쌍방 간의 쟁탈 대상이 된 주민들의 희생이 매우 컸다. 더욱이 집단부락의 각종 부담은 民力을 더욱 고갈시켰다. 이런 열악한 조건은 그 후 주변 상황에 좋지 않은 영향을 주어 敵匪에게 이용될 수 있는 틈을 주었던 것이다.[122]

요컨대 1940년대 전반기 팔로군측의 총력전 체제가 구축되면서 진찰기변구, 특히 기열료지구 주민들은 의식주를 포함한 일상 생활 전반에 걸쳐 극히 열악한 상황에서 기아나 각종 전염병의 창궐로 떼죽음을 당하는 일들이 비일비재했다. 항일 유격 근거지의 주민들은 정치 사회적으로도 인간 이하의 취급을 받기가 다반사였다. 특히 항일 근거지였다가 일본군에 의해 점거되었거나 항일 근거지와 인접한 곳에는 집단부락들이 많이 설치되었는데, 이곳에 수용되었던 주민들은 '죄수 아닌 죄수'처럼 혹독한 감시 체제하에서 인간적인 모멸과 능욕을 당하는 등 억압과 굴종 속에서 세월을 보내야 했다.

---

122) 軍事部思想戰硏究部, 「西南地區治安問題之考察」(1944. 4)(『東北大討伐』, 612 쪽).

Ⅲ 화북 민중의 정세 인식과 정치적 태도

1. 지리적 위치에 따른 화북 민중의 정치적 태도

이 장에서는 일본의 침략 전쟁이 화북 민중의 정세 인식 및 심리 상태에 어떠한 영향을 미쳤고 그에 따라 화북 민중의 정치적 태도가 어떠했는지를 살펴보자. 이것은 일본의 점령지 정책과 중국 혁명의 상관 관계를 해명하기 위한 중요한 지표 중의 하나이다. 그런데 분석에 앞서 항일 전쟁 이전 시기 혹은 중·일간 전쟁의 실상을 깨닫기 이전인 항전 초기 화북 농민들의 사회 정세 인식의 상태가 어떠했는지를 먼저 살펴보자. 이것은 중·일간 전쟁이 발생하기 이전과 이후 사이에 화북 민중의 사회 정세 인식, 특히 전쟁에 대한 인식이 어떻게 변화되었는지를 살펴보기 위해서이다. 이와 관련된 실례로 화북의 방산(房山)·완평(宛平)·내수(淶水)·내원(淶源)의 교계(交界) 지역에 있던 10여 개 산간 부락에서는 줄곧 신해혁명(辛亥革命)의 슬로건인 '반청복명(反淸復明)'의 기치를 내걸고 있었는데, 1929년이 되어서야 청조(淸朝)가 이미 멸망했다는 사실을 알았다고 한다. 또한 중·일간 전쟁이 발생한 사실에 대해서도 공산당과 팔로군이 이 지구에 들어온 이후에야 알았다는 것이다.[123] 게다가 화이트 (Theodore White)의 지적처럼,[124] 항전 초기까지만 해도 화북의 민중은 국

---

123) 魏宏運,「抗戰第一年的華北農民」,『抗日戰爭研究』1993년 제1기, 12쪽.

124) "어떤 마을들은 국민당을 지지했고, 어떤 마을들은 省 정부를 지지했으며, 또 다른 마을들은 공산당을 지지했다. 그러나 기본적으로 그들은 보호를 받아야 하는 자신들의 필요를 가장 잘 충족시켜 주고 일본군들에게 강간당하지 않도록 부녀자들을 지켜주며, 남자들을 강제 징용으로부터 구출해 주는 세력이면 그 성격에 구애

민당이나 공산당 혹은 지역 정부들 사이의 차이를 명확하게 인식하지 못하고 있었다. 항전 초기에 그들이 관심을 기울였던 것은 자신들의 안위를 가장 잘 보장해 줄 수 있는 세력이 누구냐에 있었다.

항전 초기부터 화북 농민들이 무조건 공산당과 팔로군을 환영하고 지지했던 것은 아니었으며, 그들의 태도도 계급(혹은 계층)에 따라 달랐다. 당시에는 도회지와 그 인근을 제외하고 대중 전달 매체(라디오나 신문 등)가 보급되어 있지 못했기 때문에 벽지의 농민들에게는 중·일간 전쟁의 실태나 팔로군의 존재 등을 인식할 수 있는 계기가 거의 없었다. 심지어 항전 초기까지만 해도 화북의 중국인들은 일본군의 정확한 실체조차도 파악하지 못하고 있었다.

그 결과 그들 사이의 일본군에 대한 인식이나 태도 역시 다양했다. 이와 관련하여 산동 남부 지역에 관한 왕위추엔(王毓銓)의 조사 자료에 의하면, 당시 빈농과 고농(雇農)의 경우는 일본군이 쳐들어와 한후쥐(韓復榘) 정권을 타도함에 따라 전부(田賦) 및 잡세의 징수가 없어지고 강제 노동이 없어지게 되었다는 사실을 알았을 때, 그들 대다수는 구제받았다는 환상을 지니고 있었다고 한다. 빈농의 그러한 반응에 대해, 왕위추엔은 다음과 같은 원인을 지적하였다. 즉 당시 농민은 국정에 관여하지 않았고, 민족 의식도 결여되어 있었다는 것이다. 또한 그들은 토지나 재산을 거의 가지고 있지 않았고 생명을 잃는 것 이외에는 일본군의 침략으로 더 이상 악화될 상황은 없다고 생각했다는 것이다. 더욱이 산동 남부에서 항일 운동이 전개되고 있지 않았고 싸우고 싶어도 일본군과 싸우는 전술을 알지 못했기 때문에 일본군에 대한 항전 의식이 그때까지는 형성되어 있지 않았다는 것이다. 특히 그들은 부패한 토착 정권이 일본군에게 타도된 데 대해 처음에 기뻐했던 주요한 이유는 일본군의 침략이 직접·간접적으로 향촌의 지배자인 지주의 안전을 위협했기 때문이라는 것이다.[125] 이러한

되지 않고 지지를 보냈다. 일본인들이 쳐들어와 살인을 자행할 때 공산주의자들은 가장 유능한 살인자의 적수였다"(Theodore White, *In Search of History*, Warner Books, 1979 ; 黃義坊 譯, 『中國政治秘史』, 서울 : 曙光出版社, 1983, 54쪽).
125) Wang Yu-Chuan, The Organization of a Typical Guerria Area in South

상황의 도래는 오히려 농민에게는 기뻐할 만한 일이었다.

이처럼 부패한 한(韓) 정권이 타도되어 사회 질서가 혼란해지고 지주의 안전이 위협받게 되자, 식량이 부족하던 농업 노동자나 빈농들은 그러한 상황에 편승해서 삼위일체(지주·상인·고리대업자)에 대한 복수심과 자신들의 기아 상태를 해소하기 위해 지주·부농에게 우르르 몰려가서 소위 '곡물분배운동'을 전개하기에 이르렀다는 것이다.[126] 특히 빈농들은 지주·부농의 권익을 받쳐주고 있던 국민당 지방 정부가 서남부로 퇴각하면서 형성된 무정부 상태에 편승해서 그들로부터 곡물을 빼앗아 스스로 분배했다는 것이다. 그런데 일부의 빈농들은 중·일간 전쟁이 심화되면서 도회지나 공로(公路) 가까이에서 일본군의 약탈·방화·살인·인부(人夫) 징발 행위들에 직면하게 되어 일본군의 침략이 생계 수단의 파괴 및 기아·죽음을 가져왔다는 사실, 그리고 일본과의 전쟁이 종래의 군벌 사이의 전쟁과 달리 중국 인민의 생사를 건 투쟁이라는 사실 등을 깨닫게 되었다는 것이다. 그 결과 이들은 일본군의 침략 만행을 뒤늦게 동포들에게 전달하고 각성시키면서 일본군에 저항하기 시작했다고 한다. 이 과정에서 그들은 자연스럽고 소박한 '민족 의식'을 갖게 되었다는 것이다.[127]

중농은 빈농에 비교해서 어느 정도의 토지나 재산을 가지고 있었고, 일본군의 침략에 의해 생계를 위협받았을 뿐만 아니라, 사회 질서가 혼란해지면서 출현한 토비들에 의해 재산의 안전도 위협을 받게 되었다는 것이다. 따라서 중농 계층은 일본군이든 토비이든 침입자로부터 향촌을 방위하기 위한 무장 조직을 농민 제 계층 가운데 가장 먼저 만들기 시작했는데, 그들의 무장 조직은 전통적인 종교 결사·홍창회(紅槍會)·흑기회(黑旗會)·황사회(黃沙會)·무극도(無極道)·순양도(純陽道) 등을 토대로 이루어졌다는 것이다.[128]

　　　Shantung, Evans Carlson ed., *The Chinese Army*, Appendix, 1940(日譯『山東南
　　　部遊擊地區組織』, 東京 : 東亞硏究所, 1941, 14～15쪽).

126) Wang Yu-Chuan, *Ibid*, pp.17～18.
127) Wang Yu-Chuan, *Ibid*, pp.16～17.
128) Wang Yu-Chuan, *Ibid*, pp.19～20.

향신(鄕紳) 및 지주는 한편으로 일본군의 약탈·방화·살해를 두려워하면서도 다른 한편으로는 빈농의 '곡물분배운동'과 토비의 공세를 두려워했다고 한다. 만일 일본군에게 저항함으로써 빈농에게 재산을 나누어주는 것을 막을 수만 있다면 일본군에게 저항했을 것이라고 한다. 그런데 일본군이 사회 질서와 식량을 원하는 것을 알자, 자신의 이익은 일본군과 타협하는 쪽이 가장 잘 보호받을 수 있다고 생각하게 되었다는 것이다. 그래서 그들은 사회 질서를 유지하고 자신을 보호하는 데 전력을 기울였으며, 일부는 공공연하게 '치안유지회'의 회원이 되거나 한간(漢奸)이 되어 일본군과 타협했다는 것이다. 또한 그들은 일본군과 타협하면서 민단(民團) 등 자신들의 무장력을 강화하고 보위단(保衛團)이라든가 연장회(連莊會) 같은, 본래는 현장(縣長)의 지휘하에 있던 공적인 무장력을 장악·강화하고, 이것을 기초로 자신의 거주지에서 절대적인 힘을 발휘하면서 스스로 질서를 유지할 수 있었다는 것이다. 그들은 유격대 지휘관을 자칭했지만, 공공연하게 일본군 밑으로 도망쳐 '치안유지회'에 가입하는 등 일본군의 점령 통치를 위한 지주 역할을 했다고 한다. 그리고 다른 대지주의 무장대도 일본군과 타협하는 경향이 강했다고 한다.[129]

상술한 조사 보고서에 따르면, 당시 화북 농촌사회의 구성원 가운데 절대 다수를 차지하고 있던 계층이 농업 노동자·빈농·중농이었음을 고려해 볼 때, 친일적 성향을 지닌 일부 향신이나 지주 계층을 제외하면 대체로 화북의 농민들은 일본군의 침략 실상을 인식하면서 저항 의식을 갖게 되었다고 볼 수 있다.

일본군의 침략으로 중국 정부가 철수한 이래 고립무원의 처지에 있던 농민들이 객관적인 현실을 인식하게 된 결정적인 계기는, 일본군이 들어와 무자비하게 자신들의 고향을 짓밟았을 때, 혹은 공산당군이 장렬하게 희생하는 모습을 보거나 무고한 민중이 참혹하게 죽어가는 것을 보았을 때였다. 이러한 일들이 비로소 농민들에게 민족 의식과 애국심을 불러일으켰고, '국가가 망하면 집안도 망하게 된다'는 사실을 깨닫게 해주

---

129) Wang Yu-Chuan, *Ibid*, pp.20~22.

었다.[130] 그래서 전쟁은 뜻하지 않게 중국 농민들을 교육해서 그들 대다
수에게 '망아무사적(忘我無私的)인 사상'을 불어넣었던 것이다.[131]

1940년대 전반기 일본군 점령 지구 내의 중국 민중은 대부분 일본에
대해 강한 반감을 갖고 있었다. 이것은 1941년 12월 17일 흥아원(興亞
院)에서 조사한 결과에서도 잘 드러나고 있었다. 이 조사 결과에 의하면,
점령 지구 민중 가운데 일본을 계속 지지하는 사람들은 약 20%, 중일합
작에 대해 관심이 없는 사람들은 약 40%, 민족 의식이 왕성해서 일본에
반대하는 사람들은 40%였다고 한다. 그리고 대부분의 사람들은 일본군이
초기에는 우세를 차지할 수 있을지라도 장기전에 들어가면 승리할 수 없
을 것이며, 더욱이 소련이 대일선전을 할 경우 일본은 최후에 곤란한 처
지에 빠질 것이라고 굳게 인식하고 있었다고 한다.[132] 즉 위의 조사에서
중·일 합작에 무관심한 사람들을 소극적인 의미에서의 반일 세력으로
간주한다면, 당시 일본측에 대해 반감을 갖고 있거나 저항 의식을 가지
고 있던 사람들이 대다수였다고 할 수 있다. 이것은 일본의 침략이 중국
민중의 민족 의식을 깨우쳐 주었음을 의미한다.

그런데 당시 일본의 점령 지구 가운데 하나였던 화북, 특히 일본의 점
령지 정책과 전술이 무자비하게 실시되었던 기열료지구를 포함한 진찰기
변구 주민들의 정치적 태도 변화의 사례들을 살펴보면, 그들의 반일 감
정이나 항일 의식이 그대로 행동화되었던 것은 아니었다. 반일 감정이나
원한 혹은 애국심을 가지고 있었다고 해서 모든 사람들이 한결같이 팔로
군이나 공산당측에 가담한 것은 아니었다. 민중에게 자신의 생활권(가
족·촌락 등)을 방위하도록 한 것은 민중의 이해와 직접 관계가 있었기
때문에 그들을 설득시키는 것이 비교적 쉬웠다. 그러나 민중을 그들의
생활권 밖으로 동원하는 것은 생활권의 방위와는 다른 차원의 문제였다.
민중이 병사를 지원해서 촌을 벗어나게 하는 것은 커다란 저항감과 구체

---

130) 魏宏運, 「抗戰第一年的華北農民」, 13쪽.
131) 「抗戰第一年的華北農民」, 14쪽.
132) 『北支の治安戰』 2, 91쪽 및 徐勇, 抗日戰爭史叢書 『正服之夢—日本侵華戰
略』, 桂林:廣西師範大學出版社, 1993, 337~338쪽.

적인 곤란(생산 활동과 가정 생활의 문제)을 수반하는 것이었기 때문에 지
극히 곤란한 동원 공작이었다.[133] 일본군 점령 지역의 민중은 '향토를 지
키자!(保衛家鄕)'는 슬로건에 대해서는 그것을 요구하거나 환영하기도 했
지만, '근거지를 지키자!(保衛根據地)'는 슬로건에 대해서는 소극적이었다
고 한다.[134] 즉 당시 화북의 민중은 자신의 가정과 재산을 지키는 데는
상대적으로 적극성을 띠었지만, 좀더 넓은 의미의 공동체(근거지)의 보위
에는 소극적이었거나 꺼렸던 것이다.

　이러한 정치적 태도는 어느 시대, 어느 사회를 막론하고 일반적인 현
상이다. 가령 독재에 항거하는 민주화 운동을 예로 들 경우, 심정적으로
는 민주화 운동에 뛰어드는 것이 당연하고 정당하다고 여긴 사람들이 많
다고 할지라도, 거기에 참여할 경우 수반되는 각종 문제—투옥, 고문,
기득권의 상실, 가정 문제, 생활고—등으로 인해 자신의 신념을 실천에
옮긴 사람은 일부에 불과했던 것과 같은 이치이다. 하물며 공산당 세력
보다 절대 우세를 차지하고 있던[135] 일본 세력이 공산당측에 가담한 자들
을 대부분 처형하거나 그들에게 무자비한 형벌을 가했던 당시의 상황에
서, 대다수 화북의 민중이 자신의 신념대로 생활했던 것은 아니었다. 그
리고 그것은 지극히 자연스러운 현상이었다.

　항전 중기인 1940년대에 일본측과 공산당측이 격렬하게 투쟁을 벌이
고 있던 기열료지구에서의 주민들의 정치적 태도를 살펴보면 항전 이전

---

133) 今堀誠二, 『中國の民衆と權力』, 東京 : 勁草書房, 1973, 98쪽.
134) 陶希晋, 「目前戰區遊擊小組的效能及其領導問題」, 中華民國開國五十年文獻編
　　纂委員會 編, 『共匪禍國史料彙編』 第三冊, 1964, 199～200쪽(宍戶寬 外, 『中國
　　八路軍, 新四軍史』, 東京 : 河出書房新社, 1989, 507쪽에서 재인용).
135) 기동지구의 일본 세력은 통상 5～10만 명의 병력을 유지하고 있어서 팔로군 병
　　력의 5～10배에 달했다. 특히 대규모의 소탕전을 벌일 때의 일본측 병력은 팔로군
　　의 20배 이상에 달했다. 더욱이 일본군은 무기와 각종 장비, 後勤保障, 교통 운수,
　　통신 연락 등의 방면에서 절대적인 우세를 점하고 있었다. 그뿐만 아니라 일본측은
　　팔로군 유격대에 대한 반복적인 소탕전 이외에도 여러 겹의 봉쇄선과 포위망을 구
　　축하고 수많은 人夫들을 강제로 동원해서 10여 갈래의 封鎖溝, 防共壕, 토치카와
　　거점 등을 설치해 놓아 팔로군의 투쟁 활동에 많은 곤란를 가져다 주었다(王永保,
　　「論冀東抗日遊擊戰爭的特殊性」, 『冀熱遼論文集』, 189～190쪽).

혹은 항전 초기와는 다른 양상을 띠고 있었는데, 이것들을 지역별·특징별로 정리하면 크게 세 가지로 나눌 수가 있었다.

먼저 'A 양태', 즉 팔로군 세력과 합세해서 일본 세력에 적극적으로 저항한 양태는 산간 지구에 살던 사람들 가운데 특히 많았다.[136] 그 이유는 다음과 같았다. 당시 산간 지구는 대부분 항일 근거지여서, 이들 지역의 주민들은 공산당 세력과 상대적으로 밀접한 관계를 유지하고 있었을 뿐만 아니라, 가족 구성원 가운데 많은 수가 팔로군이나 공산당 간부들이었다. 그래서 일본측은 소탕전을 벌일 때 다른 지역보다도 이들 산간 지역에 대해 더욱 무자비한 보복을 가했다. 때문에 이들 산간 지구에는 일본측에 의해 가족이나 친척들이 살해되거나 재산상의 피해를 본 사람들이 많았다. 일본군의 무자비한 소탕 작전에서 살아남은 근거지의 주민들은 일본에 대한 적개심과 원한이 깊을 수밖에 없었다.[137] 또한 일본의 잔혹한 점령지 정책과 전술은 공산당군의 선전 공작에 좋은 소재거리로 활용되었고, 여기에 편승한 수많은 청·장년들이 유격구에서 도망쳤거나 팔로군 혹은 민병에 가담했다.[138] 일본의 무자비한 점령지 정책과 전술은 주로 산간 지구의 청·장년들에게 항일 활동에 뛰어들도록 하는 촉매제 역할을 했던 것이다. 당시 기열료지구에서 전개된 'A 양태'의 항일 투쟁 양상은 소위 '비민분리'에 목표를 둔 집가공작을 저지하고 파괴하는 것이

---

136) 실례로 당시 冀東(河北省 동부)지구 내의 무주지대에서 약 5만 명의 민중이 투쟁을 하고 있었는데, 이들 가운데 약 3만여 명은 산간 지구에 있던 약 200개 自然村의 주민들이었다고 한다(王永保, 「論冀東抗日遊擊戰爭的特殊性」, 194쪽).

137) 徐有禮, 「沙區浩劫─冀魯豫邊"四一二"掃蕩紀實」, 禹碩基·楊玉芝·邢安臣 主編, 『日本帝國主義在華暴行』, 潘陽:遼寧大學出版社, 1989, 518~519쪽 참조. 이처럼 일본의 무자비한 점령지 정책으로부터 禍를 모면한 사람이나 당한 사람들 가운데는 죽음을 무릅쓰고 팔로군에 가담한 사람들이 많았는데, 이들은 "일본군을 죽이지 않으면 일본군이 자신들을 죽일 것"이라는 강박관념을 가지고 있었다고 한다(『抗日戰爭時期解放區槪況』 제4판, 35쪽).

138) 『晋察冀日報』 1941년 6월 8일자; 劉紹友 整理, 「遷安縣人民在共産黨的領導下 同侵華日軍進行艱苦卓絶的鬪爭」, 『烽火漫天』 제5집, 286쪽. 이러한 정황에서 아내가 남편을 전쟁터로 보내고 어머니가 "일본을 타도하자!"고 부르짖으면서 사람들을 감동시키는 장면이 속출하기도 했다고 한다(朱德新, 『二十世紀三四十年代河南冀東保甲制度硏究』, 167쪽).

었다. 이와 같은 반집가공작 투쟁은 주로 무주지대로 설정된 지역과 집단부락 안에서 이루어졌다.[139]

다음에 'B 양태', 즉 일본측에 협력한 양태의 경우를 살펴보자. 당시 팔로군의 일원으로 항일 투쟁에 종사했던 사람들의 회고에 의하면, 이러한 태도를 취한 사람들은 대부분 일본군이 확고하게 통치하고 있던 '치안지구', 즉 일본군 및 괴뢰군이 주둔하고 있던 현성(縣城)이나 군사 거점 혹은 그 부근 지역에 거주하고 있었다고 한다. 이 범주에는 팔로군·민병·공산당원으로서 일본군에 투항한 자, 일본군의 특무, 괴뢰 행정 기관(향·보·갑·패장이나 반공자위단) 등에 종사하던 자, 지주·부농 등이 많았다고 한다. 이들은 대부분 현성 부근에 있던 촌의 괴뢰 행정 기관원으로서 일본측에 협력하고 있었지만, 공산당측을 위해 일하려고 하지 않았거나 항일 활동에 대해 적극적이지 않았다고 한다.[140] 그리고 당시 촌의 지주들은 대부분 생명과 재산을 지키기 위해 현성으로 도망쳤기 때문에 농촌에는 지주가 매우 적었다고 한다. 또한 농촌에 잔류한 부농들은 공산주의 이론을 몰랐지만 공산주의가 가난한 사람들을 편들고 있다는 사실만큼은 알고 있었다고 한다. 그래서 이들 부농들은 대체로 공산당에 대해 경계심을 품고 있었다고 한다. 따라서 친일일변도(親日一邊倒)의 촌에는 비교적 상층의 사람들이 많았다고 한다.[141] 또한 펑더화이(彭德懷)의 공작 보고서에 의하면, 이 구역에 거주하고 있던 일반 주민들 역시 일본측의 통치력이 막강했기 때문에, 현실적으로 항일 활동을 할 수 없었거나 공산당측이 일본 세력을 제압하지 못할 것이라는 비관론에 사로잡혀서 일본측에 협력했다고 한다.[142]

그런데 당시 기열료지구에서 항일 투쟁을 이끌고 있던 팔로군 지도자

---

139) 『冀熱遼論文集』 참조.

140) 高敬之, 앞의 글, 315쪽.

141) 李守善, 앞의 글, 289쪽.

142) 彭德懷, 「敵寇治安强化運動下的陰謀與我們的基本任務」(1941. 11. 1), 『史料選編』 下冊, 139쪽 및 「華北各抗日根據地處在空前殘酷鬪爭中」, 『解放日報』 1942년 6월 7일자 참조.

들의 회고록에 의하면, 현성이나 일본측 거점처럼 일본군 및 괴뢰군이 주둔하여 지배력이 확고했던 지역을 제외하면, 대다수 지역의 괴뢰 향·보·갑장 등과 같은 괴뢰 행정 기관원들이나 몇몇 지주·부농 등과 같은 상층의 사람들 중에도, 항일을 찬성하는 진보적인 사람들뿐만 아니라 동요하는 사람들이 있었다고 한다. 이들 대다수는 기본적으로 애국심으로 항일 활동에 대해 동정하면서도 자기 가정의 안위가 걱정되었기 때문에 감히 공개적으로 일어서서 항일 활동을 못하고 어쩔 수 없이 일본을 위해 일하고 있었다는 것이다. 따라서 이들 역시 망국의 고통을 느끼고 있었고, 일본군의 기만과 억압에 대해서 어느 정도의 반감을 품고 있었다고 한다. 그러나 이들은 정세가 변하거나 자신들의 이익이 침해당할 경우, 혹은 자신들에게 탄압이 가해질 때 동요하는 속성을 지니고 있었다고 한다.[143] 이러한 부류는 'C 양태'에 속한다고 할 수 있다.

그렇다면 'C 양태', 즉 정세에 따라 일본군과 팔로군 어느 쪽에도 협조적인 태도를 취하는 부류들의 속성에 대해 구체적으로 살펴보자. 화북 민중 가운데 나타난 기회주의적인 정치 태도('C 양태')는 지역에 따라 혹은 정세에 따라 다양한 양상을 띠었다. 이것을 유형별로 살펴보면 다음과 같다.

첫째 유형은 친일성이 강하면서도 일본군과 팔로군 모두와 관계를 맺은 '양면성'을 띤 행정촌이었다. 이러한 촌은 주로 일본측 주둔지 부근이나 군사 거점 소재의 농촌 혹은 평원 지구에 분포되어 있었다. 이러한 지역에서는 일본측이 주도적으로 치안 활동을 벌이고 있는 동안, 공산당측의 무장 세력과 공작원도 촌에 들어가 항일 공작을 펼쳤다. 이러한 촌에서는 팔로군에 대해서도 일정량의 양식을 제공했지만, 주로 일본측을

---

143) 李守善, 앞의 회고록, 284쪽 및 朱德新, 앞의 책, 146쪽 ; 婁平, 「"敵進我進"戰略在冀熱遼」, 『冀熱遼論文集』, 213쪽. 예를 들면 중일전쟁 후 일본의 과중한 軍需徵發, 特務들의 각종 非行, 土匪의 蠢動으로 편안한 날이 없게 되자, 이들 가운데 상당수는 항일 쪽으로 기울기 시작했다고 한다(李運昌, 「冀東抗日大暴動」, 『文獻·回憶錄』 제1집, 31쪽).

위해 일했다.[144] 그렇지만 이들 역시 공산당 세력을 두려워했기 때문에, 때로는 공산당측의 위협을 견디지 못하고 공산당측을 위해 마지못해 일을 하기도 했다.[145] 일반적인 양상을 살펴볼 때, 이러한 촌의 주민들은 일본군측을 더 두려워했기 때문에 감히 공산당측에 접근하려고 하지 않았다.[146] 이 유형에는 하북성 당산(唐山) 북부의 일부 지역 및 풍윤(豊潤)·난현(灤縣)·천안연합현(遷安聯合縣)의 십구(十區), 풍윤현성(豊潤縣城) 부근의 20여 개 촌, 사하역(沙河驛) 이남 지구,[147] 그리고 무청(武淸)·보지(寶坻)·영하(寧河)의 연합현 지구가 있었다.[148] 이들 지구는 공통적으로 팔로군의 전력이 일본군에 비해 상대적으로 열세에 놓여 있었다.

둘째 유형은 친공성(親共性)이 강하면서도 양면성을 띤 촌이었다. 이러한 촌은 일본측 주둔지와 상대적으로 멀리 떨어진 지구에 많이 분포되어 있었다. 이 지구의 촌 행정 기관은 양대 계통으로 구성되었다. 보·갑장 및 보정(保丁) 등 향촌의 최고 지도층은 일본 세력 계통에 속했지만, 공산당측이 비밀리에 파견한 부갑장·부패장·판사원(判事員)·무장반장 등은 항일 세력 계통에 속했다.[149] 이 지구의 괴뢰 향·보장은 대부분 공산당에 의해 포섭되었거나 공산당측 요원 가운데 뽑힌 사람들이었기 때문에,[150] 겉으로는 일본측을 위해 일하는 척하면서도 내면적으로는 항일 공작을 옹호하는 일에 종사했다. 일본 세력이 촌락을 포위하고 식량과 돈을 요구하거나 팔로군·유격대·항일 요원의 가족 등을 붙잡아 가면, 향·보·갑장은 그들을 접대하고 일정한 재물을 상납하거나 그들의 주둔

---

144) 楊文漢, 『豊灤遷聯合縣的創建和發展』(書目 39) 제2집, 158~160쪽(朱德新, 앞의 책, 153쪽에서 재인용), 158~160쪽 및 姜宇, 「一九四三年下半年冀熱邊情況報告」, 『文獻·回憶錄』 제2집, 75쪽.

145) 高敬之, 「開闢灤東」, 『文獻·回憶錄』 제2집, 315쪽.

146) 李守善, 앞의 회고록, 286쪽.

147) 楊文漢, 위의 책, 158~160쪽 및 姜宇, 위의 보고서, 75쪽.

148) 姜宇, 위의 보고서, 93쪽.

149) 楊文漢, 위의 책, 158~160쪽.

150) 遷安縣 毛家洼村에서도 가짜 괴뢰 保長을 내세우는 방법을 쓰기도 했다(宋春林, 「戰鬪在三分區的回憶」, 中共遷安縣委黨史資料徵集辦公室 編, 『烽火漫天』 제3집, 183쪽).

지에 식량을 보내어 마을의 안전을 도모했다. 이때 판사원은 도피하거나 판사원 신분을 공개하지 않고 보장의 조수나 보정으로서 직접 그들을 접대하면서 적정(敵情)을 파악했다. 이러한 촌의 실권은 대개 판사원이 장악하고 있었다. 이 유형에는 풍윤현성에서 난현성까지 이어지는 도로 이북의 지구, 즉 풍윤·옥전(玉田)·준화(遵化) 연합현 지구, 풍윤·옥전·영하(寧河) 연합현 지구, 승덕(承德)·평천(平泉)·영성(寧成) 연합현 지구가 있었다.[151] 이러한 촌의 일반 주민들은 친일성을 띤 촌의 주민들보다 상대적으로 괴뢰 행정 기관원들을 덜 의식하면서 생활했다. 그렇지만 정세가 역전되었을 경우에 초래될 위험성 때문에 이들 촌의 주민들 역시 괴뢰 행정 기관원들의 대응 방식을 묵인하고 있었다.

셋째 유형은 항일일변도(抗日一邊倒)의 성격을 띤 '양면촌'이었다. 이러한 유형의 촌에는 촌민대표회와 공산당에 속한 비교적 공고한 항일 근거지가 세워져 있었지만, 일본측의 소탕에 대응하기 위해 괴뢰측 기관을 병설해서 과거의 행정 기관원 가운데 가장 믿을 만한 사람이나 우수한 지원자를 뽑아 충당했다. 그들은 공산당측의 촌정(村正)이나 부주석의 직접적인 지도 하에 공작을 수행했다.[152] 이처럼 공산당 세력이 우세한 지역에서는 팔로군과 지방의 공산당원들이 공개적으로 활동했다. 이러한 촌에서는 지주나 상류층의 자제들도 민병들과 함께 활동했다. 그런데 일본측이 쳐들어오면 공산당 간부들은 모두 도피했다. 이들 괴뢰 행정 기관원들은 먼저 공산당 촌간부의 의견을 거친 뒤 일본측에 응대를 했고, 공산당측이 정한 규정에 따라 일했다. 일본측의 요구에 대해서는 일반적으

---

151) 楊文漢, 앞의 책, 158~160쪽 및 高敬之, 앞의 회고록, 315쪽 참조 ; 朱德新, 앞의 책, 154쪽 ; 姜宇, 앞의 보고서, 80쪽, 90~91쪽 ; 鄭家彦, 「從反"集家幷村"鬪爭的勝利看民族地區的反侵略鬪爭」, 『冀熱遼論文集』, 224쪽. 참고로 豊玉遵연합현 지구는 1939년 말에, 豊玉寧연합현 지구는 1940년 가을에 각각 조직되었다. 이 두 지구는 후에 다시 豊玉遵寧연합현 지구로 병합되었다가 다시 1943년 10월에 풍옥녕연합현으로 분리되었다(崔西山·趙光·曹文齋·高田·孟毅然, 「憶建立與恢復豊玉遵寧抗日民主根據地的鬪爭」, 『文獻·回憶錄』 제2집, 204쪽 ; 文成, 「豊玉寧地區反"蠶食"鬪爭」, 『文獻·回憶錄』 제2집, 227쪽).

152) 「中共冀熱察區委冀東區分委第三次擴大會議報告」(1941. 8), 『冀熱遼人民抗日鬪爭史』, 77쪽.

로 응대를 하되 적당히 처리했다. 공산당 세력은 이러한 촌의 괴뢰 행정 기관원들의 안전에 주의를 기울이면서 이들을 보호했다.[153] 이러한 유형에 해당하는 지역으로는 준화현 지구를 들 수 있다.[154]

'C 양태'의 발생 원인은, 기열료지구 주민들의 속성보다도 당시 그 지구의 지리적・환경적인 특수성에서 찾아질 수 있었다. 기열료지구 내에 있던 공산 유격구(혹은 '준치안지구')에서는 양대 정치 세력, 즉 공산당 세력과 일본 세력이 인적・물적 기반을 쟁탈하기 위해 전투를 벌이는 상황이었고 그들의 세력이 서로 맞물려 있었기 때문에, 양대 세력의 지배 영역이 모호했을 뿐만 아니라, 지역에 따라 양자의 우열이 수시로 바뀌고 있었다. 따라서 기층의 행정 기관원(괴뢰 지방 조직원) 및 주민들은 대부분 군사력이 상대적으로 강한 쪽에 의해 지배를 받았고 또한 그쪽을 위해 일했다. 그러다가 양대 세력의 우열이 바뀌었거나 다른 정치 세력의 군대가 침투해 들어왔을 때에는, '생존'의 필요성 때문에 잠시 새로운 정치 세력에 대해 응대하는 태도를 취했던 것이다.

여기에서 주목해야 할 것은, 일본 세력 및 공산당 세력에 대한 심리 반응과 관련하여, 촌락의 상층부와 일반 주민들 사이에 차이가 있을 수 있었다는 점이다. 당시 괴뢰 행정 기관원들은 대부분 지주나 부농 혹은 그 지역의 유지 출신[155]이었기 때문에, 공산당 세력에 대한 그들의 심리 및 반응은 일반 농민들과 서로 다를 수 있었다. 그리고 일본 세력의 후원하에 무장력(자위단)을 바탕으로 촌을 지배하고 있었던 괴뢰 행정 기관원들은, 양대 세력에 대한 촌락의 대응 방식을 결정하고 있었다. 이러한 상황에서 공산당 세력은 통상적으로 일반 농민들을 보호해 줄 수 있을 만큼 강하지가 못했기 때문에 일반 주민(주로 농민)들은 촌을 지배하고 있던 괴뢰 행정 기관원들의 대응 방식에 불만이 있거나 반대하고 싶더라도 생명이나 가정을 지키기 위해 그들의 대응 방식을 추종할 수밖에 없

---

153) 李守善,「憶承興密人民的抗日鬪爭」,『文獻・回憶錄』제 2 집, 285~286쪽.
154) 姜宇, 앞의 보고서, 89쪽.
155) 李守善, 위의 회고록, 267쪽.

었다. 따라서 '준치안지구'(공산 유격구)의 경우 어느 특정한 촌락의 대응 방식은 그 촌락민의 암묵적인 동의의 결과라고도 볼 수 있다.

또한 공산당 세력이 어느 촌락에 들어갈 때 제일 먼저 접촉한 계층은 일반 주민들이 아니라 그 촌락을 지배하고 있던 괴뢰 행정 기관원들이었다는 점이다. 공산당의 선전과 달리, 공산당 세력이 촌락에 진입하면 대다수 농민들이 두 손을 들어 환영했던 것은 아니었다. 그들은 일본 세력에 의해 조직된 괴뢰 향촌 기구 지도부의 감시·감독하에 있었기 때문이다. 즉 당시 공산당 세력은 상층과의 항일 통일 전선을 매개로 하층과의 통일 전선을 결성해 나갔다. 이것은 하층과의 통일 전선 결성을 추진했던 공산당의 원칙과는 거리가 있는 것이었다.

그렇다면 기열료지구 주민들의 정치적 태도 유형들은 각각 어느 정도의 비중을 차지하고 있었는지를 살펴보자. 이와 관련해서 당시 진찰기변구행정위원회가 예하의 각 촌에 보낸 공작 지시에 의하면, 일반적으로 항일일변도의 촌 정권의 존속 기간은 비교적 짧았고 그 수도 많지 않았다고 한다. 기열료지구의 경우 일본 세력과 공산당 세력 사이의 일진일퇴의 투쟁 양상이 빈번했고, 투쟁 환경도 공산당측에게 매우 불리했기 때문에 양면성을 띤 촌 정권 형식이 기층 정권의 대부분을 차지하고 있었다는 것이다. 그 결과 1940년대 전반기에는 양면성의 촌 정권이 가장 많았고 그 존속 기간도 가장 길었으며, 그 가운데 상당수는 일본의 패망 때까지 지속되었다고 한다.[156)]

실례로 1944년 상반기 공산당측이 15개 연합현에 대해 조사한 통계에 의하면, 8,201개의 촌 가운데 항일일변도의 촌 정권은 22%인 1,808개에 그쳤고, 나머지 78%인 6,393개의 촌은 양면성을 띤 정권이었다. '양면촌' 정권은 양대 세력, 즉 공산당측과 일본측에 대한 태도 여하에 따라 항일적, 중립적, 친일적인 3개의 유형으로 다시 세분될 수 있었는데, 그 가운

---

156) 「晋察冀邊區行政委員會關于一九四四年改造與健全村政權工作的指示(1944. 2. 25)」, 『史料選編』 下冊, 422쪽 ; 鄧榮顯, 앞의 글, 166쪽 ; 王永保, 앞의 글, 197쪽.

데 앞의 두 가지 유형이 다시 60%를 차지하고 있었다.[157] 이것은 결국 1944년 상반기에 기열료지구 주민들이 취한 정치적 태도 가운데 'C 양태'가 가장 큰 비중을 차지하고 있었음을 보여준다. 즉 대다수 주민들은 일본측 및 공산당측 모두와 관계를 맺으면서 자신들의 생존을 도모하고 있었던 것이다.

　요컨대 1940년대 전반기 진찰기변구, 그 중에서도 일본의 점령지 정책과 전술이 가장 혹독해서 일본측과 팔로군측의 투쟁 양상이 가장 격렬했던 기열료지구에서는, 주민들의 정치적 태도가 다양하게 표출되고 있었다. 팔로군측이 확고하게 지배권을 행사하고 있던 산간 지역의 공산 근거지('미치안지구') 주민들은 항일 활동에 적극적이었던 반면에, 일본측의 철저한 통제 하에 있던 현성, 일본측 군대의 주둔지, 철도 주변 지역, 자원이 풍부한 지역 등('치안지구')에 거주하고 있던 주민들은 일본측에 협조하고 있었던 것이다. 끝으로 그 밖의 지역, 다시 말해 일본측과 팔로군측의 세력이 병존하고 있던 지역('준치안지구' 혹은 공산 유격구)의 주민들은 자신들의 생존을 도모하기 위해 일본측 및 팔로군측 양자와 관계를 맺고 있었다. 그리고 이 세 유형 가운데 가장 보편적인 형태는 마지막 행동 양태('C 양태')였다.

2. 정세 변화에 따른 화북 민중의 정치적 태도

　기열료지구에서는 일본 세력과 공산당 세력이 각각 확고하게 지배하고 있던 지역을 제외하면, 대다수 지역에서는 양대 세력이 개의 이빨처럼 서로 맞물려 있는 것처럼 격렬하게 투쟁하고 있어서 양대 세력의 지배 영역을 나누어 고정시킬 수가 없었다. 따라서 이들 지역 주민들의 정치적 태도 역시 양대 세력의 우열이나 시기에 따라, 혹은 정책이나 민중

---

157) 「晋察冀邊區行政委員會關于一九四四年改造與健全村政權工作的指示(1944. 2. 25)」, 422쪽.

공작에 따라 수시로 변했다.[158]

실례로 당시 기열료지구에서 항일 활동에 적극 가담했던 어느 생존자의 회고록에 의하면, 1940년부터 1942년 초까지 준화현 노가욕(魯家峪)에는 일본 세력이 제대로 미치지 않았기 때문에 공산당 기관 및 병기 공장 등이 있었으며, 행정 기관의 성격도 항일 일면성을 띠고 있었다고 한다. 그런데 1942년 4월 일본이 병력을 규합해서 이 지역에 대한 군사 토벌을 벌인 결과 이 지구는 양면성을 띤 행정 기관으로 변질되었다고 한다.[159] 또한 1942년 봄부터 1942년 말까지 일본군이 기동 지구에서 제4차, 제5차 치안강화운동을 전개하자, 이 지구에 있던 항일 부대가 밀려나면서 적지 않은 촌락 행정 기관이 양면성에서 친일 일면성으로 변질되었다고 한다.[160] 그 반대로 양면성에서 항일성(抗日性) 혹은 친공성으로 바뀐 예로는 준화 현성 주변의 소초점(小草店)과 대초점(大草店) 등의 촌들이 있었다고 한다.[161]

이러한 기열료지구 주민들의 기회주의적인 정치적 태도는 당시 공산당 측의 비밀 보고서에서도 잘 드러나고 있었다.

<사료-1> 豊灤密縣地區에서…… (1941년) 日滿軍警이 민중 조직을 탄압하거나 조직원들을 체포하는 등 治本工作의 鐵槌를 가함으로써 그 조직들을 점차 소멸시켜 갔고, 이에 따라 民心도 (공산당측으로부터) 離叛되어 갔다.[162]

<사료-2> (1942년) 7월 상순…… 遵化城 남쪽의 崔馬莊에서 宿營을 하고 있을 때, 平安城의 일본군과 괴뢰군에게 포위되었다. 포위를 뚫고 나온

---

158) 楊文漢, 앞의 책, 158～160쪽.
159) 1991년 11월 朱德新이 遵化縣 方志辦에 편지로 조회해서 알아본 李永春 노인의 답변 내용(朱德新, 앞의 책, 155쪽에서 재인용).
160) 朱德新, 앞의 책, 156쪽.
161) 1991년 11월 朱德新이 李永春에게 부탁해서 王平, 趙風鳴을 방문하게 해서 밝혀진 기록(朱德新, 앞의 책, 155쪽에서 재인용).
162) 日本關東憲兵司令部 編, 『滿洲共産抗日運動槪況(1938～1942)』(秘密文書)(中譯本인 吉林省檔案館 編譯, 僞滿史料選編 『東北抗日運動槪況』, 長春：吉林文史出版社, 1986, 389쪽에서 인용).

사람들은 남쪽으로 가서 玉田縣으로 들어갔으나 정황은 매우 나쁘게 변해 있었다. 과거에 (우리 부대와의 관계가) 가장 좋았던 村이나 가깝게 지내던 사람들조차도 감히 (우리들을) 접대하려고 하지 않았다. 우리들은 가을을 산 속에서 버텼지만 얼굴은 누렇게 떴고 몸은 굶주려서 바싹 말랐으며 피로가 극에 달했다.[163]

<사료-3> (1942년 말) 적이 집단부락 안에서 무자비한 통치를 했고, 군중은 입을 것과 먹을 것이 없었으며, 그 고통은 이루 다 말할 수가 없었다. 적은 冀東에서 "팔로군은 모두 소멸되었다. 너희들은 다시 (그들을) 기대하지 말라"고 선전하고 다녔으며, 한간과 적의 특무들이 설쳐대고 다녔다. 인민들은 비관하고 실망해서 감히 우리 공작원들에게 접근하려고 하지 않았고 우리들을 위해 식량과 자금을 주려고도 하지 않았다.…… (1943년 2월) 4번의 큰 전투를 벌여 노획품이 적지 않았고 살상한 적 역시 적지 않았다. 이번 전투는 基本區를 회복시키기 위한 정치 투쟁이었다. 기동 인민들은 마치 큰 가뭄 때 먹구름을 바라는 것처럼 팔로군이 돌아오기를 고대하고 있었는데, 우리들은 이번 전투를 통해 인민들의 요구를 만족시켜 주었을 뿐만 아니라, 팔로군이 아직도 많이 존재하고 있다는 것을 입증해 주었다. 군중은 활발히 팔로군을 지원했고 식량과 자금을 제공해 주었으며, 적의 특무와 한간들의 활동은 움츠러든 반면에, 지방 공작원들은 활동을 재개할 수 있게 되었다.[164]

<사료-4> 1943년 1~2월 사이에 일본이 대규모 병력을 동원하여 (熱河省 남부 지역에 대한) 소탕 작전을 벌여 팔로군을 몰아낸 뒤 집을 불사르고 사람들을 죽이거나 잡아가고 나머지 사람들을 집단부락에 수용하자, 사기가 저하되기 시작한 민중은 점차 집단부락으로 들어갔다. 그리고 일부 지역의 민중은 일본측의 투항 자수 정책과 특무 공작으로 인해 점차 공산당측에서 벗어나기 시작했다.[165]

<사료-5> 灤縣·盧龍縣과 豊灤 중북부는 투쟁 속에서 점차 (공산당측과의 관계가) 소생하기 시작했다. 작년(1942년) 가을과 겨울의 혹독한 소탕전과 올 봄의 봉쇄구 구축 저지 운동, 괴뢰 현장 隋明福에 대한 반대 운동,

---

163) 文成, 「豊玉寧地區反"蠶食"鬪爭」, 『文獻·回憶錄』 제2집, 232쪽.
164) 李運昌·李中權·曾克林, 「記念抗戰勝利五十周年, 緬懷抗戰犧牲的烈士們」, 『冀熱遼論文集』, 30쪽. 참고로 위의 공동 필자들은 항일전쟁 당시 기열료지구의 팔로군 지휘관들이었다.
165) 姜宇, 앞의 보고서, 70쪽.

그리고 綠陰期에 전개된 괴뢰 조직에 대한 반대 운동 등에서 승리한 후 (1943년), 녹음기에 들어서는 특별히 환경이 좋아졌다. 大破交運動[166]이 매우 성공하자, 인민들은 일찍이 적과 완전히 관계를 단절했다.[167]

<사료-6> (1943년) 녹음기 전에 豊潤縣에는 괴뢰 조직이 많이 조직되었지만, 우리가 먼저 조직원들을 배치해 놓았기 때문에, (지방 행정 기관원들은) 표면적으로는 일본의 간판을 내걸고 있었지만, 실제로는 우리를 위해 일했다.…… (일본측이) 괴뢰 조직을 통해 식량을 요구하면서 군사 활동과 아울러 鄕을 위협했다. 그러나 우리는 기본적으로 그들의 요구를 다 들어주지는 않았지만 그렇다고 강하게 저항하지도 않았다. 다만 합법적인 방법을 통해 (식량 납부 기간의) 연기를 요구했다. 이 과정에서 몇몇 촌에서는 약탈당하기도 했다.…… 이 현의 당원은 2천여 명이었다. 그러나 4차 치안강화운동이 전개된 후 (이 현에서는) 과거의 좌경적 성향을 버리고 우경 일변도로 기울면서 항일 투쟁에서 역할을 하지 않으려고 했으며, 감히 투쟁을 벌이지도 않았고, 통일 전선 관계를 파괴했다. (그러면서도 훗날 공산당으로부터) 타격을 받을 것이 두려워 촌에서 발생한 자그마한 분규들을 해결하거나 사소한 문제들을 토론에 부쳐 해결하려고 했다. 또한 은밀하게 경비 도로를 파괴하거나 전선을 절단하는 공작을 벌이고 있었다.[168]

<사료-7> (만리장성 밖의 凌源·靑龍·綏中縣 연합 지구의 경우, 1943년) 2월 적이 병력을 증강해서 소탕 작전을 벌이자, 지방의 괴뢰군 역시 일본군쪽으로 완전히 기울었고, 한간이나 특무들의 활동도 대단히 활발해졌다. 우리 부대가 물러나자 적이 곧바로 가옥을 불사르고 집가공작을 벌이면서 민중의 항일 정서도 시들해졌고, 우리의 지방 공작도 계속 견지해 나갈 수가 없게 되었다. (1943년) 5월 유격전이 벌어지면서 우리 부대가 적에게 커다란 타격을 주고 적의 집가공작을 저지하자, 민중의 항일 정서도 다시 비등해지면서 이미 만들어진 집단부락 내의 많은 민중이 도망쳐 나오는 등, 이 지구의 상황은 크게 호전되었다. 우리들이 시기를 틈타 확고한 지구 공작을 전개하고 당을 발전시키고 甲(村)行政委員會 및 縣區遊擊隊를 조직하자, 分區마다 遊擊小組가 만들어지는 등 하층 민중의 參軍 활동도 대단히 활발해졌다. 민중 공작은 인민자위군을 중심으로 조직해서 보초·정찰 활동 분야

---

166) 일본측에게 식량이나 세금 등을 납부하는 것을 저지하는 운동을 말한다.
167) 姜宇, 앞의 보고서, 86쪽.
168) 姜宇, 앞의 보고서, 90쪽.

에서 많은 도움을 주었다. 이때 우리들이 계속해서 적의 집단부락 정책에 맞서 투쟁하자, 몇몇 집단부락은 우리와 적대 관계를 유지했지만, 대부분의 집단부락은 우리와 兩面關係를 유지했다.[169)]

<사료-8> (1944년 4월) 적의 집가 정책이 이미 성공하여 거대한 무주지 대가 조성되었다.…… 우리들이 활동할 수 있는 진지는 이미 축소되어 매우 적어졌다. 반면 일본은 소탕 활동을 줄이지 않고 있고 특무 공작도 더욱 활 발하게 펼치고 있다. 우리 부대는 이미 集家地區에서 철수했고 지방 공작도 계속 유지하기가 곤란한 상태이며, 공작원들도 이미 도피했고 대부분의 민중 도 곧바로 적에게 굴복해서 路北으로 들어갔다. 일부 사람들은 만리장성 안 쪽으로 도망쳤지만 산골짜기에 남아 있는 사람들은 극히 소수에 불과하다. 일부분의 집단부락은 이미 반동 무장 조직을 만들어 (우리에게) 총격을 가 하는 상황이고, 우리들은 집단부락 안에서 아직 공작을 벌이지 못하고 있는 상황이다.[170)]

<사료-9> 적이 하층 공작과 지하 공작을 강화해서 우리들의 촌정권을 잠식·파괴하는 정책을 구사하는 데 대해, 당연히 있어야 할 경계심과 정책 이 결여되어 있었기 때문에, 몇몇 항일 촌 정권은 '친일 정권으로' 변질되어 버렸다.[171)]

상술한 공산당측의 비밀 보고서에 의하면, 1941년부터 1944년 사이에 기열료지구의 집단부락이나 촌에서는 일본측이 소탕전이나 집가공작 등 각종 치안 공작을 통해 팔로군을 몰아내고 공산당 조직원들을 체포하는 등 항일성의 촌 정권을 잠식·파괴하거나 공산당 세력을 압도하면서 절 대적인 우세를 차지하면, 점차 공산당측과의 관계를 멀리하거나 친일 쪽 으로 돌아섰다가도(<사료-1, 2, 4, 6, 8, 9> 참조), 공산당측이 일본측에 타격을 가해 우세를 점하게 되면, 일본측과의 관계를 단절하거나(<사료

---

169) 姜宇, 앞의 보고서, 84~85쪽.

170) 「熱南地區一年以來的敵我鬪爭」(1944. 4. 18)(편집자가 「1944年初熱河集家狀 況」으로 改題한 것으로서, 이것은 1944년 4월 中共冀東特委가 작성한 비밀문서의 일부 내용임), 『東北大討伐』, 613~614쪽.

171) 「晋察冀邊區行政委員會關于一九四四年改造與健全村政權工作的指示(1944. 2. 25)」, 422쪽.

-5>), 공산당 쪽으로 접근하면서 그들과 더 밀접한 관계를 유지했다(<사료-3> 참조). 심지어 정세의 변화에 따라 공산당 쪽에 우호적인 태도를 취하다가도 때로는 거리를 두었고, 때로는 다시 우호적인 태도를 취하는 부락들도 있었다(<사료-7> 참조). 이러한 상황에서 기열료지구의 집단부락이나 촌 가운데 일부는 공산당측과 적대 관계를 유지했지만, 대부분은 양면 관계, 즉 공산당측 및 일본측과 모두 관계를 유지하고 있었다(<사료-6, 7> 참조). 즉 당시의 기열료지구 주민들은 자신들의 생명이나 재산을 지키기 위해 일본측이 우세하면 공산당측과 단절하거나 그들과의 접촉을 회피하면서 항일 활동을 외면하다가도, 공산당측이 반격을 가해 정세를 장악하면 다시 공산당측에게 접근하면서 그들에게 식량이나 자금 등을 지원하는 등 활발하게 항일 활동에 참여하기 시작했다.

　　결국 기열료지구 주민들 대다수는 마음속으로는 항일에 동정하고 팔로군이 일본 세력을 몰아내 주기를 바라고 있었음에도 불구하고, 일본 세력이 절대적으로 우세를 차지하는 상황에서는 자신들의 안위를 위해서 공산당측에 대한 지원이나 항일 활동을 외면했던 것이다. 그러다가 팔로군 세력이 정세를 장악해서 자신들이 항일 활동에 참여해도 일본측으로부터 보복을 당할 염려가 거의 없다고 판단되면, 다시 팔로군 세력과 친밀한 관계를 유지하면서 돕기 시작했다. 이처럼 항일 유격구 주민들의 기회주의적인 정치적 태도로 말미암아, 유격구의 상황이 악화되었던 치안강화운동 기간(1941~1942)에 팔로군측의 무장동원공작, 즉 병력 동원은 더욱 어려움에 처하게 되었다.[172]

　　이러한 사실을 고려해볼 때, 당시 기열료지구 주민은 기본적으로 기회주의적인 정치적 태도를 취하고 있었음을 알 수 있다. 그것은 기열료지구 주민의 정치적 태도 혹은 항전 참여를 결정짓는 주요한 잣대가, 찰머스 존슨의 말처럼 일본군의 잔혹한 점령지 정책이 촉발시킨 화북 농민의 민족주의적 감정의 강도에 있었다기보다는, 해당 지구에서의 지배권을 어느 쪽이 장악하고 있었느냐에 있었음을 시사해준다.

---

172) 『中國八路軍, 新四軍史』, 511쪽.

기열료지구 주민들은 정세의 변화뿐만 아니라 양대 세력의 정책이나 민중 동원 공작 여하에 따라서 자신들의 정치적 태도를 달리하기도 했다. 그러한 단적인 사례로서 난하(灤河) 이동(以東)의 청룡하(靑龍河) 및 폭하(瀑河) 지구를 들 수 있다. 일본의 집가공작으로 초조해진 공산당측이 집단부락 파괴 공작을 지나치게 기계적으로 혹은 융통성 없이 펼친 결과, 이 지구의 집단부락과 공산당측 사이에는 대립이 조성되었다고 한다. 그리고 이들 집단부락 내의 민중과 집단부락에 들어가지 않고 밖에서 항일 투쟁을 벌이고 있던 일반 민중 사이에도 대립 관계가 형성되었다고 한다. 특히 청룡하 및 폭하 주위의 10여 개 집단부락에서는 공산당측에 대해 깊은 원한을 갖게 되어 공산당측에 대해 총을 발사하기도 했다고 한다.[173]

이것은 당시 주민들이 일본측의 위협과 폭력적 수단에 의해 혹은 자신들의 생존을 위해 집단부락으로 들어간 것에 대해, 공산당측이 주민들의 처지를 제대로 이해하지 못한 채 그들을 '친일분자' 혹은 '일본의 주구'로 단정하고 박대했거나 그들에게 집단부락 밖으로 도망쳐서 항일 투쟁을 같이 하도록 강요한 데서 비롯되었다고 할 수 있다. 상술한 예는 공산당측의 정책 및 민중 운동 공작이 좋지 않아 민중이 공산당측에 대해 등을 돌린 경우라고 할 수 있다.[174]

이와는 반대로 일본측의 점령지 정책과 전술이 너무 가혹해서 주민들의 원한과 증오심을 불러일으켜 이들을 항일 세력화하는 요인으로 작용하는 경우도 있었다. 이러한 사례로는 전술한 'A 양태'를 들 수 있다.

결국 양대 세력이 병존하고 있던 지역, 특히 공산 유격구(혹은 '준치안지구')의 주민들 가운데 일부를 제외하고 대부분은, 일본 세력이 공산당 세력보다 강할 때는 일본측에 더 협조적인 태도를 취했고, 반대로 공산당 세력이 우세할 때에는 다시 공산당측에 더 협조적인 태도를 취하면서도, 이후의 상황 변화를 고려하여 어느 일방과의 관계를 단절하지 않고

---

173) 姜宇, 앞의 보고서, 78쪽.
174) 姜宇, 앞의 보고서, 71쪽.

양자와의 관계를 기본적으로 유지하려고 했다. 그 결과 일본 세력이 강할 때에는 종래의 항일 일면성의 촌이 양면성의 촌으로, 양면성의 촌이 친일 일면성의 촌으로 변질되었고, 반대의 경우에는 역시 반대의 양상을 띠었다.

이러한 상황에서는 주민들의 항일 활동이나 항일 정서 역시 수시로 달라질 수밖에 없었다. 대다수 주민들의 잠재되어 있던 항일 정서는 공산당 세력이 일본측을 압도할 경우 표면으로 금방 솟구쳐 자연스럽게 항일 활동으로 이어졌지만, 상황이 역전될 경우에는 다시 수그러들면서 잠복 상태에 들어갔다(<사료-7> 참조). 다시 말해 일본의 치안강화운동이 효력을 발휘하자, 일본측에게 자수하거나 공작을 이탈한 자들이 날로 증가하였고, 지방의 무장 부대나 공작원들의 자신감도 점차 상실되어 갔으며, 인적·물적 자원의 보충도 매우 곤란하게 되었다. 게다가 팔로군의 주력군이 축출된 뒤 해당 지역으로 돌아오지 않는 상황에서 일본측의 기세가 등등해지자, 주민들의 항일 정서 역시 점차 약화되어 갔다.[175] 화북 민중의 이러한 정치적 태도의 변화 양상을 통해 보면, 치안강화운동은 적어도 추진 기간만큼은 어느 정도의 효과를 거두었다고 할 수 있다.

그렇다면 기열료지구 주민 가운데 대다수가 기회주의적으로 처신하게 된 원인은 무엇이었는가? 당시 항일 활동에 참여했던 사람들의 회고록에 의하면, 대다수 '양면촌'의 수많은 주민들은 항일에는 찬성을 하면서도 공산당측의 역량에 대해서는 그다지 깊은 신뢰감을 지니지 못하고 있었고, 또 일본군의 삼광정책을 몹시 두려워하고 있었다고 한다.[176] 일본군에 대한 두려움과 현실에 대한 절망감 때문에, 항일 근거지였다가 일본군에게 점령된 지구에서는 마을 사람들이 도망치거나 온 가족이 자살하는 사건이 끊임없이 발생하기도 했다고 한다.[177] 이러한 점들을 고찰해 본다면, 기열료지구의 대다수 주민들은 기본적으로는 항일 의식을 지니고

---

175) 王文, 「冀熱遼人民抗日鬪爭史軍事工作資料(下)」, 『文獻·回憶錄』 제2집, 180쪽.
176) 李守善, 앞의 회고록, 284~285쪽.
177) 彭德懷, 앞의 보고서, 139쪽.

있었지만, 일반적으로는 일본 세력이 공산당 세력보다도 막강했기 때문에 보신적(保身的)인 처세를 하고 있었다고 할 수 있다.

우리는 여기에서 일본의 점령지 정책 및 전술과 중국 민중의 항일 활동 여부의 상관 관계에 대해서 고찰해 볼 필요가 있다. 1940년대 전반기 일본의 점령지 정책과 전술은, 기열료지구의 주민들에게 정신적·물질적으로 엄청난 피해를 안겨줌으로써 그들에게 반일 감정을 심어 일부 사람들로 하여금 항일 활동에 뛰어들게 만든 측면(주로 'A 양태')보다도, 오히려 대다수 주민들에게 일본에 대한 공포심을 불어넣어 적극적으로 항일 활동에 참여하지 못하도록 했던 측면이 더 강했다. 다시 말해 일본의 점령지 정책과 전술, 특히 치안강화운동은 항일전쟁에서 대다수 주민들을 '주동적인 존재'가 아니라 '피동적인 존재'로 만들었던 것이다.

위와 같은 상황에서 공산당 세력이 제대로 발전할 수 없었던 것은 당연한 이치라고 할 수 있다. 실제로 당시 기열료지구의 팔로군 지도자였던 리추리(李楚離)의 비밀 공작 보고서에 의하면, 기열료지구의 전략적 중요성을 인식하고 있던 일본측이 치안강화운동 시기에 이 지구 공산당 부대의 발전을 저지하기 위해 많은 주의를 기울이고 있었기 때문에 공산당 부대는 제대로 발전할 수 없었으며, 공산당 간부들도 매우 모자랐다고 한다.[178] 이것은 이 지구 주민의 정치적 태도가 공산당 세력에게 비협조적이었다는 것을 간접적으로 시사해 주는 셈이다.

한편 우리는 "공산당 세력이 일본 세력보다 우세를 차지할 경우 주민들의 항일 정서가 고양되었고 그들의 참군 활동도 활발해졌다"(<사료-7> 참조)는 비밀 보고서 내용에 주목해 볼 필요가 있다. 그것은 공산당 세력이 강대해져서 일본 세력을 물리칠 수 있다는 믿음이 주민들 사이에 생기게 될 경우, 종래에 양면성을 가지고 있었거나 심지어 친일성을 띠고 있던 주민들도 항일 활동에 적극성을 띠었다는 것을 말해 준다. 다시 말해 공산당 세력이 그들의 항전 활동에 따른 일본군측의 보복을 막아주고 그들의 생명과 재산을 보장해 줄 수 있다는 확신이 든다면, 주민들은

---

178) 李楚離, 「堅持冀東遊擊戰爭爲創造大塊遊擊根據地而鬪爭(1940~1942)」, 31쪽.

적극적으로 항전 활동에 뛰어들었던 것이다. 그러한 행동은 항일의 당위성을 인식하고 있으면서도 항일 활동에 참여하지 못하고 있다는 자괴감에 빠져 있던 상당수 중국인들을 자책감에서 벗어날 수 있게 해주는 동시에, 그들의 생명과 재산을 보장해 줄 수 있는 지름길이었기 때문이다.

실제로 일본측이 절대적인 우세를 지키고 있던 기열료지구의 정세가 1943년부터 변하면서 중국 민중의 태도도 달라지기 시작했다. 물론 그러한 정세 변화는 일본측의 전반적인 전국(戰局) 악화에 따른 일본군 정예병단(兵團)의 차출 전용, 병단의 개편·신설에 따른 경비 병력의 빈번한 이주 교체와 장비의 감소, 병원(兵員)의 자질 저하, 사기의 부진 등에 의한 전력의 감퇴, 괴뢰 정부와 그 산하에 있던 중국 민중의 동요와 이반(離反) 등에서 비롯되었다.[179] 이와는 달리, 1943년 말부터 화북의 정세가 점차 팔로군측에게 유리해지기 시작하자, 종래에 양면적인 정치적 태도를 나타내고 있던 기열료지구 주민들 가운데 항일 활동에 투신한 자들이 점차 증가하고 있었다. 이들 주민들의 정치적 태도를 변화시킨 주요한 요인은 크게 두 가지였다. 하나는 팔로군측의 새로운 전술과 정책이었고, 다른 하나는 국제 정세의 변화였다.

먼저 전자와 관련하여, 팔로군측은 일본의 치안강화운동으로 근거지가 점차 축소·고립되면서 초래된 위기 국면을 타개하기 위해, 1942년 말에 '적진아진' 전술과 '양면촌' 정권 수립 정책을 채택했다.[180] 당시 팔로군측은 일본 세력이 우세를 점하고 있던 기열료지구의 평원 지역에서 주민들이 공개적으로 항일 활동을 하는 것은 현실적으로 매우 곤란하다는 사실을 인식했다. 항일 일면촌을 고집한 채 항일 투쟁을 견지할 경우 주민들의 희생이 엄청났던 것이다. 그러한 투쟁 방법은 대부분 일본 세력이 접근하기 곤란한 산악 지역에서나 가능했다. 그런데 당시 대부분의 주민과 경지는 평야 지대에 자리잡고 있었고 이들 지역은 대부분 일본측의 통제하에 있었다. 그러므로 팔로군측이 더욱 많은 주민들과 물자를 획득하기

---

179)『北支の治安戰』2, 401∼402쪽.
180) 여기에 관해서는 제3편 제Ⅲ장을 참조 바람.

위해서는 평지로 진출할 수밖에 없는 실정이었다. 따라서 팔로군측은 이 들 평지에 거주하고 있던 주민들의 협조와 각계 각층 사람들의 인적·물 적 지원 없이는 항일전쟁을 승리로 이끌 수 없다는 사실을 인식하였다.[181] 팔로군측에서는 일본군 점령 지구 내의 수많은 촌락에 들어가 친일의 간 판을 내걸고 실제로는 항일 활동에 참여하도록 종용했다. 이것은 공개적 으로 항일 활동을 할 경우 주민들에게 초래될 일본의 보복을 모면할 수 있게 한 배려였을 뿐만 아니라, 현실적으로 가능한 범위 내에서의 융통 성 있는 항일 투쟁의 방식이었다.

이러한 전술을 계기로 일본군 점령 지구에 있던 친일일변도의 촌이 '양면촌'으로, '양면촌'이 항일일변도의 촌으로 점차 변질되어 갔다. 이러 한 변화로 말미암아 농민의 획득을 둘러싼 팔로군측과 일본측의 길항 관 계가 더욱 심각해졌지만, 팔로군측은 이전보다도 더 많은 농민들과 접촉 할 수 있게 되었다. 그리고 종래에 교통 통신 시설의 낙후로 외부 세계 와 완전히 단절되어 있던 산간 지구의 농민들 역시, 이전보다도 더 가까 이서 팔로군을 접촉할 수 있게 되었고, 그 과정에서 팔로군의 실체를 좀 더 객관적으로 인식할 수 있게 되었다.

기열료지구의 경우 이러한 전술이 본궤도에 오르면서 만리장성 안에 있던 팔로군측의 유격 근거지는 계현(薊縣)을 제외하고 대부분 회복 국면 에 들어서고 있었다. 특히 난하(灤河) 동부 지구 및 북녕로(北寧路) 남부 지구에서는 팔로군측의 새로운 유격 근거지가 형성되기 시작했다. 이러한 형세에 힘입어 수많은 군민들의 항전에 대한 자신감이 생겨났고, 팔로군 측의 병력(지방의 무장 부대 포함)도 1만여 명으로 늘어났다. 민병들도 전 보다 더욱 활발히 활동하면서 산간 지구에서 전과를 올리기 시작했다.[182]

---

181) 李守善, 앞의 회고록, 284쪽.

182) 王文, 「冀熱遼人民抗日鬪爭史軍事工作資料(下)」, 192~202쪽. 이러한 사실은 1944년 말까지 기열료지구가 21개 縣, 1만 877개 村, 6백만 명을 擁有하게 되었 고, 1945년 8월 초까지 기열료지구의 팔로군 총병력은 3만여 명으로 늘어났을 뿐 만 아니라, 기동지구의 民兵數도 대략 15만 명으로 늘어났고, 縣級 항일 정권도 31개에 달하게 되었다는 사실에서도 잘 입증되고 있다. 그리고 기동지구의 모든 항일 근거지가 확대되고 항일 부대가 발전함에 따라 공산당 중앙과 晉察冀分局은

게다가 일본의 패색이 짙던 1944년 이후부터 팔로군의 공세가 두드러지기 시작하여,[183] 1945년에는 팔로군측의 공세가 더욱 거세져 같은 해 4, 5월 사이에 벌어진 141차례의 전투 가운데 팔로군측이 주동적으로 벌인 전투는 109차례나 되었다.[184] 이처럼 태평양전쟁 말기부터 일본측의 패망 징조가 나타나자, 대다수 '양면촌'에서의 공산당의 항일 공작은 점점 발전해 나갔으며, 기열료지구 주민들의 항일 감정도 점점 높아졌다. 괴뢰 행정 기관원들 가운데서도 공산당 세력에 대항한 사람들을 제외하고는 절대 다수가 점차 공산당 쪽으로 기울어 갔다.[185] 즉 일본이 전쟁에 지고 있다는 것이 명백해지자, 그동안 주저하거나 신중을 기하고 있던 많은 사람들이 공산당 세력에 합세하기 시작했고, 그에 따라 해방구의 크기도 급속히 확대되었던 것이다.[186]

1944년에 들어서자, 국제 정세 역시 공산당측에 유리해진 반면에 일본 측에게는 불리해지기 시작했다. 소련군이 루마니아 국경으로 진공하면서 체코슬로바키아 쪽으로 압박해 들어갔고, 유럽 대륙에서의 독일 반대 기운이 날로 고조되면서 제2차 세계대전은 새로운 국면을 맞이하게 되었다. 태평양에서는 미국이 일본에게 치명적인 위협을 가하고 있었다. 이에 발맞추어 팔로군측도 일본측에 대해 점차 공세를 취하기 시작했다. 또한 같은 해 5월 독일이 항복하면서 유럽에서의 반파시스트 전쟁이 승리로 끝을 맺었다.

이것은 농민 획득을 둘러싸고 전개된 팔로군 세력과 일본 세력 사이의 전쟁에서, 팔로군측이 유리한 국면을 맞이하게 되었음을 말해 주는 것이

　　1944년 가을 冀熱邊特委를 冀熱遼區黨委로, 冀熱邊行署를 冀熱遼區行署로 고치고 冀熱遼軍區를 설치했다(曾克林, 「在灤河東岸的戰鬪歲月」, 『文獻·回憶錄』 제2집, 340쪽 및 王文, 앞의 문건, 192~201쪽).

183) 그 단적인 예로 1944년 1월부터 5월까지 팔로군측은 55차례의 전투를 벌였는데, 그 가운데 일본측에 대한 매복 공격이 24차례였고, 일본측 거점에 대한 공격은 18차례였다. 이것은 팔로군측의 공격 횟수가 일본측보다 훨씬 많았음을 보여주는 것이다(王文, 앞의 문건, 193쪽).

184) 王文, 앞의 문건, 208쪽.

185) 李守善, 앞의 회고록, 286~287쪽.

186) Chalmers A. Johnson, Ibid, p.115.

다. 이처럼 국내외적인 형세가 팔로군측에게 유리해지자, 1945년 6월 기
열료군구(冀熱遼軍區)는 진찰기분국(晋察冀分局)과 군구의 지시에 따라 하
계 공세를 취하면서 해방구를 확대하기 시작했다. 이에 따라 기열료군구
는 주로 금(주)열(하)로 남부의 집단부락 내의 무장 세력을 제압하고 지
방의 무장공작대와 함께 북쪽으로 진격하여 「만주국」의 열하성 동부 및
요서지구(요녕성 서부 지구)까지 해방구를 확대시켜 전면 공세를 위한 전
진 기지를 만들었다. 이와 아울러 기중지구(하북성 중부 지구)에서의 전투
와 보조를 맞춰 일본측에 대한 공세를 벌였다.[187]

소련의 대일 참전을 계기로 1945년 8월 11일 팔로군 총사령 주더(朱
德)는 제 2 호 명령을 발하여 하북 · 열하 · 요녕성 변구에 있던 기열료군
구 사령원 리윈창(李運昌)의 부대로 하여금 요녕성 · 길림성으로 진격하도
록 했다. 이 명령에 따라 리윈창은 기열료부대와 지방 간부 1만 5,500명
을 세 길로 나누어 소련군의 작전에 배합하면서 동북 지역을 수복하기
시작했다. 이 부대는 동년 9월 6일 승덕 · 적봉 · 금주 · 심양(당시 봉천)
등의 중요 도시로 진입했고, 10월에는 열하성 · 요녕성 전부와 길림성 ·
흑룡강성의 일부 지역을 접수했다. 이 과정에서 60여 개의 현 · 시를 수
복했고, 관동군과 괴뢰 「만주국」 군경 4만 5천여 명의 무장을 해제시켰
다. 더욱이 초기에 1만 3천여 명에 불과했던 기열료부대의 병력 수[188]는
이 과정에서 11만 명으로 격증했다. 또한 기동지구에 남아 있던 팔로군
도 그 해 10월 중순까지 13개의 현성, 200여 개의 일본측 중요 거점을
수복했다. 이와 같은 기열료부대의 투쟁 활동에 힘입어 기열료와 기중 ·
평북(북경 북부 지구), 그리고 동북이 한 덩어리로 합쳐지게 되었다. 이와
같은 유리한 국면의 출현은 공산당 중앙이 제정한 '북쪽으로 발전해 나
가고 남쪽에 대해 방어한다'는 전략 방침에 중요한 발판을 마련해 주었
다. 즉 기열료부대는 지름길로 산해관 등의 교통 요도를 선점함으로써

---

187) 曾克林, 앞의 회고록, 342쪽 및 王文, 앞의 문건, 208쪽.
188) 鄧榮顯에 의하면, 1942년 2월까지 7,495명, 1944년 여름에는 1만 3,852명이었
   다고 한다(鄧榮顯, 「試論冀東抗日遊擊戰爭堅持與發展的基本特徵」, 『冀熱遼論文
   集』, 166쪽).

팔로군 및 신사군의 주력군에게 도로의 소통과 물자의 공급을 보장해 주었다. 그 결과 신사군 제3사, 기로예양쑤종대(冀魯豫楊蘇縱隊), 산동부대, 기중의 사커(沙克)부대 등 총 병력 10만 대군은 순조롭게 동북으로 진입하여 국민당 군대의 동북 점령 계획을 좌절시켰다.[189]

상술한 사실들을 고찰해 보면, 국제 정세가 일본측에게 점차 불리해지고 일본의 전력이 쇠퇴 국면에 접어들기 시작했을 때, 비로소 팔로군이 점차 공세를 취하기 시작했고, 기열료지구 주민들의 항전 승리에 대한 자신감도 고조되었으며, 민병들의 투쟁 활동도 활발해지기 시작했고, 이들의 팔로군 입대도 급증했다는 점을 알 수 있다. 다시 말해 일본측의 치안강화운동이 강화되고 기열료지구에 대한 점령 정책의 강도가 높았을 때, 팔로군 및 민병들의 항일 활동은 상대적으로 수동적인 국면을 벗어나지 못했지만, 국제 형세가 점차 일본측에게 불리해져 일본 세력의 쇠퇴 현상이 나타나자, 이 지구 주민들의 항일 활동이 활발해지면서 팔로군 및 민병들의 활동 역시 이전과는 반대로 활발해지기 시작했다는 점이다. 이러한 특징은 일본의 패망 직후 1만 3천여 명에 불과했던 기열료지구의 팔로군 병력 수가, 동북 지역을 수복하는 짧은 기간에 11만여 명으로 격증했다는 점에서도 여실히 나타난다. 이것은 일본이 절대 우세를 차지하던 치안강화운동 전후 기간에는 주민들이 기회주의적으로 처신하면서 생존 유지에 급급해 하거나 항일 활동에 소극적인 자세를 취하다가, 이 지구에 대한 팔로군의 지배권이 확실시되자 대세에 따라 팔로군에 가담했다는 것을 시사해 준다.

그렇다면 우리는 1940년대 전반기 진찰기변구, 특히 기열료지구 주민들의 정치적 태도와 관련해서, 찰머스 존슨의 이른바 '전쟁방조론(戰爭傍助論)'을 재고해 볼 필요가 있다. "일본의 침공과 팔로군의 유격 작전에 대한 일본의 보복 정책이 농민들의 항일 활동 참여를 확대시켰다"는 그의 견해에 따른다면, 일본의 점령지 정책과 전술로부터 가장 많은 피해를 받았던 기열료지구 주민들의 항일 활동이 다른 지역보다도 더 활발해

---

189) 鄧榮顯, 앞의 글, 167쪽 ; 王永保, 앞의 글, 205쪽.

야 했다. 그리고 이 지구 주민들의 항일 활동은 다른 시기보다도 일본의 무자비한 점령지 정책, 특히 삼광정책을 포함한 치안강화운동이 추진되었던 1941년부터 1942년 사이에 더 활발해야 했다. 그리고 그것은 자연히 기열료지구의 공산당 세력의 확대로 이어져야 했다.

그런데 실제로 이 시기 변구를 둘러싼 상황이 점점 악화되면서 병력 동원, 즉 민중의 팔로군 입대는 곤란하게 되었다.[190] 이미 고찰했듯이, 기열료지구 주민들의 정치적 태도는 찰머스 존슨의 견해와는 상당한 차이가 있었다. 즉 일본의 무자비한 점령지 정책과 전술, 특히 치안강화운동이 추진되었던 기간까지 공개적으로 항일 활동에 투신한 사람들은 상대적으로 적었고, 대다수는 일본측 및 공산당측 모두와 관계를 맺으면서 생존 유지에 골몰하고 있었다. 그 결과 이 지구에서의 항일 활동은 침체 상태를 벗어나지 못하고 있었다. 그런데 기열료지구 주민들은 공산당 세력이 절대적으로 열세에 처해 있던 치안강화운동 시기에는 항일 활동에 소극적으로 처신하다가, 국제 정세가 일본에게 불리해지고 일본의 패망 징후가 보이기 시작한 태평양전쟁 말기부터는 팔로군의 세력 증대와 더불어 승리에 대한 자신감을 갖게 되면서 점차 항일 활동에 뛰어들기 시작했던 것이다. 게다가 일본의 패망 직후 팔로군의 동북 지배가 확실시되자, 주민들의 항일 활동은 더욱 활발해졌던 것이다.

---

190) 『中國八路軍, 新四軍史』, 511쪽.

Ⅳ 소결

결론적으로 치안강화운동은 진찰기변구, 특히 기열료지구에 심대한 영향을 미쳤다. 일본은 무주지대(무인지구) 및 집단부락을 설치하는 과정에서 혹은 소탕 작전 때, 유격 근거지 군민(軍民)의 생존 조건을 철저하게 파괴시키기 위해 삼광정책을 실시함으로써, 공산 유격 근거지 농민들에게 엄청난 인적·물적·정신적 피해를 주었다. 일본은 공산당측 근거지나 유격구에 있던 주민들을 닥치는 대로 살해하거나 끌고 갔고, 곡물이나 가축 등 먹을 수 있는 것들은 모두 빼앗았으며, 심지어 냄비나 솥 등 가장 기본적인 생활용품들마저 모두 부수었고, 전답의 농작물이나 과수원 등은 모두 파헤쳤으며, 가옥들은 모두 불태워서 도망친 주민들이나 팔로군들이 다시 돌아와 생활하지 못하게 만들었다. 그리고 일본은 항일 유격 활동이 빈번한 지역을 무주지대로 설정한 뒤, 이곳에서 살고 있던 주민들을 마을에서 내몬 뒤 집단부락에 강제로 수용하여 인적·물적 교류를 엄격하게 통제하거나 감시했다. 당시 집단부락민들은 대부분 극빈한 사람들이었기 때문에 새로 가옥을 지을 수 있는 자금이 없어서 초막이나 움집 등 열악한 주거 환경 속에서 추위나 질병 등에 시달려야 했다. 이 과정에서 얼어죽거나 전염병으로 사망한 자들이 속출하였다. 비참한 생활로 인해 수많은 부녀자들이 생식 능력을 상실했다. 또한 농경지의 상당 부분이 무주지대·봉쇄호·차단벽·토치카·경비 도로 등에 의해 점용되었거나, 집단부락 주위에 농경이 허가된 토지 또한 매우 적었기 때문에 경작지는 격감되었고, 이 상황에서 자작농의 소작농화, 혹은 농민층의 하강 분화가 촉진되었다. 또한 일본은 진지·경비 도로 구축이나 탄약

운반, 지하 자원 개발 및 군수 공업 등에서 소요되는 노동력을 확보하기
위해 수많은 중국인 청·장년들을 체포·연행해 갔으며, 역축과 마차 등
을 징발·약탈해 갔다. 이처럼 농경지가 축소되고 노동력과 역축·농기
구 등이 징발·약탈됨으로써 농업 생산력은 격감되었고, 이것은 필연적
으로 식량 공황을 초래했다. 극도의 기아에 허덕이고 있던 당시의 주민
들은 대부분 옷이 없어서 헐벗고 지내다시피 했다. 이들 주민들을 더욱
더 춥고 배고프게 만든 것은 공산당측의 기본적인 부담 요구 이외에 일
본의 과중한 징세와 각종 징발이었다. 징세와 관련해서, 더욱 고통을 받
은 사람들은 '준치안지구'(공산 유격구), 즉 일본 세력과 공산당 세력이 같
이 활동하고 있던 지역에 거주하고 있던 주민들이었다. 이 지역의 주민
들은 기본적으로 생존을 위해서 혹은 공산당측의 '양면촌' 정권 수립에
따른 은폐된 항일 활동의 일환으로 일본 및 공산당 세력에게 모두 세금
을 납부해야 했기 때문이다.

  공산당측의 근거지였다가 일본에 의해 점령된 지역의 주민들, 특히 집
단부락에 강제 수용된 주민들은 자유로운 경작권이 없었고, 친척집을 방
문하거나 부락을 떠나는 것, 심지어 소규모 매매 행위까지도 엄격하게
금지되었다. 이처럼 일상 생활 전반에 걸쳐서 철저한 감시와 통제를 받
고 있던 주민들은 각종 노역과 모욕·박해에 시달렸다. 특히 일본군의
강간 행위가 공공연하게 자행되고 있었는데, 이것을 참지 못하고 자살하
거나 항거하다가 살해된 부녀자들이 매우 많았으며, 능욕당한 부녀자들
상당수는 성병에까지 시달려야 했다. 이처럼 '죄수 아닌 죄수' 취급을 받
으면서 목숨을 연장해야 했던 집단부락민들의 삶의 고통을 일시적으로
잊게 했던 것은 아편이었다. 당시 일본은 집단부락민들의 정치적 의식을
마비시키는 동시에, 아편 판매를 통한 재정 확충을 위해 아편 재배를 권
장하고 아편 흡입을 조장했다. 그 결과 집단부락민들 가운데 상당수는
아편을 흡입했거나 주사를 맞았는데, 일반적으로 여자들의 아편 흡입률이
더 높았다.

  일본의 치안강화운동으로 인해 극도로 열악해진 생활과 정치·사회적

인 박해 및 감시 속에서 살아갈 수밖에 없게 된 진찰기변구, 특히 기열
료지구 주민들의 실태를 고찰해 볼 때, 그들은 표면적으로는 무자비한
점령지 정책과 전술을 구사하고 있던 일본측이 두려워 순종했겠지만, 내
면적으로는 일본측에 대해 호의를 지니고 있지 않았다. 「만주국」 국무원
군사부(國務院軍事部) 사상전연구부(思想戰硏究部)가 작성한 비밀 보고서
에서도 잘 드러났듯이, 집가공작을 필두로 한 일본의 각종 치안 공작은
민중 생활을 극도의 곤경으로 몰아가는 등 부정적인 요인들을 증가시켜
그 한계를 드러내고 말았다. 이것은 진찰기변구, 특히 기열료지구의 팔로
군이 1944년을 전후로 오히려 그 세력을 확대시켜 갔다는 사실에서도
잘 입증되고 있다. 또한 그것은 진찰기변구, 특히 기열료지구 주민들을
사이에 두고 팔로군측과 길항 관계에 있던 일본측이 민중 획득전에서 점
차 주도권을 상실해 가고 있었음을 의미하는 것이기도 했다.

　이러한 상황에서 1940년대 전반기 일본의 화북 지배 정책과 전술, 특
히 치안강화운동이 추진되면서 기열료지구에서는 주민들의 정치적 태도
가 다양하게 나타나기 시작했다. 일본측의 위력이 거의 미치지 못하던
현과 현의 경계 지역 혹은 산간 지구의 공산 근거지에서는 항일 활동에
직접 뛰어든 주민들('A 양태')이 많았다. 일본군과 괴뢰군이 주둔하고 있
던 현성이나 거점 및 그 주변 지역, 중요 자원 집산 지역, 철도 부근의
평원 지역 등 일본측이 확고하게 통치하고 있던 지역에서는 자의든 타의
든 일본 세력에게 협력하는 사람들('B 양태')이 많았다. 그리고 이 양 지
역을 제외한 대부분의 지역(주로 항일 유격구)에서는 일본측 및 공산당
측 양자와 관계를 유지하면서도 이 양자의 우열에 따라 수시로 태도를
바꾸는 주민들('C 양태')이 많았다.

　그런데 'C 양태'의 존재는 주민들의 속성에서 기인된 측면보다도 기열
료지구의 특수성에서 비롯된 측면이 강했다. 당시 기열료지구에서는 일본
세력과 공산당 세력간에 인적·물적 기반을 쟁탈하기 위한 일진일퇴식의
투쟁 양상이 빈번했기 때문에, 이 양자간의 지배 영역은 획분되어 있지
도 않았고 그 우열도 지역에 따라 수시로 바뀌고 있었다. 그렇지만 통상

적으로는 공산당 세력이 일본 세력보다도 열세에 있었기 때문에, 어느 촌락이 항일일변도를 고집할 경우 일본측에 의해 쉽게 제압을 당할 수가 있었다. 그 결과 기열료지구의 경우, 항일일변도의 촌 정권의 존속 기간은 비교적 짧았고 그 수도 많지 않았다. 그렇다고 해서 주민들이 친일일변도를 고집하면 공산당 세력으로부터 보복을 당할 가능성이 있었다. 이에 비해 공산당측과 일본측 모두와 관계를 유지해 나가면서 양자 세력의 우열에 따라 태도를 달리할 경우 양자 세력으로부터 보복을 당할 확률은 낮았다. 그 결과 양면성을 띤 촌이 가장 많았고 그 지속 기간도 가장 길었다. 이것은 1940년대 전반기 기열료지구 주민들 대다수가 기회주의적인 정치적 태도를 취하면서 자신들의 생존을 도모하고 있었음을 말해준다.

이와 같은 주민들의 정치적 태도로 인해, 1940년대 전반기 기열료지구에서는 일본 세력이 우세를 점하면, 종래에 항일일변도였던 촌이 양면성이나 친일성의 촌으로, 혹은 양면성의 촌이 친일성의 촌으로 변질되었다. 정세가 바뀌어 그 반대의 상황이 도출되면 역시 그 반대의 양상을 띠었다.

그런데 팔로군측이 고립적 국면을 타개하기 위해 1942년 말에 채택한 '적진아진' 전술과 '양면촌' 정권 수립 정책이 점차 효력을 발휘하면서부터, 양면성의 촌 정권 건립은 주민 자신들의 생존을 위한 자구적 차원에서뿐만 아니라, 항일 전술의 차원에서도 현실적으로 필요하게 되었다. 그 결과 전술한 주민들의 각각의 정치적 태도 유형은 양적인 면이나 질적인 면에서 모두 변화되기 시작했다. 더욱이 시기적으로도 달랐다.

먼저 양적인 면에서 보면, 기열료지구 주민들은 대내적으로 팔로군측의 전술 등이 본궤도에 오르고, 대외적으로 태평양전쟁 말기부터 일본의 패망 징후가 엿보이는 등 국제 정세가 점차 팔로군에게 유리해지자, 항전 승리에 대한 자신감을 갖기 시작하면서 점차 항일 활동에 적극성을 띠기 시작했다. 그 결과 친일 일면성의 촌은 양면성으로, 양면성의 촌은 항일 일면성으로 전화되기 시작했다. 이것은 'C 양태'의 양적인 증가를 의미한다.

다음으로 질적인 면에서 보면, 팔로군측이 새로운 전술을 채택한 이후 'C 양태'의 함축적 의미도 달라졌다. 팔로군측이 새로운 전술을 채택하기 이전에는 양면적인 정치적 태도 자체가 주민 자신들의 생존 유지라는 '본능'이 강하게 작용한 결과였는 데 비해, 이후에는 그러한 태도에 '항일 투쟁 방식'이라는 적극적이고 주동적인 의미가 가미되었다. 다시 말해 전술 채택 이전의 시기에는 단순히 '생존'의 문제가 주민들의 정치적 태도를 결정짓는 주요한 잣대로 작용했는 데 비해, 그 이후의 시기에는 생존의 문제 이외에 '시대적 사명'이라는 민족적 과제까지도 가미되면서, 때로는 후자의 요소가 주민들의 정치적 태도를 결정짓는 데 더욱 큰 작용을 하기도 했다. 이것은 팔로군측이 상술한 전술을 통해 주민들의 '생존 논리'에 자신들의 '항일 논리'를 결합시켜 세력 기반을 확충해 가면서 항일 투쟁을 극대화해 나갔던 것을 의미한다.

끝으로 시기별 상황을 보면, 일본이 치안강화운동을 추진하면서 팔로군 세력에게 막대한 타격을 가하고 그 여파가 강하게 남아 있던 시기(대체로 1941~1943년)에는 친일적 성향의 촌락들이 증가했고, 그들의 처신 역시 더욱 기회주의적으로 변했다. 이 시기는 일본 세력이 절대적으로 우세를 차지하고 있던 상황이었을 뿐만 아니라, 일본 세력과 팔로군 세력 사이의 전투가 훨씬 치열해져 정세가 자주 바뀌고 있었기 때문이다. 반면 태평양전쟁 말기(1944~1945)부터 정세가 팔로군측에게 유리해지자, 항일 활동에 뛰어드는 주민들이 늘어나면서 항일성의 양면촌이 증가하기 시작했다.

상술한 모든 사실들을 고려해 볼 때, 치안강화운동으로 대표되는 일본의 화북 점령지 정책과 전술은 화북의 민중, 그 중에서도 일본으로부터 가장 많은 피해를 입었던 기열료지구의 주민들에게 반일 감정이나 민족적 적개심을 불러일으켰던 것은 사실이었다. 그렇지만 일본의 가혹한 점령지 정책과 전술이 그들로 하여금 항일 활동에 적극적으로 뛰어들게 한 측면보다도, 오히려 그들에게 일본에 대한 두려움을 품게 만들어 그들이 항일 활동에 적극적으로 뛰어들지 못하게 했던 측면이 더 강했음을 알 수 있었다. 일본 세력이 강할 때일수록, 그들의 점령지 정책과 전술이 강도를 더해 갈 때일수록 기열료지구 주민들은 민족적 사명감을 가지고 항일 활동에 투신하기보다는 자신들의 안위를 더 걱정하면서 생존에 급급했던 것이다. 잔혹한 일본군에 의해 공포에 짓눌려 있던 중국 농민들은 그들의 생명이 보장되는 곳이면 어느 쪽으로든 따라나서게 되어 있었다.[191] 그러다가 팔로군 세력이 새로운 전술을 구사하고 국제 정세가 점차 팔로군측에게 유리해지자, 항일 활동에 적극성을 띠기 시작했다. 즉 일본의 화북 점령지 정책과 전술은 오히려 그들을 '피동적인 존재'로 만들었던 것이다.

이렇게 본다면 찰머스 존슨의 '전쟁방조론'은, 기열료지구 주민들의 정치적 태도만을 고려해 볼 때, 당시의 현실에 부합되지 않는 면이 있다. 그의 이론대로라면, 삼광정책을 핵심으로 한 일본측의 무자비한 점령지 정책과 전술, 즉 치안강화운동이 추진되었을 때, 거기에 대한 반감으로 화북의 유격 근거지 그 중에서도 일본으로부터 가장 큰 피해를 입었던 기열료지구에서 주민들의 항일 활동이 더 활발해야 했다. 그러나 당시의 상황은 다른 양상을 나타내고 있었다. 이것은 본 편의 문제 제기에서도 밝혔듯이, 찰머스 존슨이 치안강화운동을 간과하고 청향운동을 중심으로 하여 '농민의 동원과 일본의 점령지 정책의 상관 관계'를 다룬 데서 비롯된 결과가 아닌가 여겨진다.

다만 "일본의 침공과 무자비한 보복 정책이 농민들의 민족 감정을 불러일으켰다"는 찰머스 존슨의 견해는 인정될 수 있다. 즉 치안강화운동으로 대표되는 일본의 화북 점령지 정책과 전술이 화북 농촌의 구석구석에까지 침투하게 되면서, 또한 공산당군이 거기에 맞서기 위해 농촌을 누비게 되면서, 화북의 농민들이 일본의 존재 및 전쟁의 실상, 공산당군의 항일 투쟁 활동 및 애국심, 그리고 각종 정책 등을 인식하게 되었던

---

191) Theodore White, *Ibid*, p.47.

것은 사실이○○ 그렇지만 기열료지구 주민들의 정치적 태도에서 알 수 있듯이, 항일 의○을 지니게 된 주민들이 곧바로 항일 활동에 투신했던 것은 아니었다. ○○수 주민들은 일본 세력이 막강하고 그들의 점령지 정책과 전술이 강○를 더해 갔을 때 항일 활동에는 동정하면서도 자신들의 생존을 유지하○ 위해 기회주의적으로 처신했다가, 일본 세력이 약해지고 팔로군측 ○력이 공세를 취하기 시작했을 때에야 비로소 항일 활동에 적극성을 ○휘했던 것이다. 당시 공산군 지도자들의 판단처럼 중국 농민들은 ○○을 정치적인 관련 속에서 충분히 인식하지 못하고 있었다. 그래서 일○군의 소탕 작전에 분격하기보다는 단순히 공포에 빠져, 너무도 잦은 ○격군에 대한 지원을 거부하기에까지 이르렀다.[192] 이렇게 본다면 농민○의 항일 의식과 그들의 항일 활동은 상당 부분 별개의 문제였다고 ○ 수 있다. 따라서 일본의 무자비한 점령지 정책과 전술이 중국 농민들○ 항일 활동에 뛰어들게 만들었다는 찰머스 존슨의 '전쟁방조론'은, "○일 의식을 갖게 된 중국 농민들이 곧바로 항일 활동에 뛰어들었을 ○○이라는 성급한 추론에서 비롯된 것이 아니었을까 여겨진다.

○론적으로 말해 1940년대 전반기 기열료지구 주민들의 정치적 태도를 ○정짓는 데 가장 중요한 요인으로 작용한 것은, 해당 지구에서의 지○○을 어느 세력이 장악하고 있었느냐였다. 국공내전에서 공산당이 승리○게 된 결정적인 요인은, 일본의 무자비한 점령지 정책과 전술로 야기○ 중국 농민의 민족주의나 국민당의 부패 및 무능함 등에서만 초래되었○ 것은 아니다. 보다 결정적인 요인은 대부분 피동적인 입장에서 생존 ○리에 집착해 있던 중국 민중에게 항일 및 경제 논리 등을 결합시켜 총○적인 면에서 국민당보다도 더 월등하게 그들을 지배했던 공산당의 전○ 전략과 그것을 가능케 한 군사력이었다고 할 수 있다. 다시 말해 일본의 패망 전후 주민들을 대대적으로 끌어들여 동북 및 화북에 대한 지배권을 확보하게 된 공산당 세력은, 화북 및 동북 주민들에 대한 총체적

○○) Chalmers A. Johnson, *Ibid*, p.114.

인 지배력 측면에서, 이 지역에 뒤늦게 뛰어든 국민당 세력보다도 앞섰던 것이고, 이것은 국공간의 전세를 역전시켜 국공내전에서 공산당이 승리하는 데 중요한 발판 작용을 했다.

한편 팔로군측에서는 지역적 혹은 시간적인 정세 변화에 따른 화북 민중의 유동적이고 기회주의적인 태도에 대해 고민하지 않을 수 없었다. 특히 섬감녕변구처럼 상대적으로 확고한 통치 기반을 바탕으로 자신들의 정책들을 비교적 안정적으로 추진할 수 있었던 곳과는 달리, 진찰기변구를 비롯한 화북의 대다수 항일 유격 근거지에서는 정세가 유동적이었고 통치 기반도 불완전했기 때문에, 이 문제에 대한 그들의 고뇌는 더욱 심각할 수밖에 없었다. 무엇보다도 진찰기변구처럼 정세가 유동적인 유격 근거지에서의 모든 전술 및 민중 운동 공작의 성패는 그들의 생존과도 직결되어 있었다. 결국 그들은 화북 민중의 정치적 태도를 있는 그대로 받아들이지 않으면 안 되었다. 화북 민중은 그들의 생사여탈권을 지니고 있었다. 팔로군측, 특히 진찰기변구와 같은 유격구에서는 종래의 자신들의 정책을 바꾸어야 했다. 그리고 당시의 상황은 그들 자신의 변신을 요구하고 있었다.

일본군의 치안강화운동으로 항일 유격 근거지 사회 및 팔로군측에서는 엄청난 위기를 맞이했음에도 불구하고 그들은 일시적으로 세력이 위축되기는 했지만 전멸하지는 않았다. 오히려 치안강화운동이 끝난 뒤에는 특유의 전술과 정책으로 다시 세력을 회복시켜 나갔고, 1944년 중반 이후부터는 오히려 이전을 훨씬 능가할 정도로 세력을 확장시켜 나갔으며, 심지어 화북 주둔 일본군, 즉 방면군에 대해 공세를 취하기 시작했다.

그렇다면 동북에서의 항일 무장 세력(동북항일연군)이 1940년대에 들어서 사실상 소멸되었음에도 불구하고, 팔로군이 화북에서 세력을 유지·확대해 나가게 된 내적 동인은 어디에 있었는가? 이것은 결국 팔로군이 화북 민중으로부터 인적·물적 자원과 각종 정보 등을 확보하고 있었다는 점을 고려해 볼 때, 팔로군과 화북 민중 사이의 제반 관계 속에서 찾을 수 있을 것 같다. 그런데 우리가 통상 생각하듯이, 팔로군과 화북 민중의 관계는 불협화음 없이 원활했던 것만은 아니었다. 특히 팔로군측의 기율이나 민중 동원 공작에는 허점과 시행착오가 있었다.[193] 팔로군은 결코 약점이나 과오가 없는 '신비스러운 군대'는 아니었던 것이다. 팔로군은 농민들을 인적 자원으로 삼아 조직된 '농민적 습성을 완전히 탈피하지 못한 군대'였다. 그렇지만 그 특유의 정치 교육 공작과 기율 확립 노력을 통해 시행착오를 서서히 극복해 나갈 수 있었다. 이 때문에 팔로군은 국민당 군대와는 비교가 안 될 정도로 기율이 잘 잡힌 '농민의 군대'일 수 있었다. 이는 팔로군이 항전의 깃발을 꽂고 신민주주의 혁명을 추진해서 궁극적으로 국공내전에서 승리할 수 있게 한 중요한 원동력이었다.

---

193) 尹輝鐸, 「八路軍, 그 신화의 뒤안길에서」, 『湖西史學』 제25집(1998. 1), 321~334쪽.

제 3 편

전쟁과 혁명의 이중주 :
'중일전쟁혁명'의 확산 · 심화

1942년 6월, 만리장성에서 전투 중인 팔로군 기동분구(冀東分區) 부대의 모습

I 문제 제기

비록 일본의 중국 침략으로 종래의 국·공 양 전선이 흐지부지되면서 중국 현대 사회가 국민당·공산당·일본의 삼각 구도로 재편되기는 했지만, 1940년을 전후로 일본의 점령지 정책이 강화되면서 그 공격 목표가 서서히 국민당군에서 공산당군으로 바뀌기 시작했다. 그 결과 공산당군의 주력인 팔로군은 이전의 적(국민당군)보다 더욱 강한 군대(일본군)와 맞서야만 했다. 사생결단만이 요구되는 전쟁 무대에서 인적·물적 자원이 절대적으로 열세에 놓여 있던 팔로군이 선택한 길은 계급의 우군인 민중의 바다로 뛰어드는 것이었다. 이를 위해 팔로군은 더 많은 민중을 동원하기 위해 종래의 토지 혁명을 근간으로 하는 계급 '혁명'의 고삐를 늦추고 농민의 애국심에 호소하는 민족 '전쟁'을 수행해야 했다. 팔로군측이 '민족 전쟁'에만 몰두할 경우 그들의 계급 혁명은 지연되거나 요원해질 수밖에 없었고, 반대로 '계급 혁명'에만 몰두할 경우 적전 분열로 인해 그들의 생존을 유지할 수가 없었다. 그리하여 팔로군측에서는 '민족 전쟁'과 '계급 혁명'의 두 영역을 넘나들면서 중국 혁명을 모색해야 했다. 이처럼 '전쟁'과 '혁명'으로 점철된 중국 현대 사회에서 팔로군측에게 부여된 최적의 생존 방식은 '전쟁'과 '혁명'의 이중주 속에서의 부단한 줄타기였다.

일본은 1938년 10월 무한을 함락시킨 후 종래의 속전속결 식의 단기전 전략을 장기전 전략으로 바꾸고 국민당에 대해서는 소위 '일중화평공작(日中和平工作)'[1]을 전개한 반면, 화북 및 화중 지역의 공산당 근거지

---

1) 『北支の治安戰』 1, 68~73쪽 참조.

쪽에 공격의 중점을 두기 시작했다. 중일전쟁혁명 전 시기를 살펴볼 때, 치안강화운동, 즉 '총력전' 체제의 구축 기간은 팔로군측이 최악의 상황에 처해 있던 시기였다. 마오쩌둥의 정세 판단에 의하면, 당시 공산당측이 지배하던 인구는 5천만 명 이하로 줄었고 팔로군도 30여 만 명으로 감소했으며, 간부의 손실도 많았고 재정도 극도로 곤란한 상황이었다.[2]

그런데도 팔로군측은 방면군측의 치안강화운동으로 초래된 심각한 위기 국면을 타개하고 그 세력을 존속시켜 나갔다. 더욱이 팔로군측은 그 과정에서 구축된 인적·물적 기반과 전술·전략상의 노하우를 활용하여 국공내전에서 승리할 수 있었다. 이러한 사실을 「만주국」의 동북항일연군이 1940년대에 들어서 사실상 소멸되었다는 사실[3]에 견주어볼 때, 치안강화운동에 대응해서 팔로군이 구사한 주요한 전술·전략에 주목하지 않을 수 없게 한다. 또한 그러한 전술·전략들이 국공내전에서의 공산당의 승리에 어떠한 작용을 했는지에 대해서도 주시하지 않을 수 없게 한다.

1940년대 전반기의 정세를 고려해 볼 때, 공산 유격 근거지에서의 대중 운동은 섬감녕변구처럼 공산당측의 통치 기반이 상대적으로 강고해서 장기간 그 통치 체제가 유지되고 있던 지역에서나 전술적·전략적 효과가 컸다. 이에 반해 진찰기변구처럼 공산당측의 통치 기반이 약해서 정세에 따라 통치 영역이 수시로 변하는 유격 근거지에서는, 대중 운동이 인민들의 현실 생활에 제대로 뿌리를 내릴 수가 없었을 뿐만 아니라 유격 근거지의 정세를 바꾸어 나가는 데도 뚜렷한 성과를 올리지 못했다. 후자 지역에서는 공공연하게 대중 운동을 추진하고 지속시켜 나갈 수 있을 만큼 공산당측의 무력 기반이 뒷받침되고 있지 못했기 때문에, 대중 운동이 유격 근거지가 처한 위기 국면을 타파하는 데 별다른 효능을 발휘하지 못한 채 방어적인 전술적·전략적 성격에 머무르고 있었던 것이다.

따라서 섬감녕변구를 제외한 화북의 공산 유격 근거지들이 일본의 치안강화운동으로 인해 존립의 기로에 처해 있던 절박한 상황에서, 팔로군

---

2) 毛澤東, 「學習和時局」, 『毛澤東選集』 제3권, 942~943쪽.
3) 『日帝下 「滿洲國」 研究—抗日武裝鬪爭과 治安肅正工作』, 434쪽.

측이 세력을 유지하면서 종래의 피동적인 국면을 점차 주동적인 국면으로 전환시켜 나가게 된 가장 근본적인 측면들은 무엇이었는지에 대해 고찰하지 않을 수 없다. 이러한 점과 관련해서, 필자는 다음과 같은 점이 고려되어야 한다고 생각한다. 일본군의 치안강화운동 전개로 극도의 곤경에 봉착해 있던 팔로군측이 방면군측의 점령 지구 내에 새로운 인적·물적 기반을 확보하는 데 견인차 역할을 했던 것은, 팔로군측의 공격적인 전술(즉 '적진아진' 전술)과 그 전술로 인해 새롭게 형성된 유격구에서의 탄력적인 민중 운동 공작, 특히 '양면촌' 정권 수립 공작, 그리고 항일 유격 근거지에서 시행된 각종 정책들이었다는 점이 고려되어야 한다. 특히 팔로군측의 '적진아진' 전술 및 '양면촌' 정권 수립 공작은 팔로군측이 유격 근거지를 유지·존속시켜 나가고 항일 투쟁에 필요한 인적·물적 자원을 확보하는 데 결정적인 작용을 했다고 생각된다. 그런데도 여기에 관한 연구[4]는 거의 없는 실정이다.

공산당측이 치안강화운동에 맞서서 추진한 정책과 관련해서, 중공북방분국(中共北方分局)이 발표한 1943년도의 공작 방침을 보면, ① 대중성 있는 유격전의 보편적 강화, ② 민주 정치의 실현, ③ 대중 운동의 지속적인 전개와 저변화, ④ 민중 교육의 강화, ⑤ 정치 공세의 일상적인 공작화 등이었다. 같은 해 10월 1일 중공 중앙이 발표한 '10대 정책에 관한 지시'를 보면, ① 대적(對敵) 투쟁의 강화, ② 정병간정(精兵簡政)의 철저, ③ 지도의 통일, ④ 옹정애민운동(擁政愛民運動)의 전개, ⑤ 생산의 발전, ⑥ 삼풍정돈(三風整頓), ⑦ 간부의 심사, ⑧ 시사 교육, ⑨ 삼삼제(三·三制)의 실시, ⑩ 감조감식(減租減息)의 철저 등이었다.[5]

당시 정세가 급박하게 돌아가던 기열료지구(冀熱遼地區)에서는 상술한 상급 기관의 방침에 부응해서 다음과 같은 공작 방침을 추진했다. ① '적진아진' 전술의 채택, ② '양면촌' 정권 수립 공작 및 항일 민족 통일 전

---

4) '敵進我進' 전술에 관해서는 婁平, 「敵進我進戰略在冀熱遼」(『冀熱遼論文集』)이 유일한 연구 성과이고, '兩面村' 정권 수립 공작에 관해서는 朱德新, 「再論冀東抗日遊擊根據地的"兩面政權"」(『冀熱遼論文集』)이 유일하다고 할 수 있다.
5) 『北支の治安戰』 2, 439쪽.

선의 강화, ③비공산계의 다양한 무장 세력·일본군·괴뢰 군경에 대한
공작, ④대적(對敵) 경제 투쟁과 물자 통제를 통한 물자 부족의 해결, 식
량·자금의 징수, ⑤민중 운동 공작 차원에서의 항일 선전과 대민(對民)
교육 및 민중 생활의 개선, ⑥조직 공작 차원에서의 군대와 지방 간부의
엄호, 한간(漢奸)의 제거, 비밀 연락망의 조직, ⑦사상 공작 차원에서의
정풍운동(整風運動)과 옹정애민운동, 그리고 각종 대중 운동 등이었다.[6]
일본의 점령지 정책에 대응해서 팔로군측이 전개한 이러한 모든 정책이
나 전술은, 팔로군이 세력을 존속시켜 나가거나 인적·물적 기반을 확보
하는 데 상호 유기적으로 작용했다.

이와 같은 관점에서 필자는 상술한 팔로군의 정책 및 전술, 항일 유격
근거지의 모든 정책 등이 팔로군측의 위기 타개에 어떠한 작용을 했는지
를 고찰하고, 그것의 결과가 일본의 패망 후 발생한 국공내전에서 어떠
한 의미를 지니게 되었는지에 대해서도 유추해 보고자 한다.

---

6) 周治國, 「熱遼部分抗日遊擊區的開闢」, 『文獻·回憶錄』 제2집, 251~264쪽 참조.

Ⅱ 공산당군의 항전 정책과 신민주주의 혁명

1. 민주 제도의 운용

항일전쟁 시기 민주 제도 문제와 관련해서 주목되는 것은 항일 유격 근거지의 각 변구정부가 실시한 민주적인 모든 조치들이다. 일반적으로 항전 시기 각 변구정부는 '항일 민주 정권'의 성격을 띠고 있던 것으로 평가되고 있다. 이 시기 변구 정권은 소비에트 시기 노농(勞農) 정권이 전화된 것으로, 그 정권 수립의 기초는 토지혁명전쟁 기간에 형성된 혁명 이론을 바탕으로 "노농 무장 할거", "농촌을 거점으로 해서 도시를 포위함", "무력으로 정권을 탈취함" 등의 사상을 견지·발전시킨 동시에 항일 민족 통일 전선의 수립을 전제로 발전해 왔다[7]고 할 수 있다. 항전 시기 각 변구 정권의 민주 제도 운영 과정과 그 특징들을 간략히 살펴보면 다음과 같다.

1938년 1월 14일 진찰기변구군정민대표대회(晋察冀邊區軍政民代表大會)에서는 진찰기변구의 항일 정권으로서 진찰기변구임시행정위원회를 발족시켰다. 이 대회에서 변구행정위원회가 부여받은 임무는 중앙 정부 장제스 위원장, 전구(戰區) 각 사령장관의 영도하에 각 당파, 각 계층, 각 민족의 군건한 단결을 기초로, ① 널리 인민을 무장시키고 동원해서 참전케 하는 것, ② 인민의 생활을 개선하고 민주 권리를 보장하고 모든 한간(漢奸)을 철저하게 숙청하는 것, ③ 재정 경제를 통일시키고 부대의 보급을 책임지고 민중을 동원해서 최대한 적극적으로 참전케 하는 것 등이었다.

---

7) 劉慶旻·劉大成,「抗日民主政權」,『中共黨史研究』1992년 제 2 기, 23쪽.

이러한 임무 수행을 통해 진찰기변구를 화북에서의 항전을 위한 훌륭한
근거지로 만들어 지구항전(持久抗戰)의 최후 승리를 쟁취하는 것이었다.[8]
결국 법제적으로 중화민국의 구성 부분인 변구행정위원회가 부여받은 임
무의 본질은 '항일'과 '민주'였다고 할 수 있다.

당시 팔로군측이 '민주'의 효용성을 어떻게 인식하고 있었고, 그것을
실천하기 위해 어떠한 노력을 경주했는지는 1943년 1월 쑹샤오원(宋邵
文:진찰기변구행정위원회 주임)이 행한 공작 보고 내용에서 잘 드러나고
있었다. 이 보고 내용에 따르면, 동 행정위원회는 민주의 위대함과 중요
성을 잘 인식하고 있다는 전제하에, "민주가 없으면 인민의 의지와 역량
을 집중시킬 수 없고 전민항전(全民抗戰)을 할 수 없을 뿐만 아니라, 정
권이 소수의 기득권을 위해 사사로이 운용되어 인민으로부터 유리되고
민생을 곤궁에 처하게 만드는 관료 기관으로 전락될 것"[9]이라는 점을 밝
히고 있었다. 실제로 항일 유격 근거지에서는 이러한 민주의 원칙이 관
철되고 있었다. 즉 한간·범죄자·정신 장애자 이외에 변구에 거주하던
18세 이상의 사람은 계급·직업·남녀·종교·민족·재산·문화 정도를
불문하고 선거권과 피선거권을 부여받았으며,[10] 인민의 언론·출판·결
사·신앙·거주·이전·통신의 자유 역시 강령[11]에 명시되었다.

변구의 선거 실시 과정을 실제로 살펴보면, 변구의 선거는 당과 정부
에 의한 일종의 계몽 운동 성격을 띠고 있었다. 사전에 간부가 각지에
파견되어 전단·포스터·신문·강연·연극·앙가(秧歌) 등으로 선거의
의의를 호소했다. 변구에서는 대다수 주민이 문자를 알지 못했기[12] 때문

8)「晋察冀邊區軍政民代表大會宣言」(1938. 1. 14),『晋察冀抗日根據地』第一冊(文
  獻選編 上), 68쪽.
9) 宋劭文,「關于晋察冀邊區的政權建設和經濟建設」(1943. 1),『抗日根據地』第一
  冊(文獻選編 下), 750~751쪽.
10)「陝甘寧邊區選擧條例」(1939. 1), 陝西省檔案館·陝西省社會科學院 合編,『陝甘
  寧邊區政府文件選集』(『文件選集』이라 약칭) 第一輯, 北京:檔案出版社, 1986,
  160쪽.
11)「陝甘寧邊區抗戰時期施政綱領」(1939. 4),『文件選集』第一輯, 210쪽.
12) 실례로 1941년도까지 섬감녕변구 주민의 문맹률은 93~95%에 이르고 있었다
  (林伯渠,「陝甘寧邊區三年來工作槪況」,『黨史資料集』10, 535쪽).

에 무기명 투표가 원칙이었음에도 그 운용은 곤란했다. 그래서 투표 용지를 사전에 배포하거나, 선거위원회가 투표 상자를 가지고 표를 회수하거나, 투표소에서 대필하거나, 콩을 투표자 앞의 사발 속에 집어넣거나, 선거인 집회에서 거수로 결정하는 등의 방법이 행해졌다. 따라서 투표의 비밀이 충분히 보장되고 있지는 못했다. 투표율은 매우 높았지만, 그것을 액면 그대로 주민의 자발성의 표현이라고는 말할 수 없는 사회적 분위기가 형성되어 있었다.[13] 즉 '항전'과 '민족 해방'이라는 중대한 사명이 강조되고 사회주의적 집단주의가 근거지 사회를 압도하는 상황에서 개인의 일탈은 사회적인 비난과 압력에 직면할 수밖에 없었다. 즉 근거지 사회는 집단주의적 분위기에 휩쓸린 사회였던 것이다.

1940~1941년에 접어들어 변구에서는 종래의 선거에 의한 무차별적인 조직 구성 방식에서 공산당원 1/3, 당외의 진보적인 좌파 인사 1/3, 중립파 1/3씩으로 구성하는 것을 원칙으로 한 '삼삼제' 방식이 채택되기 시작했다.[14] 삼삼제는 참의회와 같은 민의 기관에서뿐만 아니라 정부 기관에서도 마찬가지로 실행되었다.[15] 삼삼제의 정치 제도 함의에 관해서는 펑더화이(彭德懷)가 1940년 9월 25일 어느 회의에서, "항일과 민주를 찬성하는 지주 자산 계급, 소자산 계급, 무산 계급이 정권 속에서 각각 1/3씩 차지하는 것으로, 모든 항일 계급·항일 당파를 포함하고 (정권의 구성원은) 평등한 민주 원칙에 의해 선출되며, 공동 항일과 각 계급의 이익에 적합한 정권"[16]이라고 정의한 바가 있었다.

삼삼제는 여러 가지 의미를 지니고 있었다. 우선 외적으로는 민주적인

---

13) 井上久士, 「邊區(抗日根據地)の形成と展開」, 池田誠 編, 『抗日戰爭と中國民衆─中國ナショナリズムと民主主義─』, 京都:法律文化社, 1987, 173쪽.

14) 왕용샹(王永祥)은 '삼삼제' 사상이 제기된 시기를, 마오쩌둥의 지시에 의해 작성된 「抗日根據地的政權問題」라는 당 문건이 하달된 1940년 3월 6일로 잡고 있다 (「論抗日根據地的"三三制"政權」, 『南開學報』 1992년 제2기, 70쪽).

15) 王永祥, 위의 글, 72쪽.

16) 彭德懷, 「北方局黨的高級幹部會議上的報告大綱」(節錄), 晉冀魯豫邊區財政經濟史編輯組, 山西·河北·山東·河南省檔案館 編, 『抗日戰爭時期晉冀魯豫邊區財政經濟史資料選編』 제1집, 北京:中國財政經濟出版社, 1990, 120쪽.

통일 전선의 원칙에서 국민당의 일당 독재나 일파 독재에 맞서서[17] 국민
당으로 하여금 헌정을 실시하도록 압력을 가하는 동시에 전국적인 헌정
운동을 고양시키려는 의도를 지니고 있었다.[18] 다음에 내적으로는 마오쩌
둥이 "항일 근거지의 정권 문제에서 현재 가장 커다란 위험은 중간 정도
의 부르주아지와 진보적 지주를 우리편으로 끌어들이는 것을 소홀히 여
기는 좌익적 경향이다"[19]라고 지적했듯이, 당 외의 진보적 인사와 중간
정도의 부르주아지 및 진보적인 지주를 공산당 쪽으로 끌어들여 자기들
편으로 만든 뒤 완고파(국민당을 비롯한 반공적인 보수 세력)를 고립시키려
는 조치였다.

그런데 삼삼제는 민족 통일 전선이라는 중국 혁명의 역사적 조건에 대
응한 중국 공산당의 전술로서, 공산당원을 1/3로 제한했다고 해도 중국
공산당 및 프롤레타리아의 지도성 혹은 권력 독점 상태를 저하시킨 것은
아니었다. 공산당의 입장에서는 오히려 삼삼제를 통해 중간파도 정권에
참여시켜 혁명의 적극성을 충분히 발휘하게 했으며, 자신들의 지도적 지
위도 더 한층 확대·강화시킬 수 있었다.[20] 이 점은 다음의 몇몇 사례들
에서도 충분히 예측할 수 있다. 1941년 산동해방구 교동구(膠東區)에서의
선거 결과 탄생한 각급(행정공서, 전원공서[專員公署], 현, 구, 향) 정부 지
도자 가운데 노동자·빈농은 40.3%, 중농은 50.4%, 부농·지주는 8.6%,
기타 성분은 0.7%를 차지하고 있었다.[21] 또한 진기로예변구(晋冀魯豫邊區)
의 무향(武鄕)·윤사(榆社)·양원(襄垣)의 598개 촌의 간부 가운데 소작
농은 7%, 빈농은 28.1%, 중농은 43%, 부농은 15.4%, 지주는 6.5%를 차

---

17) 洛甫,「抗日民族統一戰線における極左化の危險」,『黨史資料集』10, 283쪽.

18) 井上久士,「邊區(抗日根據地)の形成と展開」, 174쪽.

19) 毛澤東,「抗日根據地の政權問題」(1940. 3. 6),『毛澤東選集』第二卷, 北京:人
    民出版社, 1992, 742~743쪽.

20) 池田誠 編,『中國現代政治史』, 京都:法律文化社, 1967;韓善模 譯,『中國現代
    革命史』, 靑史, 1985, 377쪽.

21)『現中國的兩種社會』, 발행지 미상, 東北書店, 1947(劉慶旻·劉大成,「抗日民主
    政權研究」,『中共黨史研究』1992년 제2기, 25쪽에서 재인용).

지하고 있었다.[22] 이처럼 중농 이하의 하층이 압도적인 비중을 차지하고
있었다는 것을 살펴볼 때, 삼삼제의 실시 과정은 항일 유격 근거지에서
의 중국 공산당에 의한 지도의 일원화를 추진한 과정이기도 했다.[23] 삼삼
제는 항일 유격 근거지 주민들의 자발성에 기초한 것이었다기보다는 공
산당의 전략·전술의 일환으로 위로부터 인위적으로 조직된 것으로서,
삼삼제하의 제도 운용이나 정책 결정에는 사회 계층간(혹은 계급간)의 힘
의 논리가 반영되어 있었다.

그러한 민주주의상의 약점에도 불구하고 각 변구에서는 기본적인 민주
원칙에 따라 보통·직접·평등·무기명의 투표 방법을 통해 선출된 대
표들로 대의 조직들을 구성하고 있었다. 진찰기변구에서의 민주적인 대의
조직 및 행정 체계의 실시 내용, 그것의 시행착오 과정, 계속되는 시정
조치 등은, 당시 진찰기변구행정위원회 주임이었던 쑹샤오원이 행한 수년
간의 공작 경과 보고서를 통해 그 실상을 파악할 수 있다.

쑹샤오원의 공작 보고에 의하면, 진찰기변구의 최말단 행정 단위인 촌
에는 대표회, 현에는 현의회(縣議會), 변구에는 변구참의회(邊區參議會)가
조직되었는데, 이들 기관은 정부 구성원들을 선출하거나 파면할 수 있었
고 법령을 제정·복결(復決:이미 의결된 법안에 대해 다시 표결하는 것)할
수 있는 권한도 지니고 있었다. 모든 중대한 사안들은 민주집중제의 원
리에 따라 각급 회의— 변부위원회(邊府委員會), 전서서무회(專署署務會),
현현무회(縣縣務會), 구구무회(區區務會), 촌촌무회(村村務會)에서 처리되
었다.[24] 이처럼 항일 유격 근거지에서는 말단 촌락부터 중앙까지 대의 기
구가 조직되어 해당 기구 구성원들이 정부 공무원들의 선출·파면 및 법
령의 제정, 중대 사안의 처결권까지 지니고 있었던 것이다.

이것은 인민에게 보통·직접·평등·무기명의 투표 방법을 통한 대의

22) 齊武, 『一個革命根據地的成長』, 北平: 人民出版社, 1957(劉慶旻·劉大成, 「抗日
   民主政權硏究」, 25쪽에서 재인용).
23) 西村成雄, 「中國抗日根據地—危機と社會空間の再調整」, 『講座中國近現代史』
   6(抗日戰爭), 東京: 東京大學出版會, 1976.
24) 宋劭文, 「關于晋察冀邊區的政權建設和經濟建設」(1943. 1), 751쪽.

조직의 대표 선출권을 부여했다는 점에서, 1938년 4월에 조직된 국민당 측의 국민참정회(國民參政會)에 비해 상당히 진보적이고 민주적인 성격을 띠고 있었다. 국민정부의 국민참정회는, 그 조직 조례에서 잘 드러나듯이, 국민정부의 자문 기구로서 국민정부의 내외 시정 방침에 관한 보고를 청취하고 자문할 수 있는 권한을 가지고 있었을 뿐이었다. 게다가 국민참정회의 참정원은 국민당 각성·시정부·당부·각 위원회로부터 추천받은 후보들 가운데 국민당중앙집행위원회에서 선임되었으며, 참정회의 자문 내용은 국민정부에 대한 구속력을 지니고 있지 못했다.[25] 즉 국·공 양당의 민주 제도 운영 방식과 권한에는 확연한 차이가 있었던 것이다. 공산당측의 변구정부 조직 방식은 말단의 촌민들에게 직접 선거를 통한 대의 기구 대표 선출권을 부여하고 이들 대의 기구 대표들에게 정부 구성원의 조직과 법령의 제정·복결권까지 부여했다. 이에 비해 국민당측에서는 국민참정회를 자문 기구로 한정, 참정원의 최종 선발 권한도 사실상 국민당 최고 집행부가 장악하고 있었을 뿐만 아니라 참정회의 자문 내용도 국민당 정부에 대한 구속력이 거의 없었다. 국민참정회의 조직은 국민당 통치 지구 주민들에게 정치 참여의 길을 부분적으로 부여했다는 상징성을 보여주는 데 불과했던 것이다.

변구의 행정 체계와 관련하여 진찰기변구의 사례를 살펴보면, 이 변구는 13개의 전구(專區)로 나누어졌고 각 전구는 5∼10개의 현을 관할하였으며, 각 전구마다 행정독찰전원공서(行政督察專員公署)가 설치되었다. 이 공서는 비록 보좌 기구로서 입법권이나 법령 공포권을 갖고 있지는 못했지만, 변구행정위원회의 정책이나 법령을 집행할 수 있는 전권을 가지고 있었다. 현에 조직된 현의회는 현장을 선출하거나 현·구의 행정 인원을 파면할 수 있었고 현 단위의 법규를 제정·복결할 수 있었다. 또한 현에는 현장·각 과장·공안국장·무장부장으로 조직된 현무회의(縣務會議)가 현정부의 중대 사항을 다수결로 의결했다. 구에는 구공소(區公所)가

---

25) 「國民參政會組織條例」(1938. 4), 李松林 主編, 『中國國民黨史大辭典』, 合肥 : 安徽人民出版社, 1993, 328쪽.

설치되어 있었는데, 이것은 현정부의 보좌 기구로서 현정부의 법령 집행을 보좌했다. 촌에는 촌민이 조직한 촌민대회가 있었는데, 이것은 촌민의 최고 권력 기관으로서 촌 대표를 선출해서 촌대표회를 조직했다. 촌대표회는 촌민대회의 폐회 기간의 권력 기관으로서 입법권과 행정권을 지녔으며, 주석과 부주석이 촌장과 촌부(村副：즉 부촌장)를 겸임했다. 그리고 촌대표회는 촌 대표 가운데 민(民)・재(財)・교(敎)・실(實)・양(糧)의 각 위원회주임을 선출해서 촌정(村政) 및 상급 기관의 각종 업무를 처리케 했다. 그리고 여주임(閭主任)은 촌공소의 보좌 인원으로서 촌정의 집행을 보좌했다.[26] 이처럼 변구의 행정 체계 역시 말단의 촌락부터 변구의 중앙 기구까지는 인민들의 의사가 반영된 각급의 대의 기구에서 선출된 대표들로 조직된 각급 집행 기구의 수직적 체계에 기반을 두고 있었다.

　그런데 이러한 민주 제도가 공산당측의 뜻대로 순조롭게 시행되었던 것만은 아니었다. 쑹샤오원의 수년간의 항전 공작 보고에 따르면, 항일전쟁 이후 촌의 사무가 많아져 집행하기가 어렵게 되면서, 그리고 무엇보다도 일본군의 보복을 자초해 생명이나 재산을 상실할 염려가 있었기 때문에 다수의 합당한 인사들이 촌장이 되지 않으려고 했거나 촌장에 당선되는 것을 기피하는 현상이 보편적이었다고 한다. 그 결과 촌장이나 촌부에 당선된 사람들 중에는 불량배나 건달이 많았고, 그로 인해 일부 촌정권이 취약하고 무기력해져서 전투 환경에 적응하거나 전투 임무를 담당하기에 부족해졌을 뿐만 아니라, 촌 정권의 기초 역시 가부장제적인 여・인장제(閭・隣長制)의 성격을 띠고 있었다는 것이다. 이 점을 간파한 변구행정위원회는 각 촌에 대해 '구망실(救亡室)' 혹은 '민족혁명실'을 조직해서 민주를 발양하고 촌정에 협조할 것을 호소하기도 했다고 한다.[27]

　1939년 1월 25일 진찰기변구행정위원회는 종래의 촌 정권을 다음과 같이 개조하도록 지시했다. 그 내용을 살펴보면, ① 촌공소 위에 촌민대회를 설치하고 촌민 15명마다 대표 1인씩을 뽑아서 촌민대표회를 조직

---

26)　宋劭文,「關于晋察冀邊區的政權建設和經濟建設」(1943. 1), 752쪽.
27)　宋劭文, 위의 공작 보고, 753쪽.

한 뒤, 촌민대회의 폐회 기간 최고 의사 기관으로 삼을 것, ②촌공소
밑에 조해(調解:중재)·경제·생산·교육의 4개 위원회를 설치할 것, ③
촌장과 촌부는 촌민들이 직접 선출할 것, ④편촌편향제(編村編鄉制)를
취소해서 대촌(大村)이 소촌(小村)에게 기만적으로 부담을 지우는 폐단을
바로잡을 것, ⑤촌공소 밑에 여전히 여·인장을 두어 촌정을 시행케 할
것 등이었다.[28]

　이러한 시정 조치를 살펴보면, 진찰기변구에서는 합당한 인사들이나
일반 촌민들이 촌정에 간여하지 않거나 회피함으로써 촌 정권이 취약해
지고 항전 임무 수행에 부적합하게 되자, 촌민 15명마다 1명씩의 촌 대
표를 선출해서 촌정에 참여케 했음을 알 수 있다. 또한 종래에 촌대표회
의 주석과 부주석이 촌장과 촌부를 겸임케 했던 것을 촌민이 직접 선출
하게 함으로써 촌민의 촌정 참여를 유도하거나 그들의 의사가 촌정에 직
접 반영되도록 했을 뿐만 아니라, 촌공소 밑의 최말단에도 여장과 인장
을 두어 그들의 촌정 간여를 지시했음도 알 수 있다. 이는 곧 변구정부
가 촌민의 자발성에 기초한 민주적 발양을 통해 그들의 촌정, 주로 항전
임무 수행에 임하도록 한다는 종래의 방침을 바꾸어 그들을 반강제적으
로 혹은 제도적으로 촌정에 참여하도록 했음을 의미한다.

　하지만 진찰기변구에서는 여·인제(閭隣制)가 여전히 파괴되지 않아
광범위한 민주의 발전을 가로막고 있었고 촌대표회와 촌공소가 따로 설
치됨으로써 행정력이 충분히 강하지 못했다. 1940년에 들어서자 구 정부
에서는 다시 한번 촌정의 법규에 손질을 가하였다. ① 촌대표회는 촌정
의 최고 권력 기관으로서 그 주석과 부주석이 촌장과 촌부를 겸임하도록
하는 동시에, ② 여·인제를 폐지하고 여(閭) 범위 내의 촌민 대표들이
호선(互選)으로 여주임대표(閭主任代表)를 맡아 촌공소의 촌정을 보좌하도
록 했다. 그렇지만 그러한 노력에도 불구하고 당시의 촌 정권은 상당수 간
부들의 문화 수준이 낮았고 민주 교육이 모자라서 촌대표회의 작용이 충

---

28) 宋劭文, 앞의 논문, 754~755쪽.

분하지가 못했다. 촌 간부가 강제로 명령을 내리는 등의 비민주적인 작풍
이 상당히 존재하고 있었고 상급 정부의 법령이 제대로 관철되지 않거나
촌 정권에 의해 폄훼(貶毀)되는 일도 있었으며, 심지어 촌 간부가 위법
행위를 저질러 실직되는 경우도 있었다.[29]

　구(區) 정권의 경우, 원래 구에는 구장(區長) 1인, 조리원(助理員) 2～4
인, 중요한 구에는 군용대판분소(軍用代辦分所)가 설치되어 있었다. 1938
년 봄 변구정부에서는 구정(區政)을 강화하기 위해 구정회의(區政會議)를
설치하고 이것을 구장·구의 민중 단체 대표·공정한 신사(紳士) 등으로
조직해서 구의 의사 기관으로 삼았다. 그런데 1938년 가을 변구정부는
일본군의 소탕전을 경험하면서 구의 관할 구역(50～60개 촌)이 너무 넓고
지도 단위가 너무 많으며 간부의 배치가 부적절하고 일을 복잡하게 만들
어 제대로 관할하기가 어렵다는 점, 그리고 구정회의가 불건전하고 민주
적으로 작동되지 못하고 있다는 점을 인식하게 되었다. 그래서 1939년
봄에는 구의 관할 촌을 30개 이하로 축소했다. 동년 가을에는 「구정회의
조직대강(區政會議組織大綱)」을 공포하여 구민대표(區民代表)들로 구정회
의를 조직하게 했고 구민 대표들은 촌민대회에서 직접 선출하도록 했다.
이는 사실상 촌민들이 구정에까지 간여할 수 있는 정치 참여의 폭을 확
대한 것을 의미한다. 또한 1940년 여름 「현구촌조직잠행조례(縣區村組織
暫行條例)」가 공포되면서 구정회의는 구민대표회(區民代表會)로 개칭되었
고 의사 기관에서 권력 기관으로 바뀌면서 구장의 선거를 비롯하여 선
거·파면·법령의 제정·복결권을 지니게 되었다. 이는 촌민의 정치 참
여의 폭을 구로 확대하고 구민대표회를 종래의 대의 기구에서 행정 권력
기구로 개편하여 인민들의 정치적 권한을 강화시킨 것을 뜻한다. 그런데
1942년 정병간정(精兵簡政)의 일환으로 구의 수 및 조리원 수가 감소되
었고 교육·실업 부문이 강화되었다.[30] 이는 전술한 것처럼 방면군의 치
안강화운동으로 인해 전선이 확대·심화되면서 전투원이 급격히 증가되

---

29) 宋劭文, 「關于晉察冀邊區的政權建設和經濟建設」(1943. 1), 753～754쪽.
30) 宋劭文, 위의 공작 보고, 754～755쪽.

고 그로 인한 생산 종사자의 부족에 따른 인적 구조 조정의 성격을 띤
조치였다. 정병간정운동은 군대 내의 비 전투 요원이나 행정부 내의 불
요불급한 행정 요원을 전투원이나 생산 부문으로 전용해서 부족한 전투
원 및 식량 자원을 확보하기 위한 대중 운동이었다.

현(縣) 정권은 원래 국민정부가 공포한 「현정부조직법(縣政府組織法)」
에 따라 조직되었다. 그런데 당시의 공안국이나 경찰의 민중 탄압 악습
이 매우 농후했기 때문에 변구정부에서는 그것들을 잠시 폐지했다. 또한
각 기관은 전쟁 동원 임무를 수행하기가 곤란할 정도로 각종 폐단을 드
러내고 있었기 때문에 군용대판소(軍用代辦所)를 설치해서 현정부를 여기
에 예속시켰다. 또한 변구정부는 1938년 가을 일본군의 소탕전을 겪은
뒤 현정권의 역량이 미약하다고 판단하여 현정회의(縣政會議)를 민중 단
체 대표·신사 대표·정부 대표로 새로 구성해서 의사 기관으로 개편했
다. 1939년 6월에는 공안국을 새로 조직해서 모든 항일 인민의 인권과
기관 단체의 안전을 보장하고 한간을 확실히 제압하도록 했다. 1940년 7
월 현의회가 정식으로 설립되면서 현정회의는 정지되었고 현장은 현의회
에서 뽑도록 했다. 이리하여 현의회는 현정권의 권력 기관으로 되었지만
여전히 건전하지 못한 부분이 있었다. 특히 항일 투쟁 환경이 참혹한 유
격구에서는 현의회를 소집하기가 곤란했고 지배 기반이 확고한 지구 역
시 일이 많아 실제 문제 해결이나 현 단위의 행정 법규 제정 등의 일은
제대로 처리하기가 어려웠다.[31] 즉 섬감녕변구처럼 공산당의 통치 기반이
확고한 소위 '후방 지구'와 달리, 진찰기변구처럼 일본군과의 전투가 치
열하고 정세가 수시로 바뀌는 지구에서는 정상적인 행정 기구의 운용이
곤란했던 것이다. 또한 당시 진찰기변구의 경우 공산당측의 세력이 일본
군에 비해 상대적으로 열세에 놓여 있었기 때문에, 그들의 역량만으로
공개된 행정 기구를 조직하고 정상적으로 운용하는 것은 현실적으로 곤
란했다.

1940년 이전까지 진찰기변구 정권의 실태를 보면, 기중(하북성 중부 지

---

31) 宋劭文, 「關于晋察冀邊區的政權建設和經濟建設」(1943. 1), 755~756쪽.

구)·기서(하북성 서부 지구)·진동북(산서성 동북부 지구)에 각각 설치된
정치주임공서가 변구행정위원회를 대신해서 직권을 행사했다. 1940년 여
름이나 되어서야 변구참의원이 선출되었다.[32] 진찰기변구 정권은 1940년
여름 이후가 되어서야 사실상 인민의 선거 참여를 통한 대의적인 민주
정치 운용의 가능성을 갖게 된 것이다. 그렇지만 당시의 상황이 매우 유
동적이었기 때문에 변구참정회 참정원의 선출과 그들의 정상적인 직무
활동은 별개의 문제일 수가 있었다.

실천상의 제약에도 불구하고 여기에서 주목되는 점은 항일 유격 근거
지에서는 민중항일자위대, 부녀구국회 등의 민중 항전 단체로 하여금 민
주적인 선거를 통해 새로운 현장·구장·향장·촌장을 직접 선거[33]하게
했을 뿐만 아니라 토호열신(土豪劣紳) 등이 그 직책에 취임하지 않도록
했다는 것이다. 그 결과 종래의 국민당 통치 기반이 향촌 수준에서부터
붕괴되기 시작했다. 이로 인해 종래에 향촌 정치에서 배제되어 있던 빈
농·고농(雇農)에게도 정치 참여의 길이 열렸다. 또한 행정 인원도 줄여
재정 부담을 경감시키고 사무 수속도 간편화했으며 구·향공소의 집무비
를 상세하게 조사해서 탐관오리를 엄격하게 처벌했다. 민중에 대해서는
언론·결사·집회·출판의 자유를 부여해서 그들의 항전 참여 의욕을 고
양시켰다. 또한 일본군이나 한간의 재산을 몰수해서[34] 현정부의 재원으로
삼기도 했다.

민주적인 제도 운영과 관련하여, 진찰기변구에서는 지도를 단일화하여
과거의 지도 기관이 분산되는 폐단을 바로잡으려고 했다. 또한 집단적으
로 지도하고 개인이 책임을 지도록 하여 모든 중대 문제는 회의를 거쳐
통과되도록 했으며 결정된 후에는 업무를 나누어 책임지게 함으로써 과
거의 개인 독재의 폐단을 바로잡으려고 했다. 더욱이 과거에 공산당 고
위 지도자들이 자기만이 고고하고 자기만이 옳다고 여겨 독선적으로 일

---

32) 宋劭文, 앞의 공작 보고, 756~757쪽.
33) 『新華日報』 1939년 3월 10일자.
34) 『新華日報』 1939년 3월 10일자.

을 처리하던 방식과는 달리, 변구정부에서는 하급 기관이나 민중의 의견
을 청취했을 뿐만 아니라 상급과 하급이 상호 비판할 수 있게 함으로써
서로 학습하게 했다. 게다가 정부 공작에 참여하는 것이 항일 구국을 위
해서이지 정부에 의해 돈을 받고 고용된 것이 아니라는 점을 자각케 하
여 간부의 정치·문화 수준을 제고시키려고 했다.

이러한 노력 속에서 각 변구정부는 아문(衙門)이 아닐 뿐더러 정부의
종사 요원이나 관료가 아니라는 점, 정부는 이미 항일 인민을 위해 복무
하는 곳이라는 점들을 인식시킴으로써, 어떠한 백성이라도 문제를 해결하
기 위해 자유자재로 출입하게 하고 촌장에서 변구행정위원회의 위원들까
지 백성들의 이야기를 청취할 수 있게 했다. 이리하여 '정부란 삼엄한 아
문이고 관리는 두려운 존재'라는 과거의 인식을 불식시키려고 했다. 더
나아가 항전 기간 공무원의 월급은 노동자의 소득을 초과하지 않도록 함
으로써 청렴한 기풍과 아울러 배고픔과 고통을 함께 나누고 용감하게 투
쟁하는 기풍을 조성하려고 했다.[35]

그렇지만 항전 초기에는 항일 유격 근거지 주민들의 선거 참여율이 저
조했다. 여전히 대다수 인민들이 정권을 자신들과는 무관한 것으로 인식
하고 있었기 때문이다. 게다가 공산당측의 민주 제도 운영 실태와 관련
해서 주목해야 할 것은, 공산당군의 통치 기반이 확고한 섬감녕변구와
달리, 정세가 수시로 바뀌거나 공산당측의 통치 기반이 불안정한 지구의
경우, 법제상으로는 민주 정치를 구현할 수 있는 세세한 규정들이 마련
되어 있었다 해도 그것들을 현실 속에서 관철시키기에는 정세가 허락하
지 않았다는 점이다. 문서상의 선언적 내용과 실제 생활 속에서의 민주
적 정치 원리는 반드시 일치하고 있었던 것은 아니었다.

그럼에도 불구하고 공산당측의 민주적인 제도 운영으로 인해 항일 유
격 근거지 주민들의 정치 참여는 점차 확대되고 있었다. 실례로 1938년
에 실시된 진찰기변구의 촌 선거에서 촌민의 선거 참여율은 40~50%에

---

35) 宋劭文,「關于晉察冀邊區的政權建設和經濟建設」(1943. 1), 757~758쪽.

불과했지만, 1940년의 선거에서는 70% 이상을 나타냈다.[36] 또한 섬감녕 변구의 경우, 1937년 5~11월 사이의 제1차 선거 때의 투표율은 70% 를, 1941년 제2차 선거 때의 투표율은 80% 이상을, 1945년 3월부터 1946년 3월까지의 제3차 선거 때는 동 변구의 38개 선거구의 평균 투표율이 82.5%를 나타냈다.[37] 특히 '감조감식'과 '추지환약(抽地換約)'이 보편적으로 전개되고, 1940년 7월 대대적인 민주 선거 운동이 농촌 구석구석까지 파급된 이후 상황은 달라지기 시작했다. 일반인들의 예상을 뛰어넘을 만큼 부녀자들이나 청년들의 참정 열정이 점점 높아지면서 항일 유격구에서의 선거는 모든 항일 인민을 단결시키는 대운동으로 바뀌어 갔다.[38] 가령 북악구 소재 19개 현의 통계에 의하면 평균 80%가 선거에 참여했으며, 가장 높은 비율을 나타낸 평산현(平山縣)의 투표율은 99%에 달했다.[39] 또한 1940년 기중지구 7개 현의 선거 참여 실태를 보면, 고농의 투표율은 93.1%, 빈농은 85.5%, 중농은 82.7%, 부농은 83%, 지주는 90.7%, 상인은 56.7%를 나타냈다.[40] 이와 동시에 기중지구 전체 주민의 9.5%를 차지하고 있던 지주와 부농의 경우, 신정권에 참여한 사람들의 비율도 낮지는 않았는데, 촌의 각 위원회 주임에 당선된 사람들의 비율은 6.8%, 촌주석의 경우 7.6%, 현의원의 경우 17.7%를 차지하고 있었다. 이처럼 지주나 부농들의 신정권 참여율이 높은 것은 공산당의 토지 정책이 지주와 부농의 인권, 정치적 참여 권한, 재산권(특히 토지 소유권의 보장과 교조교식정책[交租交息政策]) 등의 보장을 명시한 반면에, 일본 세력은 지주와 부농에게 가중한 조세 부담을 안겨주고 있었고 약탈과 간음을 일삼

---

36) 宋劭文, 앞의 공작 보고, 757쪽.

37) 『現中國的兩種社會』, 발행지 미상, 東北書店, 1947(劉慶旻・劉大成, 「抗日民主政權硏究」, 25쪽에서 재인용).

38) 宋劭文, 앞의 공작 보고, 757쪽.

39) 『中國共産黨的土地政策』, 발행지 미상 : 冀魯豫書店, 1942에 所收(方草, 「中共土地政策在晉察冀邊區之實施」, 晉察冀邊區財政經濟史編寫組・河北省檔案館・山西省檔案館 編, 『晉察冀邊區財政經濟史資料選編(『財經資料選編』이라 약칭)』(農業編), 天津 : 南開大學出版社, 1984, 59쪽에서 재인용).

40) 劉慶旻・劉大成, 앞의 글, 26쪽.

고 있었기 때문이다.[41]

항일 유격 근거지 주민들의 정치적 참여를 부추긴 또 하나의 정책으로
는 모든 인민의 집회·결사·언론·출판의 자유를 인정한 정책을 들 수
있을 것이다. 당시 변구의 항일 당파로는 국민당·공산당이 있었고, 항일
단체로는 농민구국회·공인(工人 : 노동자)구국회·부녀구국회·청년구국회
·문구회(文救會)·항원회(抗援會)·희맹회(犧盟會)·회민(回民)구국회·
불교구국회·청년기자협회·교련회(敎聯會)·학련회(學聯會)·자연과학협
회·반전조직(反戰組織)·의구회(醫救會) 등이 있었다. 이로 인해 정부의
각종 호소는 각 사회 단체의 지지를 받았다.[42] 이것은 기득권에 집착해서
일반 국민의 민주적인 정치 참여를 봉쇄하고 그들의 민주 열망을 도외시
하던 국민당 정부와는 대조를 이루어, 중국 인민의 공산당군에 대한 긍
정적인 인식을 파생시켰을 것으로 추측할 수 있다.

그렇다고 중일전쟁혁명 시기 변구에서의 민주주의 운용이 순탄했던 것
만은 아니었다. 거기에는 많은 우여곡절이 있었다. 대표적인 것이 정풍운
동[43]이었다. 1942년 2월 "당의 작풍을 정돈하자!"라는 모택동의 연설에
서 시작된 정풍운동은 주관주의에 반대해서 학풍을 정돈하고, 종파주의에
반대해서 당풍(黨風)을 정돈하며, 당팔고(黨八股 : 중국 전통 사회의 과거시
험 문체)에 반대해서 문풍(文風)을 정돈하자[44]는 '3풍 정돈'의 슬로건하에
서 당내뿐만 아니라 변구 내의 전 지역으로 확산되었다. 이 운동이 추진
되면서 22권의 학습 지정 문헌이 결정되었고, 그것에 대한 학습과 토론
이 당원·공무원들에게 의무로서 부과되었다. 그런데 이 운동은 단지 당

---

41) 方草, 「中共土地政策在晋察冀邊區之實施」, 60쪽. 실례로 1942년 定縣 龐白村의
   어느 부농이 일본측에 대해 부담한 액수는 전체 수입의 201.3%였고, 平山縣 西回
   舍의 어느 지주가 부담한 액수는 전체 수입의 399.4%에 이른 경우도 있었다(위의
   문건, 60쪽).
42) 宋劭文, 「關于晋察冀邊區的政權建設和經濟建設」(1943. 1), 771~772쪽.
43) 후시쿠이(胡錫奎)는 당시의 공작 보고서를 통해 정풍운동의 과오 및 시정해야
   할 점들을 상세하게 적시하고 있었다(「關于整風問題的檢討」(1944. 10. 25), 『史料
   選編』 下冊, 468~477쪽).
44) 毛澤東, 「整風黨的作風」(1942. 2. 1), 『毛澤東選集』 第三集, 北京 : 人民出版社,
   1992, 812쪽.

원의 지적 창조 활동을 활성화시킨다는 의도를 넘어서 자기 반성이라는
일종의 윤리적 노력을 조직적으로 요구했다.[45] 1943년에는 정풍의 목표가
간부의 머리 속에 있는 비프롤레타리아 사상을 바로잡는 것뿐만 아니라
당내에 잠복한 반혁명분자를 숙청하는 것으로까지 확산되었다.[46] 특히 동
년 7월부터 '창구(搶救 : 긴급 구제)운동'[47]이 제창되면서 동년 12월까지 전
당원, 일반 공무원, 주민을 망라한 대중적인 '특무적발운동(特務摘發運動)'
이 전개되었다. 이 과정에서 단위 기관 소속 지식인 모두가 특무로 매도
된 경우들이 있었고 대다수의 주민이 특무였다고 고백한 농촌도 출현했
으며,[48] 많은 단위 기관에서 사망 사건이 빈발했다.[49]

그러나 1944년부터 재심사가 이루어져 특무였다고 고백한 사람 가운데
90% 이상은 거짓으로 판명되었다. 국민정부에 의한 군사적·경제적 봉쇄
로 긴장 상태에 처한 변구에서 출현한 정풍운동, 특히 '창구운동'은 상술
한 민주 제도의 결함을 보여주는 상징적인 사건이었다.[50] 민주적으로만 보
였던 변구 사회는 이 운동을 거치면서 '집단적인 린치' 상태로 일변했던
것이다. 결국 이것은 개인의 권리 보장을 전제로 하는 민주주의 원리가
일순간 집단주의적인 줄서기와 무원칙적인 강제 원리로 변질될 수 있음을
보여준 것이라 할 수 있다. 그럼에도 불구하고 마크 셀든(Mark Selden)의
지적처럼, 일본군의 치안강화운동으로 항일 유격 근거지가 위기를 맞이한
이후 출현한 "대중 동원적·인민주의적(populist) 방향"(즉 '연안방식[延安
方式]')은 종래의 중앙 집권적 엘리트주의와는 대비되는 것으로 긍정적으

---

45) 井上久士, 「邊區(抗日根據地)の形成と展開」, 174~175쪽.
46) 李維漢, 『回憶與硏究』 下, 北京 : 中共黨史資料出版社, 1986, 510쪽.
47) 여기에 관해서는 尹輝鐸, 「抗戰時期 陝甘寧邊區의 自然科學運動과 延安整風運
　　動」(『東洋史學硏究』 제82집, 2003. 3)을 참조 바람.
48) 당시 각 항일 유격 근거지에서는 각자의 과오를 고백하는 운동을 전개했는데 이
　　것을 '坦白運動'이라고 지칭했다(여기에 관해서는 胡錫奎, 「關于整風問題的檢討」
　　(1944. 10. 25), 『史料選編』 下冊, 472~473쪽을 참조 바람).
49) 賀晋, 「對延安搶救運動的初步探討」, 『黨史硏究』 1980년 제6기, 64쪽 ; 李逸民,
　　「參加延安"搶救運動"的片斷回憶」, 『革命史資料』 3, 北京 : 文史資料出版社, 1981,
　　38쪽.
50) 井上久士, 「邊區(抗日根據地)の形成と展開」, 175~176쪽.

로 평가[51]될 수 있을 것이다. 적어도 변구 사회에서는 비교적 건전한 민주 제도를 도입함으로써 법률 제도상에서 인민의 참정권과 의결권을 보장했을 뿐만 아니라, 공산당과 각 당파 혹은 무당파(無黨派) 인사들 사이의 관계를 상호 협상·합작·단결의 상태로 이끌었다[52]고 할 수 있다.

어쩌면 중일전쟁혁명 시기 항일 유격 근거지에서의 민주적인 제도 운용은 '항전'과 '민족 해방'이라는 집단적인 사명 완수가 사회적 조류 속에서 표출되는 '집체성(集體性)'과, '개인'과 '자유' 등을 기본적인 개념 요소로 삼고 있는 '개체성(個體性)' 사이의 모순으로 인해 어느 정도의 한계를 지니고 있었는지도 모른다. '중화민족의 해방' 혹은 '구망(救亡)'이라는 거대한 집단주의적 구호 속에서 개인의 안일을 추구하거나 개성을 추구하는 행위 자체는 이기적이고 반민족적인 행위와 별반 다를 것이 없는 것으로 여겨지는 사회적 분위기가 형성되어 있었기 때문에, 개인의 존재나 개인적인 삶을 드러내는 일은 결코 용이한 일은 아니었을 것이다. 그런데도 항일 유격 근거지에서의 제도 운용은, 이미 살펴본 것처럼, 국민당의 정부 운용보다도 인민의 정치 참여의 폭이 넓었고 그 권한도 상대적으로 컸다. 그 때문에 이미 언급한 것처럼 부녀자들이나 청년들의 참정 열정은 점점 높아져 갔고, 이러한 인민들의 참정권 확대와 정치적 권한 강화는 궁극적으로 항일 유격 근거지 인민들의 항전 참여와 단결을 자극하는 대중 운동의 성격을 띠게 되었던 것이다. 결국 항일 유격 근거지에서의 민주적인 선거 제도의 채택과 운용은 민중의 항전 참여에 일조를 했다고 할 수 있다.

2. 각종 사회 경제 정책의 실시

소비에트 혁명 시기에서 항일전쟁 시기로 전환된 이후, 중국 공산당의

---

51) *The Yanan Way in Revolutionary China*, Harvard University Press, 1970.

52) 扈光民, 「簡論陝甘寧邊區政治和民主建設的經驗」, 『石油大學學報』(社科版) 1990년 제4기, 47~50쪽 참조.

경제 정책 가운데 가장 현저한 특징은 소비에트 혁명 시기의 토지 개혁 정책을 감조감식(減租減息 : 소작료와 이자를 인하하는 것)과 교조교식(交租交息 : 소작료와 이자를 지불하는 것) 정책으로 전환한 것이었다. 이것은 인민의 재산 소유권과 농민의 토지 사용권을 동시에 보장하려는 정책이었다. 전자는 농촌에서 봉건적 압박을 경감하여 농민의 생활을 개선하고 농민의 생활 의욕을 고취시켜 농민을 국방 경제에 동원하려는 것이었으며, 후자는 중소 지주의 토지 소유권과 이익을 보장함으로써 그들을 항전에 참여시키려는 것이었다.[53] 이 정책에서는 소작인이 이유 없이 2년간 소작료를 지불하지 않을 경우 지주의 소작지 회수 권한이 인정되었다.[54] 게다가 변구정부는 도살세 · 영업 허가세 · 아행세(牙行稅 : 중매업세) 등 40여 종을 폐지[55] 혹은 경감함으로써 농민의 재생산 부담을 경감시켰고, 통일누진세(統一累進稅 : 토지의 면적이나 경지의 등급, 수입을 계량화해서 납세액을 결정한 것)를 채택해서 수입에 따라 세금을 거두도록 했다. 게다가 고리대를 폐지하고 지주 · 상인 · 고리대업자의 삼위일체적 착취 체제에 타격을 가했다.[56]

1938년 2월 진찰기변구 정부는「감조감식단행조례(減租減息單行條例)」를 공포하고 '이오감조(二五減租)'와 '일분행식(一分行息)'을 실행했다. 이 때 '이오감조'란 조호(租戶) · 전호(佃戶) · 반종호(半種戶)를 불문하고 지주의 토지 수입은 일률적으로 원래의 지조액(地租額)의 25%를 경감하거나 소작료를 주작물의 37.5% 이하로 경감하는 것을 의미한다. 또한 '일분행식'이란 신채(新債)나 구채(舊債)를 불문하고 연이율은 일률적으로 일분

53) 池田誠 編,『中國現代政治史』, 京都 : 法律文化社, 1967(韓善模 譯,『中國現代革命史』, 靑史, 1985, 379쪽).

54) 田中恭子,「中共農村政策における穩健と急進─1940年代を中心に」, アジア學會 編,『アジア研究』31-3(1984. 10), 17쪽.

55) 馬場毅,「抗日根據地の形成と農民─山東區を中心に」,『講座中國近現代史』6 (抗日戰爭), 東京 : 東京大學出版會, 1978, 106쪽.

56) 姜克夫,『抗日根據地魯西北區』, 生活書店, 1939. 4(馬場毅,「抗日根據地の形成と農民─山東區を中心に」, 111쪽에서 재인용).

(즉 10%)을 초과하는 것을 허락하지 않는 것을 의미한다.[57] 이어서 동년 봄에는 「피난인가재산대관판법(避難人家財産代管辦法)」을 공포해서 그 소유권을 보장하고 농경지의 방치를 인정했다. 이와 아울러 잡조(雜租)·소조(小租:일전양주제[一田兩主制]에서 소작인이 전면권[田面權] 소유주에게 바치는 지조[地租])·송공(送工:임금을 받지 않고 지주를 위해 일하는 것)·태량(太糧)·장두(庄頭:소작인 우두머리, 즉 마름)의 착취 등과 같은 지나친 경제적 착취를 금지시켰으며, 출문리(出門利)·여타곤(驢打滾:이자에 이자가 붙는 것) 등과 같은 고리대와 불법적인 패권을 금지시켰다.[58] 이러한 조치들은 변경 지구에서는 실행이 늦어졌거나 아직 실행되지 않고 있었지만, 중심 지구에서는 1939년까지 대부분 실현되면서 농민의 생활 개선에 크게 작용했다. 1940년 2월에는 종래의 법령을 수정하여 「감조감식조례(減租減息條例)」를 공포했다.

이 조례에서는 ① 토지의 소작료가 정산물(正産物:부산물을 뺀 나머지 생산물)의 37.5%를 초과할 수 없도록 했고, ② 경작지의 부산물은 소작인의 소유로 했으며, ③ 기한이 정해져 있지 않은 소작권에 대해서는 출전인(出典人:토지를 저당잡힌 사람)이 수시로 원래의 소작 가격으로 소작지를 회수할 수 있게 했지만, 출전 후 3년이 지나도 회수하지 않을 경우 전권인(典權人:토지를 저당잡은 사람)이 소작지의 소유권을 취득할 수 있도록 했고, ④ 출조인(出租人:토지를 소작으로 내놓은 사람, 즉 지주)이 소작인의 동의를 얻지 않고 타인에게 출조할 수 없도록 했다.[59]

그런데 이 조례가 시행되면서 관련 법규가 모호하거나 미비해서 농민들이 그 법규를 제대로 이해하지 못해 많은 분규가 야기되었다. 그 중 가장 심각한 문제는 전지(典地:저당잡힌 토지)의 회수, 소작료나 이자의 미지불, 부산물의 확대 등이었다. 이러한 문제점에도 불구하고 1942년 1월 28일 중공중앙정치국은 「항일 근거지의 토지 정책에 관한 결정」을 통해

---

57) 「晋察冀邊區減租減息單行條例」(1938. 2. 9), 『財經資料選編』(農業編), 15쪽.
58) 「晋察冀邊區減租減息單行條例」, 15쪽.
59) 「修正晋察冀邊區減租減息單行條例」(1940. 2. 1 修正公布), 『財經資料選編』(農業編), 20~23쪽.

감조감식 정책의 내용을 명시함으로써 이 정책의 전국적 실시 근거를 마련했다.[60] 이를 바탕으로 1942년 후반부터 1943년 봄에 걸쳐 감조정책은 항일 근거지 전역에서 실시되었고, 감조의 철저한 실시를 위해 사감운동(査減運動)이 대중 운동 방식으로 전개되었다.[61]

변구정부는 각 방면의 재료를 수집해서 1942년 3월에 2차로 「감조감식조례」를 수정·공포하여 미비점을 보완했다. 이 수정 조례에서는 ① 감조감식 이후 반드시 소작료와 이자를 지불할 것, ② 되살 수 없도록 계약한 토지에 대해서는 회수할 수 없음, ③ 부산물이 총생산물의 1/10을 초과해서는 안 되며 초과분은 정산물(正産物)로 간주함, ④ 전조지(錢租地:소작료를 현금으로 지불하도록 계약된 소작지)는 쌍방이 원할 경우 반현물조(半物現租) 혹은 현물조(現物租)로 고칠 수 있음을 명기했다. 이와 아울러 변구정부에서는 재산 소유권과 토지 사용권 및 산업의 매매 자유권을 확정한 명령을 거듭 강조해서 밝혔다. 인민들에게는 계약 및 매매의 자유의 취지를 지켜서 변구의 경제 발전을 이룩하도록 호소했다. 소작료를 3년 이상 지불하지 않은 자에 대해서는 1년치만 지불하도록 했다.[62] 이리하여 변구에서의 토지 분규는 줄어들었다.[63]

그렇지만 당시의 토지 정책은 여러 가지 결점을 지니고 있었다. 1943년 말 진찰기변구의 경우, 감조감식 정책에 대한 각급 정부의 경시와 잘못된 인식 등으로 인해 많은 지구에서 이 정책이 철저하게 집행되지 못하고 있었다. 대부분의 지구에서는 기본적으로 시행되고 있었지만, 평북구(平北區)·12전구(專區)에서는 초보적으로 시행되고 있었고 1·6전구의 일부 및 10전구에서는 초보적으로 시행되다가 변질 또는 취소되었으며, 기열변구(冀熱邊區)·7·9전구의 대부분 및 1·2·6전구의 일부 지역에

---

60) 『解放日報』(延安) 1942년 2월 6일자.
61) 田中恭子, 「中共農村政策における穩健と急進─1940年代を中心に」, 18쪽, 20쪽.
62) 「晋察冀邊區減租減息單行條例施行細則」(1942. 3. 20 公布), 『財經資料選編』(農業編), 33~35쪽.
63) 宋劭文, 「關于晋察冀邊區的政權建設和經濟建設」(1943. 1), 768~769쪽.

서는 조사 당시까지 시행되지 못하고 있었다.[64] 게다가 고액의 지조, 각
종의 지나친 경제 수탈, 위법적인 소작지 회수 등의 현상이 보편적으로
존재하고 있었다. 특히 1942년 가을 화폐 가치의 하락에 따른 소작지 회
수 문제가 불거지기 시작했다. 북악구의 경우 1943년 전후 1년간에 발생
한 소작 분규 1만 건 가운데 거의 대부분은 지주가 소작료를 올려 받거
나 소작지를 회수한 데 따른 것이었다. 또한 지주들이 소작인을 협박하
여 감조를 하지 않거나 감조 후 소작료가 부족하다고 하여 더 요구하거
나 정조(定租 : 고정된 지조)를 활조(活租 : 지주가 토지를 소작으로 내놓을 때
지조를 미리 정하지 않고 수확 때 作況을 보고 지조 액수를 정하는 것) 혹은
반조(伴租)로 고쳐 소작료를 올리거나 소작인이 통일누진세를 지주 대신
납부하게 하는 현상, 그리고 지주가 불법적으로 소작지를 회수해서 감조
를 가로막거나 소작인의 영전권(永佃權 : 영소작권, 즉 대대로 소작을 할 수
있는 권리) 및 승조승매(承租承買 : 소작권 및 소작권의 매매권을 계승하는 것)
의 우선권을 박탈하는 현상, 구채(舊債)에 대해 감식(減息)하지 않는 현상
등이 발생했다. 이와는 달리 채무자가 채무를 변제하지 않거나[65] 계약의
자유가 완전히 실현되지 못하여 소작지의 회수가 곤란한 경우가 많았다.
또한 이자가 낮아진 후 전주(錢主)들이 자금 대출을 꺼려 대차(貸借) 관
계가 일반적으로 중지되었거나 소작료가 낮은 땅의 문제는 해결책을 찾지
못하고 있었다.[66] 평북지구의 경우에도 지주가 소작료를 올린 뒤 소작권
을 회수하거나, 겉으로는 감조를 한 척하면서도 실제로는 감조하지 않거
나 불철저하게 감조하는 현상뿐만 아니라 소작인이 소작료를 납부하지 않
거나 채무자가 이자를 갚지 않는 현상 등도 일어나고 있었다.[67] 심지어
각 지구의 토지 정책상의 편차가 변구정부에 대한 농민의 회의감을 불러
일으키는 경우도 있었고 일부 지구에서는 감조 조건을 갖추고도 실행하지

---

64) 「晋察冀邊區行政委員會關于貫徹減租政策的指示」(1943. 10. 28), 『史料選編』 下
　　册, 388쪽.
65) 「晋察冀邊區行政委員會關于貫徹減租政策的指示」(1943. 10. 28), 388～389쪽.
66) 宋劭文, 「關于晋察冀邊區的政權建設和經濟建設」(1943. 1), 769쪽.
67) 「平北的減租鬪爭」(1943), 『財經資料選編』(農業編), 73쪽.

않는 곳도 있었다.[68]

팔로군의 토지 정책과 그에 따른 모든 조치는 궁극적으로 기존의 토지 관계 관행에 제동을 걸고 상대적으로 빈농·고농(雇農)의 입장을 반영하여 생활 개선을 의도한 것이었기 때문에 상대적으로 지주나 부농에게 불리할 수밖에 없었다. 그리고 이 정책은 기본적으로 행정적인 방법을 통해 실시된 것이 아니라, 당시의 비밀 지시 문건에서도 드러나고 있듯이, 대중 투쟁 방식으로 진행되었기 때문에 급진성을 면할 수는 없었다.[69] 따라서 평북지구의 사례에서도 나타나듯이, 일부의 개명한 지주나 향신들은 공산당의 감조감식 정책에 대해 동의하고 자발적으로 감조를 했지만, 대다수의 지주들은 불만을 표시했거나 반대했다.[70] 이와 같은 토지 개혁 과정에서 중요한 요령은 폭군 지주에 대한 반대 여론을 동원하여 그들을 비난하거나 제거함으로써 농민들을 혁명적인 과정에 몸담게 하는 것이었다.[71]

더욱이 공산당의 궁극적인 이념이 계급 착취의 소멸을 통한 무산자 계급의 해방을 지향하는 한, 항일 유격 근거지 내에서의 빈농·고농의 입지는 강화될 수밖에 없었다. 이러한 상황에서 착취 계급에 속하는 지주·부농의 계급적 이익을 제한해야 한다는 자연스러운 사회 분위기가 형성되어 갔다. 그 결과 소작지의 회수 곤란이나 대차 관계의 중단, 부산물의 지나친 확대 해석, 소작료나 이자의 미지불과 같은 현상이 나타나게 되었던 것이다. 그렇지만 공산당이 소비에트 혁명 시기처럼 지주의 토지를 몰수하지 않고 소작료를 경감하는 정책을 실시하는 한, 지주나 부농들에게는 현실적으로 공산당의 정책에 순응할 수 있는 여지가 있었다. 이러한 상황에서 1943년 10월 진찰기변구 정부는 감조감식 정책에서

68) 「晋察冀邊區行政委員會關于貫徹減租政策的指示」(1943. 10. 28), 389쪽.

69) 彭眞, 『關于晋察冀邊區黨的工作和具體政策報告』, 北京:中共中央黨校出版社, 1981, 87~101쪽. Carl F. Dorris, "Peasant Mobilization in North China and the Origins of Yenan Communism", *The China Quarterly* 68(October-December 1976), pp.697~719 참조.

70) 「平北的減租鬪爭」(1943), 『財經資料選編』(農業編), 71쪽.

71) John King Fairbank, *China:A New History*, The Belknap Press of Harvard University Press, 1992(중국사연구회 역, 『新中國史』, 까치, 1994, 415쪽).

파생되는 문제들을 해결하기 위해 감조감식에 관한 세부 규정을 마련하여 관할 지구에 지시를 내렸다.[72]

그렇다면 감조감식 정책과 같은 생산 관계의 부분적인 변혁이 항일 유격 근거지 주민들의 심리 및 정치적 태도에 어떠한 영향을 주었는지를 살펴보자. 이는 신민주주의 혁명과 항전의 연계성을 밝히는 데 중요한 단서가 되는 문제이다. 이와 관련하여 당시 황챠오(方草)가 분석한 정세 보고에 의하면, 1937년 겨울 팔로군이 진찰기변구로 들어와 '이오감조', '일분행식' 등의 구호를 제기하면서 인민들이 동원되고 조직되기 시작했으며, 특히 1939~1940년 상반기에 감조감식이 보편적으로 실시된 이후, 일본군의 춘계 소탕전 때에 인민들은 주력군과 배합하여 반소탕전에 참가했는데, 이때 17개 현의 농회(農會) 회원 2만 명이 32차례의 배합 작전에 참여했고 일본군의 교통로 42리(里) 이상을 파괴했다는 것이다. 그후 민중의 지뢰전(地雷戰)이 광범위하게 전개되었고 기중지구에서는 지도전(地道戰:땅 밑에 굴을 파서 마을과 마을 혹은 진지와 진지 사이를 연결하여 일본군과 싸우던 방식)이 생겨났으며 진찰기변구의 민병은 63만 명으로 늘어났다는 것이다. 그리고 1938~1942년까지 북악구의 민병은 1만 649차례, 기중지구의 민병은 143만 4,869차례나 주력군과 배합하여 항전에 참여했다는 것이다. 이와 같은 항일 유격 근거지 인민들의 적극적인 항전 참여 열기(황챠오는 이것을 '기적'이라고 지칭하고 있다)는 공산당의 토지 정책으로 인한 농민 생활의 개선과 불가분의 관계에 있었다는 것이다.[73] 실례로 태행구(太行區) 12개 현, 15개의 전형적인 촌락에 대한 조사 통계에 의하면, 1942년 5월 전까지 50.8%의 빈농·고농이 14.2%의 경지를 소유했고, 3.2%의 지주 및 경영 지주가 24.6%의 경지를 소유하고 있었는데, 1944년 이후에는 빈농·고농의 호수 비율이 33.8%로 줄었고 소유 경지는 17.2%로 상승했으며, 지주 및 경영 지주의 호수 비율은 2%로 하락

---

72) 「晋察冀邊區行政委員會關于貫徹減租政策的指示」(1943. 10. 28), 388~397쪽에 所收.

73) 方草, 「中共土地政策在晋察冀邊區之實施」, 57~59쪽.

했고 소유 경지는 4.2%로 줄었다. 같은 시기 중농의 호수 비율은 37.8%
에서 55.2%로, 소유 경지는 37.0%에서 60.9%로 상승했다.[74] 감조감식 정
책은 농민의 생활을 기본적으로 보장해 주었을 뿐만 아니라 분명히 생활
을 개선시켜 주었다. 대다수의 고농이나 빈농은 빈농이나 중농으로 상승했
고, 대다수의 빈농이나 중농은 중농 및 신부농(新富農)으로 상승했다.[75]

또한 황챠오에 의하면, 당시 인민들은 자신들의 이익과 항전의 이익이
밀접하게 결합되어 있다는 사실을 인식하기 시작했다는 것이다. 실제로
감조감식은 항일 유격 근거지 인민들의 생산 의욕을 고양시켜서 북악구
의 경우 1943년까지 개간된 황무지 면적은 55만 무(畝)에 달했으며, 수
로를 정비하고 관정(管井)을 파서 밭을 논으로 만든 면적은 44만 7,800
무에 달했다. 더 나아가 1942년 이후 일본의 치안강화운동으로 감조감식
운동과 대생산운동은 잠시 소강 상태에 처했지만, 그들의 생산 열기는
여전히 식지 않아서 북악구의 경우 발공(拔工)·변공(變工)·포공(包工)
등 2만 7천 개의 노동 조직을 만들어 대생산운동에 참여했는데, 이때의
노동 생산성은 60.6%나 증가했고 그 숫자는 남녀 모두 합쳐 20만 명 이
상으로 진찰기변구 전체 노동력의 20%에 달했다.[76]

결국 황챠오의 말에 따르면, 항일 유격 근거지 인민들의 생산 열정과
노동 호조조(互助組)의 조직·발전은 치안강화운동으로 야기된 파괴 작전
을 극복하고 노동력과 축력(畜力)의 부족 문제, 토지가 나날이 영세농의
수중으로 분산되면서 초래되는 토지의 생산성 저하 문제 등을 극복할 수
있게 만들었다는 것이다. 그리고 노동 호조조의 조직과 발전은 경제상의
집체 노동 생산 방식을 점차 현실화시켜 생산력을 높이고 분산적인 개체
생산 방식을 뛰어넘었을 뿐만 아니라 과거의 부농적인 경영 방식을 능가

---

74) 齊武, 『一個革命根據地的成長』(于雷, 「論抗日根據地的減租減息」, 『北方論叢』
　　1988년 제3기, 102쪽에서 재인용).
75) 于雷, 앞의 글, 102쪽.
76) 가령 진찰기변구 北岳區의 曹格莊과 같은 촌에서는 노동 생산성이 66.6%나 증가
　　했다고 한다(『中國共産黨의土地政策』, 발행지 미상: 冀魯豫書店, 1942; 方草, 「中
　　共土地政策在晉察冀邊區之實施」, 58~59쪽; 于雷, 앞의 글, 102쪽).

하는[77] 생산 체계를 도출하기 시작했다는 것이다.

항일 유격 근거지에서의 집체적인 노동 조직과 생산 방식은 중화인민 공화국 초기의 사회주의적 농업 생산 관계의 맹아적인 형태였다고 할 수 있다. 경제적 의미에서 항일 유격 근거지는 사회주의의 초보적인 국가 경제 모델로서의 의미를 지녔다. 게다가 시행착오들에도 불구하고 감조감식과 교조교식 정책은, 삼삼제, 인권·재산권·참정권의 보장 조치와 아울러 항일 유격 근거지에서의 지주-소작인 간의 계급 갈등이나 분규를 감소시켰다. 또한 그것은 항일 유격 근거지 농민들을 정치적으로 자각케 하여 항전에 참여하도록 자극했으며 그들의 생산 열정을 고무시켰고 지주·부농 계급과의 통일 전선을 공고히 하는 데도 긍정적인 작용을 했다. 즉 변구정부에서는 농민들에게 토지 소유권과 사용권을 함께 보장함으로써 농민들의 항전 및 생산 활동의 적극성을 제고시켰고 민족간 계급 모순을 완화시켰으며, 근거지를 견지하는 데도 중대한 도움을 주었던 것이다. 이처럼 토지 정책과 같은 생산 관계의 부분적인 변혁이 유격 근거지 주민들의 항전 참여에 중요한 작용을 했다는 것은, "농민 민족주의가 중국 농민의 항전 참여의 매개체 역할을 했다"는 찰머스 존슨의 견해와는 다소 거리가 있음을 보여주는 것이기도 하다.

한편 항일 유격 근거지에서의 항전과 신민주주의 혁명의 심화·확산 과정에 깃든 중국 여성들의 숨은 공로를 인정하지 않을 수 없을 것이다. 공산당측에서는 부녀자들의 해방에 역점을 두었는데, 가령 1938년 1월에 열린 진찰기변구군정민대표대회에서는 "부녀자들의 조직 활동 방조, 그들의 정치·문화 수준의 제고, 생활 개선 조치로서 부녀자의 매매와 학대 금지, 창녀와 동양식(童養媳:어린 여자애를 데려다 일을 시킨 뒤 성년이 되면 며느리로 삼는 혼인 방식)의 금지, 빈궁한 부녀자의 구제 및 관련 시설의 설립, 부녀자를 위한 공장의 설립과 직업 알선, 부녀자들의 참정권·혼인 자유권·재산 계승권의 보장"을 결의했다.[78]

---

77) 方草, 앞의 글, 57~59쪽.
78) 「晋察冀邊區軍政民代表大會決議案」(1938. 1),『史料選編』上冊, 23~24쪽.

진찰기변구 정부에서는 1938년부터 부녀자들을 도와 부녀구국회·부녀자위대·아동 보육원 등을 조직했고 부녀자들이 합작사·상점에 참가하도록 호소함으로써 그녀들의 경제적인 자립과 적극적인 참정을 유도했다. 남녀 평등이라는 원칙이 보편화됨으로써 각급 정권이나 항전 공작에 적지 않은 부녀자들이 참여하게 되었다. 마침내 1938년에 「혼인조례(婚姻條例)」가 공포되었다. 그 기본 정신을 살펴보면, ① 남녀의 사회적 지위는 모두 평등하며 엄격한 일부일처제의 실행, ② 혼인의 자유·자주성(自主性)·자원성(自願性)의 견지, ③ 조혼(早婚)의 반대, 남자는 20세, 여자는 18세가 되어야 결혼을 승낙함, ④ 매매혼 및 축첩(蓄妾)의 금지, ⑤ 부녀자의 재산 승계권 인정, ⑥ 남녀간의 이혼 승인 등이었다.[79]

그러나 변구에서 부녀자들은 경제적으로 거의 독립하지 못하고 있었다. 유격구에서는 일본군이 창녀집을 운영하고 있었고 중국인 부녀자들을 도처에서 강간하고 있었다. 이때 일본군의 강간에 저항하다가 참혹하게 죽임을 당하거나 모욕을 참지 못하고 자결한 부녀자들도 적지 않았다. 이러한 가운데 결혼이나 이혼을 마치 어린애 장난처럼 하는 현상도 나타나고 있었다. 게다가 조혼의 악습이 여전히 근절되지 않고 있기도 했다.[80] 문서상의 법률이나 규정이 현실화되는 데는 시간이 필요했다.

어쨌든 당시 진찰기변구행정위원회 주임이었던 쑹샤오원의 공작 보고에서도 인정하고 있듯이, 상술한 조례가 점차 실행되면서 부녀자들은 분명 봉건적인 억압에서 해방되기 시작했고, 그에 따라 부녀자들은 항전 건국 사업에서 매우 큰 역할을 하기 시작했다.[81] 이 점은 분명 부인할 수 없는 역사적 사실이다.

공산당측에서는 소수 민족과의 관계 및 종교의 문제를 원활히 해결하려고 노력했다. 소수 민족 문제와 관련하여 국민정부는 이미 반면교사(反面教師)로서의 역할을 수행하고 있었다. 1938년 10월 무한이 함락된 후

---

79) 宋劭文, 「關于晋察冀邊區的政權建設和經濟建設」(1943. 1), 770～771쪽.

80) 宋劭文, 위의 공작 보고, 769쪽.

81) 宋劭文, 위의 공작 보고, 770～771쪽.

호남·광서·귀주·운남에서는 묘(苗)·요(瑤)·수(水)·포의(布衣) 등의 모든 민족이 항세(抗稅)·항조(抗租)·병역 반대의 기치를 내걸고 봉기하였다. 또한 1938~1941년에 걸쳐 감숙성 일부 지역에서는 회족(回族)을 중심으로 기의(起義)가 발생했고, 1942~1943년에는 감숙성 남부에서 한(漢)·회(回)·장(藏)·동향(東鄕)·보안(保安)·철랍(撒拉) 등의 민족 10만 명 가량이 기의에 참여한 감숙사변(甘肅事變)이 일어났다. 이러한 여러 기의들은 모두 국민정부의 압정에 반발해서 일어난 것이었다.[82] 또한 이러한 기의들은 '대한족주의(大漢族主義)'의 전통에 기인한 소수 민족의 멸시와 차별에서 비롯된 측면도 농후했다. 중국 내 소수 민족들이 국민정부의 소수 민족 정책(부분적으로 대한족주의)에 격렬하게 반발하고 있던 상황에서, 공산당측에서는 소수 민족 문제를 반드시 해결해야 할 중대한 과제로 인식하고 있었다. 더욱이 당시의 항일 유격 근거지에도 소수 민족들이 많이 거주하고 있었다. 가령 진찰기변구에는 몽골족·회족·장족·만주족 등의 소수 민족이 있었다.

소수 민족들 중에는 자신들의 종교를 가지고 있는 경우가 많았기 때문에 변구정부에서는 각 민족의 평등과 아울러 중국인의 적은 일본이며, 각 민족은 굳건하게 단결하여야 한다는 점을 역설하였고 신앙과 종교의 자유를 인정했다. 당시 변구에는 불교·회교·천주교·야소교(耶蘇敎)·라마교 등 모든 종교인들이 있었다. 이에 따라 1938년 초 공산당측에서는 오대산의 라마교 승려와 불교 승려들이 각각 몽장동향회(蒙藏同鄕會)·불교구국회를 조직하는 것을 도왔다. 또한 1938년 초에는 기중지구의 회교도(회민)들을 도와 회건회(回建會) 및 회민무장지대(回民武裝支隊)를 조직했다. 이 밖에 변구정부에서는 모든 종교의 관습을 존중했고 종교인의 재산을 보호했다. 민간 비밀 결사 조직인 회문(會門)에 대해서는 항일을 요구할 뿐 간섭하려고 하지 않았다.

또한 변구에서는 소수 민족의 비율이 매우 낮은 것을 고려하여 선거상

---

82) 安井三吉, 「少數民族と抗日戰爭」, 池田誠 編, 『抗日戰爭と中國民衆─中國ナショナリズムと民主主義』, 京都：法律文化社, 1987, 202쪽.

에서 소수 민족을 특별히 우대했고 소수 민족의 각 대표들을 정권에 참
여시켰다.[83] 섬감녕변구에서는 소수 민족 간부의 양성 기관으로 1937년
중앙당교에 소수민족반을, 1939~1940년에 회민반(回民班)을 설치했다.
1939년 초에 조직된 서북공작위원회에서도 독자적으로 소수 민족 청년들
을 흡수해서 교육시켰고, 섬북공학(陝北工學)에서도 1939년에 몽고청년대
를 조직했다. 더 나아가 섬감녕변구 정부에서는 1941년 8월 민족 정책을
통할하는 기관으로 소수민족사무공작위원회를 설치했고, 동년 9월에는 각
분구 및 일부 현과 시에 민족사무과 또는 민족사무원을 두도록 지시했으
며, 연안민족학원(延安民族學院)을 설립해서 몽골족·회족·티베트족 300
명을 입학시켰다.[84]

각 변구정부의 그러한 노력에도 불구하고 일부 민중과 간부들은 변구
정부의 소수 민족 정책을 제대로 이해하지 못해 소수 민족의 관습을 제
대로 존중하지 않는 경우가 있었으며, 소수 민족 중에서도 일부는 변구
정부의 소수 민족 정책을 제대로 이해하지 못한 경우도 있었다.[85] 그렇지
만 변구정부의 소수 민족 정책은 소수 민족으로 하여금 항일 투쟁에 참
여하도록 유도했을 뿐만 아니라 공산당군에 대한 의구심을 풀고 종래의
인식을 바꾸어 그들을 지지하도록 하는 데 긍정적인 작용을 했다고 볼
수 있다. 실제로 항일전쟁에 40개에 육박한 소수 민족이 참여하고 있었
다[86]는 통계가 그것을 간접적으로 말해준다.

그 밖에 변구에서는 매년 각종 재해가 발생하고 있었다. 대규모의 재
해가 발생했을 경우 변구정부에서는 구재위원회·이재민 위문단·이재민
공작단 등을 조직하여 적극적으로 구제했다. 소규모의 재해가 발생했을
경우에는 민중을 동원하여 서로 도왔다. 그리고 정부에서는 각종 재해
구휼비의 명목으로 돈을 빌려주거나 민중이 양식을 빌려 주어 서로 돕도

83) 宋劭文, 「關于晋察冀邊區的政權建設和經濟建設」(1943. 1), 772쪽.
84) 安井三吉, 「少數民族と抗日戰爭」, 215쪽.
85) 宋劭文, 「關于晋察冀邊區的政權建設和經濟建設」(1943. 1), 772쪽.
86) 李資源, 「論抗戰時期我國少數民族的抗日鬪爭」, 『中南民族學院學報(哲史版)』 1985
    년 제4기(複印報刊資料 『中國現代史』 1985년 제11기, 65쪽).

록 했다. 더욱이 팔로군측에서는 의약품이 부족하고 각종 전염병이 창궐하여 사망률이 높은 현실을 고려하여, 위생운동을 전개하여 가옥이나 가축 우리를 청결하게 유지하고 모기·파리의 번식과 전염병의 확산을 방지하도록 호소했다.[87] 이는 항일 유격 근거지 주민들에게 공산당이 그들의 복지와 위생, 그리고 안위에 힘쓰고 있음을 대외적으로 보여준 조치이기도 했고, 공산당에 대한 주민들의 이미지를 제고시키기도 했다.

3. 경제 건설

진찰기변구행정위원회의 「지시서신(指示書信) 제20 호」에서 언급했듯이, 중일전쟁혁명 시기의 전쟁은 인력과 물자의 소모 시합과도 같아서 작전의 쌍방 가운데 누가 인력과 물자를 충분히 동원할 수 있느냐에 따라 전쟁의 승패가 결정될 수 있는 상황이었다.[88] 항일 유격 근거지의 유지·존속과 관련해서 제기된 중심적인 문제는 재력과 물자를 증가시키는 것이었다.[89] 따라서 당시 항일 유격 근거지에서 물자의 확보 내지 동원은 매우 중요한 과제였다. 치안강화운동이 추진된 이후의 화북 정세를 살펴보면, 일본군은 팔로군보다 군사적으로 상대적인 우세를 차지하고 있었고 그들의 지배 영역 역시 팔로군보다 넓었다. 또한 일본군이 장악하고 있던 인구나 물자도 팔로군측보다 많았고 교통도 편리했으며 그들의 연합은행권이 화북 시장에서 본위의 화폐 작용을 하고 있었다. 게다가 당시 일본군측에서는 군사력에 의존해서 물자를 약탈하거나 파괴한 동시에, 위폐(僞幣)를 남발해서 물자를 수매했다.[90] 이는 항일 유격 근거지의 물자 부족을 심화시키고 변구의 화폐 가치를 떨어뜨려 인플레를 야기하려는 것이었다.

이에 맞서 팔로군측에서는 항전의 지속 여부에 중대한 영향을 미친 경제 문제를 해결하는 데 많은 힘을 기울였다. 당시 진찰기변구의 경우 땅

---

87) 宋劭文, 앞의 공작 보고, 772~773쪽.

88) 「關于發展邊區合作事業的指示」(1939), 『財經資料選編』(工商合作編), 735쪽.

89) 徐達本, 「冀中合作會議的總結報告」(1941), 『財經資料選編』(工商合作編), 789쪽.

90) 宋劭文, 「當前對敵經濟鬪爭的方針」(1943. 2. 25), 『史料選編』 下冊, 340~341쪽.

은 적은데 인구가 많았고 강우량이 부족했다. 공업이 낙후되어 상공업 인구는 전체 인구의 1%에 불과했고 나머지는 농업 인구였다. 가정 내의 부업이나 소매업이 진찰기변구의 주요한 상공업에 해당했다.[91] 또한 식량 부족 문제를 해결하기 위해 각 현에서는 널리 재황구제(災荒救濟)를 행했 다. 현정부는 돈을 내어 대량으로 식량을 구매해서 싼값에 농민에게 판 매했고 부정한 상인의 이적(利敵) 식량을 몰수해서 무조건 빈농에게 분배 했다. 그밖에 현정부의 명의로 부호로부터 식량을 징발하거나 빌려서 빈 농에게 대여하고 추수 후에 지주에게 상환하도록 했다.[92]

1937년 진찰기변구정부에서는 "경지 면적의 확대, 토지의 황폐화 방지, 황무지의 개간"이라는 결의에 따라 민중을 동원하여 비료 문제를 해결했 고 면화의 재배를 제한했다. 면화 재배의 제한 조치는 농가의 수익성보다 도 변구의 식량 수급이 최대의 과제로 등장하고 있었기 때문이다. 1938 년 2월에는 「간황단행조례(墾荒單行條例)」를 공포하여 변구 내의 미개간 지 및 개간지 가운데 연속 2년간 경작하지 않은 토지는 공·사유지를 불 문하고 인민들이 소작료를 내지 않고 농사를 짓도록 허락했다. 그리고 황 무지 면적 5무 이상을 지닌 사람은 소재지의 빈고(貧苦) 농민과 같이 개 간해서 경작하도록 했으며, 공·사유지 혹은 사묘(寺廟)의 경지를 불문하 고 개간·경작하지 않고 있는 토지는 농민들이 자유롭게 조합을 결성해 서 개간·경작하도록 했다.[93]

또한 「홍판농전수리단행판법(興辦農田水利單行辦法)」을 공포하여 변구 내의 공영(公營)·사영(私營)을 불문하고 수리 사업은 담당 기관이 적극 적으로 정리해서 관개 수량을 증진시키도록 했다. 그 조직이 건전하지 못 할 경우 해당 정부가 독촉해서 새로 조직하게 했고, 그 조직이 이미 해체 되었을 경우에는 변구행정위원회나 해당 정부가 사람을 파견해서 관리하 게 했다. 그리고 변구행정위원회의 승인을 거쳐 수리 시설을 만들되 자금

91) 宋劭文, 「關于晋察冀邊區的政權建設和經濟建設」(1943. 1), 774쪽.
92) 姜克夫, 『抗日根據地魯西北區』, 生活書店, 1939. 4(馬場毅, 「抗日根據地の形成 と農民─山東區を中心に」, 112쪽에서 재인용).
93) 「晋察冀邊區墾荒單行條例」(1938. 2. 21) 『財經資料選編』(農業編), 245쪽.

이 부족할 경우 행정위원회에 신청하도록 했다.[94]

이러한 노력의 결과, 1938~1939년에 진찰기변구 북악구에서는 황무지 개간 열기가 조성되어, 개간지 면적은 평산(平山)·부평(阜平) 등 9개 현에서만 해도 1만 5천여 무에 달하였다. 이와 아울러 아편 재배를 금지시켰다. 기중지구에서는 식량 자원의 증산에 힘쓴 결과 조·옥수수·수수의 수량은 크게 증가한 반면 면화 재배의 증산량은 10%에 불과했다. 1939년 봄에는 「장려생산사업조례」를 공포하여 경지 면적과 농업 생산량의 회복이라는 구호 아래 군민을 생산 현장으로 동원하여 생산 증진에 힘썼다. 1940년 봄에는 '수탄운동'(修灘運動 : 물에 휩쓸려서 손상된 토지를 정비해서 경작지로 환원하는 운동)을 벌이는 동시에 정부에서 3백만 원의 합작 비용을 대출해서 이재민과 빈민의 생활 곤란 문제를 해결하려고 했다. 이 운동이 추진된 결과 북악구에서는 13만 9,495무의 탄지(灘地 : 물에 휩쓸려서 손상된 토지)를 경지로 복원했고 34만 4,229건의 농기구를 보충했으며(22개 현 통계), 4,767석의 씨앗을 대여했고(20개 현 통계), 역축의 경우 소 6,921마리(14개 현 통계), 당나귀 2,902마리(8개 현 통계), 노새 1,127마리(9개 현)를 새로 확보했다.

또한 변구정부에서는 저수지 및 제방의 축조, 농수로 정비, 관정(灌井) 굴착 등에도 노력을 기울여, 기중지구의 경우 1938~1941년까지 299개의 저수지가 축조되었고 축조된 제방의 길이는 643리에 이르렀다. 특히 이 운동 자체뿐만 아니라 씨뿌리기·김매기·수확·곡물 저장의 전 작업 과정에는 당·정·군·민이 모두 동원되었다. 1941년의 추수는 일본군의 소탕전이 진행되는 속에서 이루어졌고, 1942년의 춘경 및 추수는 일본군의 무주지대(무인지구) 및 봉쇄구선(封鎖溝線) 밖에서 팔로군측의 직접적인 전투에 의존하면서 이루어졌다.[95]

1943년부터는 방면군의 항일 유격 근거지에 대한 봉쇄·분할·잠식공

---

94) 「晉察冀邊區獎勵興辦農田水利暫行辦法」(1938. 2. 21), 『財經資料選編』(農業編), 247쪽.
95) 宋劭文, 「關于晉察冀邊區的政權建設和經濟建設」(1943. 1), 774~777쪽.

작 및 빈번한 군사 토벌이 진행되는 가운데 대생산운동과 절약운동이 전
개되었다. 정풍운동이 당·정 간부의 지도 쇄신을 목표로 한 정치 운동
이었다고 한다면, 대생산운동은 생산 자급에 의한 근거지의 강화를 목표
로 한 경제 건설·사회 건설의 운동이었다.[96] 대생산운동은 노동 생산성
을 높여 증산을 실현하기 위해 대중을 조직하고 부대·기관·학교의 모
든 힘, 모든 남녀노소의 전(全) 노동력, 반(半) 노동력을 가능한 예외 없
이 동원·조직하여 노동 부대를 만들려는 것이었다. 이 운동이 추진된
결과 전술한 바 있듯이, 변공대(變工隊)·호조조(互助組)·발공조(撥工
組)·합작사(合作社)[97] 등 초보적이지만 집단적인 노동의 새로운 형태가
널리 조직되었다. 이 운동의 일환으로 항일 유격 근거지에서는 '공소복구
운동'(控訴復仇運動：일본군의 잔혹한 점령지 정책과 전술에 맞서 일본 세력의
만행을 폭로하고 일본에게 보복하자는 운동), '옹정애민운동', '옹군운동' 등
이 전개되면서 새로운 정치적 대중 운동의 열기가 조성되기 시작했다.
이때 진찰기변구정부는 2천만 원의 목축 자금을 대여했고 1만 6천 소석
(小石)의 식량을 대여해 주었으며, 900대석(大石)의 양곡을 풀어 이재민
과 빈민의 가계 구제 및 생산력 회복을 꾀했다. 그리고 각 분구와 변구
에서는 '군중 영웅 대회'를 개최하여 생산의 발전과 노동 영웅을 장려하
는 정책을 펼쳐 변구 주민들과 간부들의 생산 의욕을 고양시키려고 노력
했다.[98]

　대생산운동은 전투와 생산을 결합시켰다는 데서 그 특징을 찾아볼 수
있다. 우선 조직상에서 대략 세 가지 형식이 있었다. 첫째, 노동력과 무
력을 결합시킨 대발공(大拔工)이었다. 이것은 촌락 내의 모든 남자 노동
력을 체력·기술·경험에 따라 임무가 서로 다른 소조(小組), 즉 유격경

---

96) 內田知行, 「抗日戰爭時期陝甘寧邊區における農業生産互助組—大生産運動(1943
　　～1944)の一側面」, アジア政經學會 編, 『アジア研究』 27-1(1970. 4), 36쪽.
97) 구체적인 조직 실태 운용 상황에 관해서는 「晋察冀邊區合作社組織條例(1942. 5.
　　1)」(『史料選編』 下冊), 194～199쪽 및 「晋察冀的大生産運動」(『解放日報』 1944
　　년 8월 3일자)을 참조 바람.
98) 위의 기사 「晋察冀的大生産運動」.

계조(遊擊警戒組)·경지조(耕地組)·파종조(播種組)로 나눈 뒤 각 조의 노동자 수를 적절하게 분배해서 각각의 임무를 순조롭게 완성하는 것이었다. 가령 유격조가 정찰·경계·전투 중일 때 다른 발공조는 유격조를 대신해서 경작을 하거나, 노인이나 아이들이 일본 세력의 요구에 응대하는 동안 청장년층은 생산에 종사하거나, 공고촌(鞏固村)과 유격촌(遊擊村)의 노동력과 무장력을 고려하여 전세에 따라 서로 경지를 교환해서 경작하는 방식이었다. 이것은 무장력을 바탕으로 경종(耕種)을 보위하기 위해 서로 단결하고 저돌적으로 생산하는 것이 주된 방식이었다. 둘째, 노동력과 무력을 결합시킨 소발공(小拔工)이었다. 이것은 발공조에서 2~3명을 뽑아서 보초·경계를 서게 하고 다른 사람은 경작케 하는 것이었는데, 일반적으로 이러한 방식이 가장 보편적이었다. 셋째, 발공대(拔工隊)가 집단적으로 황무지를 개간하는 방식이었다. 이것은 민병 조직의 발공대가 자신의 역할이 끝난 뒤 집단적으로 황무지를 개간하여 생산에 종사하거나 미리 다른 조에 노동력을 빌려 주었다가 전시에 그 조로부터 노동력을 빌려오는 방식이었다.[99] 이와 같은 농업 생산 호조조는 농촌의 생산 발전에 현저한 역할을 했다.[100] 그렇지만 대생산운동 기간의 농업 호조화는, 당시 중국 공산당의 농촌 경제 발전 노선이 부농 경제 발전 노선이었고 그 노선을 바라는 농민의 소(小)부르주아적 의식과 경합했기 때문에 일정 정도 이상의 성공은 거둘 수 없었다.[101]

그럼에도 불구하고 변구에서는 대생산운동의 일환으로 경제적으로 대중을 조직화하고 집단화함으로써 농민 경영의 분산성을 극복하여 민주화의 길을 제시한 동시에 증산과 생산성 향상을 실현할 수 있었다.[102] 이와 같은 당·정·군·민이 총동원된 대생산운동이 추진된 결과 진찰기변구의 농업 생산은 제고될 수 있었다. 이 과정에서 변구 인민들의 당·정·

---

99) 「晋察冀的大生産運動」.

100) 內田知行, 「抗日戰爭時期陝甘寧邊區における農業生産互助組—大生産運動(1943~1944)の一側面」, 37쪽.

101) 今堀誠二, 『中國の民衆と權力』, 東京 : 勁草書房, 1973, 201쪽.

102) 池田誠, 『中國現代政治史』, 379쪽.

군에 대한 신뢰감과 일체감은 한층 제고되었을 것으로 쉽게 추측해 볼
수 있다. 이는 단순히 생산 운동 차원에 머무른 것이 아니라 항전을 위한
총동원 체제의 강화·구축을 의미하는 것이기도 했다. 결국 대생산운동의
의미는, 일본의 치안강화운동으로 항일 유격 근거지가 경제적으로 극심한
곤궁 상황에 처하게 된 상황에서, 일차적으로는 증산의 효과를 거두어 변
구의 극심한 식량 부족 사태를 완화시켜 주었다는 데서 찾을 수 있지만,
무엇보다도 그것의 더욱 중요한 의미는 항전이나 '구망'이 변구 주민들의
생존과 직결되어 있고 실질적으로 그것을 이끄는 것은 공산당 세력밖에
없으며 현실적으로도 그들에게 의존하지 않을 수 없다는 사실을 변구 주
민들에게 각인시켜 주었다는 데서 찾을 수 있을 것이다.

공업과 관련하여, 변구정부에서는 수공업과 농가 부업에 중점을 두었
다. 변구에서는 생활 필수품으로 최소한의 의식주를 해결하는 데 필요한
면화·옷감·소금·기름·종이 등이 긴요했다. 일본군이 빈번하게 소탕
전을 벌여 방직기·제지 공장 등의 생산 설비를 파괴했기 때문에, 변구
정부의 많은 노력에도 불구하고 1942년에 가서야 몇 곳의 모직 및 방직
공장이 만들어졌다. 그 밖에 소규모의 제지 공장이 만들어졌고 착유업(榨
油業)도 출현하고 있었다.[103]

상업의 경우, 변구정부에서는 1938년 5월 「변구상업통제판법(邊區商業
統制辦法)」을 제정하여 변구 내부에서는 무역의 자유를 기본 원칙으로
하여 소매 행위를 허가했지만 대외 무역에 대해서는 엄격한 통제를 가했
다. 변구의 중심 지구 밖에 거주하는 사람들이 식량을 구매하려고 할 때
에는 해당 행정 기관의 증명서를 취득한 뒤 각지의 부유한 주민이나 공
사(公司)로부터 구매하게 했고 필수품이 아닌 물품의 이입은 불허했다.[104]
또한 특수품을 제외하고 일본 제품의 이입을 절대로 금지했는데, 이를
위반할 경우 물품은 몰수했고 당사자는 한간으로써 단죄했다.[105] 특히 변

103) 宋劭文, 「關于晋察冀邊區的政權建設和經濟建設」(1943. 1), 778~780쪽.
104) 「邊區商業統制辦法」(1938. 5. 2), 『財經資料選編』(工商合作編), 353~354쪽.
105) 「統制對外貿易執行方案」(1938. 8. 17), 『財經資料選編』(工商合作編), 355쪽.

구의 필수품이나 식량·면화 등으로 변구 밖(즉 일본군 및 국민당 통치
지역)의 사치품을 구매하는 행위는 철저하게 금지되었다. 1938년 한때
상업의 회복으로 식량의 대량 이출이 이루어지기도 했지만, 1939년 2월
에는 식량의 이출을 금지하고 소모품의 이입을 제한하는 법령이 공포되
었다.[106]

1940년 합작사가 만들어지면서 자위대가 제멋대로 계엄 상황을 조성
하는 가운데, 합작사가 상업을 농단하고 소매상을 배척하고 자위대가 각
종 명목으로 상인이나 소매상에게 제멋대로 잡세를 부과하는 사회 현상
이 속출하고 있었다. 이는 사적 이익을 추구하는 상인들에 대한 불만과
적개심에서 야기된 좌경적인 처사였다고 할 수 있다. 변구정부에서는
1940년 여름부터 1941년 초까지 합작사가 상업을 농단하는 불법 행위를
바로잡고 자위대의 계엄 상황을 중지시켰다. 그 결과 변구 내부에서 자
유 무역을 제한하는 경향이 차츰 없어졌다.[107]

이러한 상황에서 1940년 가을 소탕전을 전개한 일본군은 항일 유격
근거지에 대한 약탈과 경제 봉쇄를 강화한 데 이어, 1941년에는 잠식공
작(蠶食工作)을 전개하고 대량의 봉쇄구를 축조하고 항일 유격 근거지의
물자를 약탈해 갔다. 이 때문에 팔로군측은 물자가 집결되고 거래되는
집시(集市)와 유격구의 물자를 장악하는 데 중점을 두면서 시장 쟁탈전을
전개했다. 1941년 말까지는 식량·기름·착유 원료·면화·옷감·모
피·철·철기 등 8개 품목의 변구 밖 이출을 금지하는 법령을 공포했다.
1942년 말까지는 합작사를 정리하여 변구 내부의 소매 활동을 활성화시
켰다. 이외에 변구정부에서는 공영 상점을 만들어 물자의 통일적인 구매,
물가의 조절, 상인의 단결에 힘썼다. 그렇지만 대외 무역에 대한 관리 체
계가 완벽하지 못해 여전히 식량의 이출이 많았다.[108] 1943년 1월 진찰기
변구행정위원회에서는 양식의 이출을 엄금하는 법령을 공포하였는데, 이

---

106) 宋劭文, 앞의 공작 보고, 780쪽.
107) 宋劭文, 「關于晋察冀邊區的政權建設和經濟建設」(1943. 1), 780~781쪽.
108) 宋劭文, 앞의 공작 보고, 780~781쪽.

로 인해 북악구의 경우 민중의 구매력이 저하되었고 많은 지구에서 집시가 열리지 않는 현상이 발생했으며, 물자의 이출이 대폭 감소되었다. 이로 인해 식량 가격이 오르거나 물자의 수급이 원활하지 못해 인민들이 곤궁에 처하는 경우도 있었다.[109]

1944년에 들어서 진찰기변구에서는 일본군의 봉쇄를 타파하고 무역상의 입초 현상을 감소시키는 동시에 물자의 활발한 교류를 실현시키기 위해 종래의 무역상의 이출입에 관한 법령을 바꾸었다. 이 조치에 따르면 금속 원료·금속 기재·초광(硝磺:유황)·양모·유류(油類) 작물·쌀·밀을 제외한 다른 품목의 변구 밖 판매를 허락했다. 또한 종이·담배·술·세수 비누를 제외한 기타 물품의 변구 내 이입과 자유 매매를 허락했다.[110]

이러한 조치들은 물자의 교류를 지나치게 통제함으로써 야기된 물자 수급의 불균형 및 물자의 부족 문제, 그리고 거기에서 야기된 물가의 등귀와 화폐 가치의 하락 등을 해결하기 위한 것이었다. 1945년 3월에는 물자의 통일적인 구매와 물자의 전매(專賣)를 결정했다. 물자의 통일적인 구매 조치는 대외적으로는 대적(對敵) 역량을 통일시키고 투기적인 상인의 폭리를 감소시켜서 등가 교환을 통해 무역상의 이출입 균형을 실현하려는 것이었으며, 대내적으로는 물자의 수급을 조절하고 물가를 안정시켜서 군수(軍需)와 민용(民用)에 원활히 대처하려는 것이었다. 또한 물자의 통일적인 구매는 계획·분배 방면과 구매 방면에서 추진되었다. 이 조치에 따라 각 물자 수급 부문으로 하여금 1년치 혹은 반년치의 물자 구매 계획을 세우게 하는 동시에, 지정된 상점 이외에 일반 공영 상점(기관 부대의 상점을 포함해서) 및 기타 기관원들에게는 모두 물자의 대외 구매를 금지시켰다.[111]

---

109) 宋邵文,「當前對敵經濟鬪爭的方針」(1943. 2. 25),『史料選編』下冊, 341~342쪽.
110)「晋察冀邊區關于變更北岳區出入口貿易的決定」(1944. 3. 20),『財經資料選編』(工商合作編), 368쪽;「晋察冀邊區關于變更出入口貿易辦法的決定」(1944. 4. 21),『財經資料選編』(工商合作編), 369쪽.
111)「邊區關于統一購買與專賣辦法的決定」(1945. 3. 23),『財經資料選編』(工商合作

이처럼 항일 유격 근거지에서 물자의 통일적인 구매 계획의 수립과 구매, 그리고 판매를 실시했다는 것은 중화인민공화국 성립 이후 사회주의 건설 과정에서 물자의 생산 계획과 분배 방식이 채택된 것과 유사한 성격을 띤다. 다만 전자에서는 물자의 구매 및 분배 방면에서 계획 경제의 성격을 띠고 있었는데 비해, 후자에서는 물자의 생산과 분배 방면에서 계획 경제가 채택되고 있었다는 점이 다를 뿐이다. 물자 구매 및 분배 방식에서의 계획 경제적 성격은 항일 유격 근거지의 변구정부가 사회주의 국가의 초보적인 모델의 성격을 지니고 있었다는 논리를 강화시켜 준다.

항일 유격 근거지에서는 물자의 원활한 수급, 운송·판매 및 소비·분배의 효율성 제고, 생산성 향상, 자금 조달의 용이성을 실현시키기 위해 합작사운동을 전개했다. 항전 시기 항일 유격 근거지에서 조직된 합작 경제는 합작사 자체가 수탈 조직이 아니었기 때문에 자본주의 경제 방식은 아니었다. 그렇다고 합작사가 사회주의 경제방식도 아니었다. 합작사는 분산된 개체 농업과 수공업 생산 방면에서 조직되었기 때문이다. 따라서 합작사에 기반한 합작 경제는 일종의 새로운 형식의 경제, 즉 신민주주의 경제의 조직 형태라고 할 수 있다.[112] 즉 합작 경제는 사적 소유에 기반하면서도 생산·구매·운송·소비·판매·분배·자금 조달 방면 등 경제 전반에 걸쳐 개체의 협동화·통일화·계획화를 추구한 새로운 형태의 경제 체제였다고 할 수 있다.

합작사운동과 관련하여, 가령 진찰기변구에서는 1939년 봄 「합작사잠행규정(合作社暫行規程)」을 공포하여 각 단체가 적극적으로 민중을 동원하여 생산·운소(運銷:운송·판매)·소비·신용의 각 합작사를 조직하도록 호소했다. 당시 생산합작사는 작물 재배·사육·농토·수리·목축·조림·광산 개발·방직·일체의 농촌 일용품의 제조 등을 담당했다.[113] 합작사운동 초기인 1939년 6월까지 각 합작사의 조직 상황을 살펴보면,

---

編), 375쪽.

112) 徐達本, 「冀中合作會議的總結報告」(1941), 『財經資料選編』(工商合作編), 789쪽.

113) 「晉察冀邊區合作社暫行規程」(1939), 『財經資料選編』(工商合作編), 760쪽.

소비합작사가 전체의 95%를 차지하고 있었지만 1940년 8월에는 생산합
작사가 35%로 증가하는 등 합작사간의 균형 발전이 이루어지고 있었
다.[114] 이때 경영상의 필요에 따라 3개 이상의 합작사가 합작사연합사를
조직하는 경우도 있었다.[115] 1940년에는 변구 은행이 300만여 원의 합작
사 조직 비용을 대출하여 변구정부는 300여 명의 합작 간부를 훈련시켰
다. 이를 계기로 1940~1941년에 북악구 및 기중구에서는 합작사가 급
속하게 발전하기 시작했다. 특히 기중지구의 합작사에서는 1942년 5월
이전까지 이미 거주민의 절반 가량이 이 합작사운동에 참여했다.[116] 〈표
3-1〉에서 나타나듯이 치안강화운동이 실시되기 전까지 진찰기변구의 합
작사원 수는 50만 명을 넘어서고 있었다. 그런데 합작사의 발전 상황에
서 나타나는 특징은, 치안강화운동이 본궤도에 오르고 그 효과가 나타나
기 시작한 1942년에 접어들면서 합작사가 급격하게 퇴조하기 시작했다는
점이다. 이는 치안강화운동으로 항일 유격 근거지의 상황이 전시 상황에
들어가자, 합작사의 조직 활동이 곤란한 상황에 처했음을 간접적으로 시
사해준다.

〈표 3-1〉   진찰기변구의 합작사 발전 상황

구분	北岳區					晉察冀邊區 전체			
	1938	1939	1940	1941	1942	1938.12	1939.8	1940.2	1940.6
合作社數(個)	14	1,272	4,120	4,452	1,892	14	559	1574	5,069
사원수(人)	-	59,397	498,478	497,947	190,855	5,541	32,000	27,048	508,668
적립금(元)	-	96,960	1,018,490	1,429,081	855,359	19,000	56,000	508,668	873,509

<출전> 북악구는 宋劭文, 「關于晉察冀邊區的政權建設和經濟建設」(1943. 1), 782쪽
에서, 晉察冀邊區 전체는 「談邊區的合作事業」(1940. 8), 『財經資料選編』(工
商合作編), 783쪽에서 인용.

합작사에서는 각종 구휼 사업도 벌였다. 가령 1939년의 엄청난 수해가
발생했을 때 합작사에서는 양식 10만 석을 시가보다 20% 낮은 가격으로

114) 張蘇, 「談邊區的合作事業」(1940. 8), 『財經資料選編』(工商合作編), 784쪽.
115) 「晉察冀邊區合作社法草案」(1941), 『財經資料選編』(工商合作編), 764쪽.
116) 宋劭文, 「關于晉察冀邊區的政權建設和經濟建設」(1943. 1), 781쪽.

사들여 25만 명의 이재민들을 구제했다. 1941년부터는 일본측이 필요했던 양식·면화 등을 엄격하게 통제해서 부등가 교환을 극복하고 돼지·계란·삿자리[葦席]·배[梨]의 판매 가격을 올려 민중에게 많은 이익을 가져다 주었다. 합작사에서는 투기적인 상인들의 매점매석을 통한 가격 조작에 맞서 물자의 적절한 구매 및 판매를 통해 가격을 조절하기도 했다.[117]

이처럼 합작사운동은 항일 유격 근거지에서의 물자의 통일적인 구매와 판매, 매점매석의 방지, 가격 조절 등의 효과를 가져왔다. 또한 합작사운동은 생산을 발전시키고 민생을 개선하고 금융을 튼튼하게 만들었으며 일본측 물품의 이입을 억제하는 데도 긍정적인 작용을 했다.[118] 그렇지만 합작사운동은 몇 가지 결점을 지니고 있었다. 합작사의 조직 분포가 지역에 따라 불균등했다. 그리고 소비합작사가 대다수를 차지하다 보니 업무 역시 소비 부문에 편중되어 있었다. 그 결과 비록 생산합작사가 급증하고 있었지만 정상적인 업무는 이루어지지 못했고 대부분 춘경기에 자금을 대여하고 종자를 사서 식량 작물을 재배하는 것에 불과했다. 게다가 신용합작사 역시 매우 낙후되어 각종 업무도 불균등했다. 더욱이 합작사 지도 과정에서 이견과 대립·갈등이 발생하고 있었다. 합작사운동이 지지부진한 지역과 나날이 발전하는 지역간의 대립이 점점 격화되었고 정부와 각 단체 사이 혹은 각 단체끼리의 지도상의 마찰과 대립이 발생하고 있었다. 합작사를 '돈을 조달하는 기구'로 인식하고 있었기 때문에 각 단체 사이에는 경쟁이 일어날 수밖에 없었다. 그리고 돈을 잘 버는 지방일수록 이러한 현상은 더욱 심했다.[119]

또한 합작사운동의 이면에서는 여러 가지 시행착오가 생겨나기도 했다. 합작사운동 과정에서 구·촌의 간부들 중에는 합작 정신에 대한 인식이

---

117) 宋劭文,「關于晉察冀邊區的政權建設和經濟建設」(1943. 1), 781∼782쪽.
118) 張蘇, 앞의 공작 보고, 784쪽 ; 楊耕田,「北岳區的合作社工作」(1942. 1. 7),『財經資料選編』(工商合作編), 800쪽.
119)「談邊區的合作事業」(1940. 8), 785쪽.

부족해서 사람들을 강제로 합작사에 가입하게 했다. 또한 합작사가 통행증·구매증을 발급하면서 상인들을 배척하거나 사상(私商)들을 제한했다. 심지어 발재(發財:치부) 관념이 생겨나면서 합작사 사원들이 영리를 취해 축재함으로써 민중의 이반을 초래하기도 했다. 또한 관료주의 경향이 나타나 합작사가 기관화(機關化)되어 가면서 투입된 노력에도 불구하고 상응하는 성과를 올리지 못하는 경우도 있었다. 더욱이 합작사 간부 중에는 지위를 차지하려고 한 사람들이 있었거나 통일적인 지도가 이루어지지 못했거나 부패·타락한 현상마저 나타났다.[120]

특히 그러한 현상은 북악구에서 가장 심했다.[121] 북악구에서는 일부 사람들이 합작사를 조종해서 축재와 투기의 수단으로 삼았기 때문에 많은 민중의 이탈이나 불만을 초래했다. 1941년부터 변구정부에서는 그러한 오류를 바로잡기 시작했다. 북악구에서는 1942년부터 정리운동(整理運動)을 전면적으로 전개했는데, 이 조치로 합작사의 수는 절반 이상 감소했지만 그 질은 더욱 좋아졌다. 그런데 1941년 여름 일본군의 소탕전을 겪으면서 합작사는 대부분 파괴되었으며, 평북·기동지구에서는 투쟁 환경이 매우 혹독해서 합작사운동이 제대로 전개되지 못하고 있었다.[122] 이러한 상황은 앞의 〈표 3-1〉에서 살펴보았듯이, 1942년 이후 합작사 및 사원 수가 급감한 사실에서도 알 수 있다. 더욱이 1943년 초 북악구에서는 물자의 수급이 정체 상태에 빠졌는데, 간상(奸商)들이 이 기회를 틈타 매점매석을 통해 축재를 하고 있었고 유격 근거지의 각 경제 부문들이 보조를 맞추지 않은 채 서로 경쟁하는 상황도 발생하고 있었다.[123]

1943년 2월 진찰기변구 정부에서는 일본군에 대한 경제 투쟁 방침을 정했다. 이 방침에 의하면, 먼저 대적 경제 투쟁을 통일시키기 위해 변구·전구·현에 모두 경제위원회를 조직해서 공상관리국·실업 부문·은행·합작사·기타 경제 부문 및 군대가 모두 해당 경제위원회의 결정

120) 楊耕田, 「北岳區的合作社工作」(1942. 1. 7), 801~803쪽.
121) 宋劭文, 「關于晋察冀邊區的政權建設和經濟建設」(1943. 1), 782쪽.
122) 宋劭文, 「關于晋察冀邊區的政權建設和經濟建設」(1943. 1), 783쪽.
123) 宋劭文, 「當前對敵經濟鬪爭的方針」(1943. 2. 25), 『史料選編』 下冊, 344쪽.

을 따르는 동시에 상호간에 밀접하게 배합하도록 했다. 그리고 상공업의
합작 공작을 일원화하기 위해 정부의 전담 기관인 공상관리국과 민중적
성격의 합작사를 밀접하게 결합시켜 상대 조직의 독립성을 존중하게 하
고 양자의 업무를 분담시켜 양자 사이의 협조가 원활하지 못한 현상을
타파하려고 했다. 또한 주요한 무역로를 장악하고 무역로에 상점을 설치
하여 상인들의 소매를 대체하여 곤란한 문제를 해결하려고 했다. 다음에
시장을 확대하기 위해 유격구의 집시(集市)를 장악하고 유동적인 집시와
야시장(夜市場)을 조직하거나 일본군 점령지의 집시를 이용하려고 했다.
그리고 유격구에서는 괴뢰군이나 괴뢰 기관원들을 이용해서 그들의 가족
명의로 합작사를 조직하게 하려고 했다.[124]

　　그렇지만 상술한 많은 결점과 일시적인 침체에도 불구하고 치안강화운
동의 효력이 서서히 감소하면서 항일 유격 근거지에서의 합작사운동은
다시 활기를 띠기 시작했다. 가령 진찰기변구를 사례로 삼아 1944~
1945년 사이의 합작사의 발전 상황을 보면, 합작사 수는 같은 기간에
3,819사에서 7,410사로, 사원 수는 68만여 명에서 112만여 명으로, 적립
금도 3,771만여 원에서 1억 3826만여 원으로 각각 증가하고 있었다.[125]
1945년 당시 진찰기변구 가운데 통치 기반이 튼튼한 지구의 합작사는
확고하게 발전하고 있었고 유격구나 신해방구의 합작사도 새롭게 발전하
고 있었으며, 도회지를 장악한 이후에는 도회지에서의 합작사운동도 활발
하게 전개되었다. 합작사운동은 농구·종자·역축·비료·신용·우항(優
抗 : 항일 군인 가족의 우대)·의약·위생·부업·수공업·방재(防災)·대
적 투쟁 등 모든 분야에서 상당한 작용을 일으켜 항일 유격 근거지 주민
들의 적지 않은 곤란을 해결해 주었으며 생산을 발전시켰다.[126]

　　항일 유격 근거지는 해마다 봄이 되면 식량 부족 문제, 즉 춘황(春荒)

---

124) 「當前對敵經濟鬪爭的方針」, 345~347쪽.
125) 邊區實業處, 「一九四五年的邊區合作社工作」(1945), 『財經資料選編』(工商合作
　　編), 886쪽. 그런데 이 수치는 冀晉·冀中·冀熱遼의 13개 專區의 집계 상황이고,
　　冀察지구의 통계는 여기에서 빠져 있다.
126) 「一九四五年的邊區合作社工作」(1945), 886쪽.

문제가 심각해졌다. 특히 1939년 하북성 서부 지구에서 대홍수가 발생한 이후 1940년의 쌀 부족 문제는 매우 심각했다. 춘황이 발생한 가장 주요 한 원인은 일본군의 식량 약탈 및 농작물(혹은 농토)의 파괴, 유격 근거 지에 대한 삼엄한 봉쇄 등에 있었다. 특히 북악구의 춘황은 상당히 심각 했다.[127] 당시 팔로군측에서는 당·정·군·민이 합심해서 구제 활동을 펼쳐 그 해의 곤란을 대충 넘길 수가 있었지만, 1941년 봄의 식량 부족 문제는 예견될 수밖에 없었다.[128]

당시의 재정 상황을 살펴보면, 어느 정도의 외부 지원을 받고 있던 섬 감녕변구와 달리, 외부 지원을 기대하기 어려운 다른 항일 유격 근거지 의 재정 상태는 매우 열악했다.[129] 가령 진찰기변구에서는 제1회 군정민 대표대회의 창립 대회 경비조차 마련하지 못해 산서성제일행정전원공서 (山西省第一行政專員公署)의 차입금에 의존해야 했다.[130] 그래서 이 변구에 서는 식량을 구입할 자금이 부족했다. 변구정부에서는 인민들에게 공채를 사도록 호소해서 식량을 구입하려고 하는 한편, 정민합판평조국(政民合辦 平糶局)을 조직해서 식량 가격이 폭등할 때 비축 식량을 방출함으로써

---

127) 賈正, 「今年春荒救濟工作的經驗敎訓」, 『邊政導報』 제4권 제24기(1942. 10. 25); 宋邵文, 「當前對敵經濟鬪爭的方針」(1943. 2. 25), 343쪽.

128) 宋劭文, 「關于晋察冀邊區的政權建設和經濟建設」(1943. 1), 784쪽.

129) 참고로 진찰기변구의 재정 지출(현금 부분)을 살펴보면, 군사비가 차지한 비율 은 1938년 93.24%, 1939년 77.89%, 1940년 75.71%, 1941년 76.90%, 1942년 88.06%이었다(宋邵文, 「邊區行政委員會工作報告(1943)」, 『財經資料選編』(總論編), 天津: 南開大學出版社, 1984, 537쪽). 이처럼 군사비의 비중이 전체 재정의 80% 가량을 차지하고 있던 상황에서는 구휼에 집행할 수 있는 재정은 기대하기 힘든 것이었다. 당시 항일 유격 근거지의 주요한 재원은 救國公糧과 田賦의 징수였다. 구국 공량의 경우 촌 단위로 각 호의 자산과 수입을 계량화하여 제도화시킨 방법 이 채택되었다. 전부는 토지 면적에 따라 징수되었다. 섬감녕변구의 구국공량 징수 율을 살펴보면, 1937년 77.20%, 1938년 51.69%, 1939년 85.79%, 1940년 70.50% 였다(井上久士, 「陝甘寧邊區の財政と對外交易」, 『中嶋敏先生古稀紀念論集』 下, 東京: 汲古書院, 1981, 729쪽). 冀中區의 경우 田賦가 전체 재정에서 차지하는 비 중은 약 20%에 해당되었다(張洪祥, 「略論晋察冀邊區初創時期的財政建設」, 『南開 學報』 1983년 제5기, 59쪽). 1941년부터 統一累進稅가 채택되었는데, 이것은 토 지 면적이나 경지의 등급, 수입을 계량화해서 납세액을 결정한 것이다(池田誠, 『抗日戰爭と中國民衆―中國ナショナリズムと民主主義―』, 167~169쪽).

130) 井上久士, 「邊區(抗日根據地)の形成と展開」, 165쪽.

쌀값 안정과 식량 부족 문제를 완화하려고 했다. 이러한 노력으로 1941
년 가을에는 다시 공채를 발행하지 않고 자체의 자금으로 식량을 구매함
으로써 식량 가격을 안정시킨 동시에 일본측의 식량 약탈 의도를 어느
정도 무력화시켰다. 그러나 당시에는 준비가 부족했고 선전이 제대로 되
지 않아 인민들에게 강제로 채권을 사도록 명령하는 현상이 많이 발생했
을 뿐만 아니라, 일부 합작사나 무역국에서는 약속 어음을 발행해서 공
채를 사도록 강요하는 현상도 발생하고 있었다. 그리고 북악구에서는
1941년 일본군의 추계 소탕전을 겪은 이후 통치 기반이 확고한 지구가
축소되었고 통치 기반이 불안정한 유격구가 확대되면서 식량 생산 지구가
타격을 받았고 식량 방출량도 매우 적어 물가 안정에는 큰 작용을 하지
못했다. 더욱이 공채 발행을 통한 자금 확보, 이것을 바탕으로 한 식량의
비축, 비축된 식량의 방출을 통한 식량 가격 안정 과정에서 주주가 너무
많이 생겨나 주주 총회를 개최하기가 쉽지 않게 되었으며 주주의 당연한
권리마저 실현될 수 없었다. 게다가 정부가 정민합판평조국을 지배함으로
써 결과적으로 이 기구가 자율적으로 물가 조절 역할을 제대로 수행하지
못하게 되었다. 이리하여 변구정부에서는 1942년 5월에 인민의 공채를
청산하기로 결정하고 공채의 원금과 이자를 지급했다. 또한 약속 어음을
아직 현금으로 바꾸지 못한 사람들에 대해서는 정부가 책임지고 이것을
해결하려고 했다.[131]

춘황구재공작(春荒救災工作)은 비록 많은 성과를 올렸지만 몇 가지 미
흡한 점도 있었다. 우선 구재공작 조직이 보편화되고 심화되지 못해서,
구재의 의미를 각 촌락에 전달하여 주민들로 하여금 구재와 일본군 점령
지에서의 항전 사이에는 밀접한 연계가 있음을 이해시켜 민중이 자발적으
로 그리고 적극적으로 구재공작에 참여할 수 있도록 하는 데는 여전히
미흡했다. 그 결과 일부 지방에서는 구재공작을 대중 운동으로 승화시키
지 못하고 있었다. 그렇지만 구재공작은 다음과 같은 몇 가지 교훈을 던
져주었다. 첫째, 구재공작은 생산운동과 병행되어야 하고 적후(敵後:일본

131) 宋劭文,「關于晋察冀邊區的政權建設和經濟建設」(1943. 1), 784~786쪽.

군 점령지) 항전의 견지와 밀접하게 연계시켜야만 비로소 광범위한 대중운동으로 전화될 수 있었다는 점이다. 둘째, 구재공작 중에 정치 선전을 강화하고 구재의 의의를 인민들에게 이해시키는 동시에 이재민(罹災民)의 곤란한 처지에 특별히 주의해서 시의 적절하게 그 문제를 해결해 주어야만 수많은 인민들을 공산당 주위에 몰려들게 할 수 있었으며, 더 나아가 향촌의 통일 전선을 더욱더 확대·심화시킬 수 있었다는 점이다. 셋째, 구재공작은 일본군 점령지에서의 항전을 견지하기 위한 것이므로 변구의 물자 동원력과 재력을 최대한 강화시키고 인민의 생활을 확실하게 개선해야만 일본 세력의 공격에 맞서 싸워 이길 수 있으며, 구재공작을 잘 해야 변구를 튼튼히 하고 그 영역을 넓혀나갈 수 있었다는 점이다.[132] 바꾸어 말하면, 이러한 교훈은 당시 항일 유격 근거지 정부가 구재공작을 통해 얻은 성과로써, 구재공작은 적후 항전과 연계되어 있음을 인민들에게 이해시켜 그들로 하여금 자발적으로 공산당 주위에 집결하도록 만든 동시에 향촌의 통일 전선을 확대·심화시키는 데 긍정적인 작용을 했다는 셈이된다.

당시 항일 유격 근거지에서는 자체의 화폐(즉 변폐[邊幣])를 발행하여 국민정부의 공식 화폐인 법폐(法幣)와 일본군 점령지에서 통용되던 각종 화폐에 대응하려고 했다. 화폐 정책은 물가의 등귀 여부 및 물자의 이동에 민감한 영향을 주고 있었다. 따라서 항일 유격 근거지의 화폐 정책의 성공 여부는 유격 근거지 주민들의 생활 향상 여부와 직결되어 있었다. 화폐 금융 정책과 관련하여, 당시 진찰기변구행정위원회 주임 쑹샤오원의 공작 보고 내용에 의하면, 당시 진찰기변구에서는 통일적인 화폐가 없었을 뿐만 아니라 국민정부의 공식 화폐인 법폐의 유통량도 비교적 적었다. 게다가 산서·차하르·하북의 각 성 모두 제각각 성본위(省本位) 화폐를 지니고 있었다. 그 결과 진찰기변구는 이들 3성의 금융을 소통시킬 수가 없었다. 특히 산서성과 하북성 사이의 교역은 진초(晋鈔:산서성 화폐)와 하북초(河北鈔:하북성 화폐)가 서로 교환되지 않았기 때문에 저해 작용이

---

132)「救災總結」,『財經資料選編』(農業編), 686쪽.

매우 컸다. 게다가 일본군이 북평(북경)·천진·보정(保定)·석가장(石家
莊)·태원(太原)을 점령한 후 하북성은행·산서성은행 등의 초표(鈔票)를
통제하고 차하르성의 화폐(찰초[察鈔])를 폐지했으며, 대량으로 하북초를
위조하여 항일 유격 근거지의 물자를 탈취하고 이 화폐를 유격 근거지에
서 유통시키려고 했다. 이리하여 변구정부에서는 1938년 3월 변구은행을
설립하고 법폐를 기금으로 삼아 변폐를 발행하였다. 이에 맞서 괴뢰 국
민정부에서도 동년 3월 연합준비은행을 설립하고 연합준비은행권(聯銀券)
을 발행하였다. 이때 변구의 인민들은 전자를 '항일표(抗日票)', 후자를
'귀자표(鬼子票)'라고 불렀다. 게다가 일본측에서는 하북초와 평시관전국
(平市官錢局)의 소표자(小票子)를 대량으로 위조해서 유격 근거지의 물자
를 탈취하는 동시에 대량의 평진잡초(平津雜鈔:북경·천진의 각종 화폐)를
유격 근거지에서 유통시키려고 했다.[133]

이 문제를 해결하기 위해 변구정부에서는 1938년 5월 하북위초(河北僞
鈔) 5원짜리의 유통을 금지시켰고, 1939년 1월에는 보상은행초표(保商銀
行鈔票)에 타격을 가하여 퇴출시켰으며, 동년 5월에는 평진잡초의 사용을
중지시켰고 동월에 하북성은행의 초표 가치를 점차 떨어뜨려 인민이 피
해를 보지 않도록 노력했으며 동년 8월에는 이것을 퇴출시켰다.[134] 또한
변구정부에서는 일본군의 법폐 교란 공작에 대항해서 발해은행을 만들고
보조 화폐를 발행해서 일본이 발행한 연은권 등의 지폐를 금지시켰다.
게다가 농민에게도 대부를 했다.[135] 1939년 말부터 1940년 초에는 토착의
화폐를 정리하고 기한 내에 회수해서 점차 없애버리도록 명령을 하달했
다. 1940년 초에는 진초를 변구 밖으로 점차 몰아냈다. 이러한 노력으로
1940년 여름 변구의 화폐는 완전히 통일되어 금융이 안정을 되찾았다.
1940년 겨울부터 1941년 봄 일본군은 대량의 소모품을 덤핑으로 변구에
판매하고 생활 필수품을 탈취했다. 이에 변구에서는 이출입화물세의 규정

133) 宋劭文,「關于晋察冀邊區的政權建設和經濟建設」(1943. 1), 786쪽.
134) 宋劭文,「關于晋察冀邊區的政權建設和經濟建設」(1943. 1), 787쪽.
135) 『新華日報』 1939년 3월 10일자.

을 개정해서 화물의 이출입을 엄격하게 통제했다.[136] 게다가 농촌의 가내 공업을 장려했고 식량의 이입을 장려하는 동시에 면화 등 적을 이롭게 할 물자의 이출을 엄금시켰다.[137] 이와 아울러 농촌 구제를 위해 농촌 부업, 즉 농촌 가내 공업의 부흥을 꾀했다. 예를 들면 일본제 옷감의 유입을 금지시켰고 농촌 부녀자들에게 옷감 직조를 제창하고 거기에 세금을 부과하지 않았으며, 군민의 외국산 의복 착용을 제한한 동시에 토포(土布)의 용도를 확대해서 피복창(被服廠)은 모두 토포를 사용하게 했다. 그리고 소규모의 신발 공장을 만들어 토착지의 면사(綿絲)를 써서 신발을 만들어 군민의 용도로 제공하게 했다. 게다가 법폐의 유출을 막고 일화(日貨)의 유입을 막기 위해 군사상 필요한 원료·약품을 제외하고 모두 이입을 금지시켰고 농산물의 이출을 금지시켰다.[138]

1941년 가을 일본군의 소탕전에 이어 태평양전쟁이 발발하자, 일본군은 종래의 덤핑 판매 정책을 엄격한 봉쇄 정책으로 바꾸고 더욱더 잔혹한 약탈 정책을 추진하면서 대량의 법폐를 사들여 변폐의 가치를 떨어뜨리고 유격 근거지를 압박했다. 그 결과 1941년 이후 변구의 시장은 축소되었고 일본군 점령 지역과의 무역 방면에서 변폐의 가치가 위초(僞鈔)보다 낮아졌다.[139] 게다가 〈표 3-2〉에서도 알 수 있듯이, 법폐 대비 변폐의 가치는 점점 하락하고 있었다. 그 주요 원인은 무역상 이출입의 불균형과 재정 수지의 적자에 있었다. 당시 항일 유격 근거지에서는 대폭적인 입초 현상이 일어나고 있어서 법폐가 부족해졌고 더욱이 변구은행은 변구의 상인이나 상점이 이출에 의해 얻은 법폐를 충분히 관리할 수가 없었다. 그래서 이입 상인들은 자신들이 필요로 하던 법폐를 충분히 입수할 수가 없었기 때문에 암시장에서 입수할 수밖에 없었다. 이처럼 암시장에서 법폐가 매매됨으로써 투기가 일어났고 변폐의 가치 하락은 가속

---

136) 宋劭文, 위의 공작 보고, 786~787쪽.
137) 馬場毅,「抗日根據地の形成と農民—山東區を中心に」, 106쪽.
138) 姜克夫,『抗日根據地魯西北區』, 生活書店, 1939. 4(馬場毅, 위의 글, 112쪽에서 재인용).
139) 宋劭文,「關于晋察冀邊區的政權建設和經濟建設」, 786~788쪽.

〈표 3-2〉   邊幣의 法幣에 대한 교환비율

구분	1월	2월	3월	4월	5월	6월	7월	8월	9월	10월	11월	12월
1941년	-	1.08	1.15	1.23	1.40	1.57	2.00	2.22	2.00	2.35	2.30	2.50
	1.00	1.125	1.200	1.350	1.487	1.705	1.988	2.188	2.050	2.250	2.300	2.492
1942년	2.58	2.58	2.90	3.00	3.50	3.54	3.42	2.94	2.29	2.16	2.19	2.57
1943년	1.98	2.10	2.28	3.10	3.32	3.49	3.50	3.60	5.50	6.53	8.00	9.03
1944년	11.00	11.00	8.01	8.50	8.00	8.00	8.97	8.50	8.50			

<출전> Hsu, A Survey of Shensi-Kansu-Ninghsia Border Region, part 2, p.7. 다만 1941년의 우측 숫자는 朱理治, 「邊幣的根本問題」, 『解放日報』 1942년 5월 28일자, 2쪽(井上久士, 「陝甘寧邊區の通貨·金融政策と邊區經濟建設─1943年邊區インフレーションの分析を中心に─」, 『歷史學硏究』 제505호, 1982. 6, 24쪽에서 재인용).

화되었다. 다음에 재정 수지 적자에 시달리던 변구정부는 자연히 변폐의 발행량을 늘릴 수밖에 없었고, 이것은 변폐의 가치 하락과 물가의 등귀를 초래했다.[140]

게다가 변폐의 가치 하락은 변구의 상품 유통량의 감소와 변폐 발행량의 증대, 다시 말하면 변구 경제의 생산력과 재정 지출량 사이의 격차에서도 비롯되었다. 당시 변구는 자체의 생산력으로는 자급할 수가 없었고 외부 지원에 의한 물자 구입으로 지탱하고 있었다. 그런데 국민당이 경제 봉쇄를 하면서 상품의 입수가 곤란해졌고 변구 시장에 나온 상품의 유통이 감소되었다. 결국 변구 재정은 변폐 발행에 의존하지 않을 수 없게 되었던 것이다. 끝으로 당시 변폐는 변구 내에서 독점적으로 유통되지 못했다. 비록 법적으로는 변구정부가 법폐의 사용을 금지시켰지만 국민당 통치 지구 상인들이 법폐를 유통하는 상황에서 변구 내 기관이나 부대에서는 그 법을 철저하게 준수하지 못하고 있었다. 또한 경제적으로는 변구의 경계 지역은 변구의 중심 지구보다 국민당 통치 지구와의 연계가 강했고 법폐의 관리가 불충분했으며, 변폐의 가치가 유동적이어서

---

140) 井上久士, 「陝甘寧邊區の通貨·金融政策と邊區經濟建設─1943年邊區インフレーションの分析を中心に─」, 24쪽.

신용도가 하락해 있었다.[141]

　이러한 변폐의 가치 하락을 막고 가치를 유지하는 대책은 변폐의 발행량을 줄이고 변구의 농공업을 발전시켜 자급률을 높여 변구의 대외 의존도를 낮추는 동시에, 변구 경계 지역의 경제권을 중심 지구와 연계시켜 변폐의 유통권을 확고하게 형성시키는 것이었다.[142] 이를 실현시키기 위해 당시 변구에서는 소금의 대외 이출을 장려했고 면포·면화 등의 생산량을 확대시켜 급속하게 자급률을 높이려고 노력한 동시에, 법폐를 변구은행에 집중시키고 암 통화의 교환을 금지시켰다. 또한 변폐의 발행량을 억제시킨 동시에 소금의 전매제 등에 의한 대외 교역 관리의 강화 등을 꾀했다.[143] 1944년에 접어들어 변구정부에서는 통화 긴축 정책과 함께 금융 관리 및 대외 교역 관리를 강화하기 시작했다. 그 결과 1944년 3월 이후 변구의 물가 상승률은 떨어지기 시작했고 변폐의 가치도 법폐 1원대 변폐 8~9원으로 안정세를 나타내기 시작했다.[144] 당시 국민당 통치 지구인 중경(重慶) 지구에서는 인플레이션이 진전되는 가운데 상업 투기나 매점매석이 극심해 이것들이 민중의 생활에 심대한 악영향을 미쳤던 데 비해, 변구에서는 1944년 이후 변구무역공사(邊區貿易公司)의 지도력이 강화되었으며, 통화보다도 실물이 사실상 가치 표준으로 되는 경향이 있었다. 이것이 농민의 자급자족적인 생활, 정부·당직원·군인의 현물 지급제 임금과 맞물려서 인플레이션에 의한 생활의 악화를 완화시키는 역할을 했다.[145]

　당시(1944년 9월) 중국 주재 미국 외교관이 분석한 아래의 정세 보고서를 살펴보면, 공산당측에서는 상술한 모든 대응을 통해 분명 중국 민중을 끌어들이는 데 성공했음을 짐작할 수 있다.

　　이 총동원 체제는 경제·정치·사회 혁명의 내용을 갖는 개혁 운동에 기

141) 朱理治,「邊幣的根本問題」,『解放日報』1942년 5월 28일자, 2면.
142) 井上久士,「陝甘寧邊區の通貨·金融政策と邊區經濟建設」, 24~25쪽.
143)「社論 : 爲什麽實行食鹽對外專賣」,『解放日報』1942년 8월 22일자, 1면.
144) 井上久士, 위의 글, 31쪽.
145) 井上久士, 위의 글, 34쪽.

초하고 그것 때문에 가능해진 것이다. 이 혁명은 온건하고 민주적이었다. 소
작료와 私金利의 인하, 조세 제도의 개선, 정직한 통치 행정······ 등에 의해
서 농민들의 경제적 조건을 향상시켰다. 그들은 민중에게 민주주의적 자치
제도, 정치 의식, 자기 권리에 대한 자각 등을 부여했다. 그들은 봉건적 굴
레에서 대중을 해방하고, 그 대신 자존·긍지·자립 및 협조적 집단적 목표
의 필요성을 강하게 자각시켰다. 하층 대중이 처음으로 싸워서 지킬 만한
가치를 갖게 된 것이다. 일본인에 대한 그들의 투쟁은 일본인이 외부 침입
자이기 때문만이 아니라, 그들이 이 혁명을 거부하기 때문이기도 하다. 이
민중은 이제는 그들이 새로 획득한 귀한 것을 그들에게서 빼앗으려 하거나
제한하려는 어떤 정부와도 계속 싸울 것이다.[146]

더욱이 공산당측의 민주 제도 운영은, 국민당정부와 대비될 때, 분명
인민의 권리 실현이라는 점에서 한 걸음 더 나아간 혁명적인 조치였음에
틀림없다.

　　인민의 지지와 인민에의 의존 관계가 허약해진 까닭에 국민당은 제대로의
전쟁 수행을 할 수 없게 되었다. 현재의 정황에서는 오로지 당의 개혁과 정
치적 민주주의의 확대로서만 그것이 가능하다. 구체적으로 어떤 민주주의적
형태를 채택할 것인가가 중요한 게 아니라 민주주의적 사상과 태도를 택하
는 것이 우선 중요한 일이다. 외부로부터의 위협을 외쳐대는 것으로써 중국
의 대중을 흥분시키는 수법은 이제는 통하지 않게 되었다. 오직 진정한 개
혁만이 대중적 정열을 불러일으킬 수 있다.
　　그런데 문제는, 중국의 대일 전쟁 수행 역량의 강화를 위해서는 민주주의
적 성장이 불가피하지만, 민주주의의 확대는 국민당 구성분자들이 그토록 틀
어쥐고 놓지 않으려는 독점적 특권을 내놓아야 하는 것이기 때문에, 국민당
의 현 지도자들의 입장에서는 마치 당의 권력의 바탕을 위태롭게 하는 것으
로 여겨지는 것이다. 그들로서는 그렇게 되기보다는 차라리 전쟁이 현재의
상태로 타성적으로 지속되기를 바란다. 그래야만 그들은 중국의 국민적 이익
을 희생으로 해서 자기들의 사리사욕을 계속 채워 나갈 수가 있다.[147]

---

146) *United States Relations With CHINA : with Special Reference to the Period 1944
　　~1949, Based on the Fikes of the Department of State*, U.S.A., 1949 가운데
　　"John Stewart Service의 1944년 9월 9일 보고"(이영희 편역, 『中國白書』, 서울 :
　　전예원, 1984, 84쪽).
147) *United States Relations With CHINA : with Special Reference to the Period 1944*

공산당측에서는 항일 유격 근거지의 경제 건설이 항일전쟁 시기뿐만 아니라 항전 이후에도 중요하다는 점, 또한 민주 정치는 인민들에게 부유한 생활을 할 수 있게 해준다는 점, 그리고 경제적 기반이 없다면 민주 정치는 활발한 생기를 상실할 것이고 필연적으로 수많은 민중의 지지를 얻지 못할 것이라는 점을 분명히 인식하고 있었다.[148] 그리고 공산당측에서는 그러한 인식을 바탕으로 수많은 민중을 획득하기 위해 민주 제도를 운영했음은 물론이고 경제 건설에도 치중하는 등 혁명적인 제 조치(즉 신민주주의 혁명)들을 통해 화북의 항일 유격 근거지 사회뿐만 아니라, 모든 전통적인 사회 관계 및 그 사회 구성원들의 인식·가치관·세계관에도 엄청난 변화를 야기했던 것이다.

~1949, Based on the Fikes of the Department of State, U.S.A., 1949 가운데 "John Stewart Service의 1944년 6월 20일 보고"(『中國白書』, 89~90쪽).

148)　「中共中央北方分局關于進一步開展對敵經濟鬪爭與加强根據地經濟建設的決定」 (1943. 3. 1),『史料選編』下冊, 349쪽.

III 공산당군의 전술적 대응

1. 팔로군의 '적진아진' 전술

일본군은 소위 치안강화운동이라는 명목하에 1941년부터 1942년까지 화북에서 강도 높은 점령지 정책을 추진했다. 치안강화운동이 막바지에 오른 1942년 가을에는 북악구(산서·하북·차하르성의 변경 지구)의 핵심 지구를 제외하고 진찰기변구 전 지역에 걸쳐 일본의 거점과 보루, 봉쇄선이 쫙 깔렸다. 공산 유격 근거지에 대한 봉쇄·분할·잠식공작, 특히 보루 구축을 핵심으로 한 잠식공작은 화북의 공산 유격 근거지, 그 중에서도 진찰기변구를 곤경에 빠뜨리고 있었다. 1941년에 상실된 화북 근거지 가운데 7~8할은 잠식공작으로 말미암은 것이었다.

잠식공작의 목적은 점·선식의 점령 방식을 점차 '면'적인 점령 방식으로 확대해서 팔로군측의 무장 역량을 소멸시키고 항일 근거지의 각 조직을 파괴하여 일본측의 점령 지구로 바꾸려는 것이었다. 진찰기변구의 경우, 이 잠식공작으로 인해 일부 근거지가 유격구나 일본측 점령 지구로 변해 버렸다. 그 결과 평원 근거지에 주둔하고 있던 일부 팔로군 주력 부대는 산간 지대로 쫓겨갔고, 산간 근거지의 부담을 가중시켰다. 또한 잠식공작은 각 근거지 사이의 간격을 벌려 놓아 상호간의 연계를 곤란하게 만들었고 전술상의 상호 배합을 어렵게 만들었으며, 팔로군측의 활동 구역도 축소시켰다.

게다가 팔로군측에서는 일본측의 다양한 공작으로 인해 인력·물력·재력의 확보에 많은 곤란을 겪게 되었는데, 특히 재정 경제 방면에서 통일누진세,[149] 양식의 징수, 면화·포필(布匹)의 구매 등이 곤란해졌고 시장이 협소해졌으며, 물가가 앙등했다.[150] 이러한 상황에서 팔로군측의 조직은 일시적으로 혼란 상태에 빠졌으며 민중의 정서도 가라앉았다.[151]

이러한 상황에 대처해 중공 중앙에서는 기존의 간부 및 무장 조직을 보존하고 공개적인 간부 및 정규군을 신속하게 피신시키는 동시에 종래의 당 조직 및 투쟁 형식을 지하 공작으로 전화하여 장기간 은폐하도록 했다. 팔로군측에서는 정부 기관 등과 같은 공개 조직은 최소한 축소시켰고 모든 무장 조직은 정규군과 같이 행동하도록 했으며 평시에는 정치 활동과 민중 공작을 위주로 하도록 했다. 민중 조직은 다양한 형식을 취해 비밀 당 지부의 통일적인 지도를 받도록 했다. 또한 공개 조직과 비밀 조직을 엄격하게 분리해서 연쇄적으로 폭로되지 않도록 했으며, 고급 지도 기관은 행동을 집중해서 지도의 일원화에 힘쓰도록 했다.[152]

이와 아울러 진찰기변구에서는 일본군의 치안강화운동을 분쇄하기 위해 수시로 부대를 파견해서 일본측과 싸우는 동시에, 주로 밤에 보루(토치카)를 파괴했거나 군중을 동원해서 봉쇄구를 메웠다. 그러면 일본측은 다음날 수많은 군중을 동원해서 강제로 보루를 구축하게 했거나 봉쇄구를 다시 파도록 했다. 이와 같은 일은 공산당측과 일본측 사이에서 되풀이되고 있었을 뿐 근본적인 문제의 해결 없이 유격구 주민들에게 엄청난 피해만을 초래했다. 더욱이 일본측의 치안강화운동이 계속되면서 항일 근거지는 나날이 축소되어 가고 있었고, 팔로군측은 시종 피동적인 국면을 벗어날 수가 없었다.[153]

팔로군측이 치안강화운동 초기에 쉽게 수세에 몰리게 된 데는 그들 자체의 판단 착오에서 비롯된 측면이 있었다. 당시 팔로군측 지도부 자체의

---

149) 이것에 관해서는 「中共中央北方分局關于一九四一年度統一累進稅工作的總結」 (1942. 4. 1)[『抗日根據地』 第1冊(文獻選編 下)], 627~630쪽을 참조 바람.

150) 肖克, 「在晉察冀邊區黨政軍高干會議上的軍事報告」(1942. 9. 12), 『抗日根據地』 第1冊(文獻選編 下), 688~689쪽.

151) 「中共中央北方局對目前冀中工作的指示」(1942. 7. 28), 『史料選編』 下冊, 205쪽.

152) 「中共中央北方局對目前冀中工作的指示」, 205~206쪽.

153) 聶榮臻, 『聶榮臻回憶錄』 中, 北京：解放軍出版社, 1984, 543쪽.

군사 보고에 의하면, 팔로군측에서는 처음에 일본측의 병력이 부족하고
지역이 광대하기 때문에 보루 정책이 체계적으로 실행될 수 없을 것으로
여겼다는 것이다. 게다가 잠식 상태가 심각하지 않았을 때 신속하게 각종
공작을 전개해서 일본 세력에 대처해야 했음에도 불구하고, 팔로군측에서
는 심각한 타격을 받은 후에야 그 실상을 인식하게 되었고, 그때에는 당
황하거나 투쟁심을 상실했기 때문에 일본측에게 쉽게 압도되어 일부 근거
지는 일본의 점령 지구로 전락되었다는 것이다.

 더욱이 잠식 공작의 폐해가 심각함을 인식한 뒤에도, 일본측의 잠식 공
작 운용 방식 등에 대한 구체적인 분석과 인식이 결여되었기 때문에 구
체적이고 유효한 대책을 강구하지 못한 채 속수무책으로 후퇴만을 거듭하
고 있었다는 것이다. 심지어 일부 근거지의 팔로군에서는 일본측의 봉쇄
구와 나란히 봉쇄구를 파서 스스로 고립을 자초하거나 일본 세력과 정면
대결을 하다가 진지를 상실한 채 축출되기도 했다고 한다. 일부에서는 인
내심을 가지고 구체적이고 유효 적절한 방법을 고안해내지 못한 채 무모
한 유격전만을 펼치기도 했다는 것이다. 또한 일부 근거지에서는 일본측
으로부터 심각한 피해도 받지 않았는데도 스스로 진지를 포기하고 양면정
책을 곡해해서 투쟁을 취소하고 자신들의 정권을 지하 조직화함으로써,
괴뢰 기관이 그 근거지에서 합법적인 지위를 획득하게 만들기도 했다는
것이다.[154]

 공산당측에서는 새로운 대안을 모색해야 했다. 그것이 소위 '적진아진
(敵進我進)' 전술이었다. 이 전술은 1940년 4월 중공중앙북방국고급간부회
의에서 류보청(劉伯承)에 의해 처음으로 제기되었고, 2년이 지난 1942년
5월 중공중앙화북국(中共中央華北局)의 지시로 각 항일 근거지에서 실시
되었다.[155] 이 전술은 1943년 9월 중공 중앙의 정식 군사 방침으로 제정

---

154) 肯克, 앞의 보고서, 691쪽.
155) 「中共中央華北局, 中央軍委華北分會關于反對敵人"蠶食"政策的指示」(1942. 5.
   4), 中共中央北方資料叢書編審委員會 編, 『中共中央北方局(抗日戰爭時期)』 上,
   北京:中共黨史出版社, 1998, 398~403쪽.

되었다.[156] 그에 따라 진찰기변구에서는 방면군측의 분할·봉쇄·잠식 공작으로 인해 유격 지구[157]의 형세가 극도로 열악한 상황에서 역량을 보존하고 진지를 견지하며 방면군의 공작을 분쇄하기 위해,[158] 1942년 9월 평산현(平山縣) 채북촌(寨北村)에서 진찰기당정군간부회의(晉察冀黨政軍幹部會議)를 개최하고 정식으로 '적진아진' 전술을 채택했다.[159] 이것은 방면군측이 항일 근거지로 공격해 들어오면 팔로군은 방면군측과의 결전을 피하고 방면군측의 점령 지구로 들어가 그 안에 새로운 유격 근거지를 만드는 동시에, 조건이 갖추어지기를 기다려 방면군측에 의해 잠식된 지구를 다시 탈환하는 정책이었다.[160]

팔로군측에서는 이러한 기본 정책을 채택하면서 세부적인 방면에서 종래의 전술에 변형을 가하기 시작했다. 평원 지구에서의 운동전이 점차 불가능해진 당시의 정세를 고려해서, 투쟁 방식을 종래의 운동전 중심에서 유격전 중심으로 전환했던 것이다. 이것은 소부대 중심의 작은 승리들을 많이 축적해서 방면군측 세력을 약화시키려는 전술이었다. 팔로군측에서는 소규모의 유격 부대를 조직한 뒤 이들을 방면군측 점령 지구로 들여보내 끊임없이 습격과 교란 행위를 함으로써 방면군측을 피로하게 만들어 면적(面的)인 점령 방침을 철회하고 다시 거점으로 돌아가도록 하거나, 점령 지구 안에 수많은 유격 근거지를 건립해서 팔로군측과 방면군측이 서로 맞물려 있는 형세를 강화함으로써, 방면군측의 면적인 점령 추진을 방해하여 그들의 점·선을 고립시키려고 했다.[161]

---

156) 高德福·仇寶山, 「"敵進我進"軍事方針的提出和實施」, 南開大學歷史系·中國近現代史教硏室 編, 『中外學者論抗日根據地』, 北京: 檔案出版社, 1993, 172~180쪽.

157) 여기에서는 일본의 점령 지구와 접해 있던 지구(소위 接敵區), 無人地區, 中間地帶, 유격 근거지 등을 모두 포괄해서 가리킨다.

158) 「晉察冀邊區行政委員會關于目前遊擊區政權組織及工作的決定」(1942. 9. 4), 『抗日根據地』 第1冊(文獻選編) 下, 671~673쪽.

159) 聶榮臻, 앞의 회고록, 中卷, 545쪽.

160) 여기에 관해서는 婁平, 「敵進我進戰略在冀熱遼」(『冀熱遼論文集』), 212쪽을 참조 바람.

161) 聶榮臻, 「在晉察冀邊區黨政軍高干會議上的結論」(1942. 9. 15), 『抗日根據地』 제1책 下, 708~711쪽 참조.

더 나아가 종래의 군사상의 피동적인 국면을 타파하고 주도권을 쟁취하기 위해, 팔로군측에서는 소탕전 초기에 일본군측과의 결전을 피하면서 기동적으로 옮겨다녔다. 이때 주력 부대는 전투에 투입되지는 않았지만 도처에서 방면군측을 교란하거나 습격하는 동시에, 민병과의 배합 하에 폭파나 유격 활동을 통해 방면군측의 측면과 후방을 습격해서 그들의 진공을 저지·축소함으로써 전술상의 주도권을 쟁취하려고 했다. 이와 동시에 팔로군측에서는 유격전을 통해 방면군측을 피로하게 만들거나 그 역량을 약화시켜 그들이 다시 거점으로 돌아갈 때를 기다렸다가 주력 부대를 투입해서 섬멸하려고 했다.[162]

이러한 전술이 채택됨에 따라 진찰기변구의 각 지구에서는 전투대·무장공작대·선전대 등을 비밀리에 일본군 점령 지구로 들여보내 각종 항일 공작을 펼치도록 했다. 먼저 북악구에서는 동년 9월 수십 개의 무장공작대를 일본측 점령 지구로 들여보냈다. 그 가운데 일부 부대는 비밀리에 일본측 봉쇄선을 뚫고 점령 지구로 들어가 항일 활동을 했고, 다른 일부 부대는 병력을 봉쇄선 양측으로 보낸 뒤 유격 활동과 군사·정치 공세를 펼쳐서 괴뢰군 및 괴뢰 조직을 와해시키는 동시에, 주민들을 단결시켜 일본측을 고립시키면서 몇몇 지구를 회복시켰다.[163] 이 공작으로 인해 북악구에서는 1943년에 1천 6백 개 가량의 촌을 수복하거나 개척했는데, 그 가운데 대다수는 항일 유격 근거지였거나 은폐된 근거지였다. 북악구에서는 '적진아진' 전술을 계기로 1941년 이래의 일본측의 잠식공작으로 인한 피동적인 국면을 점차 주동적인 국면으로 전환시켜 나가기 시작했다.[164]

기중지구에서도 채북회의(寨北會議)의 방침에 따라 많은 무장공작대를 일본측 통치하의 촌으로 들여보내 정치 공세뿐만 아니라, 근거지의 개척 및 회복 공작을 전개해 나갔다. 이들은 기중 평원의 녹음기(綠陰期)를 이용하여 사방으로 뚫린 땅굴에 의존하면서 괴뢰 정권을 전복시켰고 통일

---

162) 「在晉察冀邊區黨政軍高干會議上的結論」, 『抗日根據地』 제1책 下, 712쪽.

163) 聶榮臻, 앞의 회고록, 中卷, 546쪽.

164) 聶榮臻, 앞의 회고록, 中卷, 548쪽.

전선 공작을 강화시켜 나갔다. 그러한 공작으로 인해 1943년 5, 6월까지 기중지구에서는 팔로군 소부대와 당·정 간부들이 기중 전 지역의 4/5 지구에서 활동할 수 있게 되었다. 그리하여 기중지구의 팔로군 주력 부대가 다시 기중의 평원 지구로 돌아올 수 있는 조건을 창출해내기 시작했다.[165]

　일본 세력이 절대적인 우세를 차지하고 있던 기동지구는, 일본군이 북악구를 중심으로 봉쇄·잠식해 나가려는 계획을 파괴하는 데 중요한 배합 작용을 해야 할 위치에 있었다.[166] 이러한 상황에서 기동지구의 팔로군은 대부대를 동원해서 전면전을 벌이거나 지반을 고수하는 방식이 상당한 위험성을 내포하고 있음을 인식하고, 소규모 부대를 단위로[167] 고도로 분산·유동·은폐하는 방법으로 투쟁해 나감으로써 일본측에 의해 쉽게 포착되지 않도록 했다. 그 결과 일본 세력은 절대 우세의 유리한 조건을 제대로 발휘하지 못하게 되었다. 이 투쟁 방식은 기본적으로 기동지구의 팔로군이 발 디딜 곳을 찾아 점차 그 세력을 확산시켜 나가는 데 중요한 요인으로 작용했다.[168] 특히 기열변지구의 경우 대중성을 띤 유격전을 광범위하고도 보편적으로 전개한다는 군사 방침에 따라, 대부분의 지구에서는 팔로군 주력과 유격대를 구분하지 않은 채 주력을 분산시키고 작전 단위를 점차 축소시켜 일본 세력에 대해 주동적으로 유격전을 펼쳤다. 그렇지 않을 경우 팔로군측은 투쟁을 견지해 나갈 수가 없는 실정이었다.[169]

　또한 기동지구의 팔로군은 일본측을 공격해서 이길 수 있으면 공격하고 이길 수 없으면 달아나고, 공격해서 이겨도 달아나는 방식을 취했다.

165) 聶榮臻, 앞의 회고록, 中卷, 548～549쪽.
166) 聶榮臻, 앞의 회고록, 中卷, 549쪽.
167) 참고로 1939～1940년에는 連(중대)·營(대대)을 단위로, 1941～1942년에는 營 혹은 團(연대)을 단위로, 1943～1944년에는 連·營을 단위로 투쟁 활동을 벌였다. 이러한 투쟁 방침은 계속 고수되어 일본의 패망 때까지 團 이상의 대규모 작전은 거의 없었다(王永保, 「論冀東抗日遊擊戰爭的特殊性」, 191～192쪽).
168) 王永保, 위의 글, 191쪽.
169) 王永保, 위의 글, 192쪽.

일본측이 강할 때에는 결전을 회피하면서 주동적으로 옮겨다니거나 포위권을 돌파함으로써 병력을 보존하는 데 힘을 쏟았다. 반대로 일본측의 약점을 포착했을 때에는 기회를 놓치지 않고 기습 혹은 매복 공격을 가했다. 이와 동시에 일본측의 소탕전 간격을 이용해서 민중에게 선전 공작을 펼쳐 병력을 충원하는 방식을 취하기도 했다. 당시 기동지구 팔로군의 투쟁 방식은 작은 규모의 승리를 축적해 나가서 결국 커다란 승리를 쟁취한다는 것이었다.[170]

이 시기 팔로군의 전술 가운데 주목되는 특징은 은폐 및 도주에 유리한 녹음기(6~8월)에는 팔로군의 활동이 상대적으로 왕성한 반면에, 녹음기가 지나면 대부분의 투쟁 활동이 잠복기로 들어갔다는 점이다. 녹음기에는 나무나 풀이 우거지고 경작지의 작물들이 우거져서 은신하거나 은폐하기에 유리한 반면에, 녹음기 이후에는 들판의 곡식이 거두어들여져 은폐물이 없어지기 때문이다. 몸을 감추기에 충분할 만큼 곡식이 자란 여름과 이른 가을이 팔로군들의 공격 적기였다. 그것도 그들이 수적으로 우세할 때에 한해서였다. 그들은 산 속이나 마을로 도주하기도 했고 때로는 완전히 자취를 감추어 부대를 분산시킨 다음 시간이 지난 뒤에 다른 지점에서 재집결했다.[171] 이에 따라 녹음기에는 팔로군의 유격 근거지가 상당 부분 회복되었고 유격구가 새로 개척되었으며, 대다수 지방의 공산당 간부들도 팔로군을 따라 유격 근거지로 돌아와 지방의 무장 조직과의 협조 하에 주민들을 동원해서 봉쇄구를 메우거나 보루를 파괴하고 괴뢰 정권을 전복시킨 뒤, 지방의 항일 공작을 회복시키거나 확대했다. 그렇지만 녹음기가 지나면 대부분의 경우 다시 일본측의 공세가 이어졌기 때문에, 팔로군은 계속 유동하면서 일본측과의 결전을 피하다가 기회를 틈타 일본측에 소규모의 공격을 가했다.[172]

---

170) 王永保, 위의 글, 193쪽.

171) Theodore White, *In Search of History*, Warner Books, 1979(黃義坊 譯, 『中國政治秘史』, 서울 : 曙光出版社, 1983, 52쪽).

172) 王文, 「冀熱遼人民抗日鬪爭史軍事工作資料(下)(1942년 봄~1943년 말까지)」, 177쪽, 184쪽, 187~188쪽 ; 婁平, 「'敵進我進'戰略在冀熱遼」, 『冀熱遼論文集』,

또한 기동지구의 팔로군은 기동지구와 괴뢰「만주국」을 각각 관할하는
방면군(화북정무위원회 포함)과 관동군(「만주국」 정부 포함) 사이의 작전
상·연계상의 틈을 이용하여 만리장성을 넘나들면서 끊임없이 유격 근거
지의 회복과 확대를 꾀했다. 만리장성 안쪽(기동지구)에서 일본측의 대대
적인 군사 토벌과 소탕전이 벌어지면, 일부 병력을 그곳에 남겨 두고 팔
로군 주력이나 지방의 유격대는 만리장성 밖(「만주국」)으로 도피해서 예
봉을 피했다가, 군사 토벌이 끝나면 팔로군 주력의 일부를 만리장성 안
의 유격 근거지로 들여보내 지방의 무장 부대와 협조해서 반잠식(反蠶食)
투쟁을 벌이는 동시에, 만리장성 밖에 있던 부대가 괴뢰「만주국」쪽으
로 세력을 뻗어나가 일본측을 현혹시키면서 만리장성 안의 유격 근거지
에 있는 부대를 엄호하려고 했다. 이와 동시에 일본측의 교통 요지 및
큰 거점 부근에서 파괴 행동을 벌이거나 작은 거점을 공격해서 중심 도
회지를 교란시켰고 괴뢰 조직에 대해 타격을 가하는 등의 작전을 통해
일본측의 사회 질서 및 상업·금융 등을 마비시키려고 했다.[173]

　공산당군의 전술과 관련해서, 당시 치안강화운동의 계획·입안·추진
과정에 직접 관여했고, 공산당군에 관한 정보 업무를 주임무로 하면서
공산 세력의 실태를 가장 잘 안다고 평가되던 방면군 핵심 참모 시마누
키 다케하루의 언급은 우리의 시선을 끈다.

　　異民族인 일본군이 중국 민중의 마음을 사로잡아 중공 세력의 확대를 막
　고 그들을 박멸할 수 있을까. …… 중공의 실태를 가장 잘 파악하고 있던
　제 2 과(情報) 참모는, 중공의 실력을 두려울 만한 것으로 판단하고 있었다.
　(그에 의하면) 百團大戰에 대한 우리의 소탕 작전은 단지 중공군을 쫓아서
　분산시켰을 뿐 격멸의 성과를 거의 거두지 못하고 헛수고로 돌아갔다는 것
　이다. 遊擊戰과 退避戰法을 되풀이하는 중공군에 대해서는 거의 날아다니는
　파리를 없애버리려는 것과 같아서, 무력 토벌의 효과는 매우 작았다는 것이
　다.[174]

　209쪽 참조.
173)　婁平, 앞의 회고문, 209쪽 ; 王文, 앞의 문건, 177쪽.
174)　「島貫武治大佐回想錄」(『北支の治安戰』 1, 528~529쪽에 所收).

방면군 핵심 참모가 공산군에 대한 소탕 작전이 마치 "날아다니는 파리를 잡으려는 것과 같이 헛수고로 돌아갔다"고 실토하고 있듯이, 방면군의 일부 핵심 간부조차도 치안강화운동을 추진하면서 그것의 효과나 결과에 대해서 비관하고 있었던 것이다. 이것은 팔로군의 '적진아진' 전술이 팔로군의 생존에 효과적이었음을 입증해준다.

'적진아진' 전술은 팔로군이 항일 투쟁을 지속시켜 나가는 데뿐만 아니라, 치안강화운동으로 조성된 항일 유격 근거지의 각종 곤란한 문제 등을 타파해 나가는 데도 다음과 같은 중요한 작용을 했다. 첫째, 당시의 일본측 병력 배치 상황을 살펴볼 때, 일본측이 치안강화운동, 특히 잠식 공작을 펼치게 되면서 항일 유격 근거지와 인접한 지구에는 일본측 병력이 점점 강화되었다. 반면에 일본측 점령 지구 후방에서는 공간이 점점 늘어났고 그에 따라 일본측 병력이 분산되면서 그 세력도 약해졌다.[175] 이러한 일본측 병력 배치상의 약점을 간파한 팔로군은 병력이 적고 상대적으로 긴장이 풀려있던 일본측 점령지의 후방으로 들어가 수많은 항일 유격대를 조직했고 새로운 항일 유격 근거지를 만들어 나갔다. 둘째, 치안강화운동을 통해 종래의 '점'·'선'적인 점거 방식을 '면'적인 점령 방식으로 이행하려던 일본측의 당초 계획은, 팔로군측의 '적진아진' 전술로 인해 많은 차질을 빚게 되었다. 왜냐하면 팔로군 주력이 항일 근거지를 고수하지 않고 일본측 점령 지구의 후방으로 들어가 수많은 유격 근거지를 구축해 나갔기 때문에, 당시 병력이 부족했던 일본측으로서는 후방의 치안을 확보하기 위해 '면'적인 점령 방식을 계속 지속시켜 나갈 수가 없게 되었다.[176] 셋째, 팔로군에서는 이 전술을 통해 피동적인 상황을 벗어나 주동적인 위치를 점차 확보해 나갈 수가 있게 되었다. 가령 진찰기변구의 경우, 팔로군은 이 전술을 통해 기존의 분할되고 포위·고립된 근거지를 벗어나 봉쇄구 밖의 일본측 점령 지구에 새롭게 유격 근거지를 개척해 나감으로써 수동적인 위치에서 벗어나 주동적으로 유격 작전을

---

175) 聶榮臻, 앞의 회고록, 中卷, 545쪽.
176) 聶榮臻, 앞의 회고록, 中卷, 547쪽 참조.

펼쳐 나갈 수가 있게 되었다. 그 결과 이 전술은 항일 유격 근거지를 회
복시키는 데 결정적인 작용을 했다.[177] 넷째, 팔로군은 종래에는 항일 근
거지(주로 산간 지대)에 고립된 채 각종 물자 부족에 시달리면서 근거지
의 고수 여부로 불안해했지만, 이 전술을 통해 주민들이 상대적으로 많
이 살고 있던 근거지 밖(주로 평야 지대)으로 들어감으로써, 주민들이 있
는 곳에서는 어디에서나 발을 들여놓을 수 있게 되었고 또한 물자 부족
문제를 덜 걱정하게 되었다.[178] 다섯째, 이 전술로 인해 일본측의 항일 유
격 근거지 봉쇄 효과는 떨어지게 되었고, 이것은 결국 치안강화운동, 즉
'총력전' 체제의 구축을 통한 화북의 치안 확보라는 일본의 당초 의도에
찬물을 끼얹는 결과를 가져다 주었다.

이렇게 볼 때 팔로군은 '적진아진' 전술을 통해 자신들의 주력을 보존
하는 동시에 항일 유격 근거지 주민들의 인적·물적 피해를 줄여나가 항
일 유격 근거지가 파괴되는 것을 최소화시켰을 뿐만 아니라, 일본측 점
령 지구 내에 더 많은 유격 근거지를 만들어 활동 기반을 넓혀나갔다고
할 수 있다. 그 과정에서 팔로군은 더 많은 주민들과 접촉하게 되면서
그들로부터 인적·물적 자원을 지속적으로 확보할 수 있는 공간을 확보
할 수 있었다. 따라서 팔로군의 '적진아진' 전술은 일본의 점령지 정책,
특히 항일 유격 근거지에 대한 봉쇄·분할·잠식공작을 분쇄하는 데 커
다란 역할을 했다고 할 수 있다.

2. 공산당군의 '양면촌' 정권 수립 공작

방면군의 점령지 정책 및 전술에 맞서, 팔로군은 일본의 무주지대 설
치와 집단부락공작으로 초래된 민중의 열악한 주거 환경, 농경지가 집단
부락으로부터 너무 멀리 떨어지게 된 점, 농경지의 축소 상황, 그 결과로
인한 식량 부족과 아사자(餓死者) 발생 등의 상황을 민중에게 주입시켰

---

177) 聶榮臻, 앞의 회고록, 中卷, 545쪽, 550쪽 참조.
178) 聶榮臻, 앞의 회고록, 中卷, 544쪽 참조.

다.[179] 팔로군측에서는 그러한 선전 공작을 통해 화북 민중에게 일본군의 잔학상을 알리는 동시에, 화북 민중의 생활 파탄의 주범이 일본군임을 인식케 하여 민족 감정을 고양시켜 궁극적으로 그들을 항전에 참여시키려고 했다.

이와 아울러 공산당측은 자신들과 관계를 맺고 있던 괴뢰 조직을 이용하여 일본측에게 집가공작의 시기를 늦춰줄 것을 요구하게 했거나 집단부락을 건설할 때 낮에는 짓고 밤에는 허물어버리는 방법을 통해 완공 시기를 지연시키려고 했다.[180] 이를 위해 민중으로 하여금 낮에는 집단부락을 수축하게 하고 밤에는 다시 헐어버린 뒤 팔로군의 행위로 돌리도록 했다. 또한 민병을 조직한 뒤 집단부락을 수축할 때 고의로 총을 쏘게 한 뒤, 괴뢰군이 적게 오면 민병으로 하여금 소란을 피우게 하여 수축 작업을 하고 있던 민중이 도망치게 했거나, 괴뢰군이 많이 오면 팔로군이 직접 와서 수축 작업을 못하게 하여 집단부락의 수축 작업을 방해했거나 지연시켰다.[181]

또한 팔로군측에서는 관할 구역 내의 모든 촌락으로 하여금 자위대를 결성하도록 했다. 자위대는 큰 촌락의 경우 30명의 성인들로 구성되었고 각 대원은 5개의 수류탄, 각 단위 부대는 2문 이상의 대포로 무장하도록 했다. 그리고 어린이들도 전투 활동에 동원시켰으며, 피난갈 수 없는 노인들에게는 일본 군대가 그 지역을 통과할 때 첩자 활동을 담당하도록 했다. 때때로 농민들에게는 견벽청야정책(堅壁淸野政策), 즉 일본 점령군들이 이용하지 못하도록 하기 위하여 살던 마을을 폐허로 만들고 가옥을 불태우고 토지를 초토화하도록 장려하기도 했다. 당시 항일 근거지의 어느 마을에 가든 집집마다 벽에는 "곡식을 불태우고 방안의 가재 도구를 치운 다음 몸을 피하라!"라는 구호가 나붙어 있었다.[182] 또한 팔로군은

---

179) 楊春垠·鄭紫明·馬驥, 「開闢灤東及長城外的熱遼邊境地區」, 『文獻·回憶錄』 제2집, 348~350쪽 참조.

180) 『冀東革命史』, 304쪽.

181) 「開闢灤東及長城外的熱遼邊境地區」, 348~350쪽 참조.

182) Theodore White, Ibid, p.49.

민중을 산악 지구로 이끌고 간 뒤 유격 활동을 전개하기도 했으며,[183] 민
병을 훈련시키고 지뢰전이나 마작전(麻雀戰 : 각개 격파 전술)을 전개했으
며, 일부 간부들은 산골짜기나 들밭에 땅굴을 파고 계속 투쟁을 하기도
했다.[184]

　당시 공산당측의 항전 태세가 어떠했는지에 대해서는, 당시 방면군 작
전 주임이 기중지구의 정세에 관해 상부에 올린 정보 보고서에서도 잘
드러나고 있다. 이 보고서에 의하면, 기중지구의 경우 군대와 농민이 혼
연일체가 되어 조직이 매우 견고했고 주요 도로를 파괴해서 일본군의 작
전 능력을 제대로 발휘할 수 없게 만들었으며, 교통호를 서로 연결시켜
그 중에는 마차가 통행할 수 있도록 한 곳도 있었다는 것이다. 게다가
촌락 사이에는 1,000～3,000km 가량의 지하도를 만들어 어느 곳이든 통
행할 수 있도록 했다는 것이다.[185]

　그렇지만 일본군이 군사적인 우세를 차지하고 있던 치안강화운동 기간
에 전술한 극단적인 투쟁은 장기간 지속될 수가 없었다. 당시 기동지구
의 북부 지역은 일본에 의해 '생명선'으로 여겨지던 「만주국」의 서남 국
경 지역으로서, 일본은 만주를 확보하기 위해 하북성 동북부 지역에 늘
어져 있던 만리장성 주변 지역을 무주지대로 설정했을 뿐만 아니라, 대
규모의 관동군과 괴뢰 만주국군을 파견해서 방어 임무를 부여한 동시에,
전력을 기울여 기동지구의 팔로군 유격대에 대한 소탕 활동을 벌였다.
게다가 당시 기동지구는 경제적인 면[186]뿐만 아니라 전략적으로도 매우
중요했기 때문에, 일본군측에서는 어떠한 대가를 치르더라도 이 지구의
안전을 확보하려고 했다.

　팔로군측의 입장에서 보면, 당시 기동지구는 진찰기변구의 북동부에
위치하고 있었고 다른 지구와의 교통이 단절되어 있었으며 통신도 곤란

---

183) 『冀東革命史』, 304쪽.
184) 崔西山 등 5인, 「憶建立與恢復豊玉遵寧抗日民主根據地的鬪爭」, 208쪽.
185) 程子華, 「敵對冀中掃蕩與冀中戰局」(1942. 8. 4), 『史料選編』 下冊, 208쪽.
186) 이것과 관련해서는 李楚離, 「堅持冀東遊擊戰爭爲創造大塊遊擊根據地而鬪爭
　　(1940～1942)」, 15쪽 및 王永保, 앞의 글, 187～188쪽을 참조 바람.

했다. 게다가 사면으로 일본 세력에 둘러싸여 있었고 우군과의 연계도
없었으며, 항일 투쟁을 전개해나가는 데 필요한 후방이나 퇴로가 없었기
때문에 항상 고립무원의 입장에 처해 있었다.[187] 게다가 일본측은 기동지
구의 철도 주변, 중요한 성진(城鎭)이나 거점 등에 대규모의 일본군을 주
둔시켰을 뿐만 아니라, 괴뢰 정부(즉 화북정무위원회)의 보안대·치안군
등의 정규군 이외에 각 현에 경비대, 집진(集鎭)에 보위단(즉 민단), 향촌
에 반공자위단 등을 조직·배치했다. 그 결과 기동지구의 일본 세력은
통상 5～10만 명의 병력을 유지하고 있어서 이 지구의 팔로군 병력의
5～10배에 달했다. 특히 대규모의 소탕전을 벌일 때의 일본측 병력은 팔
로군의 20배 이상에 달하기도 했다. 더욱이 일본군은 무기와 각종 장비,
병참, 교통 운수, 통신 연락 등의 방면에서 절대적인 우세를 점하고 있었
다. 뿐만 아니라 일본측은 팔로군에 대한 반복적인 소탕전 이외에도 여
러 겹의 봉쇄선과 포위망을 구축하고 수많은 인부들을 강제로 동원해서
10여 갈래의 봉쇄구나 토치카와 거점 등을 설치해 놓아[188] 팔로군의 투쟁
에 많은 곤란을 주었다.

  이처럼 일본 세력이 월등하거나 일본군이 장기간 주둔하면서 소탕전을
반복하는 상황에서, 극단적인 투쟁 방법은 민중을 피로하게 만들었을 뿐
만 아니라 그들에게 엄청난 희생을 초래했다.[189] 항일일면촌(抗日一面村)
을 고집한 채 항일 투쟁을 견지할 경우 주민들의 희생이 엄청났던 것이
다. 그러한 투쟁 방법은 대부분 일본 세력이 접근하기 곤란한 산악 지역
에서나 가능했다. 그런데 당시 대부분의 주민과 경지는 평야 지대에 자
리잡고 있었고 이들 지역은 대부분 일본측의 통제하에 있었다. 그러므로
더욱 많은 주민들과 물자를 획득하기 위해서는 평지로 진출할 수밖에 없
는 실정이었다. 공산당측은 이들 평지에 거주하고 있던 주민들의 협조와
각계 각층 사람들의 인적·물적 지원 없이는 항일전쟁을 승리로 이끌 수

---

187) 王永保, 앞의 글, 187쪽.
188) 王永保, 앞의 글, 189～190쪽 ; 婁平, 앞의 글, 208～210쪽.
189) 『冀東革命史』, 304～305쪽.

없다[190]는 사실을 인식하기 시작했다. 게다가 유격 근거지를 개척하던 초기에 일반 민중은 공산당이나 팔로군에 대해 여전히 회의적인 태도를 지니고 있었다. 이러한 상황에서 팔로군측이 유격 근거지를 개척하기 위해서는 괴뢰 향·보장들을 이용해서 민중에게 접근하거나 그들의 민중에 대한 영향력을 이용해서 민중과 연계를 맺어갈 수밖에 없었다. 이와 동시에 일본측의 점령지에서 팔로군측이 일본군이나 괴뢰군에게 대응할 수 있기 위해서는 반드시 괴뢰 향·보장이 관부(官府)에 응대하는 경험을 이용해야만 했다. 또한 상당수의 괴뢰 향·보장들이 동요하는 상태에서 팔로군측이 최대한 노력을 기울여 그들을 쟁취하지 않으면 그들이 완전히 일본 쪽으로 기울어질 위험성이 상존하고 있었던 것이다.[191]

당시 팔로군이 얼마나 불리한 투쟁 환경에 처해 있었는지에 대해서는 1943년 말 「만주국」 열하성 남부 지역의 정황을 살펴보면 알 수 있다. 1943년 12월 당시 열하성 남부 지역의 대부분은 무주지대로 변해버렸다. 무주지대 가운데 어느 지역에서는 사람이 완전히 없어졌고 어느 지역에서는 극소수의 사람들만 있었다. 이러한 상황에서 일부 지역에서는 촌의 공산당 간부들이 팔로군과 함께 민병을 조직해서 일본측과의 유격전을 벌이기도 했다. 그러나 이들은 자신들의 인적·물적 토대 역할을 해주던 민중이 거의 없어졌기 때문에 먹을 것, 잘 곳을 찾기가 쉽지 않았다. 이처럼 무주지대로 변해버린 지구에서는 인력·가옥·식량 등이 매우 결핍되어 있었기 때문에 팔로군의 활동도 곤란했고 일본측과의 투쟁도 대단히 어려웠다.[192]

특히 당시의 정세를 볼 때, 북악구나 기중 평원의 유격 근거지처럼 비교적 공고한 유격 근거지를 창출해낼 수 없던 기동지구에서는 장기간 어려운 투쟁을 견지해 나가는 것이 극히 곤란했다.[193] 더욱이 기동지구에서

---

190) 李守善, 「憶承興密人民的抗日鬪爭」, 『文獻·回憶錄』 제2집, 284쪽.

191) 朱德新, 「再論冀東抗日遊擊根據地的"兩面政權"」, 『冀熱遼論文集』, 309쪽.

192) 姜宇, 「一九四三年下半年冀熱邊情況報告」(1943. 12. 30), 『文獻·回憶錄』 제2집, 71쪽.

193) 「中共中央北方分局對于冀東工作的指示」(1943. 3. 25), 『抗日根據地』 제1책

는 항일 무장 세력이 일본 세력에 비해 시종 열세에 놓여 있었을 뿐만 아니라,[194] 근거지가 치안강화운동으로 대타격을 받아 거의 대부분 유격구로 변해버렸기 때문에, 항일 정권을 수립하는 것이 매우 곤란했다.[195] 이러한 상황에서 공산당측은 일본측의 지방 행정 기관의 외피에 항일 성분을 가미하고 괴뢰 보갑제도를 이용해서 이들로 하여금 항일 투쟁에 종사하도록 방침을 바꿔야 할 필요성을 절박하게 인식하기 시작했다.[196]

그리하여 중공중앙북방국에서는 1942년 7월 평북지구에 대해 '양면촌' 정권의 수립을 지시했고,[197] 진찰기변구행정위원회도 동년 9월에 유격구의 촌정권을 '양면촌' 정권으로 개조하기로 결정했다.[198] 이러한 가운데 중공 기동지구위원회(中共冀東地區委員會)도 동년 9월 기존의 좌경적인 투쟁 일변도의 강경 정책을 바꾸어 '양면촌' 정권 수립 공작을 벌이기로 했다.[199] 여기에서 말하는 '양면촌' 정권이란 일본군과 팔로군이 병존하여 활동하는 유격구에서 일본군과 팔로군의 우열 여하에 따라 이중적인 태도를 취했던 촌 정권을 의미한다. 다시 말해 '양면촌' 정권은 일본군이 우세할 때에는 일본군 쪽에 좀더 적극적인 태도를 취했고 팔로군 쪽이 우세해지면 다시 팔로군 쪽에 접근하는 등 양 세력 모두와 관계를 유지하면서 촌락의 안위를 모색하던 항전 시기 항일 유격구의 촌락들을 의미한다.

공산당측의 '양면촌' 정권 수립 공작의 기본적인 방법을 살펴보면, 공산당측은 괴뢰 조직, 특히 반공자위단을 적극적으로 포섭해서 와해시키는

下, 532쪽.

194) 실례로 1941년 봄 기동지구의 팔로군이 규모를 갖춘 유격 근거지를 개척할 때 그 수는 7천여 명에 불과했던 데 비해, 당시 일본군은 약 2만 명, 괴뢰군은 7~8만 명에 달하고 있었다(朱德新, 위의 글, 308쪽).

195) 朱德新, 위의 글, 308~309쪽.

196) 朱德新, 앞의 글, 308~309쪽.

197) 「中共中央北方局關于平北工作的指示」(1942. 7. 18), 『抗日根據地』 제1책 下, 671~673쪽.

198) 「晋察冀邊區行政委員會關于目前遊擊區政權組織及工作的決定」(1942. 9. 4), 681~687쪽.

199) 「中共冀東地委關于對伙會政策的指示」(1942. 12. 1), 中共遷西縣委黨史硏究室 編, 『遷西縣革命鬪爭史料選』(二), 352~353쪽(朱德新, 『二十世紀三四十年代河南冀東保甲制度硏究』, 156쪽에서 재인용).

정책을 통해 자위단의 지도권을 장악한 뒤, 그것들로 하여금 일본측에게
는 소극적으로 응대하게 하면서 실제로는 항일 민중 조직으로서의 역할
을 하게 하도록 하는 것이었다.[200] 이 공작은 한편으로는 주로 공산당측
당·정 간부의 역량을 강화시키고 수많은 민중을 동원하여 조직해서 일
본 세력에 대항하게 하는 동시에, 괴뢰 조직과 몇몇 지주·부농 등 상층
의 사람들을 와해시키거나 포섭해서 일본군을 고립시키고 일본 특무들과
친일 분자들에게 타격을 가하려는 것이었다.[201] 다른 한편으로 그 공작은
공산당 세력이 집단부락 속으로 들어가 집단부락의 민중을 쟁취함으로써
자신들의 거점과 생존을 구하려는 것이기도 했다.[202] 결국 '양면촌' 정권
수립 공작은 괴뢰 정권 조직 형식을 이용해서 항일 정권을 위장하기 위
한 방법이었다고 할 수 있다.[203]

　양면적인 촌 정권의 정치적 성향을 분류하면, 항일적인 '양면촌' 정권,
중간적인 '양면촌' 정권, 친일적인 '양면촌' 정권이 있었다. 먼저 항일적인
'양면촌' 정권은 대부분 원래 항일 일변도의 정권이었다가 정치적 성향을
바꾼 것이었기 때문에, 여기에는 중간적 혹은 친일적인 '양면촌' 정권에
서 성향이 바뀐 것은 거의 없었다. 이 촌 정권은 군사적으로 일본측이
강하고 팔로군측이 약한 형세에서 일본측에 응대하지 않을 수 없었거나
괴뢰 조직 형식을 취해 자신들을 위장하려는 목적에서 생겨났다. 다음에
중간적인 '양면촌' 정권은 대체로 호신(豪紳)·지주 등이 장악하고 있던
정권으로서, 이 지역에서는 팔로군측이 민중을 대규모로 동원하기가 어려
웠으며 일본측의 통제력 역시 크지는 않았다. 이 촌 정권은 대부분 팔로
군측 공작원이 민중으로부터 유리되어 있었거나 일본측의 고압적인 정책
으로 인해 항일적이었거나 친일적이었던 촌 정권에서 바뀐 것이다. 이러
한 정권은 팔로군측 및 일본측 양자 사이에서 동요하면서 양쪽 모두를

---

200) 「中共冀東地委關于對伙會政策的指示」, 352~353쪽.
201) 李守善, 앞의 회고록, 285쪽.
202) 姜宇, 앞의 공작 보고서, 71쪽.
203) 「晉察冀邊區行政委員會關于目前遊擊區政權組織及工作的決定」(1942. 9. 4), 681
　　쪽.

응대했다. 끝으로 친일적인 '양면촌' 정권은 기본적으로 일본의 괴뢰 정
권이었지만, 팔로군측이 정치적·군사적으로 우세하거나 민중이 팔로군
쪽으로 기울 때, 혹은 괴뢰 공작원이 장래를 염려하여 계속 동요할 때
팔로군측을 응대했다.[204]

'양면촌' 정권의 수립 방침에 따라 공산당 세력은 일면적인 투쟁 정책
을 바꾸어 산악 지구에 남기를 원하는 사람들은 산악 지구에서 계속 유
격 활동을 벌이도록 한 반면에, 산악 지구에 남기를 원하지 않는 사람이
나 남아 있기가 곤란한 노약자 및 부녀자들은 집단부락으로 들어가게 했
다. 이와 동시에 공산당 간부들을 민중과 함께 집단부락에 침투시켜 비
밀 공작을 벌이도록 하면서 집단부락 내에 '양면촌' 정권을 수립하도록
했다.[205] 즉 이제까지는 공산당측이 적군과 우군의 구별 및 그 관할 지구
의 경계선이 상대적으로 분명한 상황에서 일본측의 영향력하에 있던 괴
뢰 정권들을 모두 적(혹은 한간)으로 몰아붙여 투쟁을 벌였다고 한다면,
'양면촌' 정권 수립 공작을 채택한 이후에는 적어도 괴뢰 조직들을 항일
조직으로 전화시키려는 목표를 가지고 그들의 성향에 따라 대응 방식을
달리하면서 적군과 우군의 구분을 모호하게 만들면서 다방면으로 투쟁을
전개해 나가기 시작했던 것이다.

당시 공산당 세력이 집단부락 내에 '양면촌' 정권을 세우는 과정을 살
펴보면 다음과 같았다. 일본측에 의해 근거지 밖으로 축출된 팔로군 주
력은 일본 세력의 역량이 약해서 정치적 통제가 비교적 약한 일본측 점
령 지구에 먼저 유격소조(遊擊小組) 혹은 무장공작대를 들여보내 애국심
이 있는 상층의 지배층을 찾아내어 항전 형세를 설명하거나 선전해서 포
섭한 뒤, 그들을 동원하여 무장공작대를 지원하도록 했다. 그리고 그들을
통해 다른 상층의 지배층을 점점 많이 포섭하여 점차 자신들의 활동 범
위를 확대해 나갔다. 이와 아울러 그들을 통해 괴뢰군이나 괴뢰 정권에

---

204) 「晋察冀邊區行政委員會關于目前遊擊區政權組織及工作的決定」(1942. 9. 4), 682
~683쪽.
205) 『冀東革命史』, 305쪽.

대해서도 공작을 펼쳐나가 와해시켜 나갔다. 또한 주민들에게 공산당 및 팔로군의 정책을 선전하고 인민들에게 항일 활동에 뛰어들도록 호소했다. 그런 뒤에 팔로군의 대부대가 들어가 활동하면서 각종 공작을 펼쳤다.[206]

즉 팔로군이 일본군 점령 지구 내의 촌에 들어갈 때에는 공작소조나 무장공작대가 먼저 들어가 이미 일본군에서 조직한 괴뢰 촌정권의 지도부와 연계를 맺는 등 공작 환경을 조성한 뒤, 대부대가 들어가 본격적으로 항일 공작을 펼쳤던 것이다. 따라서, 대부분의 경우 팔로군측이 하층 통일 전선에 입각해서 농민들과 먼저 접촉한 뒤 마을에 들어가 항일 공작을 펼쳤던 것은 아니었다. 그리고 팔로군이 상대적으로 열세에 놓여 있던 당시의 유격구에서는 하층 통일 전선 공작이 현실적으로 가능하지도 않았다.

그렇다면 팔로군의 '양면촌' 정권 수립 공작의 구체적인 실태는 어떠했는지를 살펴보자. 우선 공산당측에서는 친공성(親共性) 혹은 항일성을 띤 '양면촌'에 대해서는 현실적인 정책을 취했다. 즉 수많은 민중에 대해 관심을 기울이면서 그들을 보호하려고 했다. 또한 그들에게 항일을 호소하고 그들을 조직했다. 그렇지만 그들에게 일본측을 자극할 만한 일을 공개적으로 요구하지는 않았다. 민중의 항일 활동과 지원 상황에 관해서는 비밀을 지켜서 그들의 생명과 재산의 안전을 보증하려고 했다. 괴뢰 조직원들에 대해서는 통제와 이용을 병용하는 정책을 폈다. 비교적 공작 조건이 잘 갖추어진 촌에서는 공산당 조직 및 촌 간부들이 촌에서 암약하는 일본측의 특무나 친일분자들을 감시하면서 때로는 공산당측에게 정보를 제공하도록 할 수 있었을 뿐만 아니라, 한간을 제거하고 특무들에게 제재를 가하는 동시에 항일 정부의 각종 정책이나 법령들을 관철시킬 수가 있었다. 또한 일본측의 명령과 요구에 대해서는 저항하고 지연시키고 응대하는 방법을 사용했다. 즉 일본측이 사람·식량·돈을 요구할 때에는 주지 않거나 적게 주는 방법을 취하도록 했다.[207]

---

206) 王文, 앞의 공작 보고서, 172쪽 ; 裵平, 앞의 글, 213쪽.
207) 李守善, 「憶承興密人民的抗日鬪爭」, 285쪽.

더 나아가 일본측이 소탕전을 벌인 뒤 새로 충원한 괴뢰 조직원들이
항일 공작을 파괴하고 일본측에만 충성을 바칠 경우 이들을 제거하고 공
산당측을 위해 일하는 사람으로 대체하기도 했다.[208] 이처럼 공작 활동
조건이 양호한 경우에는 집단부락에 밀파된 공산당원이나 기층 간부들이
집단부락 내의 괴뢰 조직들을 와해시키고 지도권을 장악했다.[209] 그렇지만
정세가 악화되었을 경우에는 무장반장(武裝班長)이나 판사원(判事員) 등의
조직을 바꾸거나 그 활동을 정지시키고 무정형(無定型)의 촌정위원회(村
政委員會)로 대체한 뒤 비밀리에 공산당측과 연계를 맺거나 무장 투쟁과
서로 배합했다.[210]

다음에 중간적인 '양면촌'에 대해서는, 공산당측은 괴뢰 행정 조직원들
에 대해 항일 정부의 법령을 집행할 것을 요구하고 이를 어기지 못하도
록 했다. 이러한 촌에서 공산당의 촌 간부 가운데 일부는 공개적으로 활
동하기도 했지만 조직 역량이 강하지 못했기 때문에 일본측이 들어오면
곧바로 도피했다. 다른 일부는 비밀리에 활동을 했다. 공산당측은 괴뢰
조직원들의 항일 활동을 비밀에 부치고 이들 괴뢰 조직원들이 일본측에
게 사람·물자·돈 등을 제공하는 것을 허락했다. 다만 공산당측 촌 간
부의 정체를 폭로하거나 항일 공작에 해로운 정보를 제공하는 것을 엄격
하게 금지시켰다. 이를 어기는 자에 대해서는 처벌했다. 이러한 '양면촌'
에 대해 공산당측은 괴뢰 조직원들에 대해 항일 구국의 교육을 시키면서
항일을 위해 힘쓸 것을 호소했다. 그렇지만 공산당측 촌 간부의 역량이
약했기 때문에 이들의 실제 행동을 감시할 수는 없었다. 그래서 공산당
측의 구간부(區幹部)나 구소대(區所隊)가 자주 찾아가 이들을 은연중에

---

208) 이러한 예로 1942년 상반기에 일본측이 淸河川 北莊에 거점을 만들고 괴뢰 保
長을 임명했다. 그는 일본측에만 충성을 다하고 항일 공작을 파괴하다가 공산당측
에 의해 제거되었다. 그 후 공산당측은 괴뢰 保甲 조직원들을 교체한 뒤 그들로
하여금 모든 일을 공산당측의 법령대로 집행하도록 했다(李守善, 위의 회고록,
285쪽).

209) 『冀東革命史』, 305쪽.

210) 李楚離, 「堅持冀東遊擊戰爭爲創造大塊遊擊根據地而鬪爭(1940~1942)」(1943.
2), 84쪽.

위협하기도 했다.[211] 그런데도 만일 괴뢰 행정 기관원들이 일본측에만 충성을 다하고 공산당 세력에 대항할 경우, 공산당측은 이들을 제거했다.[212] 이 때문에 괴뢰 행정 기관원들도 공산당측을 감히 멀리하려고는 하지 않았다.[213] 이처럼 공작 활동 조건이 안 좋을 때에는 공산당측은 비밀리에 활동을 하면서 괴뢰 보갑장·부락장·자위단장 등을 포섭하거나 새로운 연락원·판사원 등을 배양해서 합법적인 형식을 통해 괴뢰 갑장·패장을 맡도록 한 뒤, 낮에는 일본 세력을 위해 봉사하고 밤에는 항일 공작을 하도록 했다.[214]

친일일변도의 성격이 강한 '양면촌'에는 일본측의 거점이 많았고 평소에 공산당측과의 관계가 없던 마을이 대부분이었다. 이러한 촌에 대해서 공산당측은 구소대(區所隊)와 공작원들을 밤에 들여보내 선전 공작을 하거나 식량·돈 등을 징수했다. 그렇지만 이들 촌에서는 한 명의 공산당원을 확보하거나 믿을 만한 사람을 찾아 비밀 공작을 전개하는 것이 쉽지 않아[215] 공산당측은 매우 큰 곤란을 겪었다. 이때 공산당측은 친일성의 양면파 반공자위단에 대해서는 친일분자를 제거해서 동요를 확대시킨 뒤 점차 항일성의 양면파로 바꾸려고 했으며,[216] 친일일면파의 반공자위단에 대해서는 그 내부 모순을 이용해서 수뇌부를 고립시키거나 무력으로 진압하여 수뇌부를 제거하고 추종자를 획득해서 항일성을 띤 양면파로 개조하려고 했다.[217]

---

211) 李守善,「憶承興密人民的抗日鬪爭」, 286쪽.
212) 그러한 실례로 리후이(李惠)라는 사람이 일본에 의해 保長으로 임명된 뒤 일본 측을 위해 충성을 다하고 민중을 탄압하고 항일 공작을 파괴했다고 한다. 이에 공산당 村支部가 그를 속여 南莊으로 끌고 간 뒤 산 채로 매장했다고 한다. 또한 北莊의 어떤 據點의 特務는 南溝로 가서 부녀자를 강간했는데, 이에 北莊의 공산당원과 촌 간부가 함께 南莊으로 가서 그를 생매장했다고 한다(李守善, 위의 회고록, 289쪽).
213) 李守善, 앞의 회고록, 286쪽.
214) 『冀東革命史』, 305쪽.
215) 李守善, 앞의 회고록, 286쪽.
216) 李楚離, 앞의 공작 보고서, 83쪽.
217) 위와 같음.

이상의 공산당측의 '양면촌' 정권 수립 공작을 살펴보면, 다음과 같은 몇 가지 특성이 눈에 띈다. 첫째, 유격구 내 각 촌락들의 성향에 따라 공산당측의 대응 방식이나 전술·태도 등이 각기 달랐다는 것이다. 공산당측에서는 '양면촌' 정권 수립 공작의 일환으로 자신들의 영향력이 상대적으로 강한 항일 성향의 촌락들에 대해서는 통제와 이용을 병용하면서 기존의 괴뢰 조직들을 무력화시키고 그 이면에 항일 조직을 만들어 촌락의 지도권을 장악한 뒤 일본측의 요구에 응하게 하면서도 기본적으로는 항일 공작에 종사하도록 하는 방식을 취했다. 그렇지만 공산당측의 영향력이 상대적으로 미약한 중립적 성향의 촌락들에 대해서는 괴뢰 조직원들에 대해 항일 구국의 당위성을 호소하는 방식이나 위협하는 방식을 통해 점차 자신들의 영향력을 확대하려고 했다. 이에 비해 친일성을 띤 촌락들에 대해서는 주로 무력을 통해 지도부나 친일분자를 제거해서 동요를 일으킨 뒤 이들을 점차 친일성에서 중립성 혹은 항일성을 띤 촌락으로 바꾸려고 했다.

둘째, 공산당측이 일본의 괴뢰 조직에 대해 지니고 있던 인식의 문제이다. 공산당측이 친일성을 띠고 있던 촌락에까지 '양면촌' 정권 수립 공작을 펼쳐나갔던 것은, 루펑(婁平)의 회고문에서 잘 드러나듯이, 당시 괴뢰 조직원들 가운데는 죽기 살기로 일본을 위해 충성을 바치는 사람들이 많지 않다고 인식했기 때문이다. 루펑에 의하면, 대다수의 괴뢰 조직원들은 생존 때문에 일본을 위해 종사하고 있었지만 그들에게는 여전히 애국심이 남아 있었다고 한다. 그들과 연계를 맺으면, 그들은 항일 공작원들을 위해 비밀을 지켜 주었고 항일 공작원에게 정보를 제공해 주었으며, 일반 민중을 해치지는 않았다고 한다. 따라서 팔로군의 무장공작대도 괴뢰 정권을 잠시 동안 존속시키고 거점을 공격하지 않고 큰 전투를 벌이지 않으면서도 서서히 일본의 지방 통치를 마비시켜 갈 수 있었다는 것이다.[218]

셋째, 공산당측이 '양면촌' 정권 수립 공작을 전개할 때 하층의 일반 농민보다도 상층과의 연계를 먼저 시도했다는 점이다. 이 점은 항전 초

---

218) 婁平, 앞의 글, 213쪽.

기까지 화북의 일반 민중은 기본적으로 일본 세력뿐만 아니라, 공산당 및 팔로군에 대해서도 회의적인 태도를 나타내고 있었던 데서 기인된다. 게다가 당시 일본군 점령 지구 내에 있던 촌락들은 대부분 괴뢰 향장·보장·갑장 및 괴뢰 반공자위단이 지배하고 있어서, 하층 농민들이 괴뢰 조직원들 몰래 팔로군과 접촉하는 것은 용이하지 않았을 뿐만 아니라, 팔로군 역시 괴뢰 조직을 거치지 않고 몰래 민중과 접촉하는 것 역시 쉽지가 않았기 때문이다. 더욱이 화북의 촌락 구조를 살펴볼 때, 촌락과 촌락 사이가 상당히 멀리 떨어져 있었고 상대적으로 교통 시설이 낙후해서 인적 교류가 활발하지 못했기 때문에, 대부분의 촌락은 고립성을 면치 못하고 있었다. 그 결과 화북의 대부분 촌락에서는 그 촌락 내의 사람과 외부 세력(혹은 외부 인사)이 접촉할 경우, 그 사실이 금방 촌락의 다른 사람들에게 드러나는 상황이었다. 그래서 공산당은 대부분 지주·상인 등 농촌의 지배층들로 구성된 괴뢰 향장·보장·갑장들을 위협하거나 설득한 뒤 그들을 통해서 민중에게 접근하거나 그들의 영향력을 이용해서 민중과 연계를 맺어왔던 것이다.[219]

이때 공산당측은 「항일구국강령」에 근거해서 "계층을 불문하고 항일 활동에 참여하거나 지지하는 사람들은 누구나 항일군민의 보호를 받을 수 있다!"거나 혹은 "여건상 직접 항일 활동을 할 수는 없더라도 최소한 항일에 반대하지 않고 한간이 되지만 않으면 최후에 인민의 죄인이 되는 것을 면할 수 있다!"는 선전을 했다. 당시 팔로군 지도자의 한 사람이었던 리써우쌴(李守善)의 회고록에 의하면, 팔로군측의 그러한 선전은 일본 측을 분화·와해시킨 반면에, 각계 각층의 사람들을 일치 단결시켜 항일 활동을 전개하는 데 매우 유효한 작용을 했다[220]고 한다.

---

219) 朱德新, 앞의 책, 146쪽 및 朱德新, 앞의 글, 309쪽.

220) 李守善, 앞의 회고록, 287쪽 및 高敬之, 「開闢灤東」, 『文獻·回憶錄』 제2집, 319쪽. 실제로 상당수의 大地主와 工場主, 지방 有志, 紳士, 지식인, 鄕·保長, 괴뢰군 장교들이 공산당의 선전 공작에 응해 공산당측에게 돈·식량·신발·양말 등의 각종 물자를 제공했을 뿐만 아니라 경비 도로 및 전선 파괴 공작 등에도 참여했다(李守善, 앞의 회고록, 287쪽 및 高敬之, 위의 회고록, 318쪽 참조).

팔로군측으로서는 이들 상층의 촌 행정 기관원들과의 항일 통일 전선을 전제로 하지 않는 한, 그들의 '양면촌' 정권 수립 공작은 매우 곤란할 수밖에 없었다. 그러므로 당시의 팔로군으로서는 '양면촌' 정권 수립 공작을 전개하기 위해서도 상층의 행정 기관원들과의 단결을 매우 중시하지 않을 수 없었다. 결국 상층의 행정 기관원들과의 항일 통일 전선 구축의 여부는 항일 정권 혹은 '양면촌' 정권 수립 공작의 성과와 직결되어 있었던 것이다. 더욱이 당시의 신사들과 같은 향촌 사회의 지도층은 괴뢰 군경이나 괴뢰 행정 기관원들과 폭넓은 사회 관계를 맺고 있었다. 신사는 해당 지역의 지배층이었기 때문에 일반 농민들도 이들의 태도를 주시하지 않을 수 없었다. 따라서 공산당측은 신사들이 일반 농민을 통제하고 괴뢰 경찰을 통해 탄압하는 것을 피하기 위해 신사들과 연계를 맺은 후에 군대를 보내 민중 공작을 펼치는 방법을 모색하기도 했다. 이러한 방법을 통해 공산당측은 일반 민중의 고통을 경감시켰으며, 선전 공작을 통해 적지 않은 신사들을 항일 세력화했다.[221]

공산당측의 정책 전환, 즉 적군과 아군의 구별 및 양자간의 분명한 전선을 설정한 뒤 일면적으로 대결하던 투쟁 방식에서, 전선을 명확히 하지 않은 채 일본군 점령 지구 내의 수많은 주민들과의 광범위한 접촉 방식(양면촌 정권 수립 공작)으로의 전환은, 공산당측의 항일 투쟁에 매우 긍정적인 작용을 했던 것 같다. 당시 공산당측 간부들의 공작 보고서에 의하면, '양면촌' 정권 수립 공작으로 말미암아 항일 유격 근거지 내 대부분의 집단부락에는 공산당 세력이 상주할 수 있었고 세금도 징수할 수 있었으며,[222] 공산당측의 공작 활동도 좋아졌다는 것이다.

또한 일본측의 통제가 비교적 약한 집단부락에서는 밤에 유격대의 엄호하에 군중 대회를 개최할 수도 있었고,[223] 때로는 괴뢰군이나 상층 집단과의 관계를 돈독히 해서 이들의 엄호하에 다른 지역으로 도피할 수도

---

221) 楊春堮·鄭紫明·馬驥, 앞의 회고록, 347쪽.
222) 姜宇, 앞의 공작 보고서, 81쪽.
223) 曾克林, 「在潒河東岸的戰鬪歲月」, 『文獻·回憶錄』 제2집, 333쪽.

있었다고 한다.[224] 실례로 홍릉현의 경우, 1944년까지 199개 집단부락 가운데 친일성을 띤 정권에서 항일성의 양면 정권으로 바뀐 경우는 20%에 이르렀다고 한다. 그리고 그 중 60%의 집단부락에서는 비밀리에 항일 활동을 벌일 수 있었다고 한다. 이러한 상황에서 어떤 집단부락에는 공산당 지부가 건립되었고 어떤 부락장은 항일 정권의 촌장이기도 했다는 것이다.[225]

결국 '양면촌' 정권의 수립 공작은 공개적으로 항일 정권을 설립할 수 없던 유격구 내에서 합법적인 형식을 띤 항일 투쟁으로서, 팔로군측의 역량을 축적하고 진지를 견지하고 공고하게 하는 동시에, 공산당의 정치적 우세를 발휘하고 괴뢰 조직을 이용하거나 항일 정권을 괴뢰로 위장하여 시기와 변화에 따라 대처하려는 조치였다.[226] 이처럼 공산당이 '양면촌' 정권을 세우는 쪽으로 정책을 바꾸게 되면서, 당시 열세에 놓여 있던 공산당 세력이 깊은 산 속으로 쫓겨나 후방의 보급지를 잃게 되어 곤경에 처하게 되는 상황을 모면할 수 있었다. 특히 양면성을 띤 촌 행정 기관 간부의 엄호로 많은 수의 항일 요원들이 살아남을 수 있었다.[227] 게다가 근거지 내의 인민들의 피해를 줄일 수 있었을 뿐만 아니라, 일본측의 자치자위공작으로 각 촌에 수립된 괴뢰 기관들을 점차 무력화시켜 나갔거나 그들을 우군화시켜 일본측에게 효율적으로 대응할 수 있는 공간을 마련할 수 있었다. 또한 팔로군측은 집단부락 안으로 들어가 친일 일변도의 촌락을 양면성의 촌락으로 개조시켜 나감으로써 항일 투쟁에 필요한 각종 인적·물적 자원의 공급 기지를 확보할 수 있었다. 이것은 결국 일본의 패망 이후 발생한 국공내전에서 팔로군측에게 유리한 교두보를 마련해주는 역사적 작용도 하게 되었다.

224) 姜宇, 앞의 공작 보고서, 83~84쪽.
225) 王永保, 앞의 글, 194~195쪽.
226) 朱德新, 앞의 책, 162쪽.
227) 이러한 실례로 豊潤灤縣遷安聯合縣 제7總區의 경우를 들 수 있다(劉紹友 整理, 앞의 글, 289쪽).

3. 팔로군과 동북항일연군의 투쟁 환경 및 전술의 비교[228)]

그렇다면 우리는 여기에서 '무엇 때문에 1940년대 이후에도 화북의 팔로군은 고사(枯死) 위기를 벗어나 그 세력을 확장하여 제3차 국내혁명전쟁(즉 국공내전)에서 승리의 주체가 되었는데, 동북의 동북항일연군은 「만주국」의 붕괴 이전에 소멸되어 버렸을까?' 하는 의문을 제기하지 않을 수 없다.

일본은 「만주국」에서의 치안 정책의 경험과 성과를 바탕으로 「만주국」 치안 관계자들의 협조 하에 화북의 점령지에서도 「만주국」과 유사한 점령지 정책을 전개했다. 그 대표적인 것이 '치안강화운동'이다. 방면군에서는 이 운동의 하나로 군사 토벌을 비롯해서 자치자위공작, 즉 보갑제도 및 자위단의 조직, 호구 조사 및 연좌제의 실시, 각종 증명서의 발급 등을 통해 항일 세력의 촌락 잠입이나 주민과의 접촉을 차단·통제했다. 이와 아울러 방면군에서는 무주지대의 설치, 집단부락의 건설과 주민의 강제 수용, 삼광정책(三光政策) 등을 포함한 '비민분리(匪民分離)'공작을 실시했다.

그렇지만 팔로군은 치안강화운동으로 초래된 위기를 극복하고 다시 세력을 확장해 나갈 수 있었다. 이에 반해 동북의 동북항일연군은, 치안강화운동보다도 강도가 약한 치안숙정공작에도 불구하고, 1940년대에 들어서 사실상 항일 무장 세력으로서의 역사적 작용을 하지 못하게 되었다. 이처럼 팔로군과 동북항일연군의 운명이 달라지게 된 배경이나 원인으로는 양 지역의 항일 투쟁 환경상의 차이점과 이들 부대의 전술 전략상의 차이점을 지적할 수 있다.

전자와 관련해서, 양 지역에서의 중·일 세력간 병력 수의 차이는 양 지역 항일 무장 세력의 운명 결정에 중요한 작용을 했다. 팔로군 정규군

---

228) 여기에 관해서는 필자가 「抗戰時期의 華北과 東北, 抗日戰術과 鬪爭環境의 比較考察」(『中國史研究』 제22집, 2003. 2)이라는 논문으로 발표한 바가 있다.

수는 1942년도에 34만 명에서 1945년도에 약 103만 명으로 증가했고,
화북의 민병 수는 약 161만 명에 달하고 있었다.[229] 이에 비해 화북의 일
본군 점령지를 총괄하고 있던 방면군의 병력 수는 1940년 11월말 25만
명이었고,[230] 괴뢰군의 경우 1943년까지 치안군은 3만 7,000명, 화구군(和
救軍)은 3만 7,600명, 경비대는 기중지구 4만 1,100명, 기남지구 1만
8,070명, 태행(太行) 14현 4,444명, 잡계 괴뢰군 4만 900명 등 총 17만
9,114명이었다.[231] 즉 팔로군측의 병력 수가 일본군 및 괴뢰군의 병력 수
보다 많았다(물론 이 사실이 곧바로 팔로군측이 일본군측보다 군사적으로 우
세했다는 것을 의미하지는 않는다). 게다가 1940년까지 화북의 일본군 병
력 밀도는 중국의 다른 지역보다 훨씬 낮았다.[232]동북의 경우 동북항일연
군이 가장 절정기였던 1937년도의 총 병력 수는 약 3만~4만 5천 명[233]
에 불과했는 데 비해, 관동군은 1940~1945년 사이에 12개 사단(약 14
만여 명)에서 70여 만 명으로 증강되었고,[234] 괴뢰 만주국군도 1937~
1945년 사이에 약 7만 명에서 15만 명으로 급증했다.[235] 이처럼 관동군
측의 무력은 동북 항일 무장 세력보다 수십 배나 강했기 때문에, 무력
투쟁이 벌어질 경우 관동군측은 동북 항일 무장 세력에게 막대한 타격
을 줄 수 있었다.[236]

---

229) 劉庭華 編著, 『中國抗日戰爭與第二次世界大戰系年要錄統計薈萃(1931~1945)』
　　(修正本), 北京:海潮出版社, 1995, 312쪽. 民兵 수는 『抗日戰爭』 第二卷(軍事
　　下), 2373쪽에서 인용.
230) 『北支の治安戰』 1, 452쪽에서 산출.
231) 「第十八集團軍總司令部"六年來華北僞軍的發展"」(1943. 7), 『華北'大掃蕩'』,
　　1023쪽.
232) 즉 1940년 말 화북 점령 지역의 병력 밀도를 1로 한다면 武漢地區는 9, 양자
　　강 하류의 삼각 지대는 3.5, 華南 지역은 3.9에 해당되었다(『大本營陸軍部作戰指
　　導史』 및 『吉橋戒三中佐回想録』;『北支の治安戰』 1, 462쪽에 부분 所收).
233) 滿洲國治安部軍事顧問部 編, 『國內治安對策の研究』(新京:1937), 1쪽에서는
　　1936년 가을까지의 병력 수를 약 2만 2천여 명으로 추산하고 있다. 이에 비해 姜
　　念東 外, 『僞滿洲國史』(長春:吉林人民出版社, 1980), 499쪽에서는 통상 3만 5천
　　명 정도로 파악하고 있으며, 가장 많을 때는 4만 5천 명으로 추산하고 있다.
234) 『僞滿洲國史』, 184쪽.
235) 『僞滿洲國史』, 190쪽.
236) 「軍事部思想戰研究部"西南地區治安問題之考察"摘錄」, 中央檔案館·中國第二歷

결국 화북의 팔로군측은 자신들의 독자적인 힘만으로 항일 근거지를 존속·확대시켜 나갈 수 있을 만큼의 무력을 지니고 있었던 데 비해, 동북항일연군은 항일 근거지를 확보할 만큼의 무력을 지니지 못한 채 항일 유격구를 떠돌아다니면서 유격전을 펼칠 수밖에 없었다. 양 지역에서의 중·일간 병력 수의 상대적인 차이가 항일 투쟁 환경 조성에 어떠한 결과로 나타났는지는, 당시 「만주국」 군사부 사상전연구부에서 분석한 비밀 보고서(「西南地區治安問題之考察」)에서 잘 드러나고 있었다.

즉 위 보고서에 의하면, 「만주국」 서남지구에서는 팔로군의 주요 활동지구를 중심으로 집단부락의 건설이 거의 완성되어 가고 있었지만, 팔로군에 대한 소탕이 제대로 이루어지지 않아 이들의 활동이 여전히 활발했다는 것이다. 그 결과 팔로군의 항일 유격 근거지가 있던 서남지구에서의 집단부락공작은 「만주국」 내의 다른 지역보다도 훨씬 곤란했다고 한다. 이에 비해 동북항일연군의 항일 유격구가 있던 간도성(間島省)·동변도(東邊道)[237]·삼강성(三江省) 등지에서는 집단부락공작이 완료되어 갈 때 동북 항일 무장 세력은 대부분 와해되었다고 한다.[238] 가령 「만주국」 삼강평원지구(三江平原地區)에서는 인구가 희박해서 집가공작의 일환으로 집단부락이 건설되었어도 민생 문제에 미친 영향은 크지 않았다는 것이다. 그리고 서남지구처럼 인구가 조밀한 산간 지구인 간도성 및 동변도 지역 역시 집단부락공작이 민중 생활에 커다란 영향을 미쳤지만 그 공작은 강행될 수 있었다는 것이다. 더욱이 이들 세 지구에서는 모두 집단부락공작이 완성되지 않은 상황에서도 관동군측이 강력한 '비민분리'공작을 강행함으로써 항일 무장 세력을 소탕하는 데 매우 큰 기능을 발휘했다고 한다.[239] 상술한 비밀 보고서의 내용을 살펴보면, 팔로군이 많은 병력을

史檔案館·吉林省社會科學院 合編, 『東北大討伐』, 北京 : 中華書局, 1991, 611쪽.

237) 1914년 중화민국정부가 동북 지방을 奉天·吉林·黑龍江의 3省 밑에 설치한 10개 道의 하나로서, 「만주국」 시대에는 거의 通化省의 9개 縣을 가리키고 있었다(森崎實, 『東邊道』, 春秋社, 1941). 여기에 관해서는 尹輝鐸, 『日帝下 '滿洲國' 硏究』, 50쪽, 각주 111)을 참조 바람.

238) 「軍事部思想戰硏究部"西南地區治安問題之考察"摘錄」, 611쪽.

239) 「軍事部思想戰硏究部"西南地區治安問題之考察"摘錄」, 611쪽.

바탕으로 활발한 항일 투쟁을 벌이고 있던 서남지구에서는 일본의 치안 공작이 제대로 효력을 발휘하지 못하고 있었던 데 비해, 병력이 절대 열세에 놓여 있던 동북항일연군의 유격구에서는 관동군측의 치안공작이 강력하게 추진될 수 있었고 그 효력도 컸음을 알 수 있다.

또한 동 보고서에서는, 화북의 팔로군과 동북의 동북항일연군 사이의 활동 기반에도 차이가 있었음을 밝히고 있었다. 즉 서남지구의 팔로군은 화북에 유격 근거지를 지니고 있어서 「만주국」 밖의 유격 근거지와 밀접한 연계를 유지하고 있었던 동시에, 상황에 따라서는 「만주국」 내로 들어와 유격 활동을 전개하고 있었다. 게다가 하북·기열·평북지구에 유격 근거지를 지니고 있던 서남지구의 팔로군은 군사력이 강대했을 뿐만 아니라, 방면군측의 무력 토벌을 피해 「만주국」 밖으로 도피했다가 필요한 때에 다시 무력을 집중시켜 방면군측의 경비력이 취약한 곳을 습격하거나 강대한 무력의 엄호하에 집단부락 내에서 공작을 벌였기 때문에, 방면군측이 집단부락을 건설해서 군중을 자신들의 통제하에 두려고 했지만 별다른 치안상의 효과를 거둘 수가 없었다.[240]

이에 비해 동북항일연군은 모두 「만주국」에만 활동 기반을 가지고 있어서 해당 유격구에 의존해야만 생존할 수 있었다. 그런데 관동군측이 집단부락을 건설해서 '비민분리'공작을 추진하자, 대다수 동북 민중은 어쩔 수 없이 일본측의 환경에 의존하지 않을 수 없는 형세가 조성되었다. 즉 당시 동북의 민중은 자신들의 생명과 재산을 보호해 줄 수 있다는 신념을 전제로 항일 세력에게 협조하고 있었다. 그런데 동북항일연군은 관동군측의 치안숙정공작으로 인해 점차 동북 민중과 분리되어 갔고, 고립적으로 부락 내부에서 공작을 진행함으로써 정치상의 지원을 상실해 갔다. 그로 인해 그들의 공작 목표는 관동군측의 무력 토벌 과정에서 쉽게 노출되었다. 그 후 동북 항일 무장 세력은 산 속에 고립된 채 집단부락 등을 공격해서 물자를 조달하고 있었다. 이것은 필연적으로 해당 집단부락에 대한 관동군측의 보복을 불러왔고 그 피해는 해당 집단부락민에게

---

240) 「軍事部思想戰研究部"西南地區治安問題之考察"摘錄」, 611~612쪽.

돌아갔다. 이러한 상황이 반복되면서 동북 민중(특히 항일 유격구의 농민)은 항일 유격대나 조국(혹은 민족)보다도 자신들의 안위를 걱정하게 되면서 항일 부대를 외면하게 되었고, 이것은 동북 항일 무장 세력의 소멸을 재촉했다.[241]

결국 동 보고서에 따르면 서남지구의 팔로군은 군중에 대해 특별한 정치적 흡인력을 지니고 있었다. 또한 항일 공작을 진행할 때에도 방면군측의 무력에 대항해서 그 공작을 엄호할 수 있는 충분한 무력을 지니고 있었고 민중을 확고하게 통제하고 있었다. 그 때문에 방면군측이 집가공작을 통해 민중과 팔로군을 격리시키려고 해도 민중은 여전히 팔로군측에 의존하지 않을 수 없었다. 게다가 서남지구의 팔로군은 「만주국」 밖에 유격 근거지를 조성해서 무력과 정치력을 결합시켜 일본측의 통제에 대항함으로써 서남지구에서의 일본측의 집가공작과 집단부락공작을 더욱더 어렵게 만들었다.[242] 특히 1941년 8월부터 산간지구, 특히 무영산(霧靈山)지구를 비롯해서 금열로(錦熱路) 이남의 깊은 산간 지구를 모두 유격구 혹은 유격 근거지로 조성해 놓은 기동지구의 팔로군은,[243] 「만주국」 내의 동북항일연군과는 다른 특수성을 지니고 있었다. 즉 기동지구 팔로군은 「만주국」 밖인 만리장성 안쪽에도 유격 근거지가 있었고 군사력도 날로 강해졌기 때문에, 일시적으로 그들을 열하성 밖(즉 만리장성 밖)으로 내몰아도 만리장성 안쪽의 근거지에 의존하면서 다시 「만주국」으로 들어와 집단부락뿐만 아니라 방면군 세력에 대해 끊임없이 습격을 할 수 있었다.[244]

이에 비해 「만주국」의 서남지구를 제외한 다른 지구에서는 관동군과 괴뢰군의 군사적 역량이 상대적으로 강했기 때문에, 무력 토벌을 벌인 후 집단부락을 만들고 그것을 이용해서 주민들을 통제하거나 항일 무장 세력의 활동을 제지할 수 있었다. 이러한 지리상의 이점은, 동북항일연군

241) 『日帝下 滿洲國 硏究』, 405~406쪽.
242) 「軍事部思想戰硏究部"西南地區治安問題之考察"摘錄」, 612쪽.
243) 婁平, 『冀熱遼人民抗日鬪爭簡史』, 天津 : 南開大學出版社, 1993, 40쪽.
244) 承德憲兵隊, 「警務報告」(1943. 6. 14).

과 달리, 팔로군이 그 세력을 보존·확대해 나가는 데 중요한 요인으로
작용하고 있었다.

한편 당시 팔로군 지휘자들의 회고에 의하면, 만리장성을 경계로 해서
양쪽 지역을 비교해볼 때, 만리장성 안쪽(즉 기동지구)에서는 만리장성 바
깥의 「만주국」보다 상대적으로 인구가 조밀했고 물산이 풍부했다. 또한
방면군측의 통치력은 「만주국」에서의 관동군의 그것보다 상대적으로 약
했다. 그리고 화북 인민의 문화 수준과 정치 의식은 「만주국」의 인민보
다도 높았다. 게다가 동북에 대한 일본의 통치 기간은 화북보다도 길었
고, 인민에 대한 통제도 매우 엄격해서 동북항일연군이 기반을 확보하는
것은 쉽지가 않았다. 동북의 경우에는 인민의 조건, 경제 조건, 당의 기
초가 만리장성 안쪽(즉 화북)보다 좋지 못했다.[245] 더욱이 동북은 화북보
다도 더 일찍 일본에 의해 점령되었기 때문에 상대적으로 경비 도로 등
교통 조건이 양호해서 관동군 및 만주국군의 출동이 용이했다. 이에 비
해 화북, 특히 기동지구는 하천이나 강이 많았고 교통 시설도 상대적으
로 낙후되어 있었기 때문에 방면군측이 기동력을 발휘하는 데 상대적으
로 많은 제약이 따랐다.

게다가 동절기 「만주국」의 기온은 화북보다도 훨씬 추웠다. 주로 산간
지대를 거점으로 유격 활동을 하던 팔로군의 입장에서 볼 때, 기온의 고
저(高低)는 유격 활동의 유연성 내지 생존의 확보와 밀접한 관계를 맺고
있었다. 따라서 동절기에 영하 30도를 넘나드는 동북의 산간 지대에 몸
을 숨긴 채 유격 활동을 해야 했던 동북항일연군은 화북의 팔로군보다도
생존 환경이 더 열악했다. 이러한 여건은 동북항일연군의 투쟁 활동을
제한하는 요소로 작용했다.

다음에 화북과 동북의 항일 부대의 운명을 결정짓는 데 중요한 작용을
한 외적인 원인으로서 일본측의 전략 전술을 지적할 수 있다. 일본측은
침략 전쟁을 확고히 하기 위해 동북을 대륙 침략의 발판으로 삼았을 뿐

---

245) 李運昌·李中權·曾克林,「冀東的抗日遊擊戰爭」(鄧榮顯,「試論冀東抗日遊擊
戰爭堅持與發展的基本特徵」,『冀熱遼論文集』, 163쪽에서 재인용).

만 아니라, 동북을 일본 국내의 반혁명 투쟁의 지주로 삼았다. 그래서 일
본은 동북의 병력을 감소시키지 않고 오히려 증강시켜서 항일 구국 운동
에 대해 이전보다 점점 더 정치적·군사적·경제적 공략을 강화시켰
다.[246] 당시 동북항일연군 제 3 로군 정치위원이었던 횡중원(馮仲雲)에 의
하면, 중·일간 전쟁으로 전국적인 항전이 일어난 이후 동북 항일 유격
운동은 전국적인 항전에 따른 원조를 받아서 이전보다 더 발전해야 했는
데도, 오히려 동북 항일 유격 환경은 더욱더 어려워졌다고 한다. 왜냐하
면 당시 일본은 중국 동북을 관내 및 소련을 침공하기 위한 병참 기지로
인식하고 있었을 뿐만 아니라, 동북의 풍부한 자원과 인력 등이 그러한
작전에 필수적이라고 여기고 있었다고 한다. 그래서 일본은 동북 항일
유격대에 대해 더욱더 폭압적인 방법을 통해 제압했다는 것이다.[247]

게다가 관동군측은 동북항일연군의 유격 근거지 등에 집단부락을 건설
하고 무주지대를 조성함으로써 동북항일연군과 농민들을 지리적·공간적
으로 분리시켰다. 관동군측은 동북항일연군에 대한 진공·봉쇄와 파괴
공작을 응용하고, 광범위하게 크고 작은 부락의 투항자들을 매수해서 민
중과 동북항일연군 사이의 연락 관계를 내사하게 한 뒤, 혐의자는 물론
부락민들을 일률적으로 체포·참살했을 뿐만 아니라, 고문·위협 등 모
든 수단을 동원하여 동북항일연군의 지방 조직을 파괴했다.[248] 요컨대 집
단부락 건설과 경제 봉쇄에서 보여주었듯이, 관동군측이 농촌 주민을 철
저하게 통제함으로써 동북항일연군의 사회·경제적 기반을 직접적으로
붕괴시킬 수 있었다. 또한 관동군은 동북항일연군이 집결한 삼강성 지역

246)   周保中, 『東北抗日遊撃日記』, 北京 : 人民出版社, 1991, 1939년 3월 26일자,
       331쪽.
247)   馮仲雲, 『東北抗日聯軍十四年奮鬪簡史』, 發行地未詳 : 遼東建國書社, 1946, 9~
       10쪽 ; 馮仲雲, 「東北抗日聯軍十四年奮鬪簡史」(節錄), 孫邦 主編, 于海鷹·李少伯
       副主編, 僞滿史料叢書 『抗日救亡』, 長春 : 吉林人民出版社, 1993, 235쪽.
248)   魏拯民, 「東北抗日聯軍副司令魏拯民ヨリ國際共産中國代表康生等ニ宛タル第
       二回報告書(1940. 7. 1)」, 高等法院檢事局思想部 編, 『思想彙報』 제 25 호(1940.
       12), 73쪽.

에서 대규모의 식민지적인 토지 수탈을 통해 지주 권력을 재편성하여[249] '항일을 위한 정치적 공간'을 축소시킴으로써 가장 기초 영역인 식민지 지배를 관철할 수 있었다.[250] 더욱이 당시의 정세는 관동군이 괴뢰군을 철저하게 통제하고 있었고 설령 괴뢰군이 일본에 반기를 들고 항일 부대에 합류했다고 해도 항전 승리를 장담할 수 없던 상황이었다. 그 결과 관동군의 조종하에 만주국군 관병들의 반란은 줄어들었고 그들의 항일 의지도 점차 약화되었다. 이와 아울러 동북 민중이 관동군의 광포한 식민 통치 상황을 인식한 뒤 관동군에 대해 점점 더 두려움을 갖게 되어 그들의 항일 구국 정서도 점점 약화되었다. 그 때문에 관동군측에 대한 반항심을 가지고 있던 자들도 끝내 행동으로 반항하지 못하는 상황에 놓여 있게 되었다.[251]

동북 민중의 항전 의지를 저하시키고 절망하게 만든 또 하나의 외부 환경 요인으로 주목되는 것은 항일전쟁이 발발한 후 동북에서는 항일 세력에게 유리한 조건이 조성되었는데도 동북항일연군에 대한 외부의 원조가 없었다는 점이다. 사실 당시의 중국 관내에서는 일본과의 전면전으로 말미암아 동북 항일 유격 운동에 대해 지원해줄 여유가 없었다.[252] 물론 그렇게 된 배경에는 동북항일연군이 중공 중앙의 직접적인 지도를 받지 못하고 있었고, 일본측이 관내(특히 화북)와 동북의 양 지역 항일 무장 세력의 합류나 연계를 철저하게 차단시킨 데서 비롯된 측면도 있었다. 게다가 전쟁의 장기화로 일본군 병력이 점점 감소되고 치안 체계가 불완전해졌던 화북과는 달리, 동북에서는 대소(對蘇) 전략 임무를 맡고 있던 관동군이 1930년대 후반 소련과의 두 차례에 걸친 충돌 사건(1938년의 장고봉사건[張鼓峰事件], 1939년의 노몬한사건)으로 소련에 대한 경계심이

---

249) 종래의 地主支配體制를 일본 지배층하에서의 종속적 권력으로 재편성한 것을 의미한다(西村成雄, 「東北の植民地化と‘抗日救亡’運動」, 池田 誠 編著, 『抗日戰爭と中國民衆』, 京都:法律文化社, 1987, 55쪽).

250) 「東北の植民地化と‘抗日救亡’運動」, 55쪽.

251) 『東北抗日遊擊日記』1939년 3월 26일자, 332쪽.

252) 『東北抗日聯軍十四年奮鬪簡史』, 9~10쪽;馮仲雲, 「東北抗日聯軍十四年奮鬪簡史」(節錄), 235쪽.

고조되면서 1940년대에 접어들면 관동군의 치안 체계가 점점 강화되고 병력도 점점 증강되기 시작했다. 이러한 상황은 동북항일연군의 활동 공간을 축소시켰고 항일 활동을 더욱 어렵게 만들었다.

한편 화북에서는, 동북항일연군과 달리, 방면군측의 전술적인 모순으로 말미암아 팔로군측의 항일 투쟁에 유리한 환경이 조성되기도 했다. 우선 화북에서는 치안강화운동과 더불어 농민들로부터의 노동력 징발과 약탈이 강화되면서 중·일간 민족 모순이 커져갔다. 일본군 점령지 내의 거주민들은 어느 계층을 불문하고 과거와 같은 생활을 할 수 없다는 사실을 절감하게 되면서 일본에 대한 적개심을 증폭시켰다. 이러한 화북 민중의 심리 변화는 팔로군측이 일본군 점령지 내에서 공작을 수행하는 데 유리했다. 또한 교통선과 거점이 증식되면서 방면군에서는 자체의 병력만으로 늘어난 전략 거점에 일본군을 일일이 주둔시킬 수가 없게 되었다. 그 결과 방면군에서는 점점 괴뢰군에 대한 의존도가 높아져갔고 거점의 증식으로 병력이 분산 배치되면서 치안상의 약점이 드러났다. 게다가 1941년 태평양전쟁의 발발로 전장이 확대되면서 과거의 거점에 주둔했던 병력의 일부가 새로운 거점으로 이동 배치되면서 일본군의 후방에는 치안 공백이 더욱 커졌다. 이러한 환경의 변화는 팔로군측의 활동 여지를 넓혀주었다. 끝으로 오랜 전쟁과 더불어 전세가 점점 수세로 바뀌면서 일본군 내에서 염전(厭戰) 정서가 점점 심화되었고 사기도 점점 저하되었으며, 일본으로 돌아갈 가망성이 거의 없다고 느낀 일부 일본군 병사들은 비관했거나 불만을 느끼기 시작했다.[253]

태평양전쟁의 말기에 접어들어 일본군의 사기는 더욱 저하되었고 전세가 기울어지기 시작했는 데 비해, 팔로군측에서는 1944년부터 국부적인 반격을 개시했다. 항일 근거지(해방구)의 국부적인 반격을 가능케 한 것은 무엇보다도, 전술했듯이, 중국 공산당의 여러 가지 정책이 성공한 데

---

253) 彭德懷,「八路軍七年來在華北抗戰的槪況」(節錄)(1944年 8月 6, 8, 9日), 中央檔案館·中國第二歷史檔案館·吉林省社會科學院 合編,『華北治安强化運動』, 北京: 中華書局, 1997, 52쪽.

서 기인되었다. 항일 근거지가 회복기에 들어서자 일본군의 경제 봉쇄도 타파되어 갔다. 예를 들면 일본군은 농해선(隴海線) 연선(沿線) 지역에 완전 봉쇄 지대를 설정하고 화북과 화중 사이를 차단하고 있었다. 그렇지만 1942년 말에 소북해방구(蘇北解放區)의 신사군(新四軍)이 농해선 남쪽의 연해 지역에 소북구를 형성하고, 산동성에서도 농해선 북쪽의 빈해구(濱海區)에 해방구를 형성하자, 일본군의 완전 봉쇄 지대를 우회해서 해상에서 양 지역을 연락하는 것이 가능하게 되었다. 이리하여 화북·화중 해방구 상호간의 물자 교류망이 확립되면서 항일 근거지의 경제력은 한층 강화되었고 국부적 반격을 위한 경제적 기반이 구축되어 갔다.[254] 게다가 당시 중국의 일본군 점령 지구는 일본의 군사 경제 체제 구축에 사활의 중요성을 지닌 지역이었는데도, 일본 군부는 태평양전쟁 시기에 들어서자 태평양 전선을 주전장(主戰場)으로 인식하여 중요시한 반면에 중국 전선은 부차적이라고 여겨 경시했다. 그 결과 경제적으로 중요한 중국 전선에서는 국·공 양군의 반격을 받아서 일본의 물자 수탈이 더욱 곤란해졌다.[255] 또한 일본군의 대륙타통작전(大陸打通作戰)도 항일 근거지의 국부적 반격에 유리한 조건을 마련해주었다. 방면군은 약 반수의 병력을 경한작전(京漢作戰)에 투입했기 때문에 화북에서의 일본군의 치안 능력이 대폭 저하되었다. 그 결과 팔로군·민병의 활동은 활발해졌고 일본군의 후방 지역에서는 수시로 분견대(分遣隊)가 습격을 받거나 교통선이 파괴되었다. 그 과정에서 일본군의 지배 지역은 각지에서 축소되기 시작했다.[256] 이처럼 일본군의 작전상 오류나 타격 중점의 변화는 화북의 항일 근거지에 유리하게 작용했다.

한편 화북과 동북의 양 지역 항일 무장 세력의 전술이나 조직 역량,

---

254) 風間秀人,「華中解放區の形成と抗日經濟戰─蘇北解放區を中心として」, 淺田喬二 編,『日本帝國主義の中國』, 樂游書房, 1981, 617~619쪽;『抗日戰爭時期解放區槪況』, 北京:人民出版社, 1981, 87쪽.

255) 小林英夫,「日中戰爭史論」, 淺田喬二 編,『日本帝國主義下の中國─中國占領地經濟の硏究─』, 東京:樂游書房, 1981, 13쪽.

256) 石島紀之,『中國抗日戰爭史』, 東京:靑木書店, 1985, 184쪽.

일본측의 대응 전술과 조직 역량 역시 양 세력의 운명 결정에 커다란 작용을 했다. 화북의 팔로군은 '적진아진' 전술 및 '양면촌' 정권 수립 공작을 통해 더 넓은 유격 근거지를 구축할 수 있게 되었고, 그 과정에서 주민들로부터 상대적으로 풍부한 인적·물적 자원들을 얻을 수가 있게 되었다. 특히 팔로군은 '양면촌' 정권 수립 공작을 통해 치안강화운동의 치안 효과를 떨어뜨려 그 이후의 정세에 역동적으로 대응할 수 있었다.

이에 비해 동북의 경우, 동북항일연군 지도자들은 군사력을 증강시키는 데는 힘을 썼지만, 그 군사력을 장기간 지속시켜 줄 수 있는 대중에 대한 공작, 다시 말해 지방 공작은 경시했거나 방기했다.[257] 또한 수년간의 격렬한 유격전과 일본의 잔혹한 통치 제도로 인해 간부들을 보충할 수 없어서 공작을 담당할 간부가 부족했다.[258] 게다가 동북의 공산당 조직이 분산되어 있었기 때문에 동북항일연군을 지도하는 군권(軍權) 계통이 나뉘어져서 통일적인 지휘가 곤란했으며, 중공 중앙의 대표가 동북에 상주해서 투쟁을 직접 지도해야 했는데도 동북에 주재하지 않음으로써 지도를 방기했다. 그 결과 공산당 조직이 해이해졌거나 분열되었으며, 공산당의 공작도 동북의 객관적인 형세에 효율적으로 대처할 수 없게 되었다.[259] 더욱이 동북항일연군은 관동군측의 치안숙정공작으로 인해 인적·물적 토대 역할을 하던 유격구를 상실하자, 화북의 팔로군과 같은 '양면촌' 정권 수립 공작을 전개하지 못하고 집단부락을 공격함으로써 민중의 반감과 이반을 초래하는 등 경직된 전술을 펼침으로써 민중으로부터 유리되어 산악 지구로 들어가 결국 고립무원 속에서 소멸되었다.[260] 물론 동북항일연군이 민중으로부터 쉽게 고립된 데는 자체의 전술적 잘못도 있었지만, 관동군측에 비해 엄청난 군사적 열세에 놓여 있었기 때문에 민중이 쉽사리

---

257) 「東北抗日聯軍副司令魏拯民ヨリ國際共産中國代表康生等ニ宛タル第二回報告書
    (1940. 7. 1)」, 72쪽.
258) 「東北抗日聯軍副司令魏拯民ヨリ國際共産中國代表康生等ニ宛タル第二回報告書
    (1940. 7. 1)」, 73쪽.
259) 『東北抗日遊擊日記』, 1939년 3월 26일자, 332쪽.
260) 尹輝鐸, 『日帝下「滿洲國」硏究』, 407~434쪽을 참조 바람.

항일 세력에게 의존하거나 신뢰할 수 없었던 측면도 있었다.

더 나아가 동북에서는 항일 무장 세력이 독자적인 정책을 펼칠 수 있는 통치 영역을 확보하지 못했을 뿐만 아니라, 당시의 관동군 및 괴뢰군의 병력 규모를 고려해볼 때도 공간적인 통치 영역의 확보와 유지는 현실적으로 곤란했다. 이처럼 독자적인 통치 영역을 확보하지 못했던 동북항일연군은, 화북의 팔로군과는 달리, 수시로 유격구를 배회하면서 간헐적으로 민중과의 접촉을 유지해나갔고 그 접촉 범위도 좁았다. 그 결과 동북항일연군은 자신들의 정책이나 이념을 민중에게 선전할 기회도 많지 않았고 민중과의 접촉 빈도도 적어서 항일 부대와 민중의 친밀도가 상대적으로 떨어졌다. 그래서 동북항일연군은 민중으로부터 인적·물적 자원을 확보하거나 지지를 이끌어내는 데는 일정한 한계를 지닐 수밖에 없었다.

결국 '1940년대에 들어서 「만주국」에서는 일본의 치안숙정공작으로 인해 동북항일연군이 사실상 소멸되었는 데 반해, 화북 특히 기동지구의 팔로군은 일본의 치안강화운동에도 불구하고 생존해나갈 수 있었던 원인은 항일 투쟁의 내적 요인과 외적 요인의 복합적인 작용에서 찾아질 수 있었다.

1940년대에 접어들어 동북 항일 무장 투쟁은 사실상 소멸되었는데, 가장 중요한 원인은 관동군측의 치안숙정공작(특히 '비민분리'공작)에 의해 동북항일연군과 농민의 관계가 단절되어 버린 데 있었다. 관동군측은 집단부락공작의 일환으로 항일 유격구 내의 농민들이 항일 유격대와 쉽게 접촉하는 것을 막기 위해 농민들을 집단부락 안으로 몰아넣음으로써 좀더 가까이서 그들을 감시할 수 있게 되었다.[261] 관동군측의 치안숙정공작으로 인해 동북항일연군이 모체 역할을 하던 농민들과 지리적·공간적으로 분리되자, 그들은 '물 밖에 내던져진 물고기 신세'가 되었다. 이것은 농민들을 자기 세력권으로 끌어들이기 위한 투쟁에서 동북항일연군이 관

---

261) Christine Froechtenigt, "IF THEY FIGHT, THEY'RE BANDITS":*Japan's Response to The Manchurian Resistance, 1931~1945,* Honolulu:Hawaii Univ., 1989, p.121.

동군에게 패배했음을 의미한다.[262]

화북에서는 일본군이 치안강화운동, 특히 지역을 나누고 항일 유격 근거지를 봉쇄·분할·잠식해간 동시에 자치자위공작과 '비민분리'공작 등을 통해 팔로군을 포위·소멸시키려고 했다. 그러나 팔로군은 '적진아진' 전술 및 '양면촌' 정권 수립 공작을 전개하여 일본군 점령 지구 내 대부분의 농촌을 장악해 갔다. 그 결과 화북의 일본군은 오히려 팔로군에게 포위된 형세에 처했다. 이러한 형세 변화는 치안강화운동을 통해 '점'·'선'적인 점거 방식을 '면'적인 점령 방식으로 바꿔 화북의 치안을 확보하려고 했던 일본의 의도를 좌절시켜, 그들로 하여금 어쩔 수 없이 점·선적인 점거 방식으로 되돌아가도록 했다. 더욱이 공산당측은 비록 많은 시행착오를 겪기는 했지만, 옹정애민운동·정병간정운동·정풍운동·우항운동 등의 대중 운동 성격의 다양한 항전 정책을 실시했다. 이와 아울러 공산당측은 신민주주의 혁명의 일환으로 민주 제도를 도입해서 더 많은 민중의 정치 및 항전 참여를 유도했다. 또한 공산당측은 감조감식 및 교조교식 정책 등을 실시해서 계급간 적대감을 완화·단결시켰고, 대생산운동과 합작사운동, 적절한 통화 정책 등을 실시해서 경제 위기를 극복했으며, 공동체 의식을 함양시켰고, 각 민족의 평등과 남녀 평등을 실현시키기 위해 노력했으며, 종교의 자유를 인정해서 각계 각층의 단결심을 고양시키려고 했다. 이와 같은 공산당·정·군의 애국 열정과 헌신적인 대민 공작, 철저하고도 효율적인 항일 투쟁 등은 궁극적으로 중국 민중의 신뢰감을 이끌어낼 수 있었다. 이렇게 해서 형성된 항일 기반을 바탕으로 팔로군측은 1944년부터 부분적인 반격을 할 수 있었고, 이것은 항일 투쟁의 활성화와 항일 유격 근거지의 확대를 가져왔다. 특히 팔로군측은 동북과 화북을 연결해주는 기열료지구뿐만 아니라 화북의 곳곳에 구축해둔 항일 유격 근거지를 바탕으로 기존의 모든 조직을 복원시켜 화북 및 동북 지방의 대부분을 단기간에 차지할 수 있었다. 동북에서의 항 동북항일연군이 화북의 팔로군과 달리, 확고한 통치 영역을 확보하지 못

---

262) 『日帝下「滿洲國」硏究』, 446쪽.

하고 독자적인 항일 정부를 구성하지 못한 채 이민족의 침략에 맞서 유
격 전술에 의존하다 소멸되었다는 점을 고려해 본다면, 동북 항일 무장
투쟁은 '유격 투쟁'에 불과했다고 할 수 있다.

　이에 비해 항일전쟁 기간 화북의 항일 근거지에서는 항전과 아울러 신
민주주의 혁명을 실현시키기 위해 부단한 노력을 기울이고 있었다. 이때
중·일간의 민족 전쟁은 공산당측이 전개하고 있던 신민주주의 혁명에
많은 영향을 미치고 있었고, 신민주주의 혁명의 성과 여부 역시 항일전
쟁에서의 팔로군측의 유·불리를 결정하고 있었다. 이처럼 화북에서의
항일전쟁은 전쟁의 성격과 혁명의 성격을 동시에 지니고 있었으며, 이
양자는 유기적으로 작용하고 있었다. 따라서 화북에서의 항일전쟁은 단순
한 민족 전쟁도 아니었고 혁명도 아니었다. 그것은 '전쟁혁명'이었다. 게
다가 화북에서의 항일전쟁은 '항전'인 동시에 '건국을 위한 시금석'이었으
며 '혁명전쟁의 전초 단계'였다.

Ⅳ 소결

항일 유격 근거지에서는 항전 정책의 일환인 동시에 신민주주의 혁명의 일환으로 정치·경제·사회·문화 등 모든 방면에서 혁신적인 조치들을 취함으로써 새로운 사회의 모델을 추구하기 시작했다. 우선 항일 유격 근거지에서는 주민들에게 선거권을 부여해서 대의 기관의 대표를 선출케 하는 등 민주적인 제도를 실시함으로써 더 많은 사람들의 정치적 참여를 유도하는 동시에 이 과정에서 그들을 정치적으로 각성시켜 나갔다. 항일 유격 근거지에서의 제도 운용은 국민당 쪽보다도 인민의 정치 참여의 폭이 넓었고 그 권한도 상대적으로 컸다. 이것은 주민들, 특히 부녀자들이나 청년들의 참정 열기를 고무시켰으며, 궁극적으로 항일 유격 근거지 인민들의 항전 참여와 단결을 자극하는 대중 운동의 성격으로 발전해 나갔다.

다음에 항일 유격 근거지에서는 일본의 점령지 정책과 전술이 강화되면서 야기된 위기, 특히 식량 부족을 비롯한 경제적 곤란을 극복하기 위해 대생산운동을 전개했다. 이 운동의 일환으로 정부 기관에서는 황무지의 개간, 비료 확충, 수리 사업, 유휴지의 효율적인 관리 등에도 힘을 쏟았는데, 이 과정에서 등장한 집체적인 노동 조직과 생산 방식은 중화인민공화국 초기의 사회주의적 농업 생산 관계의 맹아적인 형태를 띠고 있었다. 이 운동은 유격 근거지의 생산력 제고에 큰 효력을 발휘하였을 뿐만 아니라, 인민들에게 항전과 사회적 단결의 필요성을 인식시켜 주었다. 또한 당·정·군·민이 총동원된 대생산운동이 추진된 결과 농업 생산은 제고될 수밖에 없었고, 이 과정에서 변구 인민들의 공산당·정·군에 대한 신뢰감과 일체감은 한층 제고되었다. 이것은 단순히 생산 운동 차원을 떠나 항전을 위한 총동원 체제의 강화·구축을 의미했다. 그것의 더욱 중요한 의미는 항전이나 '구망'이 변구 주민들의 생존과 직결되어 있고 실질적으로 그것을 이끄는 것은 공산당 세력밖에 없으며 현실적으로도 그들에게 의존하지 않을 수 없다는 사실을 변구 주민들에게 각인시켜 주었다는 데서 찾을 수 있을 것이다.

또한 항일 유격 근거지에서는 종래의 불합리한 생산 관계를 혁신하는 차원에서 각종 경제 정책을 실시했다. 특히 감조감식과 교조교식 정책은, 그 과정에서의 많은 시행착오에도 불구하고 항일 유격 근거지에서의 지주-소작인간의 계급 갈등이나 분규를 감소시켰고 주민들을 정치적으로 자각케 하여 항전에 참여하도록 자극했으며 그들의 생산 열정을 고무시켰고 지주·부농 계급과의 통일 전선을 공고히 하는 데도 긍정적인 작용을 했다.

더 나아가 「혼인조례」 등을 제정하여 불합리한 혼인 제도를 혁파했고 남녀 평등의 원칙에 따라 남녀 차별적인 악습을 없애는 데 많은 노력을 기울였다. 이러한 모든 조치는 분명 부녀자들을 봉건적인 억압에서 해방시키기 시작했고, 그들의 해방 열기는 자연스럽게 항전 건국 사업에의 참여로 이어져 매우 큰 역할을 하기 시작했다. 공산당측에서는 소수 민족과의 관계 및 종교의 문제를 원활히 해결하기 위해 신앙과 종교의 자유를 인정했으며 소수 민족의 관습과 생활 방식을 존중하려고 했다. 이를 통해 소수 민족들의 적극적인 협조를 얻어내는 동시에, 한족과의 원만한 관계를 유지해 나가도록 하여 항일 유격 근거지 주민들의 단결을 강화시키려고 했다. 그 밖에 변구정부에서는 빈번하게 되풀이되고 있던 각종 재해를 방지하려고 노력하는 동시에, 대규모의 재해가 발생했을 경우 구재위원회·이재민 위문단·이재민 공작단 등을 조직하여 적극적으로 구제했다. 변구정부에서는 각종 재해 구휼비의 명목으로 이재민에게 돈을 대여했거나 민중 상호간에 양식을 빌려주어 서로 돕도록 했으며 위생운동도 펼쳤다. 이와 아울러 변구정부에서는 식량 부족 문제를 해결하기 위한 재황구제 사업의 일환으로 돈을 내어 대량으로 식량을 구매해서 싼값에 농민에게 판매했고 부정한 상인의 식량을 몰수해서 무조건 빈농에게 분배했다. 그 밖에 현정부의 명의로 부호로부터 식량을 징발하거나 빌려서 그것을 빈농에게 대여하여 추수 후에 지주에게 상환하도록 하기도 했다. 이러한 사회 복지적 조치들은 공산당이 그들의 복지와 위생, 그리고 안위에 힘쓰고 있는 집단임을 항일 유격 근거지 주민들에게 인식시켜 공산당에 대한 주민들의 이미지를 제고시키는 데도 긍정적으로 작용했다.

끝으로 항일 유격 근거지에서는 일본의 유격 근거지에 대한 봉쇄·분할·잠식공작 및 국민당군의 봉쇄 정책으로 인해 야기된 극심한 물자 부족 문제와 물가의 등귀, 화폐 가치의 하락 등 전반적인 재정·금융 위기를 극복하기 위해 여러 가지 조치를 취했다. 당시 물자의 자급자족이 기본적으로 곤란했던 항일 유격 근거지에서는 소매 행위를 허가했지만 대외 무역에 대해서는 엄격한 통제를 가했다. 특히 전략 물자의 변구 밖 이출을 엄격히 금지시켰고 사치품이나 일본 제품의 변구 내 이입을 금지시켰다. 그럼에도 기본적으로 해소되지 못하고 있던 물자 부족에 따른 재정 수지 적자 및 이에 따른 변구 화폐의 가치 저하와 물가 등귀 등을 해소하기 위해, 변구정부에서는 변폐의 발행량을 줄여 재정 지출을 감소시키고 대생산운동을 벌여 생산력을 제고시켜 변구의 자급률을 높여 물자의 대외 의존도를 낮추려고 힘썼다. 그 결과 1944년 이후부터는 상술한 조치들이 효력을 나타내면서 변폐의 가치 안정과 물자의 부족 문제를 완화시켜 나갔다. 이는 항일 유격 근거지의 자립과 존속의 가능성을 획기적으로 높이는 데 커다란 작용을 했다.

항일 유격 근거지에서의 항전 정책과 건설적인 모든 조치들은, 비슷한 시기에 중국 주재 미국 외교관이 국민당 통치 지구에서의 각종 현상을 분석한 정보 보고서 내용과 매우 대조적인 양상을 띤다.

국민당은 스스로의 창의력으로 붕괴를 모면할 만한 능력이 없음을 입증했을 뿐만 아니라 오히려 당 정책들은 그 위기를 촉진하고 있다. 중국 민중 사이에 어느 정도의 厭戰 기분과 피로감은 막을 수 없다. 그것을 감안하더 라도 超인플레이션의 충격과 분명한 당 내외적 취약성의 징조들의 중압으로 표면화되고 있는 국민당 정책들은 다만 파산이라는 한 마디로 단정할 수밖에 없다. 당 중앙집행위원회의 최근 개최 기간에 노출된 당의 현실 파악 불 능증은 그 사실을 여실히 입증하였다.

1. 국내 정치의 무대에서는 국민당 지도자들의 영구 집권욕이 그 밖의 일 체의 고려 사항을 유린하고 있다. 그 결과는 반동 사상의 신격화이다.

국민당은 국내에서 막강한 정치적 충동력이 되고 있는 민주주의적 개혁을 계속 묵살하고 있다. 총통과 당 기관지들의 발표문은 그것에 대한 완전한 무감각을 입증한다. 입헌 정치는 여전히 '준비 중'이라는 '空約'으로 세월을 넘겨 오고 있다. 마지못해 했다는 것이 고작 일본인들이 만주와 그 밖의 점 령지에서 실시하여 汚名을 남긴 저 집단적 연좌제에 입각한, 인기 없고 비 민주적인 지방 자치를 제도화하려는 것이었다.

헌법의 형태와 내용, 국회의 조직과 선거 등의 민주주의적 장래에 기본적 토대가 되는 문제들은 국민당의 손에 달려 있다. 의사 표시의 자유나 국민당 단체들의 법적 승인을 위한 기초적 환경 개선은 전혀 이루어지지 않았다.

국민당은 그 현재의 권력의 토대인 권위주의적 통치 제도들을 일부나마 완화해 보려는 아무런 생각도 없다. 경찰 국가로서의 억압 장치들―무소불 능하고 구석구석에 박혀 있는 비밀 경찰 첩보 조직들과 폭력적 준 군사 집 단들을 비롯한 온갖 것들―을 폐지하거나 축소하기는커녕, 내부적 통치권 유지의 마지막 남은 유일한 무기로 더욱 강화하고 있다.

2. 경제적 분야에서는 국민당은 인플레이션 억제를 위한 어떤 실효적 조 치도 그것이 지주-자본가 계급의 이익을 손상한다는 이유로 그 실시를 기 피하고 있다.

이 태도가 관료 사회의 부패 심화 현상의 직접적 원인이다. 재정적 · 금융 적 현실을 개선하려는 어떤 합리적 시도도 그것에 부딪치고 만다. 국민당은 대규모 투기, 매점매석 및 부정 이득 취득 행위 등을 없애려는 노력은 일절 하지 않는다. 그도 그럴 것이 그 모든 불법 행위가 국민당의 요직자들 자신 이거나 그들과의 정치적 유착 관계가 있는 자들의 소행이기 때문이다.

그렇다고 자원의 효과적 동원을 하려고도 하지 않는다. 전시 통제 조치로 서 공포된 제도들도 거의 死文化했거나 그것으로 고치려고 시도했던 폐단들 을 오히려 조장하였다. 그 좋은 한 가지 실례가 엉성하고 졸렬하게 착수했던 물자 통제이다.

국민당 정책은 생산 기업이나 좀 중요한 수공업이 도산하는 것을 오히려 소극적으로 허용하고 있다. 그럴 수밖에 없는 것이, 투기업자의 입장에서는 원료가 통상적 가공 과정을 거치도록 하기보다는 원료대로 확보하고 있는 것이 이득이 크기 때문이다. 국민당은 거지반 일본군 점령 지역에서 들어오는 사치품의 제조와 상거래를 통제하지 않고 있으며, 배급제를 실시해도 제한된 방식으로 할 뿐이다. 그런 상품은 적에게 어떤 가치 있는 물품을 값으로 치르고서야 비로소 들어왔을 것이라는 사실에도 별로 관심이 없다.

국민당 경제 정책은 지주·상인들의 과당 이윤 및 수익과 같은 稅源을 포착함으로써 세수를 늘이고 예산 적자를 줄이는 등의 효과적 시도를 하지 않는다. 조세 징수 체제는 부패와 비능률 때문에 그 기능이 마비된 상태이다. 징수된 조세의 3분의 1이나마 과연 국고에 들어가는지 의심스럽다.

당은 또한 쓸모 없고 빈둥거리거나 하는 당 관료들의 비용으로 막대한 정부 예산을 낭비하고 있다. 당은 중국의 기본적 경제적 과제들, 이를테면 지주에의 급속한 토지 집중 현상, 수탈적인 소작료와 파산을 강요하는 이자율, 인플레이션의 파괴적 효과 등에 대해서 대책을 강구하기를 거부하고 있다.[263]

일본의 치안강화운동으로 정세가 극도로 불리해진 상황에서, 팔로군측은 '적진아진' 전술을 통해 극도의 위기에 봉착한 근거지를 지키기 위해 군사적으로 막강한 방면군과의 정면 대결을 피하고 방면군측의 점령 지구로 들어감으로써, 자신들의 주력을 보존하는 동시에 근거지 주민들의 인적·물적 피해를 줄여나가 근거지의 손실을 최소화하는 전술을 채택했다. 그 결과 팔로군측은 '양면촌' 정권 수립 공작을 펼쳐 치안강화운동이 실시되기 이전에 상실했던 항일 근거지를 회복시키거나 새로운 항일 유격 근거지를 만들어 자신들의 활동 기반을 넓혀 나갈 수 있었다.

이렇게 본다면 '적진아진' 전술 및 '양면촌' 정권 수립 공작을 통해, 팔로군은 더 많은 주민들과 접촉할 수 있게 되었으며, 그 과정에서 주민들을 그들의 인적·물적 원천으로 삼을 수 있게 되었다. 그리하여 팔로군

---

263) *United States Relations With CHINA : with Special Reference to the Period 1944 ~1949*, Based on the Fikes of the Department of State, U.S.A., 1949 가운데 "John Stewart Service의 1944년 6월 20일 보고"(『中國白書』, 87~88쪽).

은 더 넓은 유격 근거지를 확보할 수 있게 되었다. 그리고 팔로군은 상
술한 전술이나 공작을 통해 공산 유격 근거지에 대한 봉쇄·분할·잠식
을 핵심으로 한 치안강화운동의 효율성을 떨어뜨릴 수가 있게 되었다.
특히 팔로군은 '양면촌' 정권 수립 공작을 통해 일본측 점령 지구 내에
양면성을 띤 촌 정권을 더욱 많이 수립할 수 있는 공간을 마련함으로써,
자치자위공작 및 '비민분리' 공작을 무력화시켜 치안강화운동 이후의 정
세에 역동적으로 대응할 수 있는 발판을 구축할 수 있게 되었다. 당시
공산당군이 화북의 민중과 어떠한 관계를 맺고 있었고 그에 따른 화북의
정세가 어떠했는지에 관해서는, 1944년 무렵 중국 주재 미국 외교관 두
명이 분석한 다음의 정보 보고서에서도 잘 드러나고 있었다.

　공산당은 만리장성과 揚子江 사이의 넓은 지역에서 막강한 기반을 구축하
였기 때문에 전쟁이 끝나면 적어도 화북 통치를 기대할 정도가 되었다. 그
들은 현재 지배하고 있는 양자강 유역을 계속 확보하는 것은 물론, 화중과
화남에서도 새로이 지배 지역을 넓히고 있다. 공산주의자들은 지난 7년간
활동해온 과정에서 이들 새 지역의 주인이 되었다. 그 반면에 蔣介石은 장
악하고 있었던 도시와 교통선은 일본에 빼앗기고, 농촌 지역은 공산주의자에
게 빼앗기고 있다. 공산주의자들은 10년간의 국민당과의 내전과 7년간의 일
본군 공세를 모두 견디어 냈다. 그들은 중국 중앙 정부 군대가 당했던 것보
다도 훨씬 지속적인 일본군의 압력을 이겨냈을 뿐만 아니라, 蔣에 의한 여
러 차례의 봉쇄 포위 작전도 견뎌냈다. 그들은 견디고 또 성장하였다. 1937
년부터 공산주의 세력의 성장은 기하급수적이다. (그 당시) 10만 평방킬로의
땅과 150만의 인민을 지배하던 세력에서 오늘은 85만 평방킬로의 땅과
9,000만의 인민을 지배하는 세력으로 자랐고 계속 자랄 것이다.
　이 같은 경이적 패기와 박력의 요인은 간단하고도 원초적이다. 그것은 민
중의 지지와 민중의 참여이다. 공산주의자들의 행정 체계와 군대는 중국 근
대사상 처음으로 능동적이고 광범위한 민중 지지를 받는 정부이고 군대이
다. 그들의 정부와 군대가 진정 민중의 것이기 때문에 이런 지지를 받게 되
었다.[264]

---

264) *United States Relations With CHINA : with Special Reference to the Period 1944
~1949, Based on the Fikes of the Department of State*, U.S.A., 1949 가운데

일본 군대가 이 투쟁적 민중을 분쇄하지 못했듯이 국민당 군대도 앞으로 실패할 것이다. 현재 이미 9,000만에 달했고, 또 국민당이 앞으로 그들을 격파하려 할 때에는 그보다도 훨씬 늘어나 있을 이 집단의 민중은, 그들의 새로운 무장력과 조직을 갖게 되었고, 자신의 힘에 대한 확신에 눈뜨고, 여태까지 싸워서 얻은 것을 한사코 놓지 않으려는 결심에서 누구의 어떤 억압이나 탄압에도 저항할 것이다. 이 민중은 공산주의자가 아니다. 그들은 자신의 체험을 통해서 국민당을 억압자로 본다. 같은 차원에서 공산주의자는 자기들의 지도자를 은인으로 본다.

이처럼 광대한 민중적 토대 때문에도 공산주의자는 소탕될 수 없다. 국민당이 무력으로 이룩하려는 것은 민주주의의 완전한 부정을 뜻할 수밖에 없다. 그럴수록 민중의 공산주의자와의 유대를 강화해 주는 효과가 있다. 공산주의자들의 승리는 그래서 필연적일 것이다.

공산주의자들이 이제는 근절이 불가능할 만큼의 넓이와 깊이의 대중적 지지 기반을 구축했다는 기본적 사실을 인식한다면, 우리는 그 사실에서 공산주의자들이 장래의 중국에서 일정한 그리고 중요한 역할을 분담하리라는 결론을 도출해야 할 것이다. 국민당이 정치적·경제적 개혁에서 공산당만큼 나아가지 못하는 한, 그리고 어떤 다른 방법으로 민중에 뿌리내린 공산당의 지도 역량과 겨눌 만한 능력을 입증하지 못하는 한(그 어느 것도 할 수 있다거나 할 생각이라는 증상이 여태껏 보이지 않는데), 공산당이 앞으로 비교적 짧은 수년 내에 중국의 지배적 지위를 차지할 것이라고 본인은 판단하며, 그 바탕 위에서 대책을 수립하기를 건의한다.[265]

방면군측은 치안강화운동을 통해 팔로군측의 항일 유격 근거지를 파괴하거나 축소시키는 데는 상당한 성과를 거두었다. 그렇지만 팔로군측은 '적진아진' 전술과 '양면촌' 정권 수립 공작 등을 통해 생존 기반을 계속 확보해 나가는 동시에, 태평양전쟁 말기에 접어들어 일본의 패망 징후가 농후해진 이후 자신들의 인적·물적 기반인 유격 근거지를 확대해 나갔다. 그 후 일본이 패망하자, 공산당측은 종래부터 반공개적으로 혹은 비

"John P. Davice의 1944년 11월 7일 보고"(『中國白書』, 84~85쪽).

265) United States Relations With CHINA : with Special Reference to the Period 1944 ~1949, 가운데 "John Stewart Service의 1944년 10월 9일 보고"(『中國白書』, 93 ~94쪽).

밀리에 조직해둔 기존의 모든 조직을 복원·부상시켜 화북 및 동북 지방의 대부분을 단기간에 차지할 수 있었다.

그렇다면 우리는 여기에서 다음과 같은 의문을 제기할 수 있다. 왜 1941년을 전후로 「만주국」에서는 일본의 치안숙정공작으로 인해 동북항일연군이 사실상 소멸되었는 데 반해, 화북의 팔로군, 특히 기동지구의 팔로군은 치안강화운동에 따른 일시적인 침체를 벗어나 점차 확대 일로를 걷기 시작했는가. 그것은 바로 다음과 같은 몇 가지 요인들로 설명될 수 있을 것이다.

첫째, 군사력에서 화북의 팔로군은 동북항일연군보다도 상대적으로 강했기 때문에 활동 지구 내의 주민들을 어느 정도 통제할 수가 있었다. 그리고 화북의 주민들은 팔로군에 의존하려는 심리가 상대적으로 강했다. 그래서 팔로군은 독자적인 물리력을 통해 일본측의 군사적 진공을 막아낼 수 있는 항일 근거지를 확보할 수 있었다. 이에 반해 관동군 세력보다 절대적으로 열세에 처해 있던 동북항일연군은 유격구민을 통제할 수 있을 정도의 군사력을 확보하지 못했다. 왜냐하면 「만주국」의 관동군은 만주의 치안 확보뿐만 아니라 궁극적으로 대소(對蘇) 전략 차원의 임무를 맡고 있어서 전력이 막강했기 때문이다. 그로 인해 동북항일연군은 자체의 항일 근거지를 확보하지 못한 채 유격구를 배회할 수밖에 없었다. 둘째, 팔로군은 상술한 '적진아진' 전술을 통해 산악 중심의 근거지를 벗어나 일본군 점령 지구로 들어간 뒤, '양면촌' 정권 수립 공작을 펼쳐 평원 지구에도 인적·물적 자원을 획득할 수 있는 유격 근거지들을 구축해 나갔다. 게다가 만리장성 안쪽에 있던 근거지를 발판으로 장성 밖으로 진출하여 새로운 유격 근거지를 확보해 나가면서 자신들의 세력 기반을 넓힐 수 있는 지리적 이점도 지니고 있었다. 이에 반해 관동군의 군사력보다 절대적으로 열세에 놓여 있던 동북항일연군은 「만주국」 내에 근거지를 확보하지 못했음은 물론, 막강한 관동군의 공세에 밀려 유격구마저 상실하자, 인적·물적 자원을 얻기 위해 집단부락을 공격하는 등 전술상의 오류를 범함으로써 주민들의 이반을 초래했거나 산 속으로 들어가 고

립을 자초했다. 셋째, 화북의 주민들은 만주사변을 계기로 동북 지역이
일본에게 점령된 이후 항일 의식을 비교적 강하게 지니고 있었는 데 반
해, 만주 지역의 주민들은 비교적 장기간 일본의 식민 통치를 받았기 때
문에 반일 정서가 상대적으로 약했다. 넷째, 화북 지역에는 만주 지역에
비해 상대적으로 인구가 많았고 물산도 풍부했는 데 비해, 만주 지역은
상대적으로 인구가 희박했으며 물산도 풍부하지 못했다. 인구가 많고 산
물이 풍부했다는 것은 그만큼 인적·물적 자원을 확보하기가 상대적으로
용이했다는 것을 의미한다. 다섯째, 만주 지방은 화북 지방보다도 추웠기
때문에, 주로 산간 지구를 근거지로 삼아 게릴라 활동을 하던 동북항일
연군은 화북의 팔로군보다도 활동상의 더 큰 제약을 받았다. 특히 영하
30도를 오르내리는 겨울에 산간 지구에 갇혀 있을 때에는 생존 그 자체
를 어렵게 만들었던 것이다. 여섯째, 팔로군은 공산당 중앙의 일원적인
명령하에 일사분란하게 항일 투쟁을 벌이고 있었는 데 비해, 동북항일연
군은 코민테른 주재 중국 대표단의 간접적인 지휘를 받고 있었을 뿐만
아니라, 부대도 수평적으로 분할되어 통일적이고 일원적인 지휘가 곤란했
던 것이다.[266]

이와는 대조적으로 화북의 팔로군은, 화이트(Theodore White)가 언급
했듯이, 화북 민중 특히 그 대다수를 차지하고 있던 농민들의 마음을 사
로잡는 데 성공했다. 당시 화북 인구의 절대 다수를 자치하고 있던 농민
을 획득할 수 있었다는 것은, 곧 항전에 필요한 인적·물적 자원을 획득
할 수 있었다는 점을 의미한다. 이는 더 나아가 향후에 전개된 '혁명전
쟁'에 필요한 잠재적인 동력 혹은 혁명 예비군을 확보했다는 것을 의미
하기도 한다. 아래의 글은 당시 공산당군과 화북 민중의 관계가 어떠했
는지를 잘 보여주고 있다.

공산주의자들이 퍼뜨린 선전은 그것의 사실 여부와는 관계없이 산골로 파
고들었다. 공산주의는 읽을 줄도 쓸 줄도 모르는 농민들의 마음을 사로잡고

---

266) 여기에 관해서는 尹輝鐸, 『日帝下「滿洲國」研究』, 5쪽을 참조 바람.

있었다. 그 주민들은 그들과 꼭 같이 일본군을 미워하는 국민당 군대에 대해서도 비우호적인 것은 아니었다. 그러나 그들을 정치적으로 지휘하고 있는 것은 가장 원시적인 방법으로 새로운 사상을 전파하기 시작한 공산주의자들이었다.[267]

---

267) Theodore White, *In Search of History*, Warner Books, 1979(黃義坊 譯, 『中國政治秘史』, 서울 : 曙光出版社, 1983, 55쪽).

결론

'동원에서 혁명으로'

중국 민병이 야간에 일본군 철도를 파괴하는 모습

'동원에서 혁명으로'

1931년 9월 만주사변을 일으켜 이미 대륙 침략의 발판을 마련한 일본은 굳이 자신들의 제국주의적 야욕을 숨기려 하지 않고 금주(錦州)·열하성(熱河省)을 침공한 데 이어 화북에까지 세력을 확장해 나가다가 마침내 1937년 전면적으로 중국 관내로 쳐들어갔다. 이렇게 해서 시작된 중·일간의 전쟁은 대내외적으로 엄청난 변화와 파장을 불러일으켰다. 우선, 중국 국내적으로 항일전쟁은 중국 인민들의 입장에서 보면 신(新) 중국 건설을 위한 투쟁이었다. 그 후에 전개된 국공내전에서의 공산당의 승리 원천도 항일전쟁 기간에 마련되었으며, 항전 시기의 각종 경험은 그 후의 사회주의 건설에 반영되었다. 따라서 항일전쟁과 그 과정에서 수반된 신민주주의 혁명의 실태와 양자의 유기적 관계를 규명하는 것은 중화인민공화국의 탄생을 이해하는 지름길이 될 수 있다. 다음, 국외적으로 중국의 항일전쟁은 세계 역사에서도 획기적인 사건이었다. 1937년 7월 중·일간의 전쟁이 발발했을 때, 당시 약체 국가의 오명을 벗지 못하고 있던 중국이 제국주의 강대국으로 등장한 일본을 상대로 8년 간이나 전쟁을 치를 수 있으리라고는 제대로 예상하지 못한 일이었다. 그러나 중국의 항일전쟁은 일본을 진흙구덩이 같은 전쟁 속에 빠뜨렸으며, 더 나아가 미국 및 영국 등과의 전쟁으로까지 끌어넣어 결국 일본이 패배하도록 만든 힘으로 작용했다. 또한 중국의 항일전쟁은 조선이나 동남아시아 여러 국가, 더 나아가 인도 등 아시아 여러 민족의 해방 운동과 밀접한 관련 속에 상호 영향을 미치면서 이들 전후(戰後)의 역사에 커다란 영향을 미쳤다.[1] 이처

---

1) 石島紀之, 『中國抗日戰爭史』, 東京 : 靑木書店, 1985의 序文 v~vi.

럼 중국 근현대사 더 나아가 동아시아 역사 및 반제(反帝)·반(反)파쇼
투쟁사에서 중대한 의미를 지니고 있었던 소위 중일전쟁은 단순히 중·
일 양 민족간의 전쟁만을 의미하지는 않았다.

　우선 소위 중일전쟁은 이질적인 복수의 중국인 세력(즉 국민당 세력과
공산당 세력)이 상호 견제·경쟁·갈등·충돌을 벌이면서 침략 세력인
일본에 대항한 항일전쟁인 동시에, 침략 ↔ 반침략 혹은 제국주의 ↔ 반
제국주의의 전쟁이었다. 이러한 의미에서 소위 중일전쟁은 이전의 중영전
쟁이나 청일전쟁처럼 그 파장력이 일부 지역 혹은 일부 계층에게만 미쳤
던 것과는 질적으로 다를 만큼 전국적인 차원의 항일 의식을 중국인들에
게 심어주어 그들의 민족주의 정서를 확대·심화시킨 중요한 계기로 작
용했다.

　다음으로 소위 중일전쟁은 국민당의 중국 대륙 지배권의 획득을 저해
한 반면에 공산당 세력이 자신들의 세력 기반을 확보하고 더 많은 중국
민중과 접촉하면서 자신들의 목표를 실현해 나갈 수 있는 여건을 조성하
는 데 틈새를 마련해 주었다. 즉 중일전쟁은 국민당 군대의 거듭된 패배
와 무기력함을 노출시켜 국민당 군대 자체의 사기 및 항전 의욕을 저하
시켰고 군대 내부의 단결을 이완시켜 항전의 효율성을 떨어뜨린 동시에
국민당 군대 및 그것을 지도한 국민당 자체에 대한 중국인의 지지 하락
을 부채질해 주었다. 게다가 중일전쟁은 국민당 통치 지구의 물가 등귀,
생활 궁핍, 관료들의 부패 심화, 중국 민중의 경제적 부담 가중, 관료 조
직 내부의 분열 가속 등 국민정부의 취약성을 일거에 노출시키는 계기가
되어 국민정부의 통치 기반을 근본적으로 훼손하는 외부의 충격파로 작
용했다. 이에 반해 소비에트 혁명의 실패와 더불어 중국의 서북부로 쫓
겨나 고립된 채 생사의 기로에 놓여 있던 공산당 세력에게 중일전쟁은
항전의 대의 명분을 제공함으로써 자신들에 대한 국민당 군대의 포위·
공격에서 벗어날 수 있는 전기를 마련해 주었다. 더 나아가 중일전쟁은
결과적으로 화북 및 화중의 지배 세력이었던 국민당 세력을 서남부로 퇴
각하게 만든 대신, 공산당 세력이 일본군 점령 지역 내에서 국민당 세력

과의 경쟁 없이 활동 근거지(즉 항일 유격 근거지)를 마련할 수 있는 틈새
를 마련해 주었다.

끝으로 이 책의 주제와 밀접하게 관련된 문제로서, 소위 중일전쟁은
적어도 중국 공산당사와 결부시켜 볼 때 중·일간의 단순한 물리적 충돌
을 의미하는 전쟁이었다기보다는 '전쟁'과 '혁명'이 중첩된 '전쟁혁명'이었
다. 중국 공산당의 입장에서 볼 때, 중일전쟁은 단순히 '항전'이라는 민족
전쟁의 의미만을 지닌 것은 아니었다. 즉 중국 공산당은 중일전쟁 기간
한편으로 수많은 중국 민중을 '구망(救亡)' 운동에 끌어들여 '항전'에 몰
두하면서도 다른 한편으로는 창당 이래 간직하고 있던 사회주의 혁명을
실현하기 위한 기초 작업을 전개해 나가고 있었다. 이 점에서 중국 공산
당에게 중일전쟁은 '항전'의 과정인 동시에 '건국'을 위한 리허설 기간이
기도 했다. 특히 화북의 항일 유격 근거지에서는 공산당군의 지도하에
항전 활동이 활발하게 전개되었을 뿐만 아니라, 항전을 지속시키고 그
효율성을 극대화하기 위한 혁명적인 여러 조치들—민주 제도의 운용, 감
조감식운동(減租減息運動), 대생산운동, 합작사운동, 각종 사회 복지 정책,
여성 해방 및 남녀 평등 정책 등—이 취해졌다. 이러한 조치들은 더 많
은 화북 민중을 항전에 끌어들였을 뿐만 아니라 종래의 전통적인 사회
관계 및 화북 민중의 의식 구조에 혁명적인 변화를 초래했다. 그 변화가
이른바 신민주주의 혁명이다. 결국 항전의 부산물이자 항전의 버팀목(혹은
원동력)이기도 했던 신민주주의 혁명은 항일전쟁에 이어 발발한 국공내전
에서 공산당이 승리할 수 있는 토대로 전화되었던 것이다.

공산당의 '항전' 및 '건국' 문제와 관련하여 항일 유격 근거지, 특히 화
북의 항일 유격 근거지만을 분석 대상으로 할 때, 소위 중일전쟁은 중국
공산당에게 항전의 헤게모니와 아울러 건국을 위한 신민주주의 혁명의
공간을 마련해 주었다. 다시 말해 중일전쟁에서 중요한 비중을 차지하고
있던 일본의 화북 점령지 정책과 전술, 특히 북지나방면군(北支那方面軍 :
이하에서는 방면군이라 약칭)의 '총력전' 체제의 본질인 치안강화운동은 기
존의 화북 사회, 그 중에서도 항일 유격 근거지 사회뿐만 아니라 그곳

주민들의 생활이나 심리 상태, 정치적 태도, 그리고 공산당군의 투쟁 환경에도 엄청난 변화를 초래했다. 이러한 모든 변화들은 공산당군이 소비에트 혁명 이래 추구해 왔던 종래의 혁명 정책이나 전술에도 영향을 미쳤다. 즉 '전쟁'이 종래의 '혁명' 전술에 영향을 미치면서 그 '혁명'을 규정하고 있었다. 그 결과 공산당군은 종래의 방식과는 다른 새로운 정책들을 발굴하고 각종 대중 운동을 펼쳐나가 항전의 지속성을 담보하는 동시에, 이 과정에서 동원된 수많은 화북 민중을 정치적으로 각성시켜 '혁명 예비군'으로 만들면서 점차 항전을 유리하게 이끌고 나갔다. 즉 항전의 그늘 속에서 추진되었던 공산당군의 혁명적인 조치들은 다시 전쟁 상황에 반작용을 하고 있었다. 중일전쟁 기간 항일 유격 근거지에서는 항전에 동원되었던 화북 민중이 중국 공산당군의 지도하에 점차 혁명 전사로 전화되어 갔다. 이는 곧 '동원에서 혁명으로'의 대규모 인적 전화를 의미한다. 이렇게 볼 때 중일전쟁은 '침략 ↔ 반침략 혹은 제국주의 ↔ 반제국주의의 전쟁'이 혁명을 규정하고 혁명은 다시 전쟁에 반작용을 하는 '전쟁혁명'의 전형적인 사례였다고 할 수 있다. 따라서 전쟁성과 혁명성을 겸비하고 있던 소위 '중일전쟁'은 '중일전쟁혁명'으로 새롭게 개념화될 수 있다.

항일전쟁 기간 화북의 항일 유격 근거지에서 전개되었던 '전쟁혁명'의 구체적인 실태와 그것이 지닌 여러 가지 의미들을 정리해 보자.

먼저 이 책 제1편에서 고찰해 본 것처럼, '중일전쟁혁명'의 주요한 실체인 일본의 점령지 정책 및 전술의 내용과 원리, 그리고 그것의 의미를 재음미해 보자. 당시 화북 점령지의 치안 및 정무를 총괄하고 있던 방면군에서는 팔로군의 화북 진출에 대응해서 군사 토벌 중심의 숙정 공작(肅正工作)과 그것을 정치적·사상적으로 뒷받침해주는 치안 공작(治安工作)을 포괄한 치안숙정공작을 전개했다. 그런데 일본의 치안 대비 태세 강화에도 불구하고 화북 지역의 일본군 점령지는 공산당군의 침투와 세력 확대로 점차 잠식되어 갔다. 공산당군의 세력 확장의 주요 원인은 방면군측이 공산당군과 그들의 인적·물적 보급로 역할을 하던 화북 민중

사이의 내적 연계 구조를 경시한 채 군사 토벌 위주로 대응한 데 있었
다. 즉 방면군에서는 공산당군과 화북 민중 사이의 거대한 유기적 결합
특성을 간과한 채, 빙산의 일각과도 같은 무장 세력(팔로군)만을 대상으
로 군사 토벌에 중점을 두었다. 이것은 당시 방면군의 고급 참모가 실토
했듯이, 마치 "파리채를 가지고 날아다니는 파리를 잡으려는 무모한 짓"
이었다. 왜냐하면 당시 일본군이 유격전을 펼치던 팔로군을 제압하기가
쉽지 않았을 뿐더러 설령 그들을 제압했다고 해도 그 뒤를 이을 무진장
의 후비(後備) 병력들이 민간 사회에 항상 잠재해 있는 한, 소수의 정규
군 제압은 호수에 잠시 파문을 일으키는 정도에 불과했기 때문이다.

　방면군은 공산당군의 세력 확장에 주목하는 과정에서 서서히 팔로군의
항전 체계를 인식하기 시작했다. 이때 화북에서는 일본군으로 하여금 공
산당군에게 주목하게 만들고 치안의 중점 대상으로 인식하게 만든 사건
이 발발했는데, 그것은 1940년 팔로군이 40만 대군을 동원해서 일으킨
백단대전(百團大戰)이었다. 이를 계기로 방면군은 1941년부터 1942년까
지 군사·정치·경제·사상의 모든 방면을 망라한 '총력전' 체제(소위 치
안강화운동)를 구축해 나갔다. 모두 다섯 차례에 걸쳐 실시된 이 운동은
당·정·군·민을 총 망라한 공산당군의 인민 전쟁에 대한 일본군측의
'총력전' 성격을 띤 침략 전쟁이었다.

　'총력전' 체제 = 치안강화운동의 핵심은 화북의 점령 지역을 치안지구
(일본군의 확고한 통치 지구), 준치안지구(항일 유격구), 미치안지구(항일 근
거지)로 나눈 뒤, '준치안지구'와 '미치안지구'를 봉쇄·분할·잠식해서
'치안지구'를 확대하려는 것이었다. 방면군측에서는 그 운동의 일환으로
화북의 괴뢰 정부인 화북정무위원회와 그 산하의 무장 조직인 북지치안
군·현경비대·경찰 등을 확충·정비하고 그것들에 대한 통제를 강화하
는 동시에, 군사적 성격도 가미된 파쇼 민간 조직인 신민회를 확충·강
화해서 중국 민간인에 대한 통제·감시 체제 구축에 힘쓰는 등 정무 지
도 기구를 확충·정비했다.

　그리고 방면군측에서는 항일 유격 근거지에 대한 봉쇄·분할·잠식공

작의 사전 정지 작업으로 팔로군 주력의 근거지 주둔 기회를 주지 않기 위해 수시로 유격 근거지에 대한 군사 토벌을 단행했다. 아울러 방면군 측에서는 팔로군의 인적·물적 보급로 역할을 하고 있던 항일 유격 근거 지 주민들의 항전 기반을 초토화하기 위해 그들에 대한 무자비한 삼광정 책(三光政策 : 모조리 빼앗고 불태우고 죽이는 것)을 실시했다. 더욱이 일본 군측은 거점을 증설하고 공로(公路)를 수축해서 부대의 신속한 이동을 가 능케 해 군사 토벌의 효력을 제고시키려고 했다. 또한 방면군측에서는 산 속에서 투쟁을 계속하던 민중을 소탕하는 한편 특무(特務)나 한간(漢 奸)들을 동원하여 투항 및 자수를 적극 권유하는 등 각종의 유인 정책을 취하기도 했다. 이와 아울러 항일 근거지의 봉쇄 효과를 제고시키기 위 해 고가로 근거지의 식량이나 면화를 사들이거나 근거지로부터의 수출품 을 제한하고 통제해서 근거지의 물자 부족을 심화시켰다. 그리고 필수품 이 근거지로 흘러 들어가지 못하도록 엄격하게 통제하는 대신 불필요한 사치품이 근거지로 흘러 들어가도록 유도했다. 게다가 변구의 화폐를 헐 값으로 구입하는 동시에 위초(僞鈔 : 괴뢰 정부 화폐)를 대량으로 발행해서 근거지의 시장과 금융 질서를 교란하여 항일 근거지의 물자 부족과 그에 따른 등귀, 인플레이션의 심화를 유발시키려고 했다.

군사 토벌을 바탕으로 팔로군 주력을 항일 근거지 밖으로 몰아낸 방면 군에서는 '준치안지구'(항일 유격구)와 '미치안지구'(항일 근거지)의 경계에 차단벽·망루·토치카·경비 도로 등을 점선처럼 수축(修築)해서 항일 근거지를 봉쇄하려고 했다. 심지어 방면군측은 경비 도로·차단벽 양쪽 에 차단호를 파고 그곳에 물을 흘려보내 팔로군이나 항일 공작 요원들이 근거지와 유격구 사이를 왕래하거나 그들의 물자 이동을 어렵게 만들어 항일 근거지와 유격구를 분할하려고 했다. 이 봉쇄·분할 공작은 팔로군 이 유격구에서 '치안지구'로 침입하는 것을 저지하는 동시에 항일 근거지 를 다른 지구와 격리시키려는 것이었다. 이어서 방면군측은 '준치안지구' 로 쳐들어가 그곳을 점차 잠식해 들어갔다.

봉쇄·분할·잠식공작과 아울러 방면군에서는 팔로군이나 공산당 공작

요원의 잠입을 막거나 색출을 용이하게 하기 위해 혹은 그들에게 물자가
전해지는 것을 차단하기 위해 주로 '준치안지구'나 '치안지구'에서 자치자
위공작(自治自衛工作)을 실시했다. 이 공작의 일환으로 방면군에서는 보
갑제도(保甲制度)와 무장자위단을 조직하고 연좌제를 실시해서 주민 상호
간의 감시 체제를 강화시켰다. 또한 일본군측은 그것들을 바탕으로 철저
한 호구 조사 및 호적 관리 이외에, 주민증(거주증)이나 각종 증명서의
발급을 통해 주민이나 물자의 이동을 철저하게 통제·감시·감독했고 위
반자는 엄벌에 처했으며 그 물자는 압수했다. 더욱이 그들은 일본군·괴
뢰군·헌병·경찰, 그리고 특수 목적의 수색대 등을 총동원하여 대대적
인 수색·검거 활동을 수시로 벌여 수만 명의 항일 요원들을 체포·살
해·투옥하거나 징용해서 노무자로 활용했다.

그런데 상술한 자치자위공작의 추진 지역과는 달리, 항일 근거지 주변
이나 잠식한 근거지에서는 여전히 치안상의 한계를 드러낼 수밖에 없었
다. 왜냐하면 그러한 지구에서는 일본군의 토벌 작전이 끝나면 퇴각했던
팔로군이 다시 돌아와 근거지 회복에 힘을 쏟는 등 팔로군측의 영향력이
여전히 막강했기 때문에 인적·물적 자원의 통제 조치를 취하는 것이 용
이하지 않았을 뿐만 아니라 치안의 효과도 제대로 올리기가 어려웠다.

따라서 방면군측에서는 사실상 팔로군의 모체 역할을 하고 있던 항일
근거지나 그 주변의 유격구 민중을 팔로군측과 근본적으로 격리시키기
위해 집가공작(集家工作)을 실시했다. 이 공작은 무주지대(無住地帶 : 무인
지구)의 설치와 집단부락공작으로 이루어졌다. 방면군측에서는 우선 집가
공작 대상 지구를 무주지대로 설정하고 이 지구 내에 있던 모든 가옥들
을 불태우거나 파괴했다. 그리고 방면군측은 해당 지구 거주민들을 경비
가 비교적 용이한 평원 지대로 데려가 그들로 하여금 집단부락을 수축하
게 하고 그곳에 강제로 거주하게 했다. 이와 아울러 방면군은 괴뢰군이
나 경찰 혹은 일본군으로 하여금 부락의 경비를 맡게 하는 동시에 민중
의 일상 생활 이외에 사람 혹은 물자의 이동을 엄격하게 감시·통제하도
록 했다.

방면군의 화북 점령지 정책이나 전술은 다음과 같은 세 가지 형태를 거쳤다. 첫 번째 단계인 '치안 숙정'은 점령지 정책의 맹아적 형태로서 정치·군사 방면에 주로 한정되었다. 두 번째 단계인 '치안 강화'는 '치안 숙정'이 확대·발전된 형태로서 군사·정치·경제·사상 등 모든 방면에 걸쳐 추진되었다. 마지막 단계인 '신국민운동'은 '치안 강화'에 대한 재점검 단계로써 정치·사상·문화 방면에 치중되었다. 또한 일본군의 점령지 정책과 전술로서 화중·화남에서 실시된 '청향운동(淸鄕運動)'이나 내몽골에서의 '시정약진(施政躍進)', 그리고 동북(즉 만주)에서의 '국민협력'은 모두 정도상의 차이는 있었지만 '치안 강화'를 위한 점령지 정책의 색다른 표현 형태였다. 그리고 그것들은 모두 일본군이 점령 지구 내의 민심을 장악해서 중국을 일본 식민지로 만들려는 파시스트 침략 수단이었으며, 정치·경제·군사·사상이 일원화된 일본군의 '총력전' 체제의 구체적인 표현이었다. 또한 방면군이 화북 지역에서 실시한 각종 점령지 정책들은 대부분 관동군이 「만주국」의 치안을 확립하는 과정에서 얻어진 경험들이 반영되었다. 이러한 점에서 일본의 화북 점령 체제는 「만주국」 점령 체제가 확대 재생산된 결과물이었다. 하여튼 일본의 화북 점령지 정책과 전술은 공산당군과 화북 민중의 유기적인 연계 체제를 파괴해서 팔로군의 인적·물적 보급로를 차단함으로써 팔로군을 고립·소멸시켜 화북의 치안을 확립한 뒤, 화북 지역을 '대동아공영권(大東亞共榮圈)' 실현을 위한 병참 기지 내지 전략 기지로 탈바꿈시키려는 데 있었다.

이 책 제2편에서 고찰해 보았듯이, 일본의 화북 점령지 정책과 전술, 특히 치안강화운동은 항일 유격 근거지 사회 및 그곳 주민들의 생활·심리·태도, 그리고 팔로군측의 투쟁 환경 등에 엄청난 변화를 야기했다. 우선 공산 유격 근거지에 대한 봉쇄·분할·잠식공작은 항일 유격 근거지를 여러 지역으로 분할시켜 공산당측의 항일 투쟁을 저해했으며, 수많은 유격 근거지의 잠식을 야기했다. 또한 이 공작은 항일 근거지에 극심한 물자 결핍과 그에 따른 주민들의 경제적 곤란을 초래했다. 자치자위 공작은 팔로군 및 공산당원의 촌락 내 잠입·은폐를 곤란하게 만들어 항일 활동의 반경을 축소시켰으며 이 과정에서 수많은 항일 공작 요원들에게 인적 피해를 가져다 주었다.

특히 집가공작과 거기에 수반된 삼광정책은 유격 근거지 주민들에게 막대한 인적·물적 피해를 안겨주었고 그들의 전통 사회 자체와 모든 사회 관계를 파괴했으며 그들의 생활을 극도로 열악하게 만들었다. 당시 집단부락민들은 대부분 초막이나 움집 등에 살면서 추위나 질병 등에 시달렸고 그 과정에서 무수한 사람들이 동사했거나 전염병으로 사망했다. 그리고 비참한 생활로 인해 수많은 부녀자들이 생식 능력을 상실하기도 했다. 또한 농경지의 상당 부분이 무주지대·봉쇄호·차단벽·토치카·경비 도로 등에 의해 점용(占用)되었으며, 집단부락 주위에 농경이 허가된 토지는 매우 적었기 때문에, 대다수 사람들의 경작지는 격감되었고 농민층의 하강 분화가 촉진되었다. 게다가 방면군측에서는 진지·경비 도로 구축이나 탄약 운반, 지하 자원 개발 및 군수 공업 등에서 소요되는 노동력을 확보하기 위해 수많은 중국인 청·장년들을 체포·연행해 갔으며, 역축과 마차 등을 징발·약탈해 갔다. 결국 중·일간 전쟁이 야기한 시장·유통 관계의 파괴뿐만 아니라 농경지의 축소, 노동력·역축·농기구 등의 징발이나 약탈 등으로 항일 유격 근거지의 농업 생산력은 격감되었고, 이것은 필연적으로 식량 공황을 초래했다. 더욱이 항일 유격 근거지 주민들은 대부분 옷이 없어서 헐벗고 지내다시피했다. 각종의 세금 부담은 더욱더 그들을 골치 아프게 만들었다. 특히 '준치안지구', 즉 일본 세력과 공산당 세력이 같이 활동하고 있던 지역에 거주하고 있던 주민들은 기본적으로 생존을 위해서 혹은 공산당측의 '양면촌' 정권 수립에 따른 은폐된 항일 활동의 일환으로 일본 세력 및 공산당 세력 모두에게 세금을 납부해야 했다.

공산당측의 근거지였다가 일본에 의해 점령된 지역의 주민들, 특히 집단부락에 강제 수용된 주민들은 자유로운 경작권이 없었고, 친척집을 방문하거나 부락을 떠나는 것, 심지어 소규모 매매 행위까지도 엄격하게 금지당했다. 이처럼 일상 생활 전반에 걸쳐서 철저한 감시와 통제를 받

고 있던 주민들은 각종 노역과 모욕·박해에 시달렸다. 특히 일본군의
강간 행위가 공공연하게 자행되고 있었는데, 이것을 참지 못하고 자살하
거나 여기에 항거하다가 살해당한 부녀자들이 매우 많았으며, 능욕당한
부녀자들 가운데 상당수는 성병에까지 시달려야 했다. 이처럼 '죄수 아닌
죄수' 취급을 받으면서 목숨을 연장해야 했던 집단부락민들의 삶의 고통
을 일시적으로 잊게 만들어 주었던 것은 아편이었다. 당시 일본은 집단
부락민들의 정치적 의식을 마비시키는 동시에, 아편 판매를 통한 재정
확충을 위해 아편 재배를 암묵적으로 권장하고 아편 흡입을 조장했다.
그 결과 집단부락민들 가운데 대부분은 아편을 흡입하거나 주사를 맞았
는데, 일반적으로 여자들의 아편 흡입 비율이 더 높았다.

　이러한 일본의 점령지 정책과 전술은 화북의 중국인들, 특히 항일 유
격 근거지의 주민들에게 엄청난 경제적 궁핍과 질병, 정치적 박해, 심리
적 고통을 안겨주었다. 이러한 상황에서 드러난 화북의 중국인들의 정치
적 태도는 다음과 같이 요약될 수 있다. 즉 일본측의 위력이 거의 미치
지 못하던 현(縣)과 현의 경계 지역 혹은 산간 지구의 공산 근거지에서
는 항일 활동에 직접 뛰어든 주민들이 많았고, 일본군과 괴뢰군이 주둔
하고 있던 현성(縣城)이나 거점 및 그 주변 지역, 중요 자원 집산 지역,
철도 부근의 평원 지역 등 일본측이 확고하게 통치하고 있던 지역에서는
자의든 타의든 일본 세력에게 협력하는 사람들이 많았다. 그리고 이 양
지역을 제외한 대부분의 지역(주로 항일 유격구)에서는 일본측 및 공산당
측 양자와 관계를 유지하면서도 이 양자 세력의 우열에 따라 수시로 태
도를 바꾸는 주민들이 많았다.

　그렇지만 그러한 주민들의 태도는 고정 불변의 것이 아니었고 대단히
가변적인 양상을 띠었다. 특히 일본군 점령지 밖에 포진하면서 공산당군
의 통치 기반이 확고했던 섬감녕변구(陝甘寧邊區)의 거주민들과는 달리,
기본적으로 공산당군의 전력이 상대적으로 열세에 놓여 있었던 진찰기변
구(晋察冀邊區) 등과 같은 항일 유격 근거지, 특히 유격구에 거주하던 주
민들의 정치적 태도는, 기열료지구(冀熱遼地區) 주민들의 정치적 태도에

서도 잘 드러났듯이, 공산당군이나 일본군측의 우열 여하 혹은 해당 지
역에 대한 양 세력의 지배 강도의 차이, 그리고 지역에 따라 수시로 바
뀌었다.

일반적으로 항일 유격구(원래 근거지였거나 일본의 '치안지구'였거나를 불
문하고)에서는 일본 세력과 공산당 세력간에 인적·물적 기반을 쟁탈하기
위한 일진일퇴식의 투쟁 양상이 빈번했고 이 양자 간의 지배 영역은 획
분되어 있지도 않았으며, 그 우열도 지역에 따라 수시로 바뀌고 있었다.
그렇지만 통상적으로는 공산당 세력이 일본 세력보다도 열세에 있었기
때문에, 어느 촌락이 항일일변도를 고집할 경우 일본측에 의해 쉽게 제
압을 당할 수가 있었다. 그 결과 기열료지구의 경우 항일일변도의 촌 정
권의 존속 기간은 비교적 짧았고 그 수도 많지 않았다. 그렇다고 해서
주민들이 친일일변도를 고집할 경우 공산당 세력으로부터 보복을 당할
수도 있었다. 이에 비해 공산당측 및 일본측 모두와 관계를 유지하면서
양자 세력의 우열에 따라 태도를 달리할 경우, 양자 세력으로부터 보복
을 당할 확률은 낮았다. 그 결과 일본 및 공산당 세력 모두와 관계를 맺
으면서 기회주의적으로 처신했던 '양면성'의 촌 정권이 가장 많았고 그
지속 기간도 가장 길었다.

이와 같은 항일 유격구 주민들의 정치적 태도로 인해 일본 세력이 우
세를 점하면, 종래에 항일일변도였던 촌이 양면성이나 친일성을 띤 촌으
로, 혹은 양면성을 띤 촌이 친일성을 띤 촌으로 변질되었다. 그런데 정세
가 바뀌어 그 반대의 상황이 도출되면 역시 그 반대의 양상을 띠었다.
그런데 팔로군측이 고립적 국면을 타개하기 위해 1942년 말에 채택한
'적진아진(敵進我進)' 전술과 '양면촌(兩面村)' 정권 수립 정책이 점차 효
력을 발휘하면서부터 주민들의 정치적 태도는 변화하기 시작했다. 즉 팔
로군과 빈번하게 접촉했거나 그들의 항전 노력 등을 직시하면서 공산당
군을 신뢰하게 된 주민들은 점차 항전의 필요성을 인식하면서 항일 활동
에 더욱더 적극성을 띠기 시작했다. 게다가 그들의 정치적 태도는 시기
적으로도 달랐다. 즉 치안강화운동의 여파가 강했던 시기(대체로 1941~

1943년)에는 친일적 성향의 촌락들이 증가했고, 그들의 처신 역시 더욱더 기회주의적으로 변했는데 반해, 태평양전쟁 말기(1944~1945년)부터 정세가 팔로군측에게 유리해지자, 항일 활동에 뛰어드는 주민들이 늘어나면서 항일성의 '양면촌'이 증가하기 시작했다.

화북 민중의 정치적 태도를 고려해 볼 때, 치안강화운동으로 대표되는 일본의 화북 점령지 정책과 전술은, 화북의 민중에게 반일 감정이나 민족적 적개심을 불러일으켰던 것은 사실이었다. 그렇지만 그것이 화북 민중으로 하여금 항일 활동에 적극적으로 뛰어들게 한 측면보다도, 오히려 일본에 대한 두려움을 품게 만들어 항일 활동에 소극적으로 만든 측면이 더 강했다. 화이트(Theodore White)의 말처럼 "잔악한 일본군에 의해 병들고 공포에 짓눌려 있던 중국 농민들은 그들의 생명이 보장되는 곳이면 어느 쪽으로든 따라 나서게 되어" 있었다. 그러다가 팔로군 세력이 새로운 전술을 구사하고 국제 정세가 점차 팔로군측에게 유리해지자, 그들은 항일 활동에 적극성을 띠었던 것이다. 즉 일본의 치안강화운동 기간은 오히려 그들을 '피동적인 존재'로 만들었다.

이렇게 본다면 찰머스 존슨(Chalmers A. Johnson)의 '전쟁방조론(戰爭傍助論)', 즉 "일본군의 무자비한 점령지 정책이 중국 농민들을 항전에 뛰어들게 만들었다"는 가설은 당시의 상황에 부합하지 않았다. 그의 이론대로라면 일본측으로부터 가장 큰 피해를 입었던 기열료지구에서 주민들의 항일 활동이 더 활발했어야 했다. 그런데 당시의 상황은 그것과는 다른 양상을 나타내고 있었다. 찰머스 존슨의 '전쟁 방조론'은, '항일 의식을 갖게 된 중국 농민들이 곧바로 항일 활동에 뛰어들었을 것'이라는 성급한 추론에서 비롯된 것이 아니었을까 여겨진다. 결론적으로 말해 소위 중일전쟁 시기 화북 민중의 항전 참여를 결정짓는 데 가장 중요한 요인으로 작용한 것은, 해당 유격구나 근거지에서 각기 패권을 다투고 있던 공산당 세력과 일본 세력 양자가 해당 주민들에 대해 발휘하고 있던 '총체적인 지배력의 우열'이었다. 그렇지만 항전 시기 동안 화북 전역에 대한 총체적인 지배력에서, 공산당 세력이 일본군 세력보다 우세한 적은 없었다.

일본군의 치안강화운동으로 항일 유격 근거지 사회 및 팔로군측에서는 엄청난 위기를 맞이했음에도 불구하고 전멸하지는 않았다. 오히려 치안강화운동이 끝난 뒤에는 그 특유의 전술과 정책으로 다시금 세력을 회복시켜 나갔고 1944년 중반 이후부터는 오히려 이전의 세력을 훨씬 능가할 정도로 세력을 확장시켜 나갔으며, 심지어 화북 주둔 일본군, 즉 방면군에 대해 공세를 취하기 시작했다. 그렇다면 동북에서의 항일 무장 세력(즉 동북항일연군)이 1940년대에 들어서 사실상 소멸되었음에도 불구하고, 팔로군이 화북에서 세력을 유지·확대해 나가게 된 내적 동인은 어디에서 찾을 수 있을까?

그러한 동인은 팔로군과 화북 민중 사이의 제반 관계 속에서 찾아질 수 있을 것 같다. 당시 팔로군은 인민(특히 농민)의 대해(大海) 속에서 살아 숨쉬는 물고기와 같은 존재였다. 따라서 인민이라는 물이 없으면 팔로군이라는 물고기는 헤엄쳐 다니는 것은 고사하고 그 자체가 죽음이었다. 물을 확보하는 것은 생명과 직결된 문제였다. 이러한 상황을 인식하고 있던 팔로군은 인민의 지지를 획득하는 데 전제 요건이라고 할 수 있는 기율, 특히 대민(對民) 기율의 확립·엄수에 노력했다.

일본의 침략 전쟁과 그에 수반된 각종 정책과 전술은 항일 유격 근거지를 위기 상황으로 몰고 갔지만, 공산당측은 거기에 맞서 항전 체제를 구축하는 동시에 자신들의 혁명 이상을 실현하기 위한 혁명적인 조치들(소위 신민주주의 혁명)을 취했다. 그런데 항일 유격 근거지에서의 항전 체제 구축과 혁명적인 조치들은 마치 동전의 양면처럼 유기적인 작용을 했다.

항전 체제 구축과 직접적으로 관련된 대중 운동의 일환으로, 각 변구 정부에서는 전쟁의 확산과 더불어 유격 근거지의 청·장년들이 항전에 동원됨으로써 야기된 노동력 부족 문제를 해결하기 위해 정병간정운동(精兵簡政運動)을 벌였다. 이는 군대를 정예화하고 정부 기구를 간소화해서 비전투 요원이나 불요불급한 행정 요원을 생산 현장에 투입하기 위한 조치였다. 또한 전쟁 수행에 불가결한 민·관의 일치 단결을 위해 옹정애민운동(擁政愛民運動)을 전개했다. 이는 인민이 정부를 옹호·지원하고 정부는 인민을 아끼고 배려하자는 운동이었다. 또한 전쟁에 참여하고 있던 항일 부대의 사기를 제고시키고 전쟁 수행에 필요한 인적·물적 자원의 원활한 조달을 위해 옹군운동(擁軍運動)을 벌였다.

그런데 항전 체제 구축을 위해서는 민중의 항전 참여가 필수적이었다. 그것은 단순한 선전 구호나 대중 운동만으로는 한계를 드러낼 수밖에 없었다. 더 많은 민중의 항전 참여를 유도하기 위해서는 민중이 그 사회의 주인임을 인식시키는 것이었다. 이것의 한 방편으로 각 변구정부에서는 유격 근거지 주민들에게 선거권을 부여해서 대의 기관의 대표를 선출케 하고 이들 대표들에게 각급 정부 구성원들의 선출권과 법령 제정권을 부여했다. 항일 유격 근거지에서의 민주 제도의 운용 실태를 보면, 국민당 쪽보다도 인민의 정치 참여의 폭이 넓었고 그 권한도 상대적으로 컸다. 이것은 주민들, 특히 부녀자들이나 청년들의 참정 열기를 고무시켰으며, 궁극적으로 항일 유격 근거지 인민들의 항전 참여와 단결을 자극하는 대중 운동의 성격으로 발전해 나갔다. 게다가 변구정부에서 도입한 '삼삼제(三三制)'는 비공산계 조직의 정치 참여를 제도적으로 보장함으로써, 사실상 공산당 지도하에서 제한을 받고 있기는 했지만 그들의 정치적인 권한을 행사할 수 있게 했다. 이는 공산당 중심의 항일 민족 통일 전선을 강화시키는 데 긍정적인 작용을 했다.

'삼삼제' 이외에 항일 민족 통일 전선을 강화시키는 데 중요한 작용을 한 또 다른 정책은 감조감식(減租減息) 및 교조교식(交租交息) 정책이었다. 감조감식 정책은 종래의 불합리한 생산 관계, 즉 농업 생산에서의 지나친 분배의 불균형을 완화시켜 빈농들의 경제적 생활 향상을 가져다 주었다. 또한 교조교식 정책은 당시 항일 유격 근거지에서 확산되고 있던 반부르주아지의 기류를 조절하면서 지주나 부농들의 경제적 기반을 보장해 주었다. 물론 감조감식 정책은 당시 지주나 부농들의 불만을 야기했지만 교조교식 정책이 실시됨으로써 과거 소비에트 혁명 시기와 같은 재산의 몰수가 행해지지 않았다는 점에서, 이 양자는 지주나 부농들에게 현실

과 타협할 수 있는 길을 마련해 주었다. 결국 감조감식과 교조교식 정책
은, 그 과정에서의 많은 시행착오에도 불구하고 항일 유격 근거지에서의
지주-소작인 간의 계급 갈등이나 분규를 감소시켰고 빈농들의 생산 열정
을 고무시켰으며 지주·부농 계급과의 통일 전선을 공고히 하는 데도 중
요한 역할을 했다.

   이러한 정치적 성격의 대중 운동이나 항전 동원 방식은 필연적으로 항
일 유격 근거지 주민들의 생계 문제가 해결되어야만 현실적인 위력을 발
휘할 수 있었다. 물론 감조감식 정책을 통해 빈민들의 생활 향상이 이루
어지기는 했지만, 당시 항일 유격 근거지에서는 기본적으로 물자 부족 문
제에 직면해 있었다. 따라서 각 변구 정부가 직면한 최대의 과제는 일본
의 점령지 정책과 전술(부분적으로는 국민당)이 초래한 경제적 궁핍을 극
복하는 일이었다. 이를 위해 항일 유격 근거지에서는 대생산운동의 일환
으로 황무지의 개간, 비료 확충, 수리 사업, 유휴지의 효율적인 관리 등에
힘을 쏟는 동시에, 합작사를 비롯한 집체적인 노동 조직(발공[拔工]·환공
[換工]·호조대[互助隊] 등)과 생산 방식을 통해 통일성과 집단성을 추구
했다. 특히 항일 유격 근거지에서는 일본의 봉쇄·분할·잠식공작 및 국
민당군의 봉쇄 정책으로 야기된 극심한 물자 부족, 물가 등귀, 화폐 가치
의 하락 등 전반적인 재정·금융 위기를 극복하기 위해 물자의 이출입을
엄격하게 통제했다. 또한 변구에서는 변폐(邊幣 :변구정부의 화폐)의 발행
량을 줄여 재정 지출을 감소시키고 대생산운동을 통한 물자의 자급률을
높여 물자 수급의 대외 의존도를 낮추려고 힘썼다. 그 결과 1944년 이후
부터는 변폐의 가치 안정과 물자의 부족 문제를 완화시켜 나갔다.

   특히 합작사운동은 합작사 조직이 관료 기관의 성격을 띠면서 상인들
을 배제하거나 주민들의 가입을 강요하는 등 부작용을 초래하기도 했지
만, 물자의 원활한 수급, 운송·판매 및 소비·분배의 효율성 제고, 생산
성 향상, 자금 조달의 용이성 등을 실현시키는 데 도움을 주었다. 물론
이것은 소유제의 집체화(혹은 국유화)를 기반으로 한 중화인민공화국 초
기의 사회주의 건설과는 차이가 있었지만, 적어도 생산·구매·운송·분

배・소비 방면에서의 집단적 효율성을 중시했다는 점에서는 분명 사회주의적 생산 관계의 맹아적인 형태를 띠고 있었다. 결국 당・정・군・민의 총동원 방식으로 추진되었던 대생산운동은 유격 근거지의 생산력 제고를 통한 경제적 궁핍 완화에 큰 효력을 발휘했을 뿐만 아니라, 인민들에게 항전과 사회적 단결의 필요성을 인식시켜 주었으며, 궁극적으로 변구 인민들의 공산당・정・군에 대한 신뢰감과 일체감을 증폭시켰다. 이것은 단순히 생산 운동 차원을 떠나 항전을 위한 총동원 체제의 강화・구축을 의미했으며 사회주의적인 생산 관계의 초보적인 실험이기도 했다.

각 변구정부에서 실시한 불합리한 혼인 제도의 혁파와 남녀 차별적인 악습의 철폐 조치는 분명 부녀자들을 봉건적인 억압에서 해방시키기 시작했고, 그들의 해방 열기는 자연스럽게 항전과 신민주주의 혁명 사업 참여로 이어졌다. 또한 변구에서는 신앙과 종교의 자유를 인정하고 소수 민족의 관습과 생활 방식을 존중해서 그들의 적극적인 협조를 얻어내려고 했다. 그 밖에 변구정부에서는 각종 재해 방지에 힘을 썼고 이재민들의 구호 활동 및 위생운동도 활발하게 펼쳤다. 이러한 사회 복지 조치들은 항일 유격 근거지 주민들에게 공산당이 그들의 복지와 위생, 그리고 안위에 힘쓰고 있는 집단임을 각인시키는 작용을 했다.

궁극적으로 공산당측이 전개한 항전 동원 운동, 즉 정병간정운동・옹정애민운동・옹군우항운동(擁軍優抗運動)・민중운동공작・대생산운동 등은 더 많은 민중의 항전 참여를 가로막는 전통적인 정치 사회 구조나 불합리한 생산 관계 혹은 낡은 의식 구조의 혁파를 요구했다. 이 요구는 자연스럽게 각종 혁명적인 조치들, 즉 민주적인 정치 제도 및 '삼삼제'의 도입, 감조감식과 교조교식 정책의 실시, 집체성을 띤 각종 노동・생산 조직과 각종 합작사의 조직, 합리적인 통화 정책의 실시, 남녀 차별적인 제도의 혁파와 여성의 권익을 보장한 혼인법의 제정, 소수 민족의 관습과 종교의 인정, 정풍운동(整風運動)을 통한 마르크스-레닌주의 및 모택동 사상에 대한 교육 운동의 전개 등으로 이어졌다. 그리고 항일 유격 근거지에서의 혁명적인 여러 조치, 즉 신민주주의 혁명은 항일 유격 근거지 주민들의 정치적 각성과 아울러 항전 참여를 배가시켰으며, 일본군 점령 지구 내에서의 항일 주도권을 공산당에게 부여해 주었다. 동시에 그것은 항일 유격 근거지 주민들의 공산당에 대한 믿음과 지지를 증폭시켰고 그들을 공산당 주변으로 집결시키게 만들었으며, 궁극적으로 일본측의 점령지 정책과 전술이 야기한 항일 유격 근거지의 위기를 극복할 수 있는 동력으로 작용했다. 더 나아가 그것은 항일 유격 근거지의 자립과 존속을 가능케 했을 뿐만 아니라 공산당군이 일본 세력에게 반격할 수 있는 항전의 원천으로 작용했다. 이는 앞의 제3편에서도 살펴보았듯이, 같은 시기 정치적 억압, 관료 및 군대의 부패, 극심한 인플레이션, 상업 투기, 매점매석 등으로 민중의 생활이 극도의 좌절과 궁핍에 처해 있던 국민당 통치 지구와는 대조적인 현상이었다.

다른 한편 각 변구 정부가 민간 차원에서의 항전 체제 구축에 힘을 기울이고 있는 동안, 항일 유격 근거지의 버팀목 역할을 하고 있던 팔로군에서는 변화된 정세에 부합하는 새로운 전술과 전략을 구사했다. 일본의 치안강화운동으로 정세가 극도로 불리해진 상황에서, 팔로군은 일본군(北支那方面軍)이 항일 근거지로 쳐들어오면 군사적으로 막강한 그들과의 정면 대결을 피해 기존의 항일 근거지를 전략적으로 방기하고 일본군 점령 지구로 들어가 새로운 유격 근거지를 수립하는 '적진아진' 전술을 채택했다. 이 전술은 자신들의 주력을 보존하는 동시에 근거지 주민들의 인적·물적 피해를 줄여나가 근거지의 손실을 최소화하기 위한 것이었다. 또한 팔로군측(항일 공작 요원을 포함해서)에서는 당시에 일본군이 상대적인 우세를 점하고 있던 항일 유격 근거지에서 화북 민중(특히 유격구 주민들)이 일본 세력과 팔로군 세력 양자의 우열 여하에 따라 정치적 태도를 달리하며 기회주의적으로 처신하고 있던 상황을 현실 그대로 인정하고 거기에 부합하는 '양면촌' 정권 수립 공작을 펼쳐 나갔다. 이 공작은 중·일 양 세력에게 기회주의적으로 처신하면서 양면성을 보여주고 있던 항일 유격구 주민들의 일반적인 행동 양태를 인식하고, 친일일변도였던 촌 정권을 중립적이거나 항일 성향의 촌 정권으로, 혹은 중립적이었거나 항일 성향을 띠었던 촌 정권을 항일일변도의 촌 정권으로 개조해 나가려는 공작이었다.

팔로군은 기존의 항일 근거지를 고수하기보다는 '적진아진' 전술을 구사함으로써 일본군의 군사 토벌 작전을 어렵게 만들었을 뿐만 아니라, 더 넓은 유격구를 확보할 수 있게 되었다. 유격구의 확대는 일본 세력과 공산당 세력 사이의 전선을 더욱더 모호하게 만들어 봉쇄·분할·잠식공작을 통해 피아(彼我)의 전선을 명확히 해서 팔로군의 게릴라전에 대처하려던 일본의 전략 의도를 무력화시켰으며, 일본 세력의 치안망(혹은 수비 공간)의 확대 및 전력의 분산화, 공격 목표의 분산화를 초래하여 점령 정책의 허점을 노출시키는 결과를 초래했다. 이처럼 팔로군이 일본군 점령 지구로 침투해 들어가 자신들의 세력 기반을 넓혀갔다는 것은, 치안강화운동을 통해 '점'·'선'적인 점거 방식을 '면'적인 점령 방식으로 바꿔 화북의 치안을 확고히 하려 했던 일본의 본래 의도를 좌절시켜, 그들로 하여금 어쩔 수 없이 점·선적인 점거 방식으로 되돌아가도록 했다. 결국 '총력전' 체제를 구축해서 팔로군을 포위·소멸시키려던 일본군은, 팔로군이 '적진아진' 전술 및 '양면촌' 정권 수립 공작을 구사하여 일본군 점령 지구 내 대부분의 농촌을 유격구로 만들거나 장악해 갔기 때문에, 도리어 팔로군에 의해 포위되어 버리는 형세에 직면하게 되었다. 물론 포위의 대상이 바뀌기는 했지만, 이른바 "농촌으로 도시를 포위해 나간다"는 마오쩌둥의 전략이 서서히 실현되어 가고 있었던 것이다.

'적진아진' 전술이 전략적 차원에서 일본 세력을 포위해 나가는 결과로 나타났다면, 일본 세력을 '인(人)의 장벽'으로 포위해 나갔던 것은 소위 '양면촌' 정권 수립 공작이었다. 팔로군측은 '양면촌' 정권 수립 공작 과정에서 친일 괴뢰 조직원들에 대한 제거·협박·설득·포섭 등의 방법을 통해 화북 민중과 접촉해 나갔고 그들을 매개로 인적·물적 자원을 확보할 수 있었다. 당시 팔로군이 농민들과 접촉을 유지하는 일은 정보·은신처·식량·부상자 간호 등을 위해 절대적으로 필요했다.

팔로군측은 상술한 전술과 공작을 통해 항일 유격 근거지에 대한 봉

쇄·분할·잠식을 핵심으로 하는 치안강화운동의 효율성을 떨어뜨릴 수
가 있게 되었다. 특히 팔로군은 '양면촌' 정권 수립 공작을 통해 일본측
점령 지구 내에 양면성을 띤 촌 정권을 더욱더 많이 수립함으로써, 자치
자위공작 및 '비민분리(匪民分離)' 공작의 기대치를 떨어뜨려 치안강화운
동의 효력을 떨어뜨릴 수 있었고 1944년부터는 정세에 역동적으로 대응
할 수 있는 발판을 구축할 수 있게 되었다. 궁극적으로 팔로군측은 '적진
아진' 전술 및 '양면촌' 정권 수립 공작을 통해 더 많은 화북 민중과 접
촉할 수 있게 되었고, 그 과정에서 주민들을 정치적으로 각성시켜 항전
에 참여하도록 유도할 수 있었다. 더욱이 그 과정에서 팔로군측은 화북
민중에게 항전의 당위성, 자신들의 정치적 이상 등을 선전할 수 있는 기
회를 획득했을 뿐만 아니라, 항전에 헌신하는 자신들의 애국자적 이미지
혹은 기층 민중의 후원자적 이미지를 각인시켜 나갈 수가 있었다. 이러
한 상황은 궁극적으로 팔로군측의 민중 항전 동원을 용이하게 해주는 작
용으로 전화되었다.

   실제로 전세가 공산당측에게 유리해지고 있던 1944년 중반쯤이 되면,
이제까지의 공산당측의 항전 동원 체제와 그에 수반된 신민주주의 혁명
은 보다 확실한 결실을 맺기 시작했다. 즉 팔로군과 화북 민중의 관계는
더욱 밀착되어 갔고 이들 양자 사이에는 거의 완전한 일체감마저 지니게
되었다. 이러한 상황은 미국방성의 『중국백서(中國白書)』 부록 문서에 수
록된 중국 주재 미국 외교관의 다음과 같은 보고서에서도 잘 드러나고
있었다.

   화북의 공산당 지배 지역을 여행하고 돌아온 미국인 관리 2명, 여러 신문
특파원, 20여 명의 외국인 여행자들의 보고는 놀랄 만큼 일치하고 있다. 현
장 견문에 근거한 이와 같은 의견의 일치는 극히 중요한 뜻이 있다. 그것은
우리가 원하건 원하지 않건 간에 다음의 몇 가지 사실에 대한 인정을 강요
하는 것이며, 그 같은 사실들에서 한 가지 중요한 결론을 내리기를 요구하는
것이다.

일본군에 대해 그들은 적극적으로 대항하고 있다. 끊임없는 전투와 일본군의 잔인한 보복 행위에도 불구하고 민중을 동원한 그들의 저항은 힘을 얻고 있다. 일본군은 압도적 힘을 일정 지역에 집중 투입해서 일시적으로는 그들의 저항을 분쇄할 수 있다. 그러나 그들이 공산주의자의 영향하에 있는 광대한 지역에 걸쳐서 동시에 그럴 수는 없다.

전면적으로 동원된 민중에 의한 전면적 게릴라전인 까닭에 이 저항은 가능하고 또 성공하고 있다. 이 총동원에서 공산주의자들의 정규군은 민중의 지도자이며 조직자인데도 그들보다 수적으로 압도적 다수 세력인 민중 자체에 복종하고 있다. 그들이 행동할 수 있는 까닭은 민중이 그들을 용인하고, 후원하고, 그들과 더불어 전심전력 싸우려 하기 때문이다. 그곳에는 군대와 인민의 완전한 일체감이 있다.[2]

중국 주재 미국 외교관의 정보 보고서에서도 부분적으로 밝혀지고 있듯이, 공산당측은 "인민은 바다이며 우리는 그 바다 속의 물고기"라고 말한 마오쩌둥의 어록을 실천에 옮기는 데 노력했고 그것은 항전 동원 체제의 구축으로 이어질 수 있었다. 그리고 공산당측의 항전 체제 구축의 성공은 정치·경제·사회 방면의 혁명적인 조치들에서 기인되었던 것이다.

그렇다면 1940년대에 접어들어 「만주국」의 동북항일연군과 화북의 팔로군의 운명이 달라졌던 원인은 어디에 있었을까? 다시 말해 동북항일연군은 1940년대에 들어서 사실상 소멸되었는 데 반해, 화북의 팔로군은 계속 존속·확대해 나갈 수 있었던 비결은 무엇이었을까?

우선 일본군 대비 군사력에서 팔로군은 동북항일연군보다도 상대적으로 강했다. 그 결과 동북항일연군과는 달리, 팔로군은 독자적인 힘으로 일본측의 군사적 진공을 막아낼 수 있는 항일 근거지를 확보할 수 있었고 지역 주민들을 통제할 수 있었다. 이에 반해 「만주국」의 치안 확보 및 대소(對蘇) 전략 임무를 맡고 있던 관동군 세력은 막강했기 때문에 동북항일연군은 근거지를 확보할 수 없었다. 또한 화북의 팔로군은 상술

---

2) *United States Relations With CHINA : with Special Reference to the Period 1944 ~ 1949*, 가운데 "John Stewart Service의 1944년 9월 9일 보고"(『中國白書』, 84쪽).

한 '적진아진' 전술과 '양면촌' 정권 수립 공작의 일환으로 인구와 물자가 풍부한 일본군 점령 지구 내 평원 지역에도 유격 근거지들을 구축해 나 갔고 만리장성 바깥인 「만주국」 서남부 지역에도 새로운 유격 근거지를 확보해 나가면서 지리적 이점을 최대한 활용할 수 있었다.

이에 반해 동북항일연군은 관동군측의 치안숙정공작에 의해 유격구를 상실하고 산 속으로 들어가 고립되었을 뿐만 아니라, 인적·물적 자원을 얻기 위해 집단부락을 공격하는 등 전술상의 오류를 범함으로써 주민들 의 이반을 초래했다. 게다가 화북 지역 중국인들의 항일 의식은 비교적 강했는데 반해, 일본의 오랜 식민 통치를 받은 「만주국」 주민들의 정치 의식은 상대적으로 낮았다. 더욱이 화북 지역은 만주 지역에 비해 상대 적으로 인구가 많았고 물산도 풍부해서 항전에 필요한 인적·물적 자원 을 확보하기가 상대적으로 유리했다. 기후 조건 역시 화북이 동북보다도 상대적으로 기온이 낮아서 게릴라 활동에 유리했다. 끝으로 팔로군은 공 산당 중앙의 일원적인 지휘 명령 체계하에 있었는 데 비해, 동북항일연 군은 코민테른 주재 중국 대표단의 간접적인 지휘를 받고 있었을 뿐만 아니라, 부대도 수평적으로 분할되어 있었기 때문에 통일적이고 일원적인 지휘가 곤란했다.

요컨대 해당 지역 일본군 병력의 상대적인 강약의 차이, 항일 무장 세 력의 군사적 우열의 차이 및 그에 따른 근거지의 확보 여부, 양 지역 항 일 세력간 전술상의 차이, 조직 및 지휘상의 우열, 지리상의 이점 유무, 양 지역 주민들의 정치적 의식의 고저, 인구 및 산물의 다과, 기후 조건 등에 의해 화북의 팔로군과 동북의 동북항일연군은 각각 운명을 달리했 던 것이다.

이제 우리는 여기에서 이 책의 연구 주제인 '전쟁혁명'의 본질에 대해 주목할 필요가 있다. 지금까지 살펴본 1937년 7월 이후 소위 중일전쟁 시기 화북 농촌 사회, 특히 진찰기변구를 중심으로 한 항일 유격 근거지 사회에서의 '전쟁'과 '혁명' 그리고 이 양자의 유기적인 작용은 '전쟁혁명' 의 전형이었다. 중국 현대사에서 '전쟁혁명'의 발단은 일본의 중국 침략

에서 시작되었고 그것을 확산·심화시킨 중요한 계기는 화북 주둔 일본
군(즉 방면군)의 점령지 정책·전술(특히 치안강화운동)과 그것에 맞선 공
산당측의 항전 체제 구축, 그리고 항전에 수반된 정치·경제·사회·사
상 방면에서의 혁명적인 조치들이었다. 이미 서술했듯이, '전쟁혁명'의 특
징은 '침략 ↔ 반침략 혹은 제국주의 ↔ 반제국주의의 전쟁'에 의해 '혁명'
이 규정되고 '혁명'은 그 '전쟁'에 반작용하는 데 있었다고 할 수 있다.
이러한 특징을 염두에 둘 때, '전쟁혁명'의 본질은 다음과 같이 정리될
수 있다. 즉 일본의 중국 침략과 그것의 일환인 화북 점령지 정책 및 전
술은 그 동안 수세에 몰려 있던 공산당군에게 항전의 명분을 제공했다.
공산당군은 반침략 전쟁의 일환으로 항전 체제의 구축에 힘썼다. 즉 공
산당측은 그 체제의 일환으로 화북 민중에게 항전의 당위성을 선전하는
동시에 그들의 혁명 이상을 부분적으로 실현시켰고 화북 민중의 항전 참
여를 유도하기 위해 종래의 급진적인 정책들을 접어두고 대중 운동을 수
반한 각종 혁명적인 조치들을 통해 신민주주의 혁명을 실천에 옮겨 나갔
다. 그 결과 항전에 동원되었거나 참여했던 중국 민중이 점차 혁명적으
로 의식화되어 혁명 예비군으로 전화되어 가면서 혁명을 위한 인적 토대
가 마련되어 갔다.

　　그런데 찰머스 존슨의 말처럼 "일본군의 무자비한 점령지 정책이 곧
바로 중국 농민들을 항일 투쟁으로 내몬 것"은 아니었다. 일본군의 무자
비하고 잔인한 점령지 정책이 중국인들의 적개심과 민족 의식을 불러 일
으켰던 것은 사실이었지만, 그렇다고 중국 민중 특히 화북의 농민들이
항일 활동에 곧바로 뛰어들었던 것은 아니었다. 화북 민중의 항일 의식
은 기본적으로 그들의 항전 참여를 위한 필요 조건이기는 했지만 결코
충분 조건은 아니었다. 화북 민중의 항전 참여를 현실화한 것은 항일 유
격 근거지에서 추진된 각종 항전 정책과 거기에 수반된 각종 혁명적인
조치들이었다. 그것들을 열거하면, 우선 화북 민중의 삶을 개선시켜 주었
거나 일치 항일에 도움을 준 각종 경제 정책(감조감식 정책, 대생산운동,
구재[救災] 공작, 합리적인 조세 체계, 합작사운동, 화폐·재정·금융 정책

등), 그들을 정치적으로 각성시켜주고 그들에게 주인 의식과 각종 권리를 부여해 줌으로써 그들을 봉건적 굴레에서 벗어나게 해준 민주적인 정치 제도(삼삼제, 민주집중제, 민의 기관의 설치 등), 각종 사회 복지 정책이나 소수 민족 정책, 그리고 항일 유격 근거지의 유지·확대 및 민중의 항전 참여의 여건을 조성하는 데도 중요한 작용을 한 팔로군측의 '적진아진' 전술 및 '양면촌' 정권 수립 공작 등이었다.

　더욱이 화북 민중의 항전 참여를 급속하게 증폭시킨 것은, 팔로군측에게 유리해진 국제 정세의 변화, 그리고 항전 정책과 혁명적인 조치들이 빚어낸 팔로군측의 급격한 전력 신장이었다. 즉 중·일간 전쟁의 대세가 팔로군측으로 기울게 되자, 팔로군측에 가담해도 자신들의 생명과 재산을 보장받을 수 있다는 확신이 전 사회적으로 확산되면서 화북의 민중은 활발하게 항전 활동에 동참하기 시작했던 것이다.

　화북 민중의 활발한 항전 참여로 세력이 급격하게 신장된 팔로군은 일본의 패망 직후 하북성 동부 지구를 넘어 열하성과 요녕성(「만주국」 봉천성)까지 확대된 유격 근거지를 바탕으로 동북 지역을 선점하는 데 지리적으로 가장 중요한 관문을 장악하게 되었다. 그리고 그러한 유격 근거지들은 '전쟁혁명'이 '혁명전쟁'(즉 국공내전)으로 전화되었을 때, 팔로군이 동북 지역의 패권을 차지하는 데 중요한 전략적 작용을 했다. 결론적으로 소위 중일전쟁 시기 화북 농촌 사회, 특히 항일 유격 근거지에서는 항전과 혁명이 서로 맞물려서 진행되었다고 할 수 있다. 다시 말해 항전이라는 이름의 반침략·반제국주의 전쟁은 신민주주의 혁명을 이끌어냈고, 이 혁명은 중·일간 전쟁의 양상에 반작용을 하여 사회주의 국가 건설을 위한 인프라를 마련해 주었다. 따라서 소위 중일전쟁 시기 항일 유격 근거지에서 실시된 각종 혁명적인 정책들의 기본 성격이 신 중국(즉 중화인민공화국) 성립 이후에 그대로 투영되고 있었다는 점을 고려해 볼 때, 항일 유격 근거지는 '신 중국의 모태'이자 '사회주의 국가의 초보적인 모델'이었다고 할 수 있다.

　결국 항일전쟁은 기본적으로 공산당측의 혁명적인 조치들을 유발시켰

고 그것들에 지대한 영향을 미치고 있었다는 점에서 주동적인 변수 혹은
제 1 의적(第一義的)인 변수였다. 이에 비해 혁명적인 조치들은 화북 민중
의 대규모 항전 참여를 야기해서 항일전쟁의 양상을 바꾸기 시작했다는
점에서 수동적인 변수 혹은 제 2 의적(第二義的)인 변수였다. 그리고 항일
전쟁 전 시기 동안 이 양자의 상호 위상(즉 전쟁=독립 변수, 혁명=종속
변수)에는 큰 변화가 없었다.

그런데 이 양자의 위상이 역전된 시기는 '전쟁혁명'이 '혁명전쟁'으로
탈바꿈해 간 시기, 즉 국공내전 시기였다. 이미 총론에서 언급한 바 있듯
이, 국공내전 시기는 혁명 세력 ↔ 반혁명 세력간의 갈등의 해법을 전쟁
에서 찾으려 했다는 점에서, 혁명은 중심적인 테마였고 전쟁은 수단에
불과했다. 그래서 이 시기에는 혁명이 제 1 의적인 의미를 지녔다고 한다
면, 전쟁은 제2의적인 의미를 지녔다고 할 수 있다. 이렇듯이 '전쟁혁명'
에서 '혁명전쟁'으로 전화되어 간 시기에는 전쟁과 혁명이 유기적으로 작
용하는 가운데 상호 영향을 미치고 있었을 뿐만 아니라 상황에 따라 이
양자의 위상이 자리바꿈을 하고 있었다.

소위 중일전쟁 기간 중국과 일본 사이의 민족 전쟁은 분명 중국 민중
의 민족적 각성을 불러일으켰고, 중국 공산당의 계급 정책에 변화를 초
래했으며, 그들에게 혁명을 위한 유리한 환경을 조성해 주었다. 이른바
'전쟁'이 '혁명'(의 성질)을 규정한 것이었다. 이와 동시에 중국 공산당군
의 혁명 활동은 더 많은 중국 인민의 전쟁 동원을 가져왔고, 전쟁에 동
원되었던 중국 인민들을 점차 혁명 전사로 전화시켜 중·일간 전쟁의 양
상을 공산당군에게 유리하도록 이끌었다. 이른바 중국 공산당군의 '신민
주주의 혁명'이 '항일전쟁'에 반작용했던 것이다.

소위 중일전쟁의 내용은 '전쟁'이 '혁명'을 규정한 측면과 '혁명'이 '전
쟁'에 반작용한 측면으로 나누어 살펴볼 수 있다. 먼저 전자의 측면을 살
펴보면, 중·일간의 전쟁(특히 치안강화운동)은 일본군 점령 지구 사회(항
일 유격 근거지 사회를 포함하여)뿐만 아니라 중국 공산당군의 혁명 활동
에도 중대한 영향을 미쳐 항일 유격 근거지 내 중국 인민의 생활과 의식

그리고 공산당군의 계급 정책에 많은 변화를 초래했다. 다음에 후자의
측면을 살펴보면, 전쟁 상황에 대응하여 공산당군은 더 많은 중국 인민
을 항일전쟁에 동원하기 위해 각종 항전 정책을 추진했고, 항전에 참여
했던 중국 인민들은 점차 혁명적으로 의식화되면서 혁명의 예비군으로
전화되어 갔다.

상술한 것처럼 소위 중일전쟁 시기에는 '항일전쟁'이 '혁명'(의 성질)을
규정했고, 그렇게 해서 도래된 '신민주주의 혁명'은 '항일전쟁'에 반작용
했다. 이 책에서는 상술한 것처럼 침략 ↔ 반침략의 '전쟁'이 '혁명'을 규
정하고 '혁명'이 그 '전쟁'에 반작용한 사회 현상을 '전쟁혁명'으로 새롭게
개념화했다. 즉 소위 중일전쟁은 '전쟁'과 '혁명'의 이중주 속에서 빚어진
'전쟁혁명'이었던 것이다. 이 점을 고려해 볼 때, 소위 '중일전쟁'은 '중일
전쟁혁명'으로 불려야 당시의 역사적 사실에 부합되며, '전쟁사'의 범주보
다도 '전쟁혁명사'의 범주로 취급되어야 합당하다. '중일전쟁혁명'의 본질
은 중·일간의 전쟁으로 촉발된 항일전쟁 과정에서 공산당군이 주도한
항전에 참여했거나 동원되었던 중국 민중이 점차 혁명적으로 의식화되어
혁명 예비군으로 전화되어 가면서 혁명을 위한 토대가 마련되어 간 데
있다. 이러한 내용이 이 책의 핵심적 결론이다. 이때 '전쟁혁명'은 단순히
'전쟁'과 '혁명'을 대등하게 병렬적으로 결합시킨 개념이 아니다. 그것은
양자의 독립적이고 상호 무관한 위상을 전제로 한 양자의 병칭을 의미하
지도 않는다. '전쟁혁명'은 '전쟁'과 '혁명' 사이의 유기적인 작용을 전제
로 하는 동시에 정세·시기·지역에 따라 양자의 상호 관계나 위상이
달라지면서 성격이 달라지는 사회 변혁의 일종이다. '중일전쟁혁명'은 제
2차 세계대전의 '유고슬라비아 혁명'과 더불어 '전쟁혁명'의 좋은 사례였
다고 할 수 있다.

'중일전쟁혁명' 시기에 참여했거나 동원되었던 중국 민중은, 국공내전
시기의 '혁명전쟁'에서 주도적인 역할을 하면서 공산당군의 승리를 이끌
어냈다. 국공내전에서 공산당군의 승리의 토대는 '중일전쟁혁명' 시기에
마련되었고, 중화인민공화국의 탄생 기반은 '중일전쟁혁명' 시기의 '전쟁

혁명'이 국공내전 시기의 '혁명전쟁'으로 전화되어 가는 과도기에서 구축
되었다. 이러한 점들을 고려해 볼 때, '중일전쟁혁명'은 항전의 과정인 동
시에 건국의 과정이기도 했다. 그 시기의 항일 유격 근거지(특히 변구정
부)는 사회주의 사회 건설의 맹아적인 실험장이었으며, 중화인민공화국의
초보적인 모델이기도 했다.

■ 중문초록

中日戰爭和中國革命
—戰爭和革命的二重奏 : '戰爭革命'—

一般來說, 當今歷史學界將1937年以蘆溝橋事件爲契機爆發的所謂的中日戰爭 (抗日戰爭)劃分爲'戰爭', 忽視了在抗日戰爭的過程中中國共産黨軍隊的革命活動 与'戰爭'有着緊密的聯系, 僅將其單獨區分開來作爲中國共産黨革命史的一环. 一直以來, 有關所謂的中日戰爭將'戰爭史'或'革命史'分离開來進行研究. 結果使得中・日戰爭過程中'戰爭'和'革命'間有機的作用及其本身的硏究一直未能形成.

已經在當今的歷史學界成爲旣成概念的中日戰爭(1937~1945)只能被單純的定義爲'戰爭'嗎? 這種將其定義爲'戰爭'的觀点只有在將國民黨軍隊 ↔ 日軍之間的作戰作爲正規戰來考慮時才具有合理性. 但是在分析抗日遊擊根據地(卽解放區)中國共産黨軍隊的人民戰爭↔日軍之間國力戰爭, 將所謂的中日戰爭作爲'戰爭'來看待的觀点在總体上是不合適的. 這是因爲該觀點忽視了在抗戰過程中中國共産黨軍隊的革命活動. 卽, 所謂的中日戰爭時期, 共産黨軍隊在戰爭時期爲了使更多的中國民衆參與抗戰採取了各種革命措施, 在這一過程中被動員, 并參與的很多中國民衆漸漸形成革命意識的同時, 不僅使抗日戰爭向着對共産黨有利的方向發展, 還爲國共內戰(解放戰爭)時共産黨的勝利打下了基礎.

那麼所謂的中日戰爭是否可以定義爲'革命'呢? 所謂的中日戰爭時期, 作爲日本的中國侵略圍繞中國和日本之間的侵略↔反侵略民族矛盾上升爲主要矛盾, 并且和中國的命運息息相關. 中國內部國民黨(資産階級政黨)↔共産黨(無産階級政黨)之間的內戰(階級矛盾)退居中日戰爭(民族矛盾)之后, 成爲次要矛盾而被戰爭的陰影掩盖. 在這一點上, 所謂的中日戰爭具有更强烈的'戰爭'色彩. 至少在考慮共産黨軍隊的人民戰爭↔日軍的國力戰爭形態時, 可以看出所謂的中日戰爭同時具有

'戰爭'和'革命'的雙重性質. 這樣, 如果說所謂的中日戰爭同時具有戰爭性與革命性,
那麼中日戰爭應該用怎樣的槪念來重新定義, 中日戰爭共有的戰爭性因素和革命
性因素, 其相互間的關系如何呢?

所謂的中日戰爭時期, 國民黨↔共産黨的內戰由于日本對中國的侵略而暫時停
止了, 從這一點來看中日戰爭共有的戰爭性因素是比革命性因素更爲主動的(或者
首要的)因素. 這并不是說戰爭性因素就是主動的, 革命性因素就是被動的, 這種
形式就并不是固定不變的. 卽, 從1944年日本戰敗的徵兆開始逐漸明確以后, 隨着
共産黨軍隊逐漸加强對日軍的局部反攻, 作爲民族矛盾産物的戰爭性因素的地位漸
漸降低, 同時作爲階級矛盾産物的革命性因素的地位漸漸提高. 而且日本戰敗, 隨
着國共內戰(解放戰爭)的爆發, 民族矛盾減弱, 階級矛盾上升爲主要矛盾, 同時革
命性因素占據了首要地位

那麼首先讓我們來看一下所謂的中日戰爭其共有的戰爭性因素及其作用.卽,
中·日間的民族戰爭不僅是對國·共間的階級戰爭, 對日軍占領地(特別是包括抗
日遊擊根據地社會)及中國共産黨軍隊的革命活動也産生了极大的影響.包括華北
占領地在內, 負責當地治安的日本華北方面軍在以軍事討伐爲中心的治安肅正工作
中并未取得理想的效果, 軍事·政治·經濟·社會·文化等作爲牽涉到社會整個
領域的國力戰體制, 從1941年到1942年爲止推行治安强化運動. 這一運動根據治
安狀況將占領地分爲治安地區(敵占區, 卽城市·日軍據點·鐵道沿邊等日軍統治
地區)·準治安地區(抗日遊擊區, 卽日軍和共産黨軍共同活動的地區)·非治安地
區(抗日根據地, 卽山間地區等共産黨軍統治地區), 此后占領地政策也各不相同,
展開了對抗日遊擊根據地的封鎖·分轄·蠶食工作. 治安强化運動從原來的'點·
線'式占據方式向'面'的占領形態擴散, 漸漸地非治安地區向准治安地區, 準治安地
區向治安地區轉變, 擴大并强化占領地區.

華北方面軍主要在準治安地區將保甲制度和保甲自衛團作爲自治自衛工作的一
環進行組織, 强化自衛機能, 通過戶口調査及檢問檢索活動, 各種證明書的頒發制
度, 武器回收等, 來防止抗日分子潛入村落, 或防止村民和抗日分子接觸以及物資
供給. 另外, 在非治安地區作爲集家工作(集中營工作)的一環, 華北方面軍將共産
黨軍隊的主要遊擊活動地區設爲'無住地帶'(無人地區), 將這一地區居住的中國民

衆移居到易于警備的平原地區，在建立集中營以后將他們强行收容．而且禁止中國人民出入'無住地帶'及向這一地區輸入物資，在該地區還禁止農耕．不僅如此，還組織自衛團限制并監視集中營難民的出入以此使他們无法和抗日分子接觸及向抗日分子提供物資．集家工作是欲從根本上斷絶匪(共産黨軍隊)民(中國人民)的聯系，孤立并消滅匪的所謂'匪民分離'的工作．而且華北方面軍在該地區施行殺光，搶光，燒光的三光政策的同時强行徵用青壯年，通過徵收馬車・役畜，禁止在無住地帶耕作的措施使耕地減少，給農耕活動造成很大的打擊．因此在集中營內陸續出現因粮食短缺飢餓而死的人，在臨時建造的居住環境裏由于集中生活造成傳染病蔓延．在不斷的因饑餓和傳染病死亡的威脅中，在嚴厲的監視和迫害下的集中營難民們過着极端悲慘的生活．

日本殘忍的占領地政策和戰術喚起了一直以來埋頭于生計的許多中國百姓對日本的仇恨之心以及民族自尊心．'抗日救亡'作爲迫切需要解決的民族課題登場，在這種情況下使中國共産黨長期以來推行的階級政策得到緩和，對喚起民族團結和愛國心起到很大的影響．例如，蘇維埃時期的土地沒收政策緩解爲減租減食・交租交息政策，保障了地主・富農的經濟基礎，削弱了地主-佃農間的階級矛盾，鼓舞了貧農們的生産熱情，鞏固了和地主・富農階級的統一戰線．特別是作爲抗日民族統一戰線一環實施了三三制政策，開拓了非共産黨派和地主・富農參與政治的道路，還給予資産階級和知識分子參與抗戰的機會．象鴉片一樣曾經被作爲有害因素看待的宗教被全面接受，各種宗教信徒相互和解并團結起來．以階級鬪爭爲首要任務的政策被以提高抗戰力和生産力爲先的政策取代，進行了大生産運動和合作社運動．這一轉變的結果使曾經因日本的封鎖政策造成物資不足的抗日遊擊根據地提高了協調地物資供求・運送・消售・消費・分配的效率性，緩解了遊擊根據地居民經濟上的貧乏．中・日間的戰爭使以前以打倒資産階級爲目的的階級戰爭告一段落，進而轉變爲以抗日救亡爲目的的抗日戰爭．而且抗日戰爭在极大地影響了抗日遊擊根據地的革命活動的同時還決定了革命的性質．

在上述革命性措施實施的同時，日本的侵略戰爭，特別是可以說作爲其核心內容的治安强化運動給抗日遊擊根據地社會帶來很大的威脅，在克服這一危機的過程中制定的中國共産黨軍隊的各種政策和戰術對中・日間的民族戰爭起了反作用．

例如, 共産黨軍在抗日游擊根據地動員更多的民衆有效率地將他們組織起來, 爲了使他們集体化開展了精兵簡政運動·擁政愛民運動·擁軍運動·整風運動等運動. 同時, 廢除不合理的婚姻制度, 打破男女不平等的陋習, 將婦女從封建壓迫中解放出來, 她們的解放熱潮自然和抗戰以及參與新民主主義革命事業聯系起來. 共産黨軍隊的這些措施使抗日游擊根據地的經濟貧乏得到緩解, 使人民認識到抗戰和社會團結的必要, 最終增強了中國人民對共産黨·政·軍的信賴和相互一致感. 因此, 事實并不象Chalmers A. Johnson所主張的, 日軍占領地的中國民衆由于日本慘無人道的占領地政策和戰術, 滿懷仇恨積極投入抗戰. 日軍占領地的中國民衆大体上是在治安地區爲日方服務, 在非治安地區爲共産黨方面提供服務的. 但是在作爲準治安地區的遊擊區, 在日軍控制時爲日軍, 八路軍方面控制時爲八路軍方面服務, 情況相反時又會出現相反的狀況, 或者, 日間爲日軍服務, 夜間爲八路軍服務等爲了維持生存和保護財産而採取機會主義的態度. 這一時期決定中國民衆政治上態度的重要因素是中日間對他們的總體性支配力的優劣勢. 除此以外, 戰術上共産黨軍隊通過'敵進我進'戰術和建立'兩面村政權'等工作, 曾經是親日一邊倒的村政權轉向中立的或抗日性的村政權, 或者帶有中立或抗日性色彩的村政權向着抗日一邊倒的村政權方向進行改造. 這種戰術和工作使日本勢力和共産黨勢力間的戰線更爲模糊, 不僅弱化了日本的封鎖·分轄·蠶食工作, 而且使日軍占領區的大部分地區成爲遊擊區, 或逐漸被共産黨方面控制. 建立國力戰體制, 想要包圍幷消滅八路軍的日軍反而面臨着被共産黨軍隊包圍的局面. 卽在抗日游擊根據地的共産黨軍隊的革命活動(卽新民主主義革命)反作用于抗日戰爭.

所謂的中日戰爭時期, 中國和日本的民族戰爭喚起了中國民衆的民族覺醒, 給中國共産黨的階級政策帶來變化, 給他們營造了對革命的有利環境. 在這裏, '戰爭'決定了'革命'(的性質). 與此同時中國共産黨軍隊的革命活動動員了更多的中國人民, 幷將被動員參戰的中國人民漸漸轉化爲革命戰士, 使中日戰爭的形勢向有利于共産黨軍隊的方向發展. 卽, 中國共産黨軍隊所謂的'新民主主義革命'反作用于'抗日戰爭'.

所謂的中日戰爭的內容可以說分爲'戰爭'決定'革命', 和'革命'反作用于 '戰爭'兩個方面. 首先, 前者, 中·日間的戰爭(特別是治安强化運動)對日軍占領地(包

括抗日游擊根據地社會)及中國共產黨軍隊的革命活動起到了很大的影響，給抗日
游擊根據地內中國人民的生活和意識，以及共產黨軍隊的階級政策帶來了很多的
變化. 其次，后者，爲了適應戰局共產黨軍隊動員了更多的中國人民參加抗日戰
爭，爲此推行各種抗戰政策，參與抗戰的中國人民漸漸具備革命意識，継而轉化成
革命的豫備軍.

如上所述，所謂的中日戰爭時期抗日戰爭'決定了'革命'(的性質)，因此隨后到
來的'新民主主義革命'反作用于'抗日戰爭'. 在本書中，如上所述，將侵略⇔反侵略
的'戰爭'決定'革命'，'革命'又反作用于'戰爭'的社會現象重新定義爲'戰爭革命'. 卽，
所謂的中日戰爭是在'戰爭'和'革命'的二重奏中進行的'戰爭革命'. 考慮到這一點，只
有將所謂的'中日戰爭'稱爲'中日戰爭革命'，才符合當時的歷史事實，應該在'戰爭革
命史'的，而不是'戰爭史'的範疇內來分析它. '中日戰爭革命'的本質是在由中·日間
的戰爭觸發的抗日戰爭中，被動員，并參與共產黨軍隊領導的抗戰的中國民衆在逐
漸具備革命意識，成長爲革命豫備軍的同時爲革命打下了基礎. 這一內容是本書
的核心結論. 在這种情況下'戰爭革命'不是單純的，'戰爭'与'革命'以比重相等狀態
結合在一起的槪念. 兩者以各自獨立，相互無關爲前提，并非意味着兩者的對等組
合. '戰爭革命'是在'戰爭'和'革命'間有機地相互作用的前提下，根據局勢·時期·
地域的不同，兩者的相互關係，地位，以及性質隨之發生變化的一種社會變革. '中
日戰爭革命'和第二次世界大戰中'南斯拉夫革命'一起，都是很好的'戰爭革命'的事
例.

'中日戰爭革命'時期，或參與，或被動員的中國民衆在國共內戰時期的 '革命戰
爭'中起到了主導作用，使共產黨軍隊取得了最后的胜利. 國共內戰時共產黨軍隊
胜利的基礎就是在'中日戰爭革命'時期打下的, 中華人民共和國得以誕生的基盤就
是在'中日戰爭革命'時期的'戰爭革命'向國共內戰時期的'革命戰爭'轉化的過渡期
形成的. 這樣，'中日戰爭革命'旣是抗戰的過程，又是建國過程. 那個時期的抗日
游擊根據地(特別是邊區政府)處于社會主義社會建設的初級階段，可以說是中華
人民共和國的雛型.

참고문헌

1. 1차 자료

1) 자료집

甘肅省社會科學院歷史研究室 編, 『陝甘寧革命根據地史料選輯』 第1~2輯, 蘭州:
　　甘肅人民出版社, 1983.

冀熱遼人民抗日鬪爭史研究會編輯室　編, 『冀熱遼人民抗日鬪爭文獻·回憶錄(『文
　　獻·回憶錄』이라　약칭)』　제1·2·3집(全3冊),　天津:天津人民出版社,
　　1987.

南開大學歷史系·唐山市檔案館 合編,『冀東日僞政權』, 北京:檔案出版社, 1992.

滿洲國軍事顧問部 編, 『國內治安對策の研究』 제2집(滿洲共産匪研究對策編), 新
　　京:同顧問部, 1937.

滿洲國通信社 編,『滿洲國現勢』(1945年版), 大連:滿洲國通信社, 1944.

減共中央委員會調査課, 『察南邊地對日赤化工作實態調査報告書』, 1940. 7, [T
　　933].

『毛澤東選集』 제1~4권, 北京:人民出版社, 1992.

北京市檔案館　編, 『日僞在北京地區的五次强化治安運動(『治安運動』이라　약칭)』
　　上·下(全2冊), 北京:北京燕山出版社, 1987.

森山康平, 『證言記錄　三光作戰—南京虐殺から滿洲國崩壞まで』, 東京:新人物往
　　來社, 1975.

『陝甘寧邊區政權建設』 編輯組,『陝甘寧邊區參議會』(資料選編)(內部資料), 1985.

陝西省檔案館·陝西省社會科學院 合編, 『陝甘寧邊區政府文件選集(『文件選集』 이
　　라 약칭)』 第1~14輯(全14冊), 北京:檔案出版社, 1986.

陝西省檔案館 編,『陝甘寧邊區政府大事記』, 北京:檔案出版社, 1990.

陝西省檔案館 編, 『抗日戰爭時期陝甘寧邊區財政經濟史料摘編』 第九編(人民生活),
　　西安:陝西人民出版社, 1981.

孫邦 主編, 于海鷹・李少伯 副主編, 僞滿史料叢書 『僞滿軍事』, 長春:吉林人民出版社, 1993.

─────, 于海鷹・李少伯 副主編, 僞滿史料叢書 『抗日救亡』, 長春:吉林人民出版社, 1993.

劉庭華 編著, 『中國抗日戰爭與第二次世界大戰系年要錄統計薈萃(1931~1945)』(修正本), 北京:海潮出版社, 1995.

日本國際問題研究所中國部會 編,『中國共産黨史資料集』11, 東京:勁草書房, 1975.

日本防衛廳研修所戰史室, 『北支の治安戰』1・2, 東京:朝雲新聞社, 1968・1971.

田中宏・內海愛子・石飛仁, 『解說資料 中國人强制連行』, 東京:明石書店, 1986.

中國史學會・中國社會科學院近代史研究所 編, 章伯鋒・莊建平 主編, 『抗日戰爭』第一卷(七七之前)・第二卷(軍事 上・中・下)・第三卷(政治 上・下)・第四卷(外交 上・下)・第五卷(經濟)・第六卷(日僞政權)・第七卷(日軍暴行)(全11冊), 成都:四川大學出版社, 1997.

中共山西省委黨史研究室 編, 『文獻選編』(抗日戰爭時期, 一), 太原:山西人民出版社, 1986.

中央檔案館・中國第二歷史檔案館・吉林省社會科學院 合編, 『東北大討伐』, 北京:中華書局, 1991.

─────────────────────, 『華北大掃蕩』, 北京:中華書局, 1998.

─────────────────────, 『華北治安强化運動』, 北京:中華書局, 1997.

中央檔案館 編, 『中共中央文件選集』, 弟12冊(1939~1940), 北京:中共中央黨校出版社, 1991.

中華民國開國五十年文獻編纂委員會 編, 『共匪禍國史料彙編』第三冊, 臺北:1964.

晋察冀邊區財政經濟史編寫組・河北省檔案館・山西省檔案館 編, 『晋察冀邊區財政經濟史資料選編(『財經資料選編』이라 약칭)』(總論編・農業編・工商合作編・財政金融編) 全4冊, 天津:南開大學出版社, 1984.

『晋察冀抗日根據地』史料叢書編審委員會 編, 『晋察冀抗日根據地(『抗日根據地』라 약칭)』第1冊(文獻選編 上・下), 北京:中共黨史出版社, 1991.

河南省檔案館 編, 『晋冀魯豫抗日根據地財經資料選編』 全4冊, 北京:檔案出版社, 1985.

河北省社會科學院歷史研究所・河北省檔案館・石家莊高級陸軍學校黨史教研室・石家莊陸軍學校歷史教研室・鐵道兵工程學園政治理論教研室 編, 『晋察冀抗日根據地史料選編(『史料選編』이라 약칭)』上・下(全2冊), 石家莊:河北

人民出版社, 1983.

2) 일문 1차 자료

岡村部隊本部, 「第三次治安强化運動實施要領」(1941. 9. 10), 『北支の治安戰』 1, 573~575쪽에 所收.

『吉橋戒三中佐回想錄』, 『北支の治安戰』 1, 462쪽에 부분 所收.

「北支那方面軍兵團長會同ニ關スル綴」(1941. 3. 18), 『北支の治安戰』 1.

北支那方面軍司令部, 「華北ニ於ケル思想戰指導要綱」, 『北支の治安戰』 1, 285~ 292쪽에 所收.

「北支那方面軍政務關係者會同書類綴」(1940. 12. 19), 『北支の治安戰』 1, 398쪽에 所收.

「北支那方面軍第四課高級參謀吉原矩大佐の回想」, 『北支の治安戰』 1, 128쪽에 所收.

「昭和十六年肅正建設上ノ主要著意事項」, 『北支の治安戰』 1, 467~472쪽에 所收.

「鈴木啓久中將回想錄」, 『北支の治安戰』 2, 233~234쪽에 所收.

「陸支密大日記」(昭和十五年の部), 『北支の治安戰』 1, 284쪽에 所收.

「資料 20 中共中央晋東南抗日根據地の勞動運動についての指示」, 日本國際問題研 究所中國部會 編, 『中國共產黨史資料集』 11, 東京:勁草書房, 1975.

「第三十七師團狀況報告綴」(1940. 8), 『北支の治安戰』 1, 145쪽에 所收.

「第五次治安强化運動實施要綱」, 『北支の治安戰』 2, 258~261쪽에 所收.

「支那駐屯步兵第二聯隊史」, 『北支の治安戰』 2, 232~233쪽에 所收.

『島貫武治大佐回想錄』, 『北支の治安戰』 1, 495쪽에 所收.

『陸支密大日記』(昭和十五年の部), 『北支の治安戰』 1, 145쪽에 所收.

『日本外交年表竝主要文書』 下卷, 東京:原書房, 1966.

北支那方面軍, 『方面軍戰時月報資料』, 『北支の治安戰』 1, 143~145쪽, 258~259 쪽에 부분 所收.

北支那方面軍司令部, 「北支一般ノ狀況」(1940. 9), 『北支の治安戰』 1, 114~115 쪽에 所收.

北支那方面軍司令部, 「華北ニ於ケル思想戰指導要綱」, 『北支の治安戰』 1, 285~ 292쪽에 所收.

「北支那方面軍政務關係者會同書類綴」(1940. 12. 19), 『北支の治安戰』 1, 398쪽에 所收.

魏拯民, 「東北抗日聯軍副司令魏拯民ヨリ國際共產中國代表康生等ニ宛タル第二回報 告書(1940. 7. 1)」, 高等法院檢事局思想部編, 『思想彙報』 제25호(1940.

12).

日本軍 第27師團長 本間雅晴, 「師團狀況報告書」(1940. 12. 1), 『北支の治安戰』
　　　1, 319쪽에 所收.

日本軍 第32師團, 「狀況報告書」(1940년 10월 말), 『北支の治安戰』1, 313쪽에
　　　所收.

「第三十七師團狀況報告綴」(1940. 8), 『北支の治安戰』1, 145쪽에 所收.

『支那駐屯步兵第二聯隊史』, 『北支の治安戰』2, 232~233쪽에 부분 所收.

3) 중문 1차 자료

「堅持冀東遊擊戰爭爲創造大塊遊擊根據地而鬪爭(1940~1942)」(1943. 2), 冀熱遼
　　　人民抗日鬪爭史硏究會編輯室　編, 『冀熱遼人民抗日鬪爭文獻·回憶錄(『文
　　　獻·回憶錄』이라 약칭)』 제3집, 天津 : 天津人民出版社, 1987.

「堅持華北抗戰中之'人民武裝自衛隊'」, 『八路軍軍政雜誌』 제2권 1기, 1940. 1.

「關于發展邊區合作事業的指示」(1939), 『財經資料選編』(工商合作編).

「關于北岳區貿易工作及組織的決定」(1942. 7. 29), 『財經資料選編』(工商合作編).

「關于整風問題的檢討」(1944. 10. 25), 『史料選編』 下冊.

「國民參政會組織條例」(1938. 4), 李松林 主編, 『中國國民黨史大辭典』, 合肥 : 安
　　　徽人民出版社, 1993.

「軍事部思想戰硏究部"西南地區治安問題之考察"摘錄」(1944. 4), 『東北大討伐』.

「(極秘)北京憲兵隊特高課長對實施戶口調査的指示」(1941. 4. 6), 『治安運動』 上
　　　卷.

「冀熱邊社會狀況考察」(1943. 8), 『財經資料選編』(總論編).

「談邊區的合作事業」(1940. 8), 『財經資料選編』(工商合作編).

「邊區關于統一購買與專賣辦法的決定」(1945. 3. 23), 『財經資料選編』(工商合作編).

「邊區商業統制辦法」(1938. 5. 2), 『財經資料選編』(工商合作編).

「北京陸軍特務機關制發"流動物資取締要綱"」(1941. 10), 『治安運動』 上卷.

「北京特別市公署警察局保安科關于"頒發居住證以確保良民之安全"講演詞」(1941. 5.
　　　21), 『治安運動』 上卷.

「北京特別市公署令發第三次治安强化運動實施方案及要領」(1941. 10. 30), 『治安運
　　　動』 上卷.

「北京特別市公署布告(第七號)」(1941. 5. 22) 가운데 「附 : 居住證旅行證施行細則」,
　　　『治安運動』 上卷.

「北京特別市及四郊之制四次治安强化運動實施要領」, 『治安運動』 下卷.

「北京特別市商會爲遵照北京物資對策委員會調整物價事致各會員商號函」(1941. 12.

6)」의「附(2) 物資對策委員會朝廷物價辦法及注意事項」,『治安運動』上卷.

「社論：爲什麽實行食鹽對外專賣」,『解放日報』1942. 8. 22.

「陝甘寧邊區選擧條例」(1939. 1), 陝西省檔案館·陝西省社會科學院 合編,『文件選集』第一輯, 北京：檔案出版社, 1986.

「陝甘寧邊區抗戰時期施政綱領」(1939. 4),『文件選集』第一輯.

「修正晋察冀邊區減租減息單行條例」(1940. 2. 1 修正公布),『財經資料選編』(農業編).

「新民會解散」,『實報』(北京) 1945. 8. 24.

「楊尙昆在中國人民抗日戰爭紀念館落成典禮會上的講話」,『人民日報』1987. 7. 7.

「熱南地區一年以來的敵我鬪爭」(1944. 4. 18)(編輯者가 「1944年初熱河集家狀況」으로 改題),『東北大討伐』.

「熱河省警務廳長皆川富之亟致警務總局長山田俊介之報告(熱警特密 37號 262-4)(1943. 11. 5), 解學詩,『僞滿洲國史新編』, 北京：人民出版社, 1995.

「吳國貴筆供」(1954. 7. 28),『東北大討伐』.

「五專區的武裝動員工作」,『晋察冀日報』1941. 4. 30.

「王揖唐關于實施第五次治安强化運動聲明」(1942. 9. 26),『治安運動』下卷.

「一九四三年邊區二十一縣優抗統計表」, 陝西省檔案館 編,『抗日戰爭時期陝甘寧邊區財政經濟史料摘編』第九編(人民生活), 西安：陝西人民出版社, 1981.

「1939年度華北方面軍的"治安肅正"計劃」, 章伯鋒·莊建平 主編, 中國史學會·中國社會科學院近代史硏究所 編,『抗日戰爭』제2권(軍事 中), 成都：四川大學出版社, 1997.

「長島玉次郎等二十二人檢擧書」(1954. 12. 10),『東北大討伐』.

「敵寇對我大淸河以東百餘村的殘酷搜剿」,『晋察冀日報』1941. 8. 8.

「敵寇在平川縣的"第五次治安强運動"及其他」(1943. 4. 20),『華北治安强化運動』.

「第十八集團軍總司令部"六年來華北僞軍的發展"」(1943. 7),『華北'大掃蕩'』

「中共冀熱察區委冀東區分委第三次擴大會議報告」(1941. 8), 婁平,『冀熱遼人民抗日鬪爭史』, 天津：南開大學出版社, 1993.

「中共中央關于目前形勢與黨的政策的決定」(1940. 7. 7),『文件選集』第12冊(1939~1940).

「中共中央北方局關于平北工作的指示」(1942. 7. 18),『抗日根據地』第1冊(文獻選編 下).

「中共中央北方局對目前冀中工作的指示」(1942. 7. 28),『史料選編』下冊.

「中共中央北方分局關于冀東工作向北方局的報告」(1941. 6. 19),『文獻·回憶錄』제2집.

「中共中央北方分局關於一九四一年度統一累進稅工作的總結」(1942. 4. 1),『抗日根據地』第1冊(文獻選編 下).

「中共中央北方分局關于進一步開展對敵經濟鬪爭與加强根據地經濟建設的決定」(1943. 3. 1),『史料選編』下冊.

「中共中央北方分局對于冀東工作的指示(節選)」(1943. 3. 25),『文獻‧回憶錄』제2집.

「中央對晋東南抗日根據地職工運動的指示」,『解放日報』1942. 5. 1.

「晋察冀邊區墾荒單行條例」(1938. 2. 21),『財經資料選編』(農業編).

「晋察冀邊區減租減息單行條例」(1938. 2. 9),『財經資料選編』(農業編).

「晋察冀邊區減租減息單行條例施行細則」(1942. 3. 20),『財經資料選編』(農業編).

「晋察冀邊區關于變更北岳區出入口貿易的決定」(1944. 3. 20),『財經資料選編』(工商合作編).

「晋察冀邊區關于變更出入口貿易辦法的決定」(1944. 4. 21),『財經資料選編』(工商合作編).

「晋察冀邊區軍政民代表大會決議案」(1938. 1),『史料選編』上冊.

「晋察冀邊區軍政民代表大會宣言」(1938. 1. 14),『抗日根據地』第一冊.

「晋察冀邊區獎勵興辦農田水利暫行辦法」(1938. 2. 21),『財經資料選編』(農業編).

「晋察冀邊區合作社法草案」(1941),『財經資料選編』(工商合作編).

「晋察冀邊區合作社暫行規程」(1939),『財經資料選編』(工商合作編).

「晋察冀邊區合作社組織條例」(1942. 5. 1),『史料選編』下冊.

「晋察冀邊區行政委員會關于貫徹減租政策的指示」(1943. 10. 28),『史料選編』下冊.

「晋察冀邊區行政委員會關于目前遊擊區政權組織及工作的決定」(1942. 9. 4),『抗日根據地』第1冊(文獻選編) 下.

「晋察冀邊區行政委員會關于一九四四年改造與健全村政權工作的指示(1944. 2. 25)」,『史料選編』下冊.

「晋察冀的大生産運動」,『解放日報』1944. 8. 3.

「晋察冀抗日根據地大事記」,『史料選編』下冊.

「淺談堅持"無人區"鬪爭在抗日戰爭中的歷史地位及作用」, 中共河北‧北京‧天津‧遼寧‧內蒙古‧唐山省市區委黨史(委)研究室, 豊潤縣委編,『冀熱遼抗日根據地研究論文集(『冀熱遼論文集』이라 약칭)』, 北京:中共黨史出版社, 1995.

「統制對外貿易執行方案」(1938. 8. 17),『財經資料選編』(工商合作編).

「平北的減租鬪爭」(1943),『財經資料選編』(農業編).

彭德懷,「北方局黨的高級幹部會議上的報告大綱」(節錄), 晋冀魯豫邊區財政經濟史編

輯組, 山西·河北·山東·河南省檔案館 編, 『抗日戰爭時期晋冀魯豫邊區財政經濟史資料選編』 제1집, 北京:中國財政經濟出版社, 1990.

彭明 主編, 金德群 副主編, 高等學校文科教學參考書, 『中國現代史資料選編』 제5책 補編(1937~1945).

彭眞, 『關于晋察冀邊區黨的工作和具體政策報告』, 北京:中共中央黨校出版社, 1981.

「豊潤縣鄉鎭長會議記錄」(1943. 6. 5), 『豊潤縣政公報』 제5권 제11~12기 合刊(1943. 6).

『現中國的兩種社會』, 발행지 미상, 東北書店, 1947.

「華北各抗日根據地處在空前殘酷鬪爭中」, 『解放日報』 1942. 6. 7.

「華北臨時政府公布保甲條例」(1939), 『冀東日僞政權』.

「華北臨時政府公布保甲條例」, 제7, 8, 11조, 『冀東日僞政權』.

「華北方面軍第五次治安强化運動實施綱要」(1942. 8. 6), 『治安運動』 下卷.

「華北政務委員會關于擧辦第四次治安强化運動訓令」(政法字第1352號)의 「附:第四次治安强化運動實施要領」, 『治安運動』 下卷.

「華北政務委員會令發第三次治安强化運動實施要領」(1941. 10. 23)의 '第二 指導要領', 『治安運動』 上卷.

「華北政務委員會第四次治安强化運動實施要綱」(1942. 3. 3), 『華北治安强化運動』.

「華北防共委員會暫行組織大綱」(1941. 4. 9), 『華北治安强化運動』.

「華北政務委員會第二次治安强化運動實施及宣傳計劃」, 『治安運動』 上卷.

「華北政委會委員長王揖唐發表"華北全民奮起强化治安"講演」, 『民衆報』 1941. 3. 21.

「興隆縣公安局關于日僞在興隆罪行的調査」(1954. 8. 6), 『僞滿軍事』.

『毛澤東書信選集』, 北京:人民出版社, 1983.

『聶榮臻回憶錄』 中, 北京:解放軍出版社, 1984.

『戰地總動員―民族革命戰爭戰地總動員委員會鬪爭史實』 上·下, 太原:山西人民出版社, 1986.

『中國共産黨的土地政策』, 발행지 미상:冀魯豫書店, 1942.

『八路軍軍政雜誌』, 延安:八路軍總政治部, 月刊, 1939. 1~1942. 3.

賈正, 「今年春荒救濟工作的經驗敎訓」, 『邊政導報』 제4권 제24기(1942. 10. 25).

姜宇, 「一九四三年下半年冀熱邊情況報告」(1943. 12. 30), 『文獻·回憶錄』 제2집.

軍事科學院外國軍事硏究所 編, 中國抗日戰爭史料叢書 『凶殘的獸蹄』(日軍暴行錄), 北京;解放軍出版社, 1994.

軍事部思想戰硏究部, 『西南地區治安問題之考察』(1944. 4), 『東北大討伐』.

冀熱遼人民抗日鬪爭史硏究會編輯室, 『文獻·回憶錄』 제3집.

洛甫,「更多的關心群衆的切身問題」,『共産黨人』 제8기.

戴燁,「敵寇的"三光政策"與"幷村政策"」,『晋察冀日報』1941. 9. 29.

毛澤東,「新民主主義論」(1940. 1),『毛澤東選集』第二集, 北京：人民出版社, 1992.

———,「整風黨的作風」(1942. 2. 1),『毛澤東選集』第三集, 北京：人民出版社, 1992.

———,「學習和時局」(1944. 4. 12),『毛澤東選集』第三集, 北京：人民出版社, 1992.

———,「抗日根據地的政權問題」(1940. 3. 6),『毛澤東選集』第二集, 北京：人民出版社, 1992.

文成,「豊玉寧地區反"蠶食"鬪爭」,『文獻・回憶錄』.

方草,「中共土地政策在晋察冀邊區之實施」,『財經資料選編』(農業編).

襃世昌,「軍隊民運工作概談」(續),『八路軍軍政雜誌』3-12(1941. 12).

邊區實業處,「一九四五年的邊區合作社工作」(1945),『財經資料選編』(工商合作編).

北支那方面軍參謀部第四課,「'治安强化運動'實施計劃」(1941. 2. 15),『治安運動』上卷.

徐達本,「冀中合作會議的總結報告」(1941),『財經資料選編』(工商合作編).

舒同,「晋察冀軍區建軍工作之初步總結」(1940. 12. 12),『抗日根據地』第一冊(文獻選編 上).

———,「晋察冀軍區抗戰三年來政治工作概況」,『八路軍軍政雜誌』第2권 제11기 (1940. 11).

陝甘寧邊區參議會案「優待抗日軍人家屬案」(1939. 1), 陝西省檔案館 編,『抗日戰爭時期陝甘寧邊區財政經濟史料摘編』第九編(人民生活), 西安：陝西人民出版社, 1981.

聶榮臻,「在晋察冀邊區黨政軍高干會議上的結論」(1942. 9. 15),『抗日根據地』第1冊 下.

———,「敵僞五次"治安强化"運動的暴行與慘敗」(1942. 12. 8),『晋察冀日報』1942. 12. 8.

———,『聶榮臻回憶錄』上・中・下, 北京：解放軍出版社, 1984.

蕭三,「八路軍 — 人民的大學」,『八路軍軍政雜誌』第2권 6기(1940. 6).

蕭向榮,「抗日部隊百倍地鞏固起來」,『八路軍軍政雜誌』第1권 제10기(1939. 10).

孫邦 主編, 于海鷹・李少伯 副主編, 僞滿史料叢書『抗日救亡』, 長春：吉林人民出版社, 1993.

孫志遠,「根據地人民武裝建設問題」,『八路軍軍政雜誌』第3권 10기(1941. 10).

宋劭文,「關于晋察冀邊區的政權建設和經濟建設」(1943. 1),『抗日根據地』第一冊

(文獻選編 下).

─────, 「當前對敵經濟鬪爭的方針」(1943. 2. 25), 『史料選編』 下冊.

─────, 「邊區行政委員會工作報告(1943)」, 『財經資料選編』(總論編).

審問調査書, 「關東軍在熱河的"三光"政策」, 『僞滿軍事』.

阿之, 「最近敵寇在華北各地的陰謀活動」, 『晋察冀日報』 1941. 6. 20.

楊耕田, 「北岳區的合作社工作」(1942. 1. 7), 『財經資料選編』(工商合作編).

─────, 「晋察冀邊區冀晋區合作會議結論」(1945. 10. 17), 『財經資料選編』(工商合作編).

楊福臣, 「侵華日軍在薊縣暴行綜述」, 中國人民政治協商會議天津市薊縣委員會文史工作委員會 編, 『侵華日軍在薊縣暴行』(『薊縣文史資料』 專輯, 內部資料), 天津 : 同委員會, 1995. 5.

楊春垠・鄭紫明・馬驥, 「開闢灤東及長城外的熱遼邊境地區」, 『文獻・回憶錄』 제 2 집.

呂正操, 「冀中新局面與我們的任務」, 『晋察冀日報』 1941. 6. 22.

葉劍拓, 「日寇在華北最近的動態」, 『解放日報』 1942. 2. 13.

鈴木啓久, 「制造"無人地帶"」, 『遵化黨史資料』 제 2 집.

王國華, 「關于日僞的五次强化治安運動」, 『治安運動』 上卷.

王文, 「冀熱遼人民抗日鬪爭史軍事工作資料(下)(1942~1943)」, 『文獻・回憶錄』 제 3 집.

李夢齡, 「冀中區爭取連莊會的經驗教訓」, 『八路軍軍政雜誌』 제 1 권 9기(1939. 9).

李守善, 「憶承興密人民的抗日鬪爭」, 『文獻・回憶錄』 제 2 집.

李運昌, 「冀東抗日大暴動」, 『文獻・回憶錄』 제 1 집.

李運昌・李中權・曾克林, 「冀東的抗日遊擊戰爭」, 『冀熱遼論文集』.

李楚離, 「堅持冀東遊擊戰爭爲創造大塊遊擊根據地而鬪爭(1940~1942)」(1943. 2), 『文獻・回憶錄』 제 3 집.

日本關東憲兵司令部 編, 『滿洲共産抗日運動槪況』(1938~1942)(秘密文書)(吉林省檔案館 編譯, 僞滿史料選編 『東北抗日運動槪況』, 長春 : 吉林文史出版社, 1986).

日本防衛廳戰史室 編著, 天津市政協編譯組, 『華北治安戰』 上・下, 天津 : 天津人民出版社, 1982.

蔣介石, 「豫鄂皖三省剿匪總司令部施行保甲訓令」(1932. 8)(聞鈞天, 『現行保甲制度』, 547~549쪽에 所收).

章伯鋒・庄建平 主編, 中國史學會・中國社會科學院近代史研究所 編, 『抗日戰爭』 제 2 권(軍事 中), 成都 : 四川大學出版社, 1997.

張蘇, 「談邊區的合作事業」(1940. 8), 『財經資料選編』(工商合作編).

邸華·雪輝, 「敵寇在華北的‘治安强化運動’」, 『解放日報』 1942. 1. 15.

丁民, 「人圈」, 『北方文化』 1936년 3월호.

丁原, 「定北敵佔區三個村莊的經濟槪況」, 『晋察冀日報』 1941. 8. 2.

程子華, 「敵對冀中掃蕩與冀中戰局」(1942. 8. 4.), 『晋察冀日報』 1942. 8. 4.

鐘人方, 「最近敵寇在華北的‘掃蕩’戰」, 『解放日報』 1942. 2. 28.

左祿 主編, 中國抗日戰爭史料叢書 『濺血的武士刀』(日軍屠殺錄), 北京:解放軍出版社, 1994.

朱理治, 「邊幣的根本問題」, 『解放日報』 1942. 5. 28.

周治國, 「熱遼部分抗日遊擊區的開闢」, 『文獻·回憶錄』 제2집.

中共中央晋察冀分局, 「關於執行擁政愛民與擁軍政策的指示」(1944. 1), 『解放日報』 1944. 1. 8.

中華民國新民會, 「新民會會務詳細報告」, 『新民會報』 제97, 98호 合刊(1940. 12).

曾克林, 「在灤河東岸的戰鬪歲月」, 『文獻·回憶錄』 제2집.

陳毅, 「介紹晋察冀邊區黨關於武裝動員工作的經驗敎訓」(1940. 3), 『史料選編』 上冊.

晋察冀邊區各界救國聯合會, 「晋察冀邊區人民擁軍公約」(1944. 1), 『解放日報』 1944. 1. 8.

晋察冀邊區行政委員會, 「關於一九四四年改造與健全村政權工作的指示」, 『現行法令彙集』 上冊.

肖克, 「目前冀熱察形勢與我們幾個工作任務(節選)」(1941. 6. 12), 『晉察冀日報』 1941. 7. 30.

——, 「在晋察冀邊區黨政軍高干會議上的軍事報告」(1942. 9. 12), 『抗日根據地』 第1冊(文獻選編 下).

崔西山 外, 「憶建立與恢復豊玉遵寧抗日民主根據地的鬪爭」, 『文獻·回憶錄』 제2집.

崔西山·粗鑛·曹文齋·高田·孟毅然, 「憶建立與恢復豊玉遵寧抗日民主根據地的鬪爭」, 『文獻·回憶錄』 제2집.

「‘治安强化運動’實施計劃」, 『治安運動』 上卷.

彭德懷, 「關于平原抗日遊擊戰爭的幾個具體問題對魏巍同志的答復」(1942. 7. 15), 『史料選編』 下冊.

———, 「敵寇治安强化運動下的陰謀與我們的基本任務」(1941. 11. 1), 『史料選編』 下冊.

———, 「八路軍七年來在華北抗戰的槪況」(節錄)(1944. 8. 6~8. 9), 『華北治安强

化運動』.

─────, 「華北各抗日根據地處在空前殘酷鬪爭中」, 『解放日報』 1942. 6. 7.

彭眞, 「在許,姚考察後對冀東,平北工作意見」(1941. 6. 19), 『文獻‧回憶錄』 제2집.

胡錫奎, 「關于整風問題的檢討」(1944. 10. 25), 『史料選編』 下冊.

4) 신문‧잡지‧사전‧일기

『新華日報』(延安)

『晉察冀日報』(河北省 阜平縣)

『解放日報』(延安)

『實報』(北平)

『共産黨人』(延安)

『群衆』(漢口, 重慶)

『民國史大辭典』, 北京:中國廣播電視出版社, 1991.

李松林 主編, 『中國國民黨史大辭典』, 合肥:安徽人民出版社, 1993.

章紹嗣‧田子渝‧陳金安 主編, 『中國抗日戰爭大辭典』, 武漢:武漢出版社, 1995.

이희승 감수, 『민중 엣센스 국어사전』, 민중서림, 1998, 2882쪽.

王恩茂 著, 『王恩茂日記』, 北京:中央文獻出版社, 1995.

5) 연구 동향 및 사료 소개 자료

山根行夫, 『中國史研究入門』 上‧下, 東京:山川出版社, 1983.

野澤豊, 『日本の中華民國史研究』, 東京:汲古書院, 1995.

小島晋治‧並木賴壽, 『近代中國研究案內』, 東京:岩波書店, 1993.

江田憲治, 「最近10年間における日本の中國共産黨史研究について」, 『近きに在りて』 제29호(1996. 5).

今井駿, 「中國における最近の抗日戰爭史研究の動向について─張小路 著, 『近年來抗日戰爭史研究槪況』の拙譯と若干のコメント─」, 『近きに在りて』 제9호(1986. 5).

笹川裕史, 「前後日本における中國國民政府(1927~1949)研究」, 『近きに在りて』 제24호(1993. 11).

水羽信男, 「中國における最近の研究動向─抗日戰爭(日中戰爭)─」, 『歷史評論』 제447호(1987. 7).

安井三吉, 「日中戰爭史研究ノート」, 『日本史研究』 281(1985).

井上久士, 「日本における抗日根據地研究の動向」, 『近きに在りて』 제5호(1984. 5).

―――――, 「抗日根據地に關する國際シンポジウムと最近の抗日根據地研究」, 『近きに在りて』 제6호(1984. 11).

佐藤宏, 「抗日根據地に關する最近の資料槪觀」, 『アジア經濟』 27-12(1986. 12).

丸田孝志, 「最近の中國における延安整風運動研究の狀況」, 『(廣島史學)MON-SOON』 3, 1990.

高明士 主編, 『中國史研究指南 Ⅴ―近代史・現代史』, 臺北:聯經出版事業公司, 1990.

郭德宏 主編, 『抗日戰爭史研究述評』, 北京:中共黨史出版社, 1995.

張注洪 編著, 『中國現代革命史史料學』, 北京:中共黨史資料出版社, 1987.

中國史學會『中國歷史學年鑑』編輯部, 『中國歷史學年鑑』, 北京:人民出版社, 三聯書店, 1980~2000.

中央研究院近代史研究所『六十年來的中國近代史研究』編輯委員會, 『六十年來中國近代史研究』上・下, 臺北:中央研究院近代史研究所, 1988.

曾景忠, 『中華民國史研究述略』, 北京:中國社會科學出版社, 1992.

陳明顯 主編, 『中國現代史料學槪論』, 北京:北京大學出版社, 1993.

肖黎 主編, 『中國歷史學四十年』, 北京:書目文獻出版社, 1989.

『抗日戰爭研究』編輯部, 「一年來抗日戰爭研究述評」, 『抗日戰爭研究』 1998-1.

『抗日戰爭研究』編輯部, 「一年來抗日戰爭研究述評」, 『抗日戰爭研究』 1999-1.

郭德宏, 「抗日戰爭領導權問題研究述評」, 『中共黨史研究(京)』 1995-1.

徐繼良, 「九十年代以來抗日戰爭史有關問題研究槪述」, 『首都師範大學學報(社科版)』 1995-3.

石島紀之, 「日本研究中國抗日戰爭史的動向」, 『近代史研究』 1989-3.

楊聖清, 「抗日戰爭敵後戰場研究述評」, 『抗日戰爭研究』 1999-3.

吳明, 「中國現代史學會"七七"抗戰五十周年學術討論會綜述」, 『近代史研究』 1987-6.

王廷科, 「關于抗日戰爭研究的若干問題」, 『歷史研究』 1986-2.

魏宏運, 「抗日根據地史研究述評」, 『抗日戰爭研究』 1991-1.

魏蒲・陳廣相 編, 『新四軍研究資料索引』, 蘇州:江蘇人民出版社, 1990.

李良志, 「抗日民族統一戰線形成問題研究述評」, 『教學與研究』 1986-5.

李隆基, 「抗日戰爭正面戰場研究述評」, 『抗日戰爭研究』 1992-3.

任貴祥, 「延安整風運動研究述評」, 『党史研究與教學』 1991-4.

曾景忠, 「1991年抗日戰爭史研究的進展」, 『近代史研究』 1992-5.

―――――, 「1992年抗日戰爭史研究回顧」, 『抗日戰爭研究』 1993-2.

―――――, 「中國抗日戰爭正面戰場研究述評」, 『抗日戰爭研究』 1999-3.

黃逸平・李娟,「抗日戰爭時期經濟研究述評」,『抗日戰爭研究』1993-1.

2. 연구서

1) 일문 연구서

江口圭一,『十五年戰爭小史』, 東京：青木書店, 1991.

近代日本研究會 編,『近代日本と東アジア』, 東京：山川出版社, 1980.

今堀誠二,『中國の民衆と權力』, 東京：勁草書房, 1973.

今井駿, 『中國革命と對日抗戰：抗日民族統一戰線史研究序說』, 東京：汲古書院, 1997.

吉屋哲夫,『日中戰爭史研究』, 東京：吉川弘文館, 1984.

金靜美,『中國東北部における抗日朝鮮・中國民衆史序說』, 東京：現代企劃室, 1992.

藤原彰・今井淸一,『十五年戰爭史』全四卷, 東京：青木書店, 1989, 1990.

藤原彰・野澤豊 編,『日本ファシズムと東アジア』, 東京：青木書店, 1977.

福島正夫, 『中國の人民民主政權―その建設の過程と理論』, 東京：東京大學出版會, 1964.

森崎實,『東邊道』, 東京：春秋社, 1941.

桑野仁,『戰時通貨工作史論：日中通貨戰の分析』, 東京：法政大學出版局, 1964.

石島紀之,『中國抗日戰爭史』, 東京：青木書店, 1985.

小林英夫,『'大東亞共榮圈'の形成と崩壞』, 東京：御茶の水書房, 1975.

小林弘二 編,『中國農村變革再考』, 東京：アジア經濟研究所, 1987.

岩武照彦, 『近代中國通貨統一史―15年戰爭期における通貨鬪爭(上)(下)』, 東京：みすず書房, 1990.

歷史學研究會 編,『太平洋戰爭史』3(中日戰爭 2, 1937～1940), 東京：青木書店, 1974.

――――――,『太平洋戰爭史』4(太平洋戰爭 1, 1940～1942), 東京：青木書店, 1975.

宍戶寬 等,『中國八路軍, 新四軍史』, 東京：河出書房新社, 1989.

池田誠 編,『中國現代政治史』, 京都：法律文化社, 1967(韓善模 譯,『中國現代革命史』, 靑史, 1985).

池田誠 編著,『抗日戰爭と中國民衆―中國ナショナリズムと民主主義』, 京都：法律文化社, 1987.

秦郁彦,『日中戰爭史』, 東京：原書房, 1979.

淺田喬二 編,『日本帝國主義下の中國─中國占領地經濟の研究』, 東京：樂遊書房, 1981.

2) 중문 연구서

姜念東 外,『僞滿洲國史』, 長春：吉林人民出版社, 1980.

姜華宣 主編,『新編中國革命史』, 北京：人民出版社, 1993.

龔古今·唐培吉 主編,『中國抗日戰爭史稿』上·下, 武漢：湖北人民出版社, 1984.

孔永松,『中國共産黨土地政策演變史』, 南昌：江西人民出版社, 1987.

軍事科學院軍事歷史研究部 編著,『中國抗日戰爭史』上·中·下, 北京：解放軍出版社, 1994.

─────────────────────,『中國人民解放軍戰史』 제2권(抗日戰爭時期), 北京：軍事科學出版社, 1987.

南開大學歷史系 編,『中國抗日根據地史國際學術討論會論文集』, 北京：檔案出版社, 1986.

婁平,『冀熱遼人民抗日鬪爭簡史』, 天津：南開大學出版社, 1993.

馬振犢,『慘勝─抗戰正面戰場大寫意』, 桂林：廣西師範大學出版社, 1993.

徐勇, 抗日戰爭史叢書 『征服之夢─日本侵華戰略』, 桂林：廣西師範大學出版社, 1993.

王健民,『中國共産黨史稿』第三冊, 臺北：大陸問題研究所, 1980.

王輔,『日軍侵華戰爭』3(1931~1945), 瀋陽：遼寧人民出版社, 1990.

魏宏運·左志遠 主編,『華北抗日根據地史』, 北京：檔案出版社, 1990.

李新·陳鐵健 主編, 中國新民主主義革命史長編 『全民抗戰 氣壯山河(1937~1938)』, 上海：上海人民出版社, 1995.

李維漢,『回憶與研究』下, 北京：中共黨史資料出版社, 1986.

張水良,『抗日戰爭時期中國解放區農業大生産運動』, 福州：福建人民出版社, 1981.

朱德新,『二十世紀三四十年代河南冀東保甲制度研究』, 北京：中國社會科學出版社, 1994.

中共唐山市委黨史研究室 編,『冀東革命史』, 北京：中共黨史出版社, 1993.

中共中央黨史研究室,『中國共産黨歷史(上)』, 北京：人民出版社, 1991.

中共河北·北京·天津·遼寧·內蒙古·唐山省市區委黨史(委)研究室, 豊潤縣委編, 『冀熱遼抗日根據地研究論文集』, 北京：中共黨史出版社, 1995.

中國現代史資料叢刊,『抗日戰爭時期解放區槪況』(제4판), 北京：人民出版社, 1981.

陳廉,『抗日根據地發展史略』, 北京：解放軍出版社, 1987.

肖效欽・李良志,『中國革命史』上・下, 北京：紅旗出版社, 1983・1984.

馮仲雲,『東北抗日聯軍十四年奮鬪簡史』, 발행지 미상：遼東建國書社, 1946.

何理,『抗日戰爭史』, 上海：上海人民出版社, 1985.

解學詩,『僞滿洲國史新編』, 北京：人民出版社, 1995.

胡德坤,『中日戰爭史(1931～1945)』, 武漢：武漢大學出版社, 1988.

胡華 主編,『中國革命史講義』上・下, 北京：中國人民大學出版社, 1979.

3) 영문 연구서

Agnes Smedley, *China Fights Back: An American Woman With the Eighth Route Army*, Hyperion Pr, 1983(高杉一郎 譯,『中國は抵抗する』, 東京：岩波書店, 1985).

Ch'en Yung-fa, "The Making of a revolution: the Communist movement in eastern and central China, 1937～1945", 2vols. Stanford University, Ph. D. dissertation, 1980.

Chalmers A. Johnson, *Peasant Nationalism and Communist Power: The Emergence of Revolutionary China, 1937～1945*, California：Stanford Univ. Press, 1967.

Chalmers A. Johnson, *Revolution and Social System*, Stanford：Hoover Institution Studies, 1964.

Charles Tilly, *From Mobilization to Revolution*, Massachusetts：Addison-Wesley Publishing Company, 1978

J. P. Harrison, *The Long March to Power: A History of the Chinese Communist Party, 1921～1972*, New York：Praeger Publishers, 1974.

Jack Belden, *China Shakes the World*, New York：Harper, 1949.

John Israel and Donald Klein, *Rebels and bureaucrats: China's December 9Ers*. Berkely：University of California, 1976.

John King Fairbank, *China: A New History*, The Belknap Press of Harvard University Press, 1992(중국사연구회 역,『新中國史』, 까치, 1994, 414쪽).

John k. Fairbank and Albert Feuerwerker, *The cambridge history of China. Vol. 13, Republican China 1912～1949, Part 2*, Cambridge University Press, 1986(『劍橋中華民國史　1912～1949』　下卷,　北京：中國社會科學出版社, 1993).

Kathleen Hartford, "Step-by-step: reform, resistance and revolution in the Chin-Ch'a-Chi border region, 1937～1945", Stanford University, Ph. D.

dissertation, 1980.

Lloyd E. Eastman, *Family, Fields, and Ancestors : Constancy and Change in China's Social and Economic History, 1550 ～ 1949*, New York : Oxford Univ. Press, 1988.

────────────, *Seeds of Destruction : Nationalist China in War and Revolution(1937 ～ 1949)*, Stanford University Press, 1984(閔斗基 譯, 『蔣介石은 왜 敗하였는가─現代中國의 戰爭과 革命』, 지식산업사, 1986.

Lucien Bianco, *Origins of the Chinese Revolution, 1915 ～ 1949*, Stanford Univ., 1971.

Mark Selden, *The Yenan Way in Revolutionary China*, Harvard Univ. Press, 1971(小林弘二・加加美光行 譯, 『延安革命』, 東京 : 筑摩書房, 1976).

Pepper Suzanne, *Civil War in China : The Political Struggle, 1945 ～ 1949*, Berkeley : University of California Press, 1978.

Peter Schran, *Guerrilla Economy : the Development of the Shensi-Kansu-Ninghsia Border, 1937 ～ 1945*, Albany : State University of New York Press, 1976.

Robert Scalapino, "Building a Communist Nations in China," *The Communist Revolution in Asia*, Englewood Cliffs, N. J., 1965.

Sidney Klein, *The Pattern of Land Tenure Reform in East Asia After World War II*, New York : 1958.

Ted Allan and Sydney Gordon, *The Scapel, the Sword : The Story of Dr. Norman Bethune*, Mclelland and Stewwart Limited, Toronto Montreal, 1952(천희상 옮김, 『닥터 노먼 베쑨─세계를 감동시킨 한 휴머니스트 의사의 일대기』, 실천문학사, 1992).

The Struggle for North China, New York : International Secretariat, Institute of Pacific Relations, 1940.

Theodore White, *In Search of History*, Warner Books, 1979(黃義坊 譯, 『中國政治秘史』, 서울 : 曙光出版社, 1983).

United States Relations With CHINA : with Special Reference to the Period 1944 ～ 1949, Based on the Fikes of the Department of State, U.S.A., 1949(이영희 편역, 『中國白書』, 서울 : 전예원, 1984).

Wang Yu-Chuan, The Organization of a Typical Guerria Area in South Shantung, Evans Carlson ed., *The Chinese Army*, Appendix, 1940(日譯 『山東南部遊撃地區組織』, 東京 : 東亞研究所, 1941).

4) 국문 연구서

尹輝鐸, 『日帝下「滿洲國」硏究—抗日武裝鬪爭과 治安肅正工作—』, 一潮閣, 1996.

3. 연구 논문

1) 일문 논문

古廏忠夫, 「日本軍占領地域の'淸鄕'工作と抗戰」, 池田誠 編著, 『抗日戰爭と中國民衆—中國ナショナリズムと民主主義—』, 京都 : 法律文化社, 1987.

古島和雄, 「抗日時期の中共の土地政策」, 『土地所有の史的硏究』, 東京 : 東京大學出版會, 1956.

宮坂宏, 「陝甘寧邊區の政權成立」, 『歷史敎育』 137, 1965. 1.

───, 「抗日根據地の司法制度と人權保障」, 『專修法學論集』 55・56호, 1992.

宮下忠雄・豊田隆明, 『中國革命と通貨政策』, 所書店, 1978.

今堀誠二, 「抗日戰爭時期における邊區の動向と現實」, 『アジア經濟』 12-8, 1971.

今井駿, 「"精兵簡政"運動」, 『歷史學硏究』 제 373 호(1971).

───, 「'精兵簡政'について : 延安整風運動への一時角」, 『歷史學硏究』 제 373 호 (1971. 6).

───, 「邊區政權と地主階級」, 『講座中國近現代史』 6(抗日戰爭), 東京 : 東京大學出版會, 1978.

───, 「抗日根據地の形成過程についての一考察 : 冀南根據地を中心に—」, 『史潮』 108호(1971. 6).

內田知行, 「抗日戰爭時期陝甘寧邊區における農業生産互助組 : 大生産運動(1943~1944)の一側面」, 『アジア硏究』 21-1(1980. 4).

藤田正典, 「第一次整風運動の史的背景」, 『歷史學硏究』 제 215 호(1958. 1).

藤井高美, 「抗日戰爭に對する中國共産黨の戰略戰術について(1)」, 『松山大學論集』 3권 5호(1991).

────, 「革命根據地の樹立に關する一考察」, 『アジア硏究』 9-1(1962).

馬場毅, 「抗日根據地の形成と農民—山東區を中心に」, 『講座中國近現代史』 6(抗日戰爭), 東京 : 東京大學出版會, 1978.

福島正夫, 「邊區(解放區)政權の建設とその意義」, 『現代アジア革命と法』 下, 東京 : 勁草書房, 1966.

山本秀夫,「整風運動の基本的考察:農民解放とその諸條件」,『現代中國』34(1959. 6).

山下龍三,「百團大戰と二つの路線の鬪爭」,『アジア經濟旬報』742-3(1968. 1).

桑野仁,「解放區の貨幣金融」, 金融制度研究會 編,『中國の金融制度』, 東京:日本 評論社, 1960.

西村成雄,「東北の植民地化と'抗日救亡'運動」, 池田誠 編著,『抗日戰爭と中國民 衆』, 京都:法律文化社, 1987.

──────,「中國近代史像の再構成と'抗日十五年戰爭'」,『歷史科學』102(1985).

──────,「中國抗日根據地──危機と社會空間の再調整」,『講座中國近現代史』 6 (抗日戰爭), 東京:東京大學出版會, 1976.

石島紀之,「日中全面戰爭の衝擊──中國の國民統合と社會構造──」, 細谷千博他 編, 『太平洋戰爭』, 東京:東京大學出版會, 1993.

──────,「抗日戰爭史研究の今日的意義」,『歷史學研究』제 562 호(1985).

石井明,「百團大戰について」,『東京大學教養部教養學科紀要』9(1976. 3).

小林英夫,「日中戰爭史論」, 淺田喬二 編,『日本帝國主義下の中國──中國占領地經 濟の研究──』, 東京:樂遊書房, 1981.

小林孝純,「抗日戰爭期における晉西北根據地の財政問題」,『社會文化史學』제 34 호(1995. 8).

安藤正士,「陝甘寧邊區における經濟建設」,『現代中國』37(1962. 2).

──────, 「中國革命における農村革命根據地:抗日民族統一戰線の形成をめぐっ て」,『國際問題研究』1(1968. 12).

安井三吉,「茅山根據地の形成」,『季刊中國研究』3(1985).

──────,「少數民族と抗日戰爭」, 池田誠 編,『抗日戰爭と中國民衆──中國ナショ ナリズムと民主主義』, 京都:法律文化社, 1987.

──────, 「華北の抗日民主政權」, 芝池靖夫 編,『中國社會主義史研究:中國解放 區研究序說』, 東京:ミネルヴァ書房, 1978.

──────, 『中國の民衆と勸力──ナショナリズムと階級鬪爭』, 東京:勁草書房, 1973.

岩武照彦,「抗日根據地における通貨および通貨政策」,『史學雜誌』92-4(1983. 4).

──────, 『近代中國通貨統一史──15年戰爭期における通貨鬪爭(上)(下)』, 東京: みすず書房, 1990.

奧村哲,「抗日戰爭と中國社會主義」,『歷史學研究』제 651 호(1993).

宍戶寬,「精兵簡政と整風」,『中國研究月報』제 437 호(1984).

田中恭子, 「內戰と中共土地政策の轉換」, アジア政經學會 編, 『アジア研究』

24-4(1978. 1)

────, 「中國の農村革命(1942~45):減租・淸算・土地改革」, 『アジア經濟』 24-9(1983. 9).

田中恒次郎, 「華北解放區の形成と抗日經濟政策:晋察冀邊區を中心として」, 淺田 喬二 編, 『日本帝國主義下の中國』, 東京:樂遊書房, 1981.

井上久士, 「近十年間の日本における抗日根據地研究」, 『近きに在りて』 제26 호(1994. 11).

────, 「邊區(抗日根據地)の形成と展開」, 池田誠 編, 『抗日戰爭と中國民衆』, 京都:法律文化社, 1987.

────, 「陝甘寧邊區の通貨・金融政策と邊區經濟建設──1943年邊區インフレー ションの分析を中心に─」, 『歷史學研究』 제505호(1982. 6).

────, 「華北抗日根據地に關する一考察──その危機をめぐって」(藤原彰・野 澤豊 編, 『日本ファシズムと東アジア』, 東京:靑木書店, 1977.

────, 「華北抗日根據地の展開:冀中地區を中心として」, 『中國近代史研究會 通信』 4(1977. 3).

佐藤宏, 「農村變革と村落形成──陝北農村の事例から」, 小林弘二 編, 『中國農村變 革再考』, アジア經濟研究所, 1987.

中村隆英, 「日本の華北經濟工作」, 近代日本研究會 編, 『近代日本と東アジア』, 東 京:山川出版社, 1980.

川村嘉夫, 「抗日民族統一戰線と中共の土地政策」, 山本秀夫・野間淸 編, 『中國農 村革命の展開』, 東京:アジア經濟研究所, 1972.

風間秀人, 「華中抗日根據地における土地政策の展開:蘇北解放區を中心として」, 『歷 史評論』 제386호(1982. 6).

────, 「華中解放區の形成と抗日經濟戰:蘇北解放區を中心として」, 淺田喬二 編, 『日本帝國主義下の中國』, 東京:樂遊書房, 1981.

2) 중문 논문

賈蔚昌, 「試論山東抗日根據地建立的特點」, 『山東師範大學學報』 1985-4.

康濯・張學新, 「晋察冀的抗日文化運動」, 『新文化史料』 1991-2.

江沛, 「中國抗日根據地史國際學術研討會綜述」, 『中共黨史研究』 1992-1.

高德福, 「論晋察冀邊區政權建設中的民主政治」 南開大學歷史系 編, 『中國抗日根 據地史國際學術討論會論文集』, 北京:檔案出版社, 1986.

高德福, 「華北抗日根據地的減租減息運動」, 『南開學報』(哲社版) 1985-6.

高西蓮, 「簡論抗日戰爭時期陝甘寧邊區的金融比價與物價問題」, 『延安大學學報』 1993-1.

孔永松, 「試論抗戰時期陝甘寧邊區的特殊土地問題」, 『中國社會經濟史研究』 1984-4.

郭秀翔, 「減租減息政策的提出與完善」, 『黨史文滙』 1992-7.

郭必選, 「延安精神與整風運動」, 『延安大學學報』 1992-2.

祁建民, 「試論抗日民主根據地的保障人權條例」, 『黨史資料與研究』 1993-2.

──, 「抗日戰爭中的敵後武裝工作隊」, 『歷史教學』 1990-11.

金春明, 「還百團大戰以本來面目」, 『遼寧大學學報』 1979-6.

南開大學歷史系學術委員會 編, 『南開史學』(華北抗日根據地史選集) 1984-5.

農保中, 「試論抗日戰爭時期解放區的租佃形態」, 『中共党史研究』 1990-2.

杜麗榮, 「冀熱遼區大生産運動的歷史經驗及啓示」, 『冀熱遼論文集』.

鄧榮顯, 「試論冀東抗日遊擊戰爭堅持與發展的基本特徵」, 『冀熱遼論文集』.

雷雲峰, 「陝甘寧邊區的廉政建設」, 『人文雜志』 1990-1.

婁平, 「抗日戰爭時期開闢敵後戰場是特殊戰略」, 『南開學報』 1991-5.

──, 「"敵進我進"戰略在冀熱遼」, 『冀熱遼論文集』.

呂明灼, 「抗日戰爭時期日本侵華的經濟戰」, 『齊魯學刊』(曲阜) 1991-5.

武承宗, 「延安整風運動的偉大貢獻」, 『黨史資料與研究』 1992-1.

薄一波, 「有關山西新軍的幾點回憶」, 『中共党史研究』 1991-2.

傅尙文, 「晋察冀邊區北岳區的糧食戰」, 『歷史教學』 1985-2.

史高, 「山西新軍的由來」, 『中共党史研究』 1991-2.

謝忠厚, 「晋察冀邊區抗日民主政權創建和特點」, 『河北學刊』 1992-2.

常好礼, 「簡論東北抗日聯軍的戰略戰術」, 『龍江党史』 1990-3.

索世暉, 「百團大戰應充分肯定」, 『近代史研究』 1980-3.

徐成方, 「中國共産黨領導的抗日心理初探」, 『瀋陽師院學報』 1992-1.

徐有禮, 「試論抗日根據地的農業互助合作」, 『鄭州大學學報』 1993-6.

星光, 「陝甘寧邊區政府的精兵簡政」, 南開大學歷史系 編, 『中國抗日根據地史國際學術討論會論文集』, 北京: 檔案出版社, 1986.

沈家善, 「陝甘寧邊區的廉政建設初探」, 『党史研究資料』 1990-8.

嚴志才, 「抗戰初期八路軍作戰方針的演變過程」, 『東北師大學報』 1990-2.

呂明灼, 「抗日戰爭時期日本在華所推進的"治安强化運動"」, 『山東大學學報』 1987-7.

余子道, 「日僞在淪陷區的"淸鄉"活動」, 『近代史研究』 1982-2.

延安地區檔案局, 「陝甘寧邊區孕育了"一國兩制"模式」, 『陝西檔案(西安)』 1997-4.

葉忠輝,「對東北抗聯後期"戰略轉移"問題的質疑」,『龍江党史』1990-5.

榮國章,「日本侵略者對北平淪陷區人民的殖民統治」,『北京黨史研究』1992-1.

吳襄,「人間地獄"人圈"生活」,『冀熱遼政報』제5기.

王凱捷,「冀中五一反掃蕩戰略轉移方針的演進過程」,『黨史資料與研究』1993-2.

王昆,「冀熱遼抗日根據地概述」,『冀熱遼論文集』.

王國華,「從檔案材料看日僞的五次强化治安運動」,『北京檔案史料』1987-3.

王同興,「抗日戰爭和解放戰爭時期革命根據地的金融建設」,『中共党史研究』1990-
　　　3.

王永保,「論冀東抗日遊擊戰爭的特殊性」,『冀熱遼論文集』.

王永祥,「論抗日根據地的"三三制"政權」,『南開學報』1992-2.

─────,「中國共產黨與抗戰時期的民主憲政運動」,『歷史敎學』1991-1.

王永祥・劉道剛・紀亞光,　「淺論抗日戰爭時期毛澤東"三三制"思想的形成與內涵」,
　　　『天津市紀念抗日戰爭勝利50周年學術論文集』(1995).

王永祥・溫銳,「第二屆中國抗日根據地史國際學術討論」,『歷史敎學』1991-12.

汪玉凱,「陝甘寧邊區實行減租減息政策的歷史考察」,『黨史研究』1983-3.

王一帆・李良志,「論延安整風的歷史經驗」,『學習與探索』1983-4.

王正寧,「抗戰時期解放區參議會制度與新中國人民代表大會制度」,『重慶社會科學』
　　　1991-3.

王晋源,「抗日根據地"三三制"原則的提出與實現」,『黨史文滙』1992-7.

王檜林,「勝利的抗日戰爭─中國歷史的光輝篇章」,『光明日報』1990. 8. 29.

─────,「有關抗日戰爭史的三個問題」,『史學史研究』1991-2.

─────,「中國新民主主義革命過程中的抗日戰爭」,『北京師範大學學報』1987-4.

于雷,「論抗日根據地的減租減息」,『北方論叢』(哈爾濱師大學報) 1988-3.

牛興華,「論陝甘寧邊區在中國革命史上的地位」,『延安大學學報』1993-1.

魏宏運,「抗戰第一年的華北農民」,『抗日戰爭研究』1993-1.

韋滿昌・翟國强,「抗日戰爭時期晋察冀邊區的貨幣政策」,『中國錢幣』1992-1.

劉家國,「百團大戰是否違背了遊擊戰爲主的戰略方針」,『思想戰線』1985년 增刊 3
　　　기.

劉慶旻,「簡論中國共產黨創建的抗日民主政權」,『檔案史料與研究』1995-2.

劉慶旻・劉大成,「抗日民主政權研究」,『中共黨史研究』1992-2.

劉宏,「抗戰時期晋察冀邊區的勞動互助」,『河北學刊』1992-3.

劉秀文,「抗日戰爭時期的犧盟會和決死隊」,『江淮論壇』1992-2.

劉信君,「抗日戰爭勝利前後我黨戰略方針的轉變」,『社會科學戰線』1991-3.

劉云龍,「抗日民主根據地廉政建設述評」,『長白學刊』1991-4.

宍戶寬,「精兵簡政和整風運動」,『中國抗日根據地史國際學術討論會論文集』.

尹慶軍,「抗日戰爭時期我党的減租減息政策」,『党史研究資料』1991-2.

李金錚,「抗日戰爭時期晋察冀邊區的農業」,『中共黨史研究』1992-4.

李葆定,「略論抗日戰爭時期的精兵簡政」,『軍事歷史』1993-1.

李分建,「抗戰時期中共糧食政策述略」,『文史雜志』1995-5.

李世春,「百團大戰利弊談」,『歷史教學問題』1993-2.

李勝林,「試論抗日戰爭時期解放區的民主政治建設」,『理論探討』1990-4.

李新, 「晋冀魯豫抗日根據地的建立,鞏固和發展」,『中國抗日根據地國際學術討論會
論文集』,北京:檔案出版社, 1985.

李曄,「日本帝國主義侵華"理論"評析」,『東北師大學報』1992-4.

李恩涵,「日軍對晋東北,冀西,冀中的"三光作戰"考實」,『抗日戰爭研究』1993-4.

李資源,「論抗戰時期我國少數民族的抗日鬪爭」,『中南民族學院學報(哲史版)』1985-
4(複印報刊資料『中國現代史』1985-11).

李昌華,「論中共在抗戰勝利前後的軍事戰略」,『檔案史料與研究』1995-1.

李忠,「陝甘寧邊區的糧食工作與抗日戰爭」,『文史雜志』1992-3.

任學嶺,「簡述陝甘寧邊區貨幣」,『延安大學學報』1992-4.

張麗娜,「論冀熱遼抗日根據地減租減息工作的特點及經驗」,『冀熱遼抗日根據地研究
論文集』.

張聖法,「試論冀熱遼抗日根據地的戰略地位」,『河北學刊』1990-5.

張彥榮, 「冀熱遼抗日根據地大生產運動的特點」, 『冀熱遼抗日根據地研究論文集』,
北京:中共黨史出版社, 1995.

張洪祥,「關于百團大戰的評價的幾點商榷」,『南開史學』1980-2.

———, 「論抗戰時期北岳區減租減息運動」, 南開大學歷史系 編,『中國抗日根據地
史國際學術討論會論文集』,北京: 檔案出版社, 1986.

———, 「略論晋察冀邊區初創時期的財政建設」,『南開學報』1983-5.

田霞,「抗日戰爭時期陝甘寧邊區的交通運輸」,『西北大學學報』1993-2.

鄭家彥,「從反"集家幷村"鬪爭的勝利看民族地區的反侵略鬪爭」,『冀熱遼論文集』.

程存志,「對冀中敵後武工隊之初探」,『黨史資料與研究』1992-1.

丁俊萍,「論抗日根據地政權的特質及其特點」,『武漢大學學報』(哲社版) 1997-5.

丁則勤,「抗日戰爭前略相持階段前期的日本侵華政策」,『北京大學學報』(哲學社會
科學版) 1988-6.

諸葛達,「抗日戰爭時期中國共產黨的減租減息政策」,『浙江師大學報』1992-1.

齊一飛,「論晋察冀邊區的法制建設」,『法學雜志』1990-2.

左志遠,「開闢華北抗日根據地戰略思想的形成」,『南開學報』1991-5.

朱德新,「三四十年代冀東農民的政治參與意識」,『歷史教學』1995-5.

──,「再論冀東抗日遊擊根據地的"兩面政權"」,『冀熱遼論文集』.

朱錫通,「關于百團大戰的探討」,『南京大學學報』1980-4.

朱順佐,「延安整風運動和黨的思想建設」,『紹興師專學報』1983-2.

周銳京,「1944年至1949年3月中共工作重心的逐步轉移」,『黨史研究與教學』1992-1.

朱玉湘,「山東抗日根據地財經建設的艱苦創業」,『山東大學學報』1991-3.

陳其貴,「抗戰時期解放區減租減息政策初探」, 復印報刊資料『中國現代史』K4, 1984-3.

陳万安 等,「論陝甘寧邊區的廉政建設」,『華南師範大學學報』1995-1.

秦生,「延安"搶救運動"的失誤與教訓」,『甘肅社會科學』1993-2.

秦燕,「陝甘寧邊區婦女參與社會生産的理論與實踐」,『人文雜志』1992-3.

陳志遠・王永祥,「抗日根據地政權"三三制"與中國政治民主化的關係」, 南開大學歷史系 編,『中國抗日根據地史國際學術討論會論文集』, 北京:檔案出版社, 1986.

陳平,「一個特殊的戰略地帶 ─ 長城線上'無人區'」,『黨史研究』1985년 제3기.

──,「一個特殊的戰略地帶 ─ 長城線上的千里'無人區'」,『唐山黨史資料通訊』제25기(1987. 9).

──,「千里無人區」, 南開大學歷史系・唐山市檔案館 合編,『冀東日僞政權』, 北京:檔案出版社, 1992.

肖一平・郭德宏,「抗日戰爭時期的減租減息」,『近代史研究』1981-4.

筆者 不明,「冀熱遼社會狀況考察」(1943. 8), 魏宏運 主編,『晋察冀邊區財政經濟史料選編』(總論編), 天津:南開大學出版社, 1984.

何理,「論百團大戰的戰略指導思想及歷史作用」,『南開史學』1982-3.

賀晋,「對延安搶救運動的初步探討」,『黨史研究』1980-6.

扈光民,「簡論陝甘寧邊區政治和民主建設的經驗」,『石油大學學報』(社科版) 1990-4.

胡喬木,「略談八年抗戰的偉大歷史意義」,『人民日報』1987. 7. 8.

胡德坤,「中國抗戰與日本對華政策的演變(1941-1945)」,『世界歷史(京)』1985-9.

胡松,「延安精神是井風山精神的繼承和發展」,『江西大學學報』1991-1.

3) 영문 논문

Carl F. Dorris, "Peasant Mobilization in North China and the Origins of Yenan Communism", *The China Quarterly* 68(October-December 1976).

Ch'ien Tuan-sheng, "Wartime Local Government in China", *Pacific Affairs*, X VI(1943).

Christine Froechtenigt, "IF THEY FIGHT, THEY'RE BANDITS":*Japan's Response to The Manchurian Resistance, 1931~1945*, Honolulu: Hawaii Univ., 1989.

F. Hilary Conroy, Japan's War in Ideological Somersault, *Pacific Historical Review, XXI*(1952).

Franz Michael, "The Fall of China", *World Politics*, Ⅷ(1956).

Mary C. Wright, "The Chinese Peasant and Communism", *Pacific Affairs*, XXIV (1951).

4) 국문 논문

尹輝鐸, 「日本의 占領地政策과 華北農民의 政治的 行態」, 『東洋史學硏究』 제60집, 1997. 10.

───, 「中日戰爭 時期 日本의 華北支配政策―治安强化運動을 中心으로―」, 高麗大學校 亞細亞問題硏究所 編, 『亞細亞硏究』 제40권 제2호, 1997. 12.

───, 「八路軍, 그 신화의 뒤안길에서」, 『湖西史學』 제25집, 1998. 1, 321~334쪽.

───, 「抗戰時期 陝甘寧邊區의 自然科學運動과 延安整風運動―延安自然科學院의 浮沈을 통해서 본 邊區社會의 '紅'·'專' 拮抗關係―」, 『東洋史學硏究』 제82집, 2003. 3.

───, 「抗戰時期의 華北과 東北, 抗日戰術과 鬪爭環境의 比較考察」, 『中國史硏究』 제22집, 2003. 2.

朴 橿, 「20세기 전반기 동북아에서의 일본 아편정책과 그 성격」, 『한국민족운동사연구』 제29집, 2001. 12.

찾아보기

중일전쟁과 중국혁명
전쟁과 혁명의 이중주 : 전쟁혁명

1판 1쇄 펴낸날 | 2002년 1월 5일
개정판 1쇄 펴낸날 | 2003년 6월 20일

지은이 | 윤휘탁
펴낸이 | 한만년

펴낸곳 | (주)일조각
등록 | 1953년 9월 14일 (제1-298호)
주소 | 110-160 서울시 종로구 공평동 9번지
전화 | 733-5430/733-5431 (영업부)
734-3545/ 735-9994 (편집부)
팩스 | 738-5857
e-mail | ilchokak@dreamwiz.com
홈페이지 | www.ilchokak.co.kr
ISBN 89-337-0442-6 93910
값 22,000 원